Contabilidade para concursos e exame de suficiência

O GEN | Grupo Editorial Nacional, a maior plataforma editorial no segmento CTP (científico, técnico e profissional), publica nas áreas de saúde, ciências exatas, jurídicas, sociais aplicadas, humanas e de concursos, além de prover serviços direcionados a educação, capacitação médica continuada e preparação para concursos. Conheça nosso catálogo, composto por mais de cinco mil obras e três mil e-books, em www.grupogen.com.br.

As editoras que integram o GEN, respeitadas no mercado editorial, construíram catálogos inigualáveis, com obras decisivas na formação acadêmica e no aperfeiçoamento de várias gerações de profissionais e de estudantes de Administração, Direito, Engenharia, Enfermagem, Fisioterapia, Medicina, Odontologia, Educação Física e muitas outras ciências, tendo se tornado sinônimo de seriedade e respeito.

Nossa missão é prover o melhor conteúdo científico e distribuí-lo de maneira flexível e conveniente, a preços justos, gerando benefícios e servindo a autores, docentes, livreiros, funcionários, colaboradores e acionistas.

Nosso comportamento ético incondicional e nossa responsabilidade social e ambiental são reforçados pela natureza educacional de nossa atividade, sem comprometer o crescimento contínuo e a rentabilidade do grupo.

César Augusto Tibúrcio Silva
Jorge Katsumi Niyama
ORGANIZADORES

Contabilidade para concursos e exame de suficiência

- Com questões e respostas ao final de cada capítulo
- Exercícios resolvidos e comentados (acesso online)
- Inclui capítulo sobre Raciocínio Lógico

Clesia Camilo Pereira
Diana Vaz de Lima
Ducineli Régis Botelho
Fátima de Souza Freire
Fernanda Fernandes Rodrigues
Jomar Miranda Rodrigues
Paulo César de Melo Mendes
Rodrigo de Souza Gonçalves

4ª EDIÇÃO

gen | atlas

Rua Conselheiro Nébias, 1384
Campos Elísios, São Paulo, SP – CEP 01203-904
Tels.: 21-3543-0770/11-5080-0770
editorialcsa@grupogen.com.br
www.grupogen.com.br

Designer de capa: Caio Cardoso
Imagem de capa: tereeez | iStockphoto

Editoração Eletrônica: Lino-Jato Editoração Gráfica

Dados Internacionais de Catalogação na Publicação (CIP)
(Câmara Brasileira do Livro, SP, Brasil)

Silva, César Augusto Tibúrcio
Contabilidade para concursos e exame de suficiência / César Augusto Tibúrcio Silva, Jorge Katsumi Niyama, organizadores. 4. ed. – São Paulo: Atlas, 2017.

Bibliografia.
ISBN 978-85-97-01064-0

1. Contabilidade 2. Contabilidade – Concursos I. Silva, César Augusto Tibúrcio. II. Niyama, Jorge Katsumi.

10-09850

CDD: 657.076

Índices para catálogo sistemático:

1. Contabilidade : Exame de suficiência: Concursos públicos 657.076
2. Exame de suficiência : Contabilidade : Concursos públicos 657.076

Material Suplementar

Este livro conta com o seguinte material suplementar:

- Exercícios resolvidos e comentados em (.pdf) (acesso livre).

O acesso ao material suplementar é gratuito. Basta que o leitor se cadastre em nosso *site* (www.grupogen.com.br), faça seu *login* e clique em GEN-IO, no menu superior do lado direito.

É rápido e fácil. Caso tenha dificuldade de acesso, entre em contato conosco (sac@grupogen.com.br).

Sumário

Apresentação

Há mais 10 (dez) anos, a Editora Atlas lançou o livro *Exame de suficiência em contabilidade*, organizado pelos professores César Augusto Tibúrcio Silva, Jorge Katsumi Niyama e Roberto B. Piscitelli. Apesar de defasado, aliado ao fato de o referido Exame ter sido revogado por vários anos, constatamos, surpresos, que a obra ainda era procurada e utilizada por um público bastante amplo.

Em razão disso, decidimos novamente juntar esforços no sentido de produzir esta obra, *Contabilidade para concursos e exame de suficiência,* fruto de esforço coletivo de um grupo de professores do Departamento de Ciências Contábeis e Atuariais da Universidade de Brasília.

Este livro proporciona a cobertura dos aspectos mais relevantes da área contábil, abrangendo conteúdo que engloba desde as noções de contabilidade geral, até conhecimentos específicos, como da contabilidade pública. Seu público-alvo é bastante amplo, incluindo desde o aluno que, no final do seu curso de graduação, deseja fazer uma revisão dos conteúdos ministrados ao longo do curso, passando pelo potencial candidato em processos seletivos, até o profissional que deseja ter uma obra de referência sobre a área contábil.

Em cada capítulo, apresentamos o que é o mais essencial sobre o tema, da forma mais objetiva possível. Além do teor dos capítulos, ao final foram incluídas questões, com as respectivas respostas, de concursos públicos, do exame de suficiência e do ENADE.

Nesta quarta edição, além de incluir questões que foram objeto de exames e concursos realizados de 2013 a 2016, disponibilizamos no *site* do GEN | Atlas, como material complementar ao leitor, todos os exercícios resolvidos e comentados que, entendemos, poderão contribuir para melhor sedimentação dos conhecimentos requeridos nas áreas temáticas deste livro. Finalmente, excluímos o capítulo Controle e Auditoria Governamental, em razão de não integrar o elenco oficial de temas previsto no exame de suficiência do Conselho Federal de Contabilidade e também por inexistirem questões recentes em outros concursos.

Gostaríamos de agradecer às pessoas que ajudaram na elaboração da presente obra. Aos nossos familiares, que sempre apoiam empreitadas como esta, ao Departamento de Ciências Contábeis e Atuariais da UnB, um local profícuo de crescimento intelectual. À Rosana A. T. Silva, que fez uma leitura prévia do material, nossos agradecimentos.

Agradecemos à Editora Atlas e agora também ao GEN pela confiança depositada.

Esperamos que os leitores apreciem a obra, ao tempo em que colocamo-nos à disposição para sugestões e melhorias através de nossos *e-mails*: cesartiburcio@unb.br e jkatsumi@unb.br.

Os Organizadores

Nota sobre os Autores

CLESIA CAMILO PEREIRA

Contadora. Mestre e Doutora em Ciências Contábeis pelo Programa UnB/UFPB e UFRN. Professora do Departamento de Ciências Contábeis e Atuariais da Universidade de Brasília.

DIANA VAZ DE LIMA

Contadora. Mestre em Administração pela UnB. Doutora em Ciências Contábeis pelo Programa UnB/UFPB e UFRN. Professora do Departamento de Ciências Contábeis e Atuariais da Universidade de Brasília. Coautora de *A contabilidade na gestão dos regimes próprios de previdência social* e *Contabilidade pública*, publicados pelo GEN | Atlas.

DUCINELI RÉGIS BOTELHO

Contadora. Mestre e Doutora em Contabilidade pelo Programa UnB/UFPB e UFRN. Professora do Departamento de Ciências Contábeis e Atuariais da Universidade de Brasília.

FÁTIMA DE SOUZA FREIRE

Contadora. Doutora em Economia pela *Université des Sciences Sociales de Toulouse I*, França. Professora dos cursos de Graduação e Pós-graduação do Programa Multi-institucional e Inter-regional de Pós-graduação em Ciências Contábeis da UnB/UFPB e UFRN.

FERNANDA FERNANDES RODRIGUES

Contadora. Mestre e Doutora em Contabilidade pelo Programa UnB/UFPB e UFRN. Professora do Departamento de Ciências Contábeis e Atuariais da Universidade de Brasília.

JOMAR MIRANDA RODRIGUES

Contador. Mestre e Doutor em Contabilidade pelo Programa UnB/UFPB e UFRN. Professor do Departamento de Ciências Contábeis e Atuariais da Universidade de Brasília.

PAULO CÉSAR DE MELO MENDES

Contador. Mestre e Doutor em Ciências Contábeis pelo Programa UnB/UFPB e UFRN. Professor do Departamento de Ciências Contábeis e Atuariais da Universidade de Brasília.

RODRIGO DE SOUZA GONÇALVES

Contador. Mestre em Contabilidade pela Fundação Escola de Comércio Álvares Penteado (UNIFECAP) e Doutor em Contabilidade pelo Programa UnB/UFPB e UFRN. Professor do Departamento de Ciências Contábeis e Atuariais da Universidade de Brasília. Professor e Coordenador do Programa de Pós-Graduação em Ciências Contábeis da Universidade de Brasília (UnB). Autor/coautor dos seguintes livros *Exame de suficiência em contabilidade* e *Teoria avançada da contabilidade*, publicados pelo GEN | Atlas.

1

Contabilidade Geral

Rodrigo de Souza Gonçalves
Fernanda Fernandes Rodrigues

Objetivos

⇨ Discutir os itens que compõem a estrutura do Balanço Patrimonial

⇨ Discutir e apresentar os aspectos de reconhecimento e mensuração dos ativos e passivos

⇨ Apresentar as demonstrações contábeis e sua finalidade

Introdução

As companhias abertas subordinam-se às disposições da Lei 6.404/1976 e suas atualizações, as Leis 11.638/2007 e 11.941/2009. Companhias abertas são as sociedades anônimas que podem negociar seus títulos mobiliários (ações, debêntures) no mercado aberto, desde que devidamente registradas na Comissão de Valores Mobiliários (CVM).

As sociedades de grande porte também devem observar os preceitos dessas leis, de maneira que deverão elaborar suas demonstrações contábeis e submetê-las à auditoria independente, realizada por auditor registrado na Comissão de Valores Mobiliários.

Por sociedade de grande porte a lei conceitua as sociedades ou conjunto de sociedades sob controle comum que, mesmo não constituídas sob a forma de sociedades por ações, possuam, no exercício a que se refira o balanço, um ativo superior a R$ 240.000.000,00 (duzentos e quarenta milhões de reais) ou, alternativamente, receita bruta anual superior a R$ 300.000.000,00 (trezentos milhões de reais).

As demais sociedades sujeitas à tributação do IR com base no Lucro Real também seguem estas leis.

Dessa forma, ao final de cada exercício social, a administração deverá elaborar, com base na escrituração mercantil da companhia, as seguintes demonstrações contábeis, que deverão exprimir com clareza a situação do patrimônio da companhia e as mutações ocorridas no exercício (Lei 6.404/76, art. 176, alterada pela Lei 11.638/07):

I – Balanço Patrimonial (BP);
II – Demonstração dos Lucros e Prejuízos Acumulados (DLPA);
III – Demonstração do Resultado do Exercício (DRE);
IV – Demonstração dos Fluxos de Caixa (DFC);
V – Se companhia aberta, Demonstração do Valor Adicionado (DVA).

As companhias abertas, por determinação da CVM, deverão apresentar no conjunto de suas demonstrações a Demonstração das Mutações do Patrimônio Líquido, em substituição à DLPA (Instrução CVM 59/86). Complementarmente, o Pronunciamento CPC 26 faz menção à necessidade de se apresentar a DMPL, alinhado ao que menciona a CVM, bem como a Demonstração do Resultado Abrangente e as Notas Explicativas.

As companhias fechadas deverão apresentar a Demonstração dos Fluxos de Caixa (DFC) somente quando, à data do balanço, possuírem um patrimônio líquido igual ou superior a R$ 2.000.000,00 (dois milhões de reais).

1 Plano de contas – elaboração e utilização

A Contabilidade tem por objetivo mensurar, registrar e informar os aspectos que envolvem o patrimônio, seja de pessoas físicas ou de pessoas jurídicas (empresas). Tais aspectos devem ser divulgados por meio de relatórios contábeis, que evidenciarão a movimentação ocorrida em um determinado período tanto sob os aspectos quantitativos como qualitativos.

Os aspectos quantitativos dizem respeito à atribuição de valores monetários ou físicos dos elementos sujeitos ao registro contábil. Para tanto, cada item possui peculiaridades que devem ser consideradas de modo individual, sobretudo a partir das alterações na Lei 6.404/76 promovidas nos anos de 2007 (Lei 11.638/07) e 2009 (Lei 11.941/09).

Essas alterações tiveram o intuito de melhor representar os impactos do ambiente econômico no patrimônio das organizações, o que, por sua vez, trouxe maior complexidade e subjetividade na valoração dos elementos que impactam o patrimônio das organizações.

Por sua vez, os aspectos qualitativos são retratados a partir da nomenclatura atribuída a cada item sujeito ao registro pela Contabilidade. É interessante notar que, a partir dessa nomenclatura, bem como sua disposição nos relatórios contábeis, será possível ao usuário, tanto interno como externo, extrair informações que comporão um "painel" que irá subsidiá-lo em seu processo de tomada de decisão.

Dessa forma, é importante a elaboração de um "esqueleto" que norteará o contabilista no momento de efetuar os registros das transações do dia a dia, que é conhecido como plano de contas.

O plano de contas é uma estrutura ordenada de contas patrimoniais e de resultado que representam qualitativamente todas as operações comumente realizadas pela empresa. Seu planejamento deve ser feito a partir de uma análise minuciosa das características da atividade organizacional, bem como das necessidades do usuário das informações, abarcando, como já dito, as contas patrimoniais e as contas de resultado.

- **Contas patrimoniais** – são aquelas que irão compor o Balanço Patrimonial em seu conjunto de origens de recursos (obrigações e patrimônio líquido: natureza credora) e aplicações de recursos (bens e direitos: natureza devedora).
- **Contas de resultado** – são aquelas que irão compor a Demonstração do Resultado do Exercício, representadas por contas de receitas (vendas de mercadorias e/ou prestação de serviços) e por contas de despesas (vendas, financeiras, gerais e administrativas), que, quando confrontadas, irão produzir o lucro ou prejuízo do exercício.

As contas de receitas possuem como característica o aumento do lucro ou diminuição do prejuízo (natureza credora); já as contas de despesas diminuem o lucro ou aumentam o prejuízo (natureza devedora).

Sob o aspecto prático, o plano de contas deve possuir contas que, além de refletirem com fidedignidade as operações da empresa, devem identificar e representar com clareza e objetividade tais operações, para que não haja dúvidas no momento de seu registro. Ainda sob este aspecto, o plano de contas deve, no caso das contas patrimoniais, estar disposto em uma ordem decrescente de liquidez, como preceitua o artigo 178 da Lei 6.404/76:

> Art. 178. No balanço, as contas serão classificadas segundo os elementos do patrimônio que registrem, e agrupadas de modo a facilitar o conhecimento e a análise da situação financeira da companhia.

§ 1º No ativo, as contas serão dispostas em ordem decrescente de grau de liquidez dos elementos nelas registrados.

Ainda, para resguardar o poder informativo dos relatórios contábeis que são gerados a partir da estrutura do plano de contas, a lei societária ressalva que é vedada a utilização de termos considerados genéricos, tais como *diversas contas* (Lei 6.404/76, art. 176, § 2º).

Por sua vez, entende-se a necessidade do agrupamento de contas de mesma natureza nas contas denominadas sintéticas, permitindo assim, ao usuário, a análise sumarizada de um determinado tópico sem a necessidade de visualizar diversas contas que são comuns entre si.

Para maior esclarecimento, o Quadro 1.1 exemplifica essa disposição, partindo-se de contas sintéticas até a do último nível, denominada como conta analítica, a qual será utilizada para receber o lançamento contábil (registro).

Quadro 1.1 *Disposição das contas sintéticas para a conta analítica.*

1 Ativo	Conta sintética
1.1 Ativo Circulante	Conta sintética
1.1.1 Disponível	Conta sintética
1.1.1.1 Caixa	Conta analítica
1.1.1.2 Banco X	Conta analítica

Como se pode notar no Quadro 1.1, o ativo representa de modo mais sintético possível o conjunto das contas ora elencadas, sendo o disponível aquele que passa a representar sinteticamente as contas Caixa e Banco X.

Vale lembrar que não seria admitida a criação de uma conta denominada, por exemplo, "bancos diversos" para o registro de inúmeras contas bancárias existentes em mais de um banco, pois, além de ir contra ao que preceitua a legislação societária, há uma perda significativa na informação gerada.

No caso das contas analíticas ora demonstradas – Caixa e Banco X –, elas passam a receber todos os lançamentos por ocasião de sua movimentação, tanto a débito como a crédito (tal mecanismo será exemplificado no item 2 deste capítulo).

2 Balanço patrimonial – estrutura e finalidade

O Balanço Patrimonial é uma demonstração contábil prevista na lei societária em seu artigo 176, item I, e contempla todas as operações ocorridas em uma empresa, seja entre contas patrimoniais ou entre contas patrimoniais e de resultado.

O Balanço Patrimonial, composto pelo ativo que representa as aplicações de recursos (bens e direitos) e pelo passivo e patrimônio líquido que representam as origens de recursos (obrigações), é um dos mais valiosos relatórios gerados pela Contabilidade, uma vez que por meio dele o usuário poderá saber, a qualquer instante, a situação e a composição do patrimônio.

O Quadro 1.2 demonstra a disposição do Balanço Patrimonial que, em seu lado direito, possui as origens de recursos que são aplicados no ativo por meio de bens e direitos.

Quadro 1.2 *Balanço Patrimonial.*

Ativo	**Passivo + Patrimônio Líquido**
Bens e Direitos (Aplicações de Recursos)	Obrigações (Origens de Recursos)

O ativo, portanto, representará toda aplicação dos recursos que, a partir de seu gerenciamento, se espera resultar em geração de benefícios econômicos futuros; em sentido *strictu*, é a geração de fluxos de caixa.

O ativo é composto por bens (caixa, mercadorias, terrenos, imóveis, entre outros) e por direitos (bancos, duplicatas, notas promissórias, investimentos, entre outros), que por sua vez "devem" sua existência ao passivo e patrimônio líquido (origem de recursos).

O passivo e patrimônio líquido, por sua vez, representará toda origem dos recursos, seja oriunda de capital de terceiros (empréstimos, financiamentos, fornecedores) ou de capital próprio (acionistas ou sócios), cada qual exigindo uma taxa de retorno pela cessão dos recursos entregue à empresa, e nesse sentido, possuem natureza credora.

- **Bens e direitos** – caixa, bancos, aplicações financeiras, mercadorias, duplicatas a receber, investimentos em outras empresas, imóveis, veículos, terrenos, licenças, direitos autorais, *goodwill*, marcas, adiantamento a fornecedores, tributos a recuperar, empréstimos a receber, prêmio de seguros a apropriar.
- **Obrigações (capital de terceiros)** – empréstimos e financiamentos bancários, fornecedores, obrigações fiscais, salários a pagar. Observe que todos esses itens possuem uma data pré-estipulada para liquidação (vencimento).
- **Obrigações (capital próprio)** – composto pelas contas de patrimônio líquido (capital social, ajustes de avaliação patrimonial e reservas), as quais não possuem como característica a liquidação, isto é, não há uma data de vencimento como é característico nos recursos obtidos por terceiros.

Os recursos oriundos de sócios ou acionistas devem ser classificados no patrimônio líquido, uma vez que, em uma eventual dissolução patrimonial, retornarão a estes que os aportaram, bem como eventuais retenções de lucros. Dessa forma, o patrimônio líquido pode ser representado pela seguinte equação:

Patrimônio Líquido = Bens + Direitos – Obrigações com Terceiros

À medida que o conjunto de bens e direitos (ativo) superar as obrigações (passivo), maior será o patrimônio líquido, composto pelo capital cedido pelos sócios e eventuais retenções de resultados positivos (lucros), ou pela compensação de resultados negativos (prejuízos). É importante ressaltar que além do capital cedido pelos sócios e as reservas, o patrimônio líquido apresenta a conta – ajustes de avaliação patrimonial – que abriga as contrapartidas por aumento ou diminuição de ativos e passivos mensurados a valor justo enquanto não reconhecidos no resultado do exercício.

O capital social, por sua vez, é considerado uma conta sintética que, em princípio, não é utilizada como conta para lançamento, atribuição das contas analíticas. Nesse caso, as contas analíticas que fazem parte do capital social são: capital subscrito e capital a integralizar.

- **Capital subscrito** – é uma conta analítica e representa a quantia registrada no contrato social (empresas de capital fechado) ou estatuto social (empresas de capital aberto) e que não foi necessariamente aportada ou integralizada em sua totalidade. Possui natureza credora.
- **Capital a integralizar** – é uma conta analítica e redutora de patrimônio líquido, e representa a quantia que ainda será objeto de aporte ou integralização por parte dos sócios ou acionistas. Possui natureza devedora.
- **Capital social** – é uma conta sintética e representa o valor efetivamente aportado pelos sócios ou acionistas. Seu saldo é obtido pela diferença entre capital subscrito e capital a integralizar. Possui natureza credora.

Considere o seguinte exemplo: a empresa JJ Empreendimentos Ltda. foi constituída no dia 01/01/X1 a partir do investimento de seus sócios João e José no valor de $ 2.000,00 em dinheiro. Sabendo-se que, antes da entrega dos recursos, os sócios subscreveram o capital social por meio do contrato social, como poderia ser demonstrado o patrimônio e o patrimônio líquido da empresa JJ Empreendimentos Ltda. nessa data?

1. *Pela subscrição do capital no momento da assinatura do contrato ou estatuto social*

Quadro 1.3 *Balanço Patrimonial – JJ Empreendimentos Ltda. em 01/01/X1 – pela subscrição do capital.*

Ativo		Passivo + Patrimônio Líquido	
Caixa	$ 0,00	**Capital Social**	**$ 0,0**
		Capital Subscrito	$ 2.000,00
		(–) Capital a Integralizar	($ 2.000,00)
Total do Ativo	**$ 0,00**	**Total do Passivo**	**$ 0,00**

(Aplicações de Recursos) (Origens de Recursos)

Observe que o capital social – resultado da subtração entre capital subscrito e capital a integralizar – é igual a zero, pois os sócios ainda não entregaram a quantia ora compromissada em contrato. Apesar disso, os registros contábeis já foram realizados, uma vez que já existe o fato gerador, que é o compromisso via contrato social: os sócios deverão integralizar a quantia de $ 2.000,00.

Além disso, o saldo da conta – capital subscrito – é igual a $ 2.000,00 credor; porém, como tal quantia ainda será integralizada, tem-se o saldo de igual valor para capital a integralizar, $ 2.000,00 devedor.

Mas é possível uma conta de natureza devedora fazer parte do Passivo ou do Patrimônio Líquido? Sim, é possível. Essas contas, denominadas contas redutoras ou retificadoras, têm a função de contrapor ou retificar o saldo da conta, à qual ela está vinculada, reduzindo-a a partir de um lançamento, seja a débito, para retificação do passivo, ou a crédito, para retificação do ativo.

- **Contas retificadoras do ativo** – são contas que reduzem normalmente o lado esquerdo do Balanço Patrimonial (IUDÍCIBUS; MARION; PEREIRA, 2003, p. 53). Exemplos: perdas estimadas para crédito de liquidação duvidosa (PECLD), juros a transcorrer, depreciação acumulada, amortização acumulada, exaustão acumulada.
- **Contas retificadoras de passivo** – são contas que reduzem normalmente o lado direito do Balanço Patrimonial. Exemplos: juros a transcorrer, capital a integralizar, ações em tesouraria.

Em um segundo momento, os sócios integralizaram totalmente o capital compromissado em contrato, em dinheiro. Vale destacar que a Lei 6.404/76, em seu artigo 80, inciso II, estabelece como requisito que no mínimo 10% do capital subscrito sejam integralizados em dinheiro.

2. Pela integralização do capital subscrito no valor de $ 2.000,00 em dinheiro

Quadro 1.4 *Balanço Patrimonial – JJ Emp. Ltda. – 01/01/X1 – pela integralização do capital.*

Ativo		**Passivo + Patrimônio Líquido**	
Caixa	$ 2.000,00	**Capital Social**	**$ 2.000,00**
		Capital Subscrito	$ 2.000,00
		(–) Capital a Integralizar	($ 0,00)
Total do Ativo	**$ 2.000,00**	**Total do Passivo + PL**	**$ 2.000,00**
(Aplicações de Recursos)		(Origens de Recursos)	

Observe que, no momento da integralização do valor total compromissado, o saldo da conta – capital a integralizar – ficou igual a zero. Isso faz sentido, porque os sócios saldaram o que haviam prometido. Por outro lado, há saldos tanto na conta Capital Subscrito como na conta Capital Social.

Esses saldos existem porque o capital subscrito é uma conta analítica, isto é, usada para se fazer o lançamento contábil, enquanto o capital social é uma conta sintética, que exprime o resultado da diferença entre capital subscrito (credor) e capital a integralizar (devedor).

Note que, em todos os passos demonstrados, o saldo do Ativo total é exatamente o mesmo do Passivo total. Isso se deve ao mecanismo contábil conhecido como método das partidas dobradas, que "determina que cada operação contábil dá origem a um lançamento duplo: débito e crédito [...] não há débito sem crédito" (IUDÍCIBUS; MARION; PEREIRA, 2003, p. 149).

Uma vez compreendido o funcionamento e estrutura geral do Balanço Patrimonial, é importante destacar que ele deve estar disposto por contas a partir de uma ordem decrescente de liquidez (Lei 6.404/76, art. 178, § 1º), podendo ser representado conforme a seguir.

Balanço Patrimonial

Quadro 1.5 *Balanço Patrimonial – detalhamento dado pelo artigo 178 da Lei 6.404/76.*

Ativo	Passivo + Patrimônio Líquido
Ativo Circulante **Ativo não Circulante** • **Ativo Realizável a Longo Prazo** • **Investimentos** • **Imobilizado** • **Intangível**	**Passivo Circulante** **Passivo não Circulante** **Patrimônio Líquido** • **Capital Social** • **Reservas de Capital** • **Ajustes de Avaliação Patrimonial** • **Reservas de Lucros** • **Ações em Tesouraria** • **Prejuízos Acumulados**
Total do Ativo	**Total do Passivo + Patrimônio Líquido**

Sumariamente, a estrutura atualmente proposta, introduzida pela Lei 11.941/2009, traz modificações importantes se comparada com a estrutura anterior a ela.

Pelo lado ativo, foram excluídos: (a) Ativo Permanente; e (b) Ativo Diferido.

Enquanto isso, pelo lado do passivo, foram excluídos: (a) Exigível a Longo Prazo; (b) Resultado de Exercícios Futuros; (c) Reserva de Reavaliação; e (d) Lucros Acumulados.

Em relação à conta Lucros Acumulados, importa destacar que, ao ser destinada para as contas pertencentes à reserva de lucros e ainda possuir um saldo residual, deve-se deliberar sobre como será aplicado o excesso, seja pela integralização (aumento do capital social) ou, ainda, na distribuição de dividendos.

Quanto às inclusões pelo lado do ativo, tem-se o reconhecimento do ativo intangível e, no patrimônio líquido, a adição da conta de Ajustes de Avaliação Patrimonial.

O ativo circulante é composto pelas disponibilidades (caixa, bancos e aplicações de liquidez imediata), pelos direitos realizáveis no curso do exercício social subsequente (clientes, outros créditos e investimentos temporários e estoques) e as aplicações de recursos em despesas do exercício seguinte (despesas pagas antecipadamente).

A ideia de circulante, como propõe a lei societária, ao mencionar no curso do exercício social subsequente, é a de que as contas que o compõem sejam carregadas somente de valores que se transformarão em fluxo de caixa ou que serão utilizados na atividade, no prazo máximo de um ano após o término do exercício ora demonstrado.

No artigo 179 da lei societária, o critério do que venha a ser circulante muda à medida que o ciclo operacional seja superior ao exercício social, tomando-se por base, portanto, o período do então ciclo operacional.[1] Tais critérios são igualmente válidos para o passivo circulante.

O ativo não circulante é composto pelas contas cuja realização seja superior ao término do exercício social subsequente ou o ciclo operacional, sendo elas: Ativo Realizável a Longo Prazo, Investimentos, Imobilizado e Intangível.

O Ativo Realizável a Longo Prazo é composto pelos direitos realizáveis após o término do exercício seguinte, tais como resultante de vendas (duplicatas a receber), adiantamentos ou empréstimos a sociedades coligadas ou controladas, diretores, acionistas ou participantes no lucro da companhia, que não constituírem negócios usuais na exploração do objeto da companhia (Lei 6.404/76, art. 179, inciso II).

No caso de adiantamentos ou empréstimos a pessoas ligadas à empresa, como mencionado, ainda que estes direitos possuam um prazo de recebimento compreendido como circulante (um ano), eles deverão ser, obrigatoriamente, classificados como realizáveis a longo prazo.

Em Investimentos serão classificadas as participações permanentes em outras sociedades e os direitos de qualquer natureza, não classificáveis no ativo circulante, e que não se destinem à manutenção da atividade da companhia ou da empresa, tais como ações de outras empresas não destinadas para venda e imóveis para renda.

No Imobilizado, os direitos que tenham por objeto bens corpóreos destinados à manutenção das atividades da empresa ou exercidos com essa finalidade, inclusive os decorrentes de operações que transfiram à companhia os benefícios, riscos e controle desses bens (Lei 6.404/76, art. 179, Inciso IV).

No intangível, os direitos que tenham por objeto bens incorpóreos destinados à manutenção da companhia ou exercidos com essa finalidade, inclusive o fundo de comércio adquirido (Lei 6.404/76, art. 179, Inciso VI).

A partir da estrutura apresentada, tais itens serão abordados com maior detalhamento desde os critérios para seu reconhecimento e mensuração, bem como lançamentos e evidenciação.

---

1 Ciclo operacional – representa o período que a empresa leva para transformar seus recursos em fluxo de caixa, contado a partir da aquisição de produtos, passando pela sua venda e o efetivo recebimento. Também conhecido como a soma do prazo médio de rotatividade dos estoques (PMRE) mais o prazo médio de recebimento de vendas (PMRV), ou Ciclo Operacional = PMRE + PMRV.

2.1 *Disponível*

O disponível deve representar as contas que possuem maior liquidez no ativo. Seu conteúdo é normalmente formado por: caixa, banco e aplicações financeiras de liquidez imediata. Quanto a essa última conta, consideram-se liquidez imediata os títulos e aplicações financeiras cujo resgate se dê em um período de até 90 dias da data do levantamento do balanço e "sujeitos a um insignificante risco de mudança de valor" (MARTINS et al., 2013, p. 55).

- **Caixa** – representa os valores que estão fisicamente em posse da empresa, tais como dinheiro e cheques recebidos, porém não depositados. Sob o ponto de vista contábil, o caixa tem natureza devedora, por representar uma aplicação de recursos; logo, o saldo desta conta, enquanto dispuser de valores, deverá ser devedor. Ao passo que, se tais recursos forem utilizados, as contrapartidas de seu lançamento deverão ser realizadas a crédito, podendo-se chegar ao ponto de não haver saldo. Nesse caso, seu saldo deverá ser igual a zero e, em hipótese alguma, credor.

Por exemplo: a empresa JJ Empreendimentos Ltda., após a integralização do capital em dinheiro, realizou (fato 1) a compra de mercadorias para revenda no valor de $ 500,00. O lançamento poderia ser assim representado nos razonetes ou contas.

Caixa			Mercadorias	
SI 2.000,00	500,00	1	1 500,00	
2.000,00	500,00		500,00	0,00
SF **1.500,00**			SF **500,00**	
Débito	**Crédito**		**Débito**	**Crédito**

SI – saldo inicial
SF – saldo final

- **Conta T** – denominação adotada para a representação de contas contábeis em forma de razonetes, na forma de letra T (IUDÍCIBUS; MARION; PEREIRA, 2003, p. 53). A ideia para a realização dos lançamentos nas contas T é a mesma já representada no Balanço Patrimonial: lado direito – recebe os lançamentos a crédito; lado esquerdo – recebe os lançamentos a débito.

O saldo de $ 2.000,00 na conta Caixa representa a entrada de recursos pela integralização do capital, lançado no lado esquerdo da conta T, uma vez que o caixa possui natureza devedora. À medida que os recursos são utilizados, os lançamentos contra essa conta devem ser feitos do lado direito, a crédito, como demonstrados no fato descrito: compra de mercadorias.

Enquanto o lançamento pela saída de recursos no caixa foi a crédito, sua contrapartida na conta Mercadoria, cuja natureza é devedora, foi realizado a débito (lado esquerdo da conta T), representando a igualdade nos valores tanto a débito como a crédito.

Ao final tem-se na conta caixa um total de $ 2.000,00 a débito contra um total de $ 500,00 a crédito, resultando em um saldo final de $ 1.500,00 a débito ($ 2.000,00 – $ 500,00), e na conta mercadorias a quantia de $ 500,00 a débito.

- **Banco** – representa a quantia de recursos entregues pela empresa a uma instituição financeira da qual é cliente, mediante comprovante, o qual lhe confere o direito de restituição. Para Martins et al. (2013, p. 56), esta conta pode ser criada com finalidades diversas, tais como:
  a) conta movimento ou depósitos sem limite – representam as contas destinadas à movimentação dos recursos para finalidades gerais, como pagamento a fornecedores e despesas em geral;
  b) contas especiais para pagamentos específicos – representam contas destinadas às movimentações previamente conhecidas como o pagamento de folha de pessoal;
  c) contas especiais de cobrança – representam contas destinadas ao controle e recebimento de títulos emitidos com a finalidade de cobrança, tais como duplicatas. A abertura de contas específicas como esta facilita a identificação e controle dos títulos emitidos, permitindo uma agilidade maior no momento de realizar a conciliação bancária.

Conciliação bancária é um procedimento cujo objetivo é conferir se todos os dados registrados na Contabilidade estão em conformidade com os registros elaborados pelo banco, normalmente informados por meio de extratos.

A conta Banco possui natureza devedora, portanto, à medida que forem realizados os depósitos, os lançamentos contábeis deverão efetuar registros a débito; e, à medida que forem realizados saques, compensação de cheques emitidos ou qualquer pagamento contra ordem bancária, deverão ser efetuados registros a crédito.

Como forma de exemplificar esses lançamentos, considere que a empresa JJ Empreendimentos tem, no caixa, saldo igual a $ 1.500,00. Como medida de segurança, realizou o depósito total desses recursos na conta corrente aberta no Banco M (fato 2). Logo em seguida, de posse do seu talão de cheques, comprou um computador no valor de $ 600,00, com a emissão do cheque nº 001 (fato 3).

Caixa	
SA 1.500,00	1.500,00 2
1.500,00	1.500,00
SF **0,00**	
Débito	**Crédito**

Banco M	
2 1.500,00	600,00 3
1.500,00	600,00
SF **900,00**	
Débito	**Crédito**

Computadores	
3 600,00	
600,00	0,00
SF **600,00**	
Débito	**Crédito**

SA – saldo anterior
SF – saldo final

Observe que o saldo da conta Caixa ficou "zerado", pois é isso que ocorre quando todo dinheiro disponível nesta conta é aplicado em outros recursos, seja para aquisição de bens ou pagamento de obrigações ou despesas. Por isso, tal conta não deverá, sob hipótese alguma, ter saldo credor, isto é, um saldo "negativo".

Enquanto a conta Caixa possui essa peculiaridade, a conta Banco, por sua vez, pode sim ficar "credora", ou seja, com o saldo negativo. Nessa situação, o saldo credor deverá ser registrado como uma conta passiva, uma vez que passa a representar uma obrigação da empresa para com a instituição financeira, semelhante a um empréstimo.

- **Aplicação financeira (equivalentes caixa)** – são classificadas como aplicação financeira no disponível as quantias transferidas para contas que remunerem tais valores, cuja disponibilização de seu valor para resgate esteja sujeito a um insignificante risco de mudança de valor (Pronunciamento CPC 03). Para Martins et al. (2013, p. 55), enquadram-se nesse contexto as aplicações financeiras cujo prazo para resgate seja inferior a 90 dias.

A empresa JJ Empreendimentos, ao perceber que poderia auferir algum rendimento da quantia que está depositada em conta corrente, decidiu transferir $ 500,00 para uma aplicação financeira, com prazo de resgate igual a 30 dias (fato 4).

Banco M	
SA 900,00	500,00 4
900,00	500,00
SF **400,00**	
Débito	**Crédito**

Aplicação Financeira	
4 500,00	
500,00	0,00
SF **500,00**	
Débito	**Crédito**

SA – saldo anterior
SF – saldo final

Apesar de a aplicação financeira ter um rendimento que incide sobre as quantias depositadas, esse rendimento, por sua vez, somente será reconhecido no momento em que houver fato gerador para tal, isto é: na data do depósito não há que se registrar qualquer valor a título de receita financeira.

Além disso, a aplicação financeira deve estar destacada em título contábil separado do saldo existente na conta corrente, sendo, neste exemplo, a quantia de $ 500,00 em aplicação financeira e, para o Banco M, a quantia de $ 400,00, ambos os valores a débito.

A partir dos fatos ocorridos desde a sua constituição até o momento, o Balanço Patrimonial da JJ Empreendimentos Ltda. poderia ser assim elaborado e evidenciado:

Quadro 1.6 *Balanço Patrimonial – JJ Empreendimentos Ltda. ao final do período.*

Ativo		Passivo	
Ativo Circulante	**$ 1.400,00**	**Passivo Circulante**	**$ 0,00**
Disponível	**$ 900,00**		
Caixa	$ 0,00		
Banco M	$ 400,00		
Aplicação Financeira	$ 500,00		
Estoques	**$ 500,00**	**Passivo não Circulante**	**$ 0,00**
Mercadorias	$ 500,00	**Patrimônio Líquido**	**$ 2.000,00**
Ativo não Circulante	**$ 600,00**	**Capital Social**	**$ 2.000,00**
Imobilizado	**$ 600,00**	Capital Subscrito	$ 2.000,00
Computadores	$ 600,00	(–) Capital a Integralizar	($ 0,00)
Total do Ativo	**$ 2.000,00**	Total do Passivo	**$ 2.000,00**

2.2 Clientes

A conta Clientes é uma conta sintética que representa normalmente os direitos a receber decorrentes da atividade operacional da empresa. Geralmente faz parte de um grupo denominado Contas a Receber.

As duplicatas a receber são utilizadas como uma conta analítica, a qual recebe os lançamentos contábeis oriundos das vendas a prazo. Tais operações originam-se das transações comerciais realizadas pela empresa, as quais estão intimamente relacionadas com a sua atividade operacional.

- **Duplicata** – título emitido por uma empresa que corresponde a um crédito – venda de produtos/mercadorias ou serviços (IUDÍCIBUS; MARION; PEREIRA, 2003, p. 90).

A emissão das duplicatas é efetuada no ato da realização da receita, que, por sua vez, ocorre a partir do momento da transferência do direito de propriedade. A transferência do direito de propriedade normalmente ocorre na entrega do bem ora transacionado, que pode ser feito sob a responsabilidade do vendedor ou do comprador.

Segundo o Pronunciamento Técnico CPC 30 (R1) – Receitas, em seu parágrafo 14, o reconhecimento de receita da venda de bens ocorrerá quando forem satisfeitas as seguintes condições:

a) a entidade tenha transferido para o comprador os riscos e benefícios mais significativos inerentes à propriedade dos bens;
b) a entidade não mantenha envolvimento continuado na gestão dos bens vendidos em grau normalmente associado à propriedade nem efetivo controle de tais bens;
c) o valor da receita possa ser confiavelmente mensurado;
d) for provável que os benefícios econômicos associados à transação fluirão para a entidade; e
e) as despesas incorridas ou a serem incorridas, referentes à transação, possam ser confiavelmente mensuradas.

Os primeiros itens dizem respeito à transferência de propriedade, que devem ser analisados para que a receita seja reconhecida.

Os itens *c* e *e* estão relacionados à confiabilidade da transação, a qual deve possuir bases necessárias para a verificabilidade dos valores atribuídos à transação, enquanto que o item *d* preocupa-se em relacionar se a referida receita está acobertada por uma probabilidade de que tais valores sejam recebidos pela empresa. De modo análogo à venda de bens, o referido pronunciamento também estabelece as condições para o reconhecimento da receita na prestação de serviços, em seu parágrafo 20.

No que diz respeito à avaliação de tais direitos, a lei societária, em seu artigo 183, item *b*, estabelece que eles sejam avaliados pelo valor de emissão, que pode ainda ser atualizado conforme disposições contratuais e ajustado ao valor provável de realização, quando este for inferior. Esse tipo de ajuste deve ser realizado por meio das perdas estimadas.

- **Perdas estimadas** – estimativas que reduzem o ativo e que representam perdas pela redução da expectativa da geração de benefícios futuros à entidade que possui o controle do referido bem ou direito.

Em termos práticos, as perdas estimadas são constituídas para aferir com maior confiabilidade os valores registrados no ativo. Neste caso as perdas estimadas buscam ajustar o bem ou direito a partir de uma redução de valor em decorrência de mudanças ambientais que provocaram tal revisão. Para as duplicatas a receber, a conta que busca ajustar a referida conta é a Perdas Estimadas para Créditos de Liquidação Duvidosa (PECLD), que será constituída à medida que houver dúvidas quanto ao recebimento dos títulos de crédito emitidos. As Perdas Estimadas para Créditos de Liquidação Duvidosa é considerada uma conta redutora de duplicatas a receber e, portanto, possui natureza credora. Sua contrapartida é uma conta de despesas com vendas (natureza devedora), conforme discriminado a seguir:

Constituição das Perdas Estimadas para Crédito de Liquidação Duvidosa

D: Despesa com Perdas Estimadas para Crédito de Liquidação Duvidosa (conta de despesas)

C: Perdas Estimadas para Crédito de Liquidação Duvidosa (passivo)

A constituição da referida conta deve ser feita a partir de uma análise da carteira de títulos de crédito emitidos para identificar a probabilidade de inadimplência de cada cliente, considerando-se o perfil desse cliente e seu histórico, permitindo assim o estabelecimento de um percentual estimado de perda para uma determinada carteira de crédito. Importa ressaltar que, a partir da adoção às Normas Internacionais de Contabilidade, ocorrida a partir de 2010 nos balanços consolidados, a referida conta deve ser constituída a partir da perda incorrida. Martins et al. (2013, p. 64) asseveram que a constituição dessa estimativa ocorre somente na ocorrência de "inadimplências já existentes, atrasos fora do normal já ocorridos, notícias já veiculadas de falências, recuperação judicial".

No Balanço Patrimonial, a constituição das perdas estimadas poderia ser assim representada:

Quadro 1.7 *Disposição das contas duplicatas a receber e PECLD.*

1 Ativo	Conta sintética
1.1 Ativo Circulante	Conta sintética
1.1.1 Disponível	Conta sintética
1.1.2 Clientes	Conta sintética
1.1.2.1 Duplicatas a receber	Conta analítica
1.1.2.9 (–) Perdas Estimadas para Créditos de Liquidação Duvidosa	Conta analítica

Note que a disposição da numeração para as Perdas Estimadas para Créditos de Liquidação Duvidosa foi atribuída como exemplo – 1.1.2.9 – feito propositalmente, uma vez que entre esta conta e a conta Duplicatas a Receber poderão estar dispostas outras, como, por exemplo, Notas Promissórias a Receber.

Sob o aspecto fiscal, as perdas estimadas não são dedutíveis. Para que a referida perda passe a ser dedutível, deverão ser observadas as regras dispostas no artigo 340 do Regulamento do Imposto de Renda (RIR/99).

Desse modo, em virtude das peculiaridades resultantes da legislação fiscal, como é o caso da dedutibilidade das Perdas Estimadas para Créditos de Liquidação Duvidosa, o plano de contas poderá ser elaborado com contas que evidenciem se a mesma já foi objeto de dedução fiscal ou não.

Além do ajuste promovido pelas Perdas Estimadas para Crédito de Liquidação Duvidosa, o artigo 183, inciso VIII, da lei societária menciona que os valores classificados no circulante (a exemplo das duplicatas a receber), deverão ser ajustados a valor presente quando houver efeito relevante.

O ajuste a valor presente contribui à medida que promove uma informação mais acurada, permitindo melhor inferência acerca de eventos futuros por parte do usuário.

Quanto à determinação do que vem a ser "efeito relevante", abre a discricionariedade para que o profissional contábil determine o ajuste de créditos a valor presente ou não, destacando que o Pronunciamento CPC 12: Ajuste a Valor Presente menciona que a decisão pela não contabilização de tais efeitos deverá estar documentada a partir de cálculos e seus respectivos efeitos.

Sob esse aspecto, Martins et al. (2013, p. 113) mencionam que, "nas transações comerciais a curto prazo (30 a 90 dias de prazo de vencimento, como regra geral, mas não tomada ao pé da letra), os juros embutidos tendem a ser de menor proporção e, dessa forma, é mais aceitável o registro das vendas e contas a receber a prazo, pelo valor faturado, porém essa simplificação deve ser realizada apenas quando o efeito do ajuste a valor presente não for relevante". Adicionalmente, é relevante destacar o que preceitua o Pronunciamento CPC 00 acerca das características qualificativas da informação contábil, na qual esta não deve conter viés. Desse modo, ainda que a transação esteja compreendida no período ora mencionado, contudo, a não realização do ajuste a valor presente trouxer prejuízos (viés) na análise do usuário externo, o ajuste a valor presente deverá ser realizado.

Outra conta importante que está atrelada às duplicatas a receber é Duplicatas Descontadas. As duplicatas descontadas decorrem da negociação de um título de crédito com uma instituição financeira que antecipa, mediante cobrança de juros e despesas bancárias, o valor correspondente do título. Geralmente, esse tipo de transação é realizado para o suprimento do capital circulante líquido, também conhecido como capital de giro. Em razão de sua essência, essa transação poderá ser registrada como um passivo.

Considere o seguinte exemplo: a empresa JJ Empreendimentos Ltda. possui como duplicatas a receber a quantia de \$ 2.000,00. Necessitando de recursos financeiros para saldar algumas despesas operacionais, o sócio José foi até o Banco M e descontou $ 1.000,00 de seus títulos. Por sua vez, como o título possuía vencimento para somente daqui a dois meses, foi cobrado antecipadamente a quantia de $ 150,00 de juros, além de $ 25,00 como tarifa para cobertura da operação.

Antes de ilustrar os lançamentos, cabe destacar dois pontos importantes: (1) os juros cobrados antecipadamente referem-se a despesas financeiras que ainda serão incorridas e, por essa característica, deverão ser registrados como uma conta redutora de passivo, denominada *Juros a Transcorrer*; (2) a tarifa cobrada pelo serviço bancário deverá ser reconhecida como despesa no resultado do exercício, uma vez que se refere à cobrança de uma operação financeira realizada.

Desse modo, a operação de desconto de duplicatas assim ficaria representada:

Duplicatas a Receber

Débito	Crédito
2.000,00	
2.000,00	
SF **2.000,00**	

Duplicatas Descontadas

Débito	Crédito
	1.000,00
	1.000,00
	1.000,00 SF

Banco M

Débito	Crédito
825,00	
825,00	
SF **825,00**	

Juros a Transcorrer
(conta redutora de passivo)

Débito	Crédito
150,00	
150,00	
SF **150,00**	

Despesas Bancárias
(resultado do exercício)

Débito	Crédito
25,00	
25,00	0,00
SF **25,00**	

Observe que o valor lançado a crédito em duplicatas descontadas é equivalente ao valor total dos títulos descontados, enquanto o valor da entrada de recursos em conta corrente representado pela conta Banco M é igual a $ 825,00, que equivale ao total dos títulos, menos os descontos sofridos por ocasião dos juros cobrados antecipadamente (juros a transcorrer – $ 150,00 – conta redutora – de passivo) e das despesas bancárias ($ 25,00 – conta de resultado).

Ao considerar as duplicatas descontadas como uma obrigação e assim reconhecê-la no passivo, esta ficará assim representada:

Quadro 1.8 *Disposição das contas duplicatas descontadas.*

Passivo		
Passivo Circulante Empréstimos e Financiamentos Duplicatas Descontadas (-) Juros a transcorrer	 $ 1.000,00 ($ 150,00)	$ 850,00

Já pelo lado do ativo circulante, este será representado pela soma do Disponível (Bancos – $ 825,00) e Clientes ($ 2.000,00). No que diz respeito ao valor do Ativo Circulante de $ 2.825,00, ele já representa o efeito da redução gerada pela despesa bancária por ocasião da transação financeira, bem como a retenção dos juros cobrados na operação e que serão alocados nos resultados à medida que forem transcorridos.

2.3 Outros créditos

Disposto logo após Clientes, o item Outros Créditos representa créditos que a empresa possui, porém, geralmente, não oriundos da atividade operacional (MARTINS et al., 2013).

Sua avaliação e classificação seguem o mesmo procedimento empregado para Clientes, onde deverão ser registrados pelo seu valor líquido de realização e, no Ativo Circulante, se o prazo de sua realização for compreendido até o fim do exercício social subsequente.

Algumas contas merecem especial atenção na composição dos outros créditos, tais como Títulos a Receber; Cheques em Cobrança; Dividendos a Receber; Adiantamentos a Terceiros; Tributos a Recuperar.

1. ***Títulos a Receber*** – essa conta pode abranger as operações a prazo oriundas, por exemplo, da venda de investimentos ou de bens do ativo imobilizado. Além desses itens, poderão constar em títulos a receber as renegociações realizadas com clientes oriundas de duplicatas não liquidadas, bem como empréstimos a terceiros.
2. ***Cheques em Cobrança*** – nessa conta, deverão constar os cheques recebidos por ocasião da venda, porém ainda não compensados, seja pela impossibilidade em decorrência da data estipulada para tal, seja pelo fato de o mesmo não ter fundos no momento que for depositado.
3. ***Adiantamentos a Terceiros*** – os adiantamentos a terceiros ocorrem por natureza diversa, como, por exemplo: adiantamento a empregados – poderá ser em virtude de antecipação de verbas trabalhistas (salário do mês, férias com adicional de 1/3, 13º salário) ou ainda antecipa-

ções necessárias para o desempenho funcional, como adiantamentos para viagens.

4. ***Tributos a Recuperar*** – as empresas, em suas operações, podem recuperar tributos que decorrem das mais diversas operações, tais como compra de produtos, prestação de serviços, receita de aplicação financeira, entre outras.

Dentre os principais tributos sujeitos à recuperação pelas empresas estão: IPI – Imposto sobre Produtos Industrializados; ICMS – Imposto sobre Operações Relativas à Circulação de Mercadorias e Prestações de Serviços de Transporte Interestadual e Intermunicipal e de Comunicação; PIS – Programa de Integração Social; COFINS – Contribuição para o Financiamento da Seguridade Social, entre outros.

Para que tais tributos sejam recuperados ou compensados pelas empresas, há necessidade de ser observado, dentre outros itens, o enquadramento tributário ao qual estão sujeitas.

2.4 Investimentos temporários

Serão classificados neste item – Investimentos Temporários – os valores a título de investimento aplicados pelas empresas cujo prazo de realização seja superior a 90 dias e inferior a 360 dias da data do Balanço (circulante); caso seja superior a esta data, deverão ser classificados no Realizável a Longo Prazo. A característica das contas que compõem este item é o fato de elas terem um prazo para sua realização e intenção, diferentemente dos investimentos permanentes.

- **Investimentos Temporários** – conta do ativo circulante que representa as aplicações realizadas normalmente no mercado financeiro com o excedente do Caixa. São investimentos normalmente realizados por um curto período, pois, tão logo a empresa necessite do dinheiro, ela desfaz-se da aplicação.

A classificação desses investimentos deverá ser feita em função do tipo de investimento, do prazo de resgate; será considerada, ainda, a própria intenção da empresa quanto à época em que pretende resgatar os títulos (IUDÍCIBUS; MARION; PEREIRA, 2003, p. 132).

A composição deste item é diversificada em face dos inúmeros títulos disponíveis no mercado, tais como os de renda fixa (certificados de depósitos bancários emitidos por instituições financeiras; títulos públicos; debêntures) e os de renda variável (ações de sociedades anônimas).

Quanto à sua avaliação, a lei societária, em seu artigo 183, inciso I, estabelece que tais itens (instrumentos financeiros, inclusive derivativos, e direitos e títulos de créditos) deverão ser assim avaliados:

a) **pelo valor justo** – quando se tratar de aplicações destinadas à negociação ou disponíveis para venda, como, por exemplo, investimentos em títulos patrimoniais onde existe um mercado ativo (art. 183, inciso I, letra *a*);
b) **pelo custo amortizado** – no caso das demais aplicações e títulos de crédito, como, por exemplo, os empréstimos, recebíveis e investimentos em títulos não cotados em mercado ativo ou cujo valor não possa ser confiavelmente mensurado, ou investimentos mantidos até o vencimento (art. 183, inciso I, letra *b*, e CPC 38, item 46, incisos *a*, *b* e *c*).

A mensuração dos investimentos temporários, também caracterizados como instrumentos financeiros a valor justo, deverá levar em consideração a característica do título (destinado à negociação ou disponível para venda), bem como a identificação de preços cotados em mercado ativo (CPC 38, item 48).

Entretanto, pelo reconhecimento dos ajustes a valor justo, deve-se destacar que o tratamento contábil para os investimentos denominados como mantidos para negociação ou disponíveis para venda é distinto:

a) **mantido para negociação** – adquirido ou originado principalmente com a finalidade de venda ou de recompra no curto prazo (OCPC 03; Item 7, a (i)), o reconhecimento do valor justo deve ser registrado como Ganhos ou Perdas com ajuste a valor justo, em conta de resultado;
b) **disponíveis para venda** – são aqueles ativos financeiros não derivativos que são designados como disponíveis para venda ou que não são classificados como: (a) empréstimos e recebíveis, (b) investimentos mantidos até o vencimento ou (c) ativos financeiros ao valor justo por meio do resultado (OCPC 03, item 7). As contrapartidas pelo reconhecimento a valor justo devem ser registradas como Ajuste de Avaliação Patrimonial, conta essa de Patrimônio Líquido, introduzida pela Lei 11.638/2007.

Já aqueles denominados como mantidos até o vencimento, empréstimos e recebíveis ou cujo valor não possa ser confiavelmente mensurado a valor justo deverão ser avaliados pelo custo. Tais itens estão mais bem disciplinados nos Pronunciamentos Técnicos CPC 38, 39 e 40, e Orientação Técnica OCPC 03, que tratam do reconhecimento e mensuração, apresentação, e evidenciação dos instrumentos financeiros, respectivamente.

2.5 Estoques

Os estoques, sobretudo nas atividades comerciais e industriais, compõem uma das mais relevantes contas patrimoniais, sendo sua correta apuração um importante item para aferição do resultado do exercício empresarial.

Tal aspecto também é abordado pelo Pronunciamento Técnico CPC 16(R1), o qual menciona que a "questão fundamental na contabilização dos estoques é quanto ao valor do custo a ser reconhecido como ativo e mantido nos registros até que as respectivas receitas sejam reconhecidas". Esse aspecto evidencia o quanto esta conta está intimamente relacionada com a atividade operacional da empresa.

- **Estoque** – são ativos: (a) mantidos para venda no curso normal dos negócios; (b) em processo de produção para venda; ou (c) na forma de materiais ou suprimentos a serem consumidos ou transformados no processo de produção ou na prestação de serviços (CPC 16 (R1), item 6).

A classificação dos produtos contabilizados como estoques dependerá não somente da atividade desenvolvida (comércio ou indústria), mas também do seu estágio de acabamento, no caso da atividade industrial.

Por exemplo: quando uma empresa cuja atividade seja o comércio de materiais de construção adquirir um milheiro de blocos, estes deverão ser classificados como mercadorias para revenda, enquanto que, para uma empresa cuja atividade seja o comércio de móveis de madeira, provavelmente este item refere-se a uma construção em andamento e, portanto, não deverá fazer parte dos estoques dessa empresa.

Ainda vale destacar que, para integrar esta conta, o bem não deverá necessariamente estar de posse da empresa, mas deverá ser identificado o direito de sua propriedade, ou ainda o seu controle.

Dessa forma, apesar de fisicamente ausentes, deverão compor os estoques:

a) mercadorias em trânsito, cuja responsabilidade na entrega é do comprador;

b) mercadorias entregues em consignação, seja porque são encaminhadas como mostruário ou porque dependem de aprovação do cliente para concretização da venda.

Apesar dessa conta normalmente dar a ideia de movimentar somente as mercadorias para revenda, ela também abrange: produtos acabados, matérias-primas, materiais de manutenção, mercadorias consignadas, produtos de almoxarifado, adiantamento a fornecedores.

Os produtos acabados representam mercadorias oriundas de fabricação própria, as quais passaram por um processo interno de transformação e agregação de bens e serviços para que fossem disponibilizadas para venda. Já as mercadorias para revenda são aquelas que não sofrem nenhum processo de transformação por parte do revendedor; são adquiridas na condição necessária para a realização de venda.

As matérias-primas são os itens que irão passar pelo processo de transformação para que resulte o produto acabado. Nesse processo surgirão também os produtos semiacabados, que são aquelas matérias-primas que já sofreram algum tipo de transformação, porém ainda não foram finalizadas para que sejam classificadas enquanto produto acabado.

Avaliação dos estoques

O critério básico para avaliação dos estoques é o custo de aquisição, como preceitua a lei societária em seu artigo 183, inciso II, como o item 9 do Pronunciamento Técnico CPC 16(R1): "os estoques objeto deste Pronunciamento devem ser mensurados pelo valor de custo ou pelo valor realizável líquido, dos dois o menor".

O valor realizável líquido mencionado tanto no pronunciamento CPC como na lei societária (ajustado pela conta - perdas estimadas ao valor realizável líquido, quando este for inferior) se deve ao fato de que o ativo não deve ser escriturado por valores superiores aos quais se espera que seja realizado. Essa situação ocorre pelos mais variados motivos, dentre eles obsolescência – principalmente nos produtos tecnológicos –, avarias ou redução de preço.

Para a constatação da redução nos preços, deverá ser identificado o valor máximo de venda do produto e deduzir todos os gastos necessários para ter o produto em condições de venda bem como aqueles inevitáveis para a realização da venda, tais como tributos. Caso o valor obtido pela subtração entre o valor de venda e os gastos para se concluir e/ou vender o produto for inferior ao valor pelo qual a mercadoria está reconhecida no ativo, deverá se proceder uma perda estimada para redução ao valor realizável líquido.

- **Perdas estimadas para redução ao valor realizável líquido** – conta que se destina a registrar a redução no valor de produtos estocados ao valor realizável líquido, que é obtido pela diferença entre o valor realizável líquido (preço de venda menos os gastos necessários para se vender e/ou concluir o produto) e o custo do produto registrado no ativo.

A referida perda estimada é uma conta redutora de ativo, e sua contrapartida a débito deverá ser uma conta de resultado, como Despesa com Perdas Estimadas para Redução ao Valor Realizável Líquido, constituída no grupo de despesas operacionais. Tal perda estimada não é dedutível para fins fiscais.

A composição do custo dos produtos ou mercadorias registrados em estoque deve "incluir todos os custos de aquisição e de transformação, bem como outros custos incorridos para trazer os estoques à sua condição e localização atuais" (CPC 16(R1), item 10), devendo-se levar em conta:

a) tributos não recuperáveis – na aquisição, os produtos adquiridos sofrem incidência de tributos que, dependendo do regime de tributação da adquirente, não poderão ser recuperados ou compensados posteriormente e, portanto, comporão o custo dos referidos produtos;
b) dispêndios não recuperáveis – frete, seguro, manuseio e outros diretamente atribuíveis à aquisição de produtos acabados, materiais e serviços;
c) custos de transformação – mão de obra direta, depreciação e manutenção de máquinas, equipamentos, instalações fabris, bem como os custos indiretos.

De modo geral, não irão compor o custo da mercadoria ou do produto acabado os gastos realizados após os itens estarem em condições de venda, como armazenamento e comercialização (comissões e frete).

Vale ressaltar que os aspectos aqui abordados não são válidos para o tratamento dos estoques de empresas agrícolas, que possuem como produto os ativos biológicos (vide Pronunciamento Técnico CPC 29 – Ativo Biológico e Produto Agrícola).

Controle de Estoque

Basicamente, o controle do estoque pode ser realizado de forma periódica ou permanente.

O inventário periódico consiste no levantamento físico das quantidades existentes na data do levantamento do balanço por meio da seguinte equação:

CMV = Estoque Inicial + Compras Líquidas do Período – Estoque Final

A partir da equação ora demonstrada, o custo das mercadorias vendidas é apurado pela diferença entre o saldo inicial dos estoques mais as compras realizadas e o saldo final existente.

a) **Custo das Mercadorias Vendidas (CMV)** – conta redutora de receitas e correspondente ao valor pelo qual as mercadorias foram adquiridas até o ponto de venda. No caso das atividades industriais, é denominada Custo dos Produtos Vendidos (CPV); nas atividades de serviços, Custo dos Serviços Prestados (CSP). Da diferença entre Receitas Líquidas e Custo das Mercadorias Vendidas obtém-se o Resultado Bruto, também conhecido como Lucro Bruto.

b) **Compras Líquidas** – total de compras de estoque reduzidas dos descontos comerciais e das devoluções e abatimentos de compras.

O *sistema de inventário periódico* não é o mais aconselhado, sobretudo, sob o ponto de vista do controle físico, uma vez que ele não é capaz de apontar eventuais extravios, além do tempo que será gasto para o levantamento físico de todo o estoque. Tal sistema, dependendo da atividade, torna-se completamente inviável, como, por exemplo, comércio de peças automotivas, supermercados, lojas de departamento etc.

Nesses casos, é altamente aconselhável que as empresas possuam um controle permanente de seus estoques, o qual terá por objetivo o controle diário das entradas e saídas de todos os produtos, mitigando problemas de extravio e aferindo com maior precisão o custo dos mesmos ao final de um determinado período.

No *sistema de inventário permanente*, três métodos poderão ser adotados (PEPS; custo médio ponderado e identificação específica do custo). O modo de apuração por tais critérios são apresentados a seguir:

1. *PEPS* ou *FIFO* – nesse sistema, o controle é realizado a partir da ordem de entrada de mercado, considerando que as primeiras a entrarem no estoque serão as primeiras a serem vendidas, ou seja, Primeiro que Entra, Primeiro que Sai (*FIFO – First-In-First-Out*).

Exemplo: a empresa JJ Empreendimentos Ltda. adquiriu no dia 03/01 a quantia de 20 unidades do produto X pelo valor de $ 10,00 a unidade. No dia 05/01, foram adquiridas mais 15 unidades do produto X pelo valor de $ 12,00 a unidade. No dia 06/01, foram vendidas 30 unidades do referido produto. Qual o custo apurado pelo PEPS e o saldo final do produto X?

Como forma auxiliar, é importante elaborar uma planilha de controle para o produto X (ficha de estoque) e, a partir de cada fato, registrar a movimentação ocorrida.

Quadro 1.9 *Ficha de estoque do produto X pelo sistema PEPS.*

<table>
<tr><th rowspan="3">Data</th><th colspan="3">Entrada</th><th colspan="3">Saída</th><th colspan="3">Saldo</th></tr>
<tr><th rowspan="2">Quant.</th><th colspan="2">Valor</th><th rowspan="2">Quant.</th><th colspan="2">Valor</th><th rowspan="2">Quant.</th><th colspan="2">Valor</th></tr>
<tr><th>Unit. $</th><th>Total $</th><th>Unit. $</th><th>Total $</th><th>Unit. $</th><th>Total $</th></tr>
<tr><td>03/01</td><td>20</td><td>$ 10,00</td><td>$ 200,00</td><td></td><td></td><td></td><td>20</td><td>$ 10,00</td><td>$ 200,00</td></tr>
<tr><td>05/01</td><td>15</td><td>$ 12,00</td><td>$ 180,00</td><td></td><td></td><td></td><td>20
15
35</td><td>$ 10,00
$ 12,00</td><td>$ 200,00
$ 180,00
380,00</td></tr>
</table>

06/01				20 10 30	$ 10,00 $ 12,00	$ 200,00 $ 120,00 $ 320,00	5	$ 12,00	$ 60,00
Soma	**35**		**$ 380,00**	**30**		**$ 320,00**	**5**	**$ 12,00**	**$ 60,00**

Observe que no dia 05/01, na coluna Saldo, as quantias de 20 e 15 unidades do produto X permaneceram separadas como forma de identificar separadamente o custo pelo qual o produto foi adquirido. Já na coluna saída, foi efetuada a baixa em decorrência das vendas realizadas, respeitando o que enuncia o sistema, isto é, das 30 unidades vendidas, deve-se dar baixa das 20 primeiras unidades adquiridas e posteriormente das outras 10 unidades.

Dessa forma, tem-se um custo apurado pela venda das mercadorias no total de $ 320,00, para um saldo final de 5 unidades a um custo unitário de $ 12,00, representando o valor total de $ 60,00.

2. *Média Ponderada Móvel* – nesse sistema, o controle é realizado a partir da média ponderada dos produtos e, por isso, altera-se à medida que há entrada de produtos com preços diferentes daqueles já registrados.

Partindo-se do mesmo exemplo utilizado anteriormente, qual o custo apurado pelo método da média ponderada móvel e o saldo final do produto X?

Quadro 1.10 *Ficha de estoque do produto X pelo sistema de Média Ponderada Móvel.*

Data	Entrada			Saída			Saldo		
	Quant.	Valor		Quant.	Valor		Quant.	Valor	
		Unit. $	Total $		Unit. $	Total $		Unit. $	Total $
03/01	20	$ 10,00	$ 200,00				20	$ 10,00	$ 200,00
05/01	15	$ 12,00	$ 180,00				35	$ 10,86	380,00
06/01				30	$ 10,86	$ 325,80	5	$ 10,84	$ 54,20
Soma	**35**		**$ 380,00**	**30**		**$ 325,80**	**5**	**$ 10,84**	**$ 54,20**

Note que, diferentemente do sistema apresentado anteriormente (PEPS), o valor unitário do produto X é alterado pela aquisição do dia 05/01, passando a ter um custo unitário de $ 10,86 ($ 380,00 ÷ 35 unidades). Ao passo que, no dia 06/01, o valor unitário de $ 10,86 foi utilizado como base para se obter o custo das mercadorias vendidas no valor de $ 325,80 ($ 10,86 × 30 unidades = $ 325,80).

Um cuidado especial deverá ser observado quando da obtenção no novo saldo final, uma vez que, em virtude de arredondamento, o ideal é partir inicialmente do saldo total ($ 380,00 – $ 325,80 = $ 54,20) para a obtenção do novo custo unitário médio do produto X ($ 54,20 ÷ 5 unidades = $ 10,84).

Vale ressaltar que, sob o ponto de vista fiscal e societário (CPC 16 (R1) – itens 23 a 25), no Brasil somente são admitidos PEPS, Média Ponderada Móvel e identificação específica. O uso do método de identificação específica normalmente é utilizado em atividades cujo custo do produto possa ser somente a ele atribuído, a exemplo de revenda de carros usados e joalherias.

2.6 Despesas do exercício seguinte pagas antecipadamente

Denominados também como despesas pagas antecipadamente, tais valores representam despesas ainda não incorridas, porém pagas ou compromissadas com um terceiro. A necessidade do registro da referida conta se deve ao princípio da competência, pelo qual farão parte do resultado do exercício somente os valores efetivamente incorridos, independentemente de seu pagamento.

Nesse caso, pode inclusive ter havido o pagamento total de tais despesas. Entretanto, elas dizem respeito a exercícios ou períodos subsequentes, não podendo, desta forma, fazer parte da apuração do resultado antes que sejam incorridas.

Podem compor essa conta os prêmios de seguros a apropriar, as assinaturas de jornais e revistas a apropriar.

O prêmio de seguros a apropriar é um exemplo típico de despesas antecipadas, pois representa ao segurado um direito a transcorrer, cuja vigência é previamente estipulada contratualmente via apólice de seguro e que, com o passar do tempo, deixa de existir, tornando-se para o segurado, no caso empresa, uma despesa incorrida.

Por exemplo: a empresa JJ Empreendimentos Ltda. contratou junto à Porta Seguradora o seguro de seu veículo pelo período de 01/02/X1 a 31/01/X2, no valor de $ 600,00, pagos à vista no momento da assinatura da apólice.

Pela contabilização da assinatura e pagamento do seguro

D: Prêmios de Seguros a Transcorrer (conta de ativo)

C: Caixa ou Bancos (conta de ativo) $ 600,00

Transcorrido um mês após a contratação do seguro, a empresa "usufruiu" do direito de ter o seu veículo segurado, direito este que, após seu uso, passa a representar uma despesa, sujeita à apropriação de modo proporcional ao período contratual. Dessa forma, considerando que $ 600,00 representam a quantia para 12 meses, tem-se $ 50,00 por mês.

Pela apropriação do período transcorrido do seguro ao final do primeiro mês

D: Despesas de Seguros (conta de resultado)

C: Prêmios de Seguros a Transcorrer (conta de ativo) $ 50,00

O saldo da conta Prêmios de Seguros a Transcorrer após o lançamento a crédito de $ 50,00 é de $ 550,00, que representam 11/12 avos que ainda irão transcorrer pelo período ora contratado, enquanto que os $ 50,00 lançados como despesas de seguros irão compor a apuração do resultado do exercício, respeitando o que preceitua o princípio da competência.

Além disso, caso o seguro não fosse pago à vista em seu valor total ou parcial, em nada mudaria o mecanismo de contabilização das despesas antecipadas. Nesse caso, haveria a inclusão da conta – seguros a pagar (conta de passivo) – para representar a parcela ainda não saldada com a seguradora.

2.7 Ativo não circulante

A partir das alterações promovidas pela Lei 11.941/2009, a estrutura do ativo passou a ser dividido entre ativo circulante e ativo não circulante. O ativo não circulante é composto pelo ativo realizável a longo prazo, investimentos, imobilizado e intangível. Dessa forma, não faz parte dessa estrutura o ativo permanente que sintetizava as contas Investimentos, Imobilizado e Diferido, bem como esta última passou a ter a inclusão do intangível.

No caso do diferido, o artigo 299-A da lei societária disciplina que o saldo existente em 31 de dezembro de 2008 que, pela sua natureza, não puder ser alocado a outro grupo de contas, poderá permanecer no ativo sob essa classificação até sua completa amortização, sujeito ao teste de recuperabilidade.

Maior detalhamento sobre o teste de recuperabilidade, também conhecido como teste de *impairment*, vide Pronunciamento Técnico CPC 01 (R1) – Redução do Valor Recuperável dos Ativos.

2.7.1 Ativo Realizável a Longo Prazo

Compõem o ativo realizável a longo prazo as contas cujo prazo de realização dar-se-á após o término do exercício social seguinte, bem como as transações realizadas com sociedades coligadas ou controladas, diretores, acionistas ou participantes no lucro da companhia, tais como adiantamentos, empréstimos, vendas de bens do ativo imobilizado, exceto vendas operacionais, que deverão seguir o prazo de vencimento estipulado.

Dessa forma, a estrutura do ativo realizável a longo prazo segue a mesma daquela já mencionada no ativo circulante – investimentos temporários a longo prazo, clientes, outros créditos e despesas pagas antecipadamente –, com exceção da conta Estoques.

Foi introduzida pela Lei 11.638/2007 a necessidade de que os elementos que fazem parte deste item sejam ajustados a valor presente.

a) Investimentos Temporários a Longo Prazo

Este item será composto pelos depósitos realizados em aplicações cujo prazo de resgate seja superior ao término do exercício seguinte. Além desses títulos, também poderão compor os investimentos em outras companhias, das quais há intenção de venda. Para esses investimentos, o critério de avaliação será o mesmo anteriormente comentado no item 2.4 – Investimentos Temporários.

b) Clientes

Esta conta é composta pelos títulos a receber decorrentes de vendas operacionais, com um prazo de vencimento superior ao término do exercício social seguinte. O detalhe introduzido pela Lei 11.638/2007 é a necessidade de que os valores dessa conta sejam ajustados a valor presente. Complementarmente, o Pronunciamento Técnico CPC 12 – Ajuste a Valor Presente destaca em seu parágrafo 21:

> Os elementos integrantes do ativo e do passivo decorrentes de operações de longo prazo, ou de curto prazo quando houver efeito relevante, devem ser ajustados a valor presente com base em taxas de desconto que reflitam as melhores avaliações do mercado quanto ao valor do dinheiro no tempo e os riscos específicos do ativo e do passivo em suas datas originais.

Dessa forma, uma das primeiras dúvidas que surgem diante da necessidade de se ajustar uma quantia a valor presente, antes mesmo de como fazê-lo, é: qual a taxa de desconto que deve ser utilizada?

Em primeiro lugar, seja qual for a taxa utilizada, o profissional deverá ter de modo consubstanciado as premissas, os cálculos e os modelos de precificação utilizados para que sejam passíveis de verificabilidade por terceiros, isto é, auditáveis.

No caso de uma venda a prazo, a resposta pode ser obtida com outra pergunta: qual seria o valor à vista dessa transação? Afinal de contas, esse é o princípio do valor do dinheiro no tempo, pois, na medida em que é concedido um prazo para a quitação de uma transação, esta, por sua vez, deverá ser acrescida de uma taxa que remunere o capital pelo período em que for utilizado.

Essa é, inclusive, uma das orientações destacadas pelo Pronunciamento CPC 12, pelo qual deverá haver transações cuja taxa de juros seja explícita, como, por exemplo, um contrato de financiamento. E em outras a taxa de juros será implícita, isto é, seu valor estará embutido no preço inicial da operação. Além disso, uma vez encontrada a taxa de juros da transação, a mesma deverá permanecer inalterada durante todo o período.

Exemplo: a empresa JJ Papel e Celulose concretizou a venda de um lote de mercadorias no valor de $ 100.000,00, a serem pagos em 5 parcelas anuais. Caso essa transação fosse efetivada com o pagamento à vista, a JJ Papel e Celulose receberia a quantia de $ 80.000,00. Nesse caso, tem-se o valor de $ 20.000,00, que corresponde ao custo de financiamento ou uma taxa equivalente a 7,93%[2] ao ano e poderia ser assim distribuído por parcelas:

Tabela 1.1 *Valor presente líquido das parcelas e valor efetivo da receita financeira.*

Ano	Parcela	Valor Presente da Parcela	Juros Embutidos
1	$ 20.000	$ 20.000 ÷ 1,0793 = $ 18.530	$ 1.470
2	$ 20.000	$ 20.000 ÷ $(1{,}0793)^2$ = $ 17.169	$ 2.831
3	$ 20.000	$ 20.000 ÷ $(1{,}0793)^3$ = $ 15.907	$ 4.093
4	$ 20.000	$ 20.000 ÷ $(1{,}0793)^4$ = $ 14.738	$ 5.262
5	$ 20.000	$ 20.000 ÷ $(1{,}0793)^5$ = $ 13.656	$ 6.344

Considerando que o cliente irá efetuar os pagamentos em parcelas anuais iguais e sucessivas, no valor de $ 20.000,00 cada e os juros decorrentes da transação como demonstrado no quadro anterior, os lançamentos contábeis poderiam ser assim realizados:

1. *Pelo reconhecimento da venda a prazo*

D: Duplicatas a Receber (ativo circulante) $ 20.000,00

D: Duplicatas a Receber (ativo realizável a longo prazo) $ 80.000,00

D: Ajuste a Valor Presente (conta redutora de receitas) $ 20.000,00

C: Receita de Vendas $ 100.000,00

C: Ajuste a Valor Presente (conta redutora de ativo circulante) $ 1.470,00

C: Ajuste a Valor Presente (conta redutora de ativo RLP) $ 18.530,00

Após o reconhecimento da venda a prazo, o ativo da JJ Papel e Celulose ficaria dessa forma:

---

[2] Para a obtenção da taxa efetiva, esta poderá ser encontrada com o auxílio de uma calculadora financeira ou planilha eletrônica, onde: $ 80.000,00 (CFo), $ 20.000,00 (CFj). Poderá ser obtido também a partir da fórmula da taxa interna de retorno (TIR) que é calculada da seguinte forma:

$l = \sum_{t=1}^{n} \frac{FCt}{(1 + tir)^t}$. Maiores detalhes vide Capítulo 3 – Matemática Financeira.

Quadro 1.11 *Ativo após reconhecimento de venda a prazo ajustado a valor presente.*

Ativo		
Ativo Circulante		**$ 18.530,00**
Clientes		**$ 18.530,00**
Duplicatas a Receber	$ 20.000,00	
(–) Ajuste a Valor Presente	($ 1.470,00)	
Ativo não Circulante		**$ 61.470,00**
Ativo Realizável a Longo Prazo		**$ 61.470,00**
Clientes		**$ 61.470,00**
Duplicatas a Receber	$ 80.000,00	
(–) Ajuste a Valor Presente	($ 18.530,00)	
ATIVO TOTAL		**$ 80.000,00**

Como pode ser observado, o valor do ativo total após o evento ficou exatamente como ficaria se a venda fosse realizada à vista. Isto decorre do fato de a receita financeira ser apropriada em períodos posteriores, de modo proporcional. Para isso, o lançamento contábil deverá ser um débito na conta de ajuste a valor presente (ativo circulante) e um crédito de igual valor na conta de receita financeira de vendas (resultado).

c) Outros Créditos

Neste item poderiam ser classificados os créditos decorrentes de tributos que serão compensados ou recuperados, adiantamentos ou empréstimos a empresas controladas e coligadas, bem como diretores e pessoas que participam do lucro da empresa, além das despesas pagas antecipadamente.

2.7.2 Investimentos Permanentes

Os investimentos permanentes compreendem aplicações de recursos que não são classificáveis como ativo circulante e realizável a longo prazo, bem como não possuem vinculação com a atividade operacional da empresa. Dessa forma, fazem parte deste grupo as propriedades para investimento e participações permanentes em outras companhias.

a) Propriedades para Investimento

As propriedades para investimento, segundo o Pronunciamento Técnico CPC 28, são propriedades mantidas com objetivo de auferir aluguel ou valorização do capital, ou ambas, as quais não são utilizadas na atividade operacional da companhia. Pela própria definição, nota-se que neste grupo não estão incluídas as participações permanentes em outras companhias, que possuem um tratamento próprio, o qual será abordado posteriormente.

Nesse sentido, são considerados propriedades para investimento (Pronunciamento Técnico CPC 28, item 8):

a) terrenos mantidos para valorização de capital a longo prazo e não para venda a curto prazo no curso ordinário dos negócios;
b) terrenos mantidos para uso futuro sem definição de sua destinação, se para ocupação ou para venda;
c) edifício que seja propriedade da entidade (ou mantido pela entidade em arrendamento financeiro) e que seja arrendado sob um ou mais arrendamentos operacionais;
d) edifício que esteja desocupado, mas mantido para ser arrendado sob um ou mais arrendamentos operacionais;
e) propriedade em construção ou desenvolvida para futura utilização como propriedade para investimento.

A partir da definição, bem como dos exemplos ora mencionados, a propriedade para investimento tem por finalidade reverter à empresa benefícios econômicos, sendo essa uma das condições para que possa então ser reconhecida enquanto ativo.

A propriedade para investimento, em princípio, deve ser mensurada pelo seu custo, adicionado dos custos de transação, se houver, e excluídas as despesas financeiras, caso o referido investimento for objeto de aquisição a prazo.

Após o reconhecimento inicial, a empresa deverá determinar qual o melhor método de aferição dos referidos ativos, e aplicá-lo a todos os itens classificados nesse grupo. Porém, o CPC 28, em seu parágrafo 32, recomenda como método do valor justo aquele que melhor represente o valor das propriedades para investimento, sendo, a partir de então, o método a ser aplicado aos demais itens, exceto aqueles que não puderem ser mensurados confiavelmente.

A mensuração a valor justo deverá refletir as condições de um mercado ativo e, caso tais condições não sejam diretamente observáveis, outros mercados deverão ser tidos como base com ajustes para refletir o bem ora mensurado; ou ainda, na impossibilidade de outros mercados, a identificação de bens de natureza semelhante em mercados menos ativos; e, por fim, como último critério de mensuração, a estimativa de fluxos de caixa futuros descontados a valor presente como forma de valoração do bem.

As variações decorrentes do reconhecimento da propriedade para investimento a valor justo a partir de quaisquer dos critérios ora mencionados, isto é, seus ganhos e perdas, devem ser reconhecidas no resultado do exercício em que o mesmo for incorrido.

Por exemplo: a JJ Empreendimentos Ltda. adquiriu um imóvel à vista pelo valor de $ 50.000,00. O interesse por esse imóvel decorre de sua valorização nos próximos 5 anos em virtude da chegada de investimentos externos para a construção de uma refinaria. Diante disso, a JJ Empreendimentos Ltda. acredita que, com a valorização, o valor do aluguel do imóvel também será impulsionado, o que lhe garantiria uma boa rentabilidade.

1. *Reconhecimento no momento da aquisição – ano 1*

   D: Imóvel para Renda

   C: Disponível $ 50.000,00

Como do imóvel adquirido tem-se a expectativa de valorização, em reunião com os dirigentes o contador entende ser mais viável, sob o ponto de vista de melhor representação do valor econômico do imóvel, que ele seja mensurado a valor justo, com base no valor do metro quadrado praticado pelo mercado durante o período em que o imóvel estiver como investimento permanente.

Dessa forma, ao final do ano 2, por meio da observação de classificados especializados na área e avaliação de profissionais, o imóvel foi precificado em $ 65.000,00.

2. *Reconhecimento do ganho decorrente da avaliação a valor justo – ano 2*

   D: Ajuste a Valor Justo de Imóvel (conta de ativo)

   C: Ganho pela Variação a Valor Justo de Imóvel (conta de resultado) $ 15.000,00

A conta de ajuste a valor justo deve reconhecer as variações ocorridas, que, ao somarem-se com a conta de imóvel, representam o valor pelo qual o bem está avaliado. Tal variação deverá ser registrada em conta de resultado no momento em que foi incorrida (Pronunciamento Técnico CPC 28, item 35). Além disso, a avaliação a valor justo deve ser realizada sem o reconhecimento dos custos de transação futuros, isto é, sem a dedução dos custos que possam incorrer na venda do referido bem.

b) Participações Permanentes em Outras Companhias

As participações permanentes em outras companhias decorrem da aplicação de recursos em ações ou cotas do capital social em outras empresas, cuja intenção é mantê-las por tempo indeterminado, cuja matéria é atualmente disciplinada pelos Pronunciamentos Técnicos: CPC 18(R2) - Investimento em Coligada, em

Controlada e em Empreendimento Controlado em Conjunto; CPC 19(R2) - Negócios em Conjunto e CPC 36 (R3) - Demonstrações Consolidadas.

No momento do reconhecimento contábil do ativo (investimento), caso o objeto de avaliação não esteja contemplado nos dispositivos que serão a seguir analisados, estes deverão ser tratados como ativo financeiro avaliado pelo valor justo, e regido pelo Pronunciamento Técnico CPC 38.

Para o investimento ser classificado como permanente, dependerá da análise dos seguintes aspectos: a) verificar se a investida pode ser caracterizada como uma controlada ou coligada (CPC 18 (R2)) ou b) se a investida pode ser caracterizada como entidade controlada em conjunto (CPC 19 (R2)). Para ambos os casos, o investimento é mensurado pelo método de equivalência patrimonial, e no caso da existência de controle, inclusive controle em conjunto, adicionalmente há a obrigatoriedade da elaboração das demonstrações consolidadas (CPC 36 (R3)).[3]

- Método de equilavência patrimonial – é o método de contabilização por meio do qual o investimento é inicialmente reconhecido pelo custo e, a partir daí, é ajustado para refletir a alteração pós-aquisição na participação do investidor sobre os ativos líquidos da investida. As receitas ou as despesas do investidor incluem sua participação nos lucros ou prejuízos da investida, e os outros resultados abrangentes do investidor incluem a sua participação em outros resultados abrangentes da investida (Pronunciamento CPC 18 (R2) item 3).

De forma mais pormenorizada, considera-se empresa coligada a investidora que detenha 20% ou mais das ações com direito a voto ou possua influência significativa. A influência significativa pode ser caracterizada por uma ou mais formas como menciona o CPC 18 (R2) item 6:

a) representação no conselho de administração ou diretoria;
b) participação nos processos de elaboração de políticas, inclusive em decisões sobre dividendos e outras distribuições;
c) operações materiais entre o investidor e a investida;
d) intercâmbio de diretores ou gerentes;
e) fornecimento de informação técnica essencial.

Dessa forma, o valor do investimento em empresas coligadas, controladas ou controladas em conjunto, após o registro inicial, será obtido pela diferença do percentual de participação existente aplicado sobre o valor do patrimônio líquido

[3] Importa destacar que o item 17 do CPC 18 (R2) prevê exceções à aplicação do método de equivalência patrimonial, situações estas que, conforme Martins et al. (2013, p. 217), "não chegam a ocorrer porque estão subordinadas à existência de previsão legal, e esta não existe no momento no Brasil".

da investida, menos o valor do investimento registrado na empresa investidora. O valor obtido deverá ser registrado como receita operacional no resultado do exercício da empresa investidora.

Observe que, no caso do método de equivalência patrimonial, não há necessidade de que a empresa investida tenha que reconhecer o valor de dividendos a distribuir para que a empresa investidora efetue os registros contábeis em seus investimentos permanentes – basta que haja modificação no patrimônio líquido.

Exemplo: a empresa JJ Empreendimentos Ltda. adquiriu 20% das ações da empresa Garanhus S.A., em janeiro de 2009, pelo valor de $ 50.000,00. O patrimônio líquido da Garanhus S.A., nessa data foi avaliado em $ 250.000,00. O patrimônio líquido da Garanhus S.A. ao final do ano de 2009, era de $ 300.000,00. Até aquele momento, não tinha sido elaborada nenhuma proposta para distribuição de dividendos.

1. *Contabilização da aquisição das ações da Garanhus S.A. na JJ Empreendimentos Ltda.*

   D: Investimentos Avaliados a MEP (investimentos permanentes)

   C: Disponível (ativo circulante) $ 50.000,00

2. *Pelo reconhecimento da variação do patrimônio líquido da Garanhus S.A. nos investimentos permanentes da JJ Empreendimentos Ltda.*

   D: Investimentos Avaliados pelo MEP (investimentos permanentes)

   C: Resultado Positivo pelo MEP (conta de resultado) $ 10.000,00

Para se chegar ao valor de $ 10.000,00, foi aplicado o percentual de participação da JJ Empreendimentos Ltda. no patrimônio líquido da Garanhus S.A., como demonstrado a seguir:

a) patrimônio líquido da Garanhus S.A. em 31/12/2009 – $ 300.000,00;
b) percentual de participação da JJ Empreendimentos Ltda. – 20%;
c) valor a ser reconhecido em investimentos permanentes – $ 10.000,00 – resultado do percentual de participação da JJ Empreendimentos Ltda. em 31/12/2009 ($ 60.000,00), menos valor registrado em investimentos permanentes da Garanhus S.A. ($ 50.000,00).

Em março de 2010, a Garanhus S.A. reconheceu que irá distribuir a quantia de $ 30.000,00 como dividendos aos seus acionistas. Considerando que a JJ Empreendimentos Ltda. detém 20% de participação, o valor de $ 6.000,00 deverá ser reconhecido como dividendos a receber.

3. *Pelo reconhecimento dos dividendos a receber na JJ Empreendimentos Ltda.*

D: Dividendos a Receber (ativo circulante)

C: Investimentos Avaliados pelo MEP (investimentos permanentes) $ 6.000,00

Observe que, pelo método de equivalência patrimonial, o reconhecimento dos dividendos a receber deve ser registrado a crédito de investimentos avaliados pelo MEP, uma vez que, na investida, ao reconhecer o valor de dividendos a distribuir (passivo circulante), deverá realizar o registro de reconhecimento de dividendos a distribuir, o que provoca uma diminuição em seu patrimônio líquido; o que, por sua vez, impacta no valor do investimento permanente na empresa JJ Empreendimentos Ltda.

No momento em que houver o pagamento, deverá ser assim registrada:

4. *Pelo recebimento dos dividendos da Garanhus S.A. na JJ Empreendimentos Ltda.*

   D: Disponível (ativo circulante)

   C: Dividendos a Receber (ativo circulante) $ 6.000,00

Quando há o pagamento dos dividendos por parte da Garanhus S.A. aos acionistas, o seu patrimônio líquido não é mais impactado, pois as contas movimentadas neste momento são contas de ativo circulante (crédito em Disponível) e de passivo circulante (débito em Dividendos a Distribuir) e por essa razão não há qualquer movimentação na conta de investimentos avaliados pelo MEP na empresa JJ Empreendimentos Ltda.

Suponha agora que a empresa Alfa adquiriu a totalidade das ações de Beta pelo custo de aquisição total de $ 1 milhão. Na data da aquisição, o patrimônio líquido observado no balanço patrimonial de Beta era de $ 850 mil. Neste caso há a ocorrência do que se denomina de mais-valia (gerada pela diferença entre o valor justo dos ativos líquidos e o valor contábil da investida) e do ágio por rentabilidade futura ou *goodwill* (gerado pela diferença entre o valor de aquisição e o valor justo dos ativos líquidos da investida). O exemplo a seguir demonstrará com maiores detalhes essa ocorrência.

Exemplo 2: a empresa Alfa adquiriu 100% das ações de Beta, em janeiro de 2009, pelo valor de $ 1 milhão. O patrimônio líquido de Beta nessa data foi avaliado em $ 850 mil (valor contábil) e o valor justo dos ativos líquidos foi avaliado em $ 900 mil (neste exemplo foi desconsiderada a incidência tributária).

Ao se deparar com esta situação é importante fazer o cotejamento de cada item, bem como sua classificação contábil. Desse modo, tem-se:

1. Valor contábil dos ativos líquidos (PL) = $ 850.000,00. Esse é o valor da empresa sob a ótica contábil, contudo, em razão dos ajustes necessários, tanto nos ativos (estoques, recebíveis, imobilizado, entre outros) como nos passivos (provisões e dívidas), para mensurá-los a

valor justo no momento da transação (combinação de negócios) surge a primeira diferença - mais valia dos ativos líquidos;

2. Mais-valia nos Ativos Líquidos – ocorre pela diferença existente entre o valor justo dos ativos identificáveis e seu valor contábil, que neste caso pode ser obtida pela subtração entre $ 900 mil (valor justo dos ativos identificáveis) e $ 850 mil (patrimônio líquido), isto é, mais-valia igual a $ 50 mil;
3. Ágio por rentabilidade futura – ocorre pela diferença existente entre o valor de aquisição do investimento (valor pago) e o valor justo dos ativos líquidos, que neste caso pode ser obtido pela subtração entre $ 1 milhão (valor pago) e $ 900 mil (valor justo), isto é, o ágio por rentabilidade futura (*goodwill*) é igual a $ 100 mil.

Ágio por expectativa de rentabilidade futura (*goodwill*) é um ativo que representa benefícios econômicos futuros resultantes de outros ativos adquiridos em uma combinação de negócios, os quais não são individualmente identificados e separadamente reconhecidos (Pronunciamento CPC 15 (R1), Apêndice A)

A partir das ocorrências ora mencionadas, sua contabilização deve ser da seguinte maneira:

5. *Pelo reconhecimento da aquisição da controlada Beta nos demonstrativos contábeis de Alfa.*

   D: Investimento na Controlada Beta (investimentos permanentes, $ 850.000,00

   D: Mais-valia dos Ativos Líquidos de Controlada Beta (investimentos permanentes) $ 50.000,00

   D: Ágio por Rentabilidade Futura (investimentos permanentes) $ 100.000,00

   C: Disponível (Ativo Circulante) $ 1.000.000,00

Note que o valor do investimento realizado na controlada Beta é reconhecido pelo valor patrimonial existente em seu balanço, isto é, o valor do patrimônio líquido. No que tange ao tratamento contábil da referida conta, esta é mensurada pelo método de equivalência patrimonial, conforme já demonstrado anteriormente.

Já em relação à conta de mais-valia dos ativos líquidos, sua amortização ocorrerá à medida em que os ativos ou passivos decorrentes de sua mensuração a valor justo deixarem de compor o balanço da investida. Por exemplo, se na obtenção da mais-valia houver o valor relativo à contrapartida de um imóvel mensurado a valor justo, à medida que ocorra sua depreciação, logo ocorrerá sua amortização no balanço da investidora.

De outro lado, o ágio por rentabilidade futura (*goodwill*), em razão de sua característica (não ser individualmente identificado e separadamente reconhecido), terá sua baixa realizada por meio da realização do teste de recuperabilidade dos ativos (*impairment*) em caso da ocorrência de o valor econômico obtido ser inferior ao valor contábil (perda por *impairment*).

Ainda sob a ótica da mensuração dos investimentos permanentes, há uma situação que merece ser mencionada: as transações com partes relacionadas. Quando uma investidora realiza a transação de um bem (estoques ou imobilizado) ou direito (investimentos e outros ativos) com uma investida (ou vice e versa), pode ocorrer o que se denomina de resultados ou lucros não realizados na apuração da equivalência patrimonial.

Essa situação ocorre quando na apuração do resultado da equivalência patrimonial, o balanço patrimonial, quer da investida ou da investidora, contenha ativos oriundos de transações entre elas que em sua origem geraram lucros não realizados.

Exemplo 3: Suponha que a empresa Alfa vendeu mercadorias para Coligada Beta e obteve um lucro de $ 60.000,00. Ocorre que no momento do levantamento do Balanço de Alfa, a Coligada Beta permanece com os estoques adquiridos do investidor Alfa. Considere que o Alfa tenha uma participação de 25% do patrimônio líquido de Coligada Beta e que, no período, a Coligada Beta apurou um lucro de $ 300.000,00, sendo este o valor base para apuração do resultado por equivalência patrimonial.

Note que na transação realizada entre a investidora Alfa e a Coligada Beta foi gerado um lucro não realizado de $ 60.000,00 no resultado do exercício de Alfa, e para tanto deve ser expurgado para apuração do efeito líquido do resultado positivo de equivalência patrimonial.

Para tanto, considerando que a participação do Investidor Alfa é de 25% sobre Coligada Beta, tem-se um resultado positivo de equivalência patrimonial igual a $ 75.000,00 ($ 300.000,00 x 25%). Adicionalmente, em razão da existência de $ 60.000,00 dos lucros não realizados, deve-se considerar novamente o percentual de participação para apuração do valor a ser lançado como redutor do resultado e dos investimentos nos demonstrativos contábeis de Alfa ($ 60.000,00 x 25% = $ 15.000,00 – lucros não realizados com Coligada Beta).

Desse modo, o reconhecimento contábil nos demonstrativos de Alfa deve assim ser realizado:

6. *Pelo reconhecimento do resultado de equivalência patrimonial de Beta nos demonstrativos contábeis de Alfa, com lucros não realizados contidos em Alfa.*

D:	Investimento na Coligada Beta (investimentos)	$ 75.000,00
C:	Resultado Positivo de Equivalência Patrimonial (resultado)	$ 75.000,00

D: Lucros não Realizados com Coligada Beta
(conta de resultado) $ 15.000,00

C: Lucros a Realizar com Coligada Beta
(conta redutora de investimentos) $ 15.000,00

Note que o valor do resultado positivo de equivalência patrimonial em Alfa foi reconhecido em seu valor integral, apesar da existência de lucros não realizados. Isso ocorre porque os lucros não realizados estão contidos na apuração do resultado do exercício de Alfa. Para tanto, realiza-se um outro lançamento que busca corrigir essa situação, sendo um deles a débito no resultado (lucros não realizados) e o outro a crédito no ativo em conta redutora de investimentos permanentes (lucros a realizar).

Exemplo 4: Agora considere os mesmos dados contidos no exemplo 3, contudo, a venda das mercadorias ocorreu da Coligada Beta para a investidora Alfa. Isto é, neste caso os lucros não realizados passam a fazer parte da demonstração do resultado da Coligada Beta.

Assim sendo, o ajuste para obtenção do resultado positivo de equivalência patrimonial deve ser feita de forma extracontábil, conforme a seguir.

Lucro Líquido de Coligada Beta	$ 300.000,00
(-) Lucro não realizado contido nos estoques de Coligada Beta	($60.000,00)
Lucro Líquido Ajustado (Base de Cálculo para apuração da Equivalência Patrimonial)	$ 240.000,00
Receita de Equivalência Patrimonial (Base de Cálculo para apuração da Equivalência Patrimonial x percentual de participação) = ($ 240.000,00 x 25%)	$ 60.000,00

7. *Pelo reconhecimento do resultado de equivalência patrimonial de Beta nos demonstrativos contábeis de Alfa, com lucros não realizados contidos em Beta.*
D: Investimento na Coligada Beta (investimentos) $ 60.000,00

C: Resultado Positivo de Equivalência patrimonial
(resultado) $ 60.000,00

Note que o efeito provocado pelos lucros não realizados é idêntico em ambos os exemplos, isto é, gera um resultado positivo de equivalência patrimonial de $ 60.000,00, contudo, os ajustes contábeis em razão de ser uma transação de venda entre investidor e investidora, ou entre investidora e investidor, devem ser observados em suas particularidades.

Por fim, é importante destacar que, caso ocorra na aquisição ganho por compra vantajosa, o valor dele resultante deverá ser alocado como receita na demonstração de resultado do investidor, considerando a proporção de sua participação no negócio.[4]

2.7.3 Imobilizado

O ativo imobilizado deve ser composto por bens que se destinem ao desenvolvimento das atividades operacionais da empresa; espera-se que sua utilização seja pelo período superior a um exercício, fazendo parte os bens em operação e aqueles em andamento ou desenvolvimento pela empresa detentora do mesmo.

- **Ativo Imobilizado** – os direitos que tenham por objeto bens corpóreos destinados à manutenção das atividades da companhia ou da empresa ou exercidos com essa finalidade, inclusive os decorrentes de operações que transfiram à companhia os benefícios, riscos e controle desses bens (Lei 6.404/76, art. 179, inciso IV).

Observe que a redação dada pela Lei 11.638/2007 passou a incorporar, no item Imobilizado, os bens cuja aquisição se dá mediante arrendamento mercantil, uma vez que fazem parte desse grupo as operações que transfiram ao adquirente os benefícios, riscos e controle dos mesmos, situação caracterizada pelos contratos de arrendamento com objetivo implícito de financiamento.

De modo geral, para esses itens, o valor do bem deverá ser registrado no ativo imobilizado e no passivo. Enquanto o primeiro (imobilizado) sujeitar-se-á às regras de depreciação como qualquer outro imobilizado, o segundo (obrigação) deverá ser amortizado pelos pagamentos que serão segregados entre amortização do passivo e encargos financeiros decorrentes da transação (Pronunciamento Técnico CPC 27, itens 20 e 23).

Ainda de acordo com o Pronunciamento Técnico CPC 27, ativo imobilizado é o item tangível que:

(a) é mantido para uso na produção ou fornecimento de mercadorias ou serviços, para aluguel a outros, ou para fins administrativos; e

(b) se espera utilizar por mais de um período.

Note que uma das principais características para o reconhecimento do imobilizado, além da identificação que estes deverão gerar benefícios econômicos futuros para a entidade (alinhado ao conceito de ativo), espera-se que o mesmo seja utilizado por mais de um período.

[4] A avaliação pelo método de equivalência patrimonial envolve outros tópicos que fogem do escopo deste livro, portanto, é recomendável, para o aprofundamento desse assunto, a leitura de obras de Contabilidade Avançada.

O imobilizado é composto por itens como: terrenos, edifícios, máquinas e equipamentos, instalações, móveis e utensílios, veículos e imobilizado em andamento. No caso do terreno, é importante observar que ele deverá ser registrado de modo apartado dos imóveis, uma vez que não comporá a base de cálculo para depreciação. Caso o terreno não tenha uma destinação específica, o mesmo deverá ser registrado como investimentos, conforme já mencionado no item – propriedades para investimentos.

O valor dos bens classificados no imobilizado será resultado do custo necessário para que possam ser colocados em operação pela empresa. Nesse sentido, compreende tal custo (Pronunciamento Técnico CPC 27, itens 16 e 17):

a) preço de aquisição, mais os impostos de importação e impostos não recuperáveis, frete, menos os descontos e abatimentos recebidos;
b) custos necessários para seu funcionamento – custos de preparação do local, instalação, montagem e testes;
c) estimativa de custos de desmontagem e remoção;
d) honorários profissionais – como para o desembaraço de produtos importados, por exemplo.

Além dos itens anteriormente mencionados, os bens adquiridos de terceiros por meio de financiamento poderão ser incluídos aos custos de empréstimos quando estes são diretamente atribuíveis para aquisição. Quando não diretamente atribuíveis para aquisição ou em períodos posteriores ao seu funcionamento, os encargos financeiros decorrentes do financiamento devem ser reconhecidos como despesa financeira no resultado do exercício quando incorridos (Pronunciamento Técnico CPC 20, item 8; Pronunciamento Técnico CPC 27, itens 22 e 23).

Muito embora o Pronunciamento Técnico CPC 27 mencione, em seus itens 31 a 42, os critérios para reconhecimento e mensuração dos ativos imobilizados pelo método de reavaliação, atualmente a legislação societária não permite que tais procedimentos sejam realizados pela alteração do § 3º do artigo 183, no qual introduz a conta Ajustes de Avaliação Patrimonial, com critérios e procedimentos próprios, diferentes da então conhecida reserva de reavaliação.

Dessa forma, após o reconhecimento inicial, os itens classificados como ativos imobilizados deverão representar em seu valor o preço para sua aquisição deduzido de depreciação e/ou eventuais perdas por redução do valor recuperável. É importante destacar que, para dar início à depreciação do imobilizado, este deve estar no local e em condições para sua utilização de acordo com o que espera a gestão da empresa (Pronunciamento CPC item 56). Apesar do disposto, deve ser levado em consideração também eventuais desgastes ou obsolescência, os quais também deverão ser objeto de análise, conforme conceitualmente é definido o termo *depreciação*.

- **Depreciação** – corresponde à perda do valor dos direitos que têm por objeto bens físicos sujeitos a desgaste ou perda de utilidade por uso, ação da natureza ou obsolescência (Lei 6.404/76, art. 183, § 2º, item *a*). De modo análogo, o referido conceito poderá ser utilizado para amortização (intangível) e exaustão (recursos naturais).

A base para o registro da depreciação de um bem é sua vida útil, que pode ser representada a partir do tempo pelo qual a empresa espera usufruí-lo, ou pela capacidade de produção representada por uma unidade de referência (unidade, quilo, litro etc.).

É comum a utilização, por parte dos profissionais da área contábil, das taxas de depreciação emanadas pela Receita Federal do Brasil por meio das Instruções Normativas nº 162/98 e nº 130/99, porém a lei societária determina que as taxas de depreciação, exaustão e amortização sejam periodicamente revisadas a fim de que representem efetivamente a perda da vida útil econômica estimada.

Desse modo, fica clara a separação da Contabilidade para fins societários, a qual deverá efetivamente registrar nas contas de depreciação, amortização e exaustão a perda da vida útil econômica estimada, daquela que possui como propósito atender ao fisco, uma vez que tais ajustes deverão ser realizados em livro próprio (LALUR).

Uma vez determinada a vida útil estimada do bem, deverá ser escolhido o método para apropriação da perda de sua utilidade, que compreende: (a) método das quotas constantes (linha reta), (b) método da soma dos dígitos dos anos (saldos decrescentes), (c) método de unidades produzidas e (d) método de horas de trabalho (Pronunciamento CPC item 62). Importa destacar que a entidade deve, na escolha dos métodos, aquele que melhor reflita as condições de uso do ativo.

No **método das quotas constantes (linha reta)**, o valor da depreciação é alcançado pela divisão do valor do bem (custo), menos seu valor residual pelo período de vida útil, e a alocação de seu valor é feita de modo linear.

Depreciação = (Custo (–) Valor Residual) ÷ Período de Vida Útil

Por exemplo: um bem cujo custo de aquisição foi de $ 10.000,00 e sua vida útil estimada é de 10 anos, sem valor residual previamente calculado, tem-se:

Depreciação = $ 10.000,00 ÷ 10 anos = $ 1.000,00 ao ano

O registro contábil poderia ser assim realizado:

1. *Pelo reconhecimento da despesa de depreciação*

   D: Despesa de Depreciação (conta de resultado)

   C: Depreciação Acumulada (conta redutora de ativo) $ 1.000,00

A conta de depreciação acumulada é de natureza credora, a qual tem como função retificar o valor do imobilizado, representando o valor de depreciação registrado ao longo dos períodos.

Pelo método das quotas constantes, o valor da depreciação a ser registrado é de $ 1.000,00 ao ano ou $ 83,33 ao mês, mas, caso fosse estimado um valor residual ao final do período, que corresponderia ao valor de venda, esse deveria ser subtraído da base de cálculo para determinar o valor da depreciação. Tomando-se este exemplo, suponha que o valor residual ao final do 10º ano fosse de $ 1.500,00, assim seria determinado o valor da depreciação:

Depreciação = $ 10.000,00 (–) $ 1.500,00 ÷ 10 anos = $ 850,00 ao ano

No **método da soma dos dígitos dos anos (saldos decrescentes)**, o valor da depreciação é obtido a partir da soma do número de anos de vida útil do bem. Valendo-se do exemplo anterior, o primeiro passo é somar o número de anos de 1 a 10, como segue: 1 + 2 + 3 + 4 + 5 + 6 + 7 + 8 + 9 + 10 = 55.

Para a obtenção da taxa de depreciação do primeiro ano, deve-se dividir o período de vida útil do bem, no caso 10 anos, pelo denominador encontrado pela soma do número de anos de 1 a 10, que para 10 anos é 55. No ano 2, deve-se subtrair a vida útil por 1, isto é, (10 – 1); para o ano 3, deve-se subtrair a vida útil por 2, isto é, (10 – 2), e assim sucessivamente, como representado na Tabela 1.2.

Tabela 1.2 *Cálculo da depreciação pelo método da soma dos dígitos dos anos.*

Ano	Taxa de Depreciação	Depreciação Anual
1	$\frac{10}{55} \times 100 = 18{,}18\%$	$ 10.000,00 × 18,18% = $ 1.818,00
2	$\frac{9}{55} \times 100 = 16{,}36\%$	$ 10.000,00 × 16,36% = $ 1.636,00
3	$\frac{8}{55} \times 100 = 14{,}54\%$	$ 10.000,00 × 14,54% = $ 1.454,00
4	$\frac{7}{55} \times 100 = 12{,}73\%$	$ 10.000,00 × 12,73% = $ 1.273,00
5	$\frac{6}{55} \times 100 = 10{,}91\%$	$ 10.000,00 × 10,91% = $ 1.091,00
6	$\frac{5}{55} \times 100 = 9{,}09\%$	$ 10.000,00 × 9,09% = $ 909,00
7	$\frac{4}{55} \times 100 = 7{,}27\%$	$ 10.000,00 × 7,27% = $ 727,00
8	$\frac{3}{55} \times 100 = 5{,}45\%$	$ 10.000,00 × 5,45% = $ 545,00
9	$\frac{2}{55} \times 100 = 3{,}64\%$	$ 10.000,00 × 3,64% = $ 364,00
10	$\frac{1}{55} \times 100 = 1{,}83\%$	$ 10.000,00 × 1,83% = $ 183,00

A justificativa para uso do referido método, segundo Martins et al. (2013), é o fato de o mesmo permitir uma quota de depreciação maior nos primeiros anos e menor nos últimos anos, e assim uma maior uniformidade nos custos. Isso decorre do fato de que os bens, quando novos, não necessitam de gastos de reparos e manutenção, ou os mesmos são inferiores quando comparados com o final do ciclo de vida útil, permitindo que a apuração dos custos como um todo seja mais uniforme.

No **método de unidades produzidas**, a vida útil é estimada considerando que o bem possui uma capacidade produtiva de determinada quantidade de unidades, como a fórmula demonstrada:

Quota de Depreciação Anual = Quantidade de Unidades produzidas no ano X ÷ Quantidade Total Estimada de Unidades Produzidas durante a Vida Útil do Bem

Tomando-se por base o exemplo anterior, que estima a vida útil do bem de 100.000 unidades, e que no ano 1 fossem produzidas 15.000 unidades, a quota de depreciação anual seria obtida da seguinte forma:

Quota de Depreciação Anual = 15.000 unidades ÷ 100.000 unidades = 0,15

Considerando que o valor do bem é igual a $ 10.000,00, a quota de depreciação a ser reconhecida no ano 1 seria de $ 1.500,00 (0,15 x $ 10.000,00 = $ 1.500,00).

O **método de horas de trabalho** é semelhante ao método anterior, porém a unidade de referência é estimada em horas de trabalho. Se, no exemplo anterior, o bem tivesse uma estimativa de 300.000 horas durante sua vida útil e no ano 1 fossem utilizadas 60.000 horas, teríamos:

Quota de Depreciação Anual = 60.000 horas ÷ 300.000 horas = 0,20

Uma vez que o valor do bem é $ 10.000,00, a quota de depreciação a ser reconhecida no ano 1 seria de $ 2.000,00 (0,20 x $ 10.000,00 = $ 2.000,00).

Uma situação que normalmente causa confusão é o reconhecimento de gastos realizados em ativos imobilizados por ocasião de manutenção e reparos. Basicamente tem-se como regra que, se a peça reposta no bem tiver vida útil superior a um exercício, a mesma deve ser incorporada ao valor do ativo e deve ser depreciada a base de sua vida útil estimada. Caso o bem a ser substituído possua vida útil inferior a 1 ano, o mesmo deverá ser reconhecido como despesa no resultado do exercício.

Há situações cuja atividade necessita que a venda dos referidos ativos seja incorporada à atividade operacional, como é o caso das locadoras de veículos, onde, após o período de permanência no imobilizado, os veículos devem ser reclassificados para estoques quando forem mantidos para venda.

Adicionalmente, o bem classificado no imobilizado pode ter sua baixa reconhecida por ocasião de sua alienação ou quando sua utilização não produza benefícios econômicos futuros para a empresa detentora.

Ainda no que tange à mensuração dos ativos é importante ressaltar que o artigo § 3º do artigo 183 da Lei 6.404/76 determina que deverá ser realizada "análise sobre a recuperação dos valores registrados no imobilizado e no intangível". É bem verdade que o uso dos métodos de depreciação para os ativos imobilizados buscam desempenhar esse procedimento, contudo, caso existam evidências acerca da perda da capacidade de recuperação do valor contábil de tais ativos, proceder-se-á o reconhecimento de uma perda por desvalorização (*impairment*) disciplinado pelo Pronunciamento Técnico CPC 01(R1).

É importante destacar que o referido pronunciamento abrange todos os ativos, exceto (item 2, de "a" a "h"): a) estoques; b) contratos de construção; c) ativos fiscais diferidos; d) planos de benefícios a empregados; e) ativos financeiros com pronunciamentos contábeis próprios; f) propriedades para investimentos mensuradas a valor justo; g) ativos biológicos; h) ativos disciplinados pelo CPC 11 – Contratos de Seguros e i) ativos classificados como mantidos para venda no escopo do CPC 31.

De forma objetiva, considerando que um ativo (imobilizado) deve ser reconhecido pelos critérios anteriormente mencionados (custo), este valor não poderá ser superior ao seu valor recuperável, definido como "o maior montante entre seu valor justo líquido de despesa de venda e o seu valor em uso" (CPC 01 (R1)). Entende-se por valor justo líquido de despesa de venda o valor que pode-se obter pelo ativo (unidade geradora de caixa), no caso em análise o imobilizado, caso ocorra sua venda para terceiros, já descontado de eventuais gastos relativos para se concretizar a transação, a exemplo de comissões sobre a venda.

Por outro lado, deve-se também considerar o que vem a ser valor em uso, que conforme o CPC 01(R1) "é o valor presente de fluxos de caixa futuros esperados que devem advir de um ativo ou de unidade geradora de caixa".

Obtendo-se, desse modo, os valores ora mencionados – líquido de venda e em uso –, estes devem ser confrontados com o valor contábil líquido, obtido pelo valor que o ativo encontra-se reconhecido, descontado da depreciação e eventuais ajustes para perdas.

Exemplo: considere que a empresa Alfa possui em seu balanço patrimonial um ativo imobilizado ao final de 20X1 mensurado pelo valor bruto em $ 300.000,00. Adquirido em 20X0, o referido imobilizado possui $ 30.000,00 a título de depreciação acumulada. Considerando que a empresa precisa periodicamente avaliar o valor recuperável de seus ativos, constatou-se que o valor que a empresa obteria caso realizasse sua venda seria de $ 275.000,00 menos os custos de comissão de venda de $ 27.500,00, compondo assim seu valor líquido de venda em $ 247.500,00.

Valor de venda bruto	$ 275.000,00
(-) Despesa de venda (comissões)	($ 27.500,00)
Valor Líquido de Venda	$ 247.500,00

Por outro lado, buscou-se avaliar a capacidade de geração de fluxos de benefícios futuros (geração de caixa). Considerando que há uma expectativa de vida útil de 5 anos, foram obtidos os seguintes fluxos:

Quadro 1.12 *Projeção das estimativas de fluxo de caixa em valores nominais e a valor presente.*

Período	Estimativa do fluxo de caixa em valores nominais	Estimativa dos fluxos de caixa a valor presente
20X2	$ 85.000,00	$ 75.892,86
20X3	$ 78.500,00	$ 62.579,72
20X4	$ 75.800,00	$ 53.952,94
20X5	$ 67.600,00	$ 42.961,02
20X6	$ 58.700,00	$ 33.307,96
Total	$ 365.600,00	$ 268.694,50

Ajustada a uma taxa de 12% ao ano, as estimativas dos fluxos de caixa resultaram em um valor em uso ao final da vida útil do imobilizado de $ 268.694,50. Cabe destacar que o estabelecimento da taxa de desconto deve ser aquela antes dos impostos, e ainda considerar: (a) do valor do dinheiro no tempo; e (b) dos riscos específicos do ativo para os quais as estimativas de fluxos de caixa futuros não tenham sido ajustadas (Pronunciamento CPC 01(R1) item 55). Desse modo, deve ser considerado para o estabelecimento da taxa o risco do ativo ora objeto de análise e não da empresa.

Assim, resumidamente, têm-se os seguintes valores objetos de análise:

Valor Contábil Líquido	$ 270.000,00
Valor Líquido de Venda	$ 247.500,00
Valor em uso	$ 268.694,50

Uma vez que o valor recuperável líquido deve ser obtido pelo maior valor entre valor líquido de venda e valor em uso, deverá ser reconhecida uma perda por desvalorização de $ 1.305,50, obtida pela diferença entre valor contábil líquido ($ 270.000,00) e valor em uso ($ 268.694,50). Seu reconhecimento contábil deve ser feito da seguinte forma:

Pelo reconhecimento da perda por desvalorização

D: Perda por desvalorização (resultado) $ 1.305,50

C: Perdas estimadas por valor não recuperável (redutora de ativo imobilizado) $ 1.305,50

2.7.4. *Intangível*

O intangível foi incorporado ao Balanço Patrimonial a partir da Lei 11.638/2007, que em seu artigo 179, inciso VI, define-o como "os direitos que tenham por objeto bens incorpóreos destinados à manutenção da companhia ou exercidos com essa finalidade, inclusive o fundo de comércio adquirido".

- **Ativo Intangível** é um ativo não monetário identificável sem substância física (Pronunciamento Técnico CPC 04).

São exemplos de intangível: *softwares*, patentes, direitos autorais, direitos sobre filmes cinematográficos, listas de clientes, direitos sobre hipotecas, licenças de pesca, quotas de importação, franquias, relacionamentos com clientes ou fornecedores, fidelidade de clientes, participação no mercado e direitos de comercialização (Pronunciamento Técnico CPC 04 (R1), item 9).

Por vezes, existe a dificuldade em se definir o que deve ser reconhecido como ativo tangível ou intangível, como é o caso de *softwares*. Nessas situações, deverá ser avaliado qual item é mais significativo para se determinar se o mesmo será classificado como imobilizado (tangível) ou intangível.

Além disso, é importante observar se o item a ser reconhecido como intangível possui as seguintes características (Pronunciamento Técnico CPC 04 (R1)):

a) **é identificável** – quando puder ser separado da entidade e vendido ou transferido, licenciado, alugado ou trocado; ou resultar de direitos contratuais ou outros direitos legais;
b) **controlado pela entidade** – a entidade que o detém tem a capacidade de restringir o acesso de terceiros ao intangível;
c) **gera benefícios futuros** – quando gera fluxo de caixa positivo, reduz custos ou gera outros benefícios pelo seu uso.

Além de conter os itens ora elencados, para que um ativo possa ser reconhecido como intangível, seu valor deve ser mensurado com segurança. A ideia de o ativo ser mensurado com segurança geralmente remete à ideia da mensuração a custo. Porém, quando um intangível for adquirido em uma combinação de negócios, por exemplo, ele deverá ser mensurado pelo valor justo.

O valor justo do intangível, na combinação de negócios, reflete por um lado o seu custo de aquisição e, por outro lado, as expectativas de benefícios futuros que fluirão para a entidade adquirente, devendo ser reconhecida, como ativo, a parcela que possa ser diretamente atribuída ao intangível.

Além da combinação de negócios, os ativos intangíveis podem resultar de subvenção ou assistências governamentais, de permutas ou, ainda, podem ser gerados internamente pela empresa.

Para os ativos intangíveis gerados internamente, serão reconhecidos aqueles cujo custo possa ser diretamente atribuível a eles, tais como aqueles resultantes de atividades para obtenção de novas tecnologias em fase de desenvolvimento.

Nesses casos, é de fundamental importância a distinção entre a fase de pesquisa e a fase do desenvolvimento. Essa importância decorre basicamente da capitalização ou não dos gastos nessas duas fases.

Enquanto fase de pesquisa, os gastos devem ser reconhecidos como despesas incorridas no período, uma vez que ainda não se tem certeza de que tal investimento resultará em benefícios futuros para a empresa.

A atividade de pesquisa pode ser caracterizada pelo período de busca de alternativas e soluções diversas para a obtenção do que se pretende desenvolver, o que é caracterizado por um período de incerteza.

Já a fase de desenvolvimento é caracterizada por um período de testes de determinado produto resultante da fase de pesquisa, na qual poderão ser feitas projeções acerca de sua viabilidade técnica, bem como de receitas decorrentes de seu uso ou venda para a entidade detentora desse conhecimento.

Uma vez reconhecidos os ativos intangíveis, devem ser avaliadas suas expectativas de benefícios futuros para que sirvam de base para sua amortização. Para aqueles cuja vida útil é indefinida, não será realizada qualquer amortização enquanto tal expectativa demonstre o contrário.

Para os ativos intangíveis, cuja vida útil seja definida, deve ser realizada sua amortização a partir do momento em que esse ativo estiver disponível para uso, podendo ser utilizados métodos como linear, saldos decrescentes ou de unidades produzidas, devendo o método escolhido ser aquele que melhor represente o consumo do benefício futuro do ativo para a entidade (Pronunciamento Técnico CPC 04 (R1) item 98).

Por exemplo: a empresa Techno Petro está desenvolvendo uma nova tecnologia para a extração de petróleo na camada pré-sal. Uma equipe foi designada para essa difícil tarefa e, após dois anos de pesquisa, chegou a um protótipo que atualmente está em fase de teste.

Durante a fase de pesquisa foram gastos $ 750.000,00 com pessoal e materiais para que se chegasse a uma nova tecnologia para a extração do petróleo. Definida a fase de desenvolvimento, foi construído um protótipo que atualmente está em fase de testes para que possa ser testada a nova tecnologia. Nessa atual fase já foram gastos $ 1.200.000,00 entre pessoal e materiais.

1. *Pela contabilização das despesas incorridas na fase de pesquisa*

   D: Despesas com Pesquisa (conta de resultado)

   C: Disponível ou Contas a Pagar (conta de ativo ou passivo) $ 750.000,00

Enquanto fase de pesquisa, os gastos realizados devem ser reconhecidos como despesas em virtude da incerteza do sucesso do referido projeto, isto é, que os mesmos se reverterão em receitas futuras para a empresa.

2. *Pela contabilização dos gastos incorridos na fase de desenvolvimento*

   D: Desenvolvimento de Novas Tecnologias (conta de ativo)

   C: Disponível ou Contas a Pagar (conta de ativo ou passivo) $ 1.200.000,00

Uma vez finalizada a fase de desenvolvimento e o produto resultante esteja em condições de ser utilizado ou posto à venda, deverá ser dado início ao processo de amortização, que deverá levar em consideração fatores como (Pronunciamento Técnico CPC 04 (R1), item 90):

a) A utilização prevista de um ativo pela entidade e se o ativo pode ser gerenciado eficientemente por outra equipe de administração;
b) Os ciclos de vida típicos dos produtos do ativo e as informações públicas sobre estimativas de vida útil de ativos semelhantes, utilizados de maneira semelhante;
c) Obsolescência técnica, tecnológica, comercial ou de outro tipo;
d) A estabilidade do setor em que o ativo opera e as mudanças na demanda do mercado para produtos ou serviços gerados pelo ativo;
e) Medidas esperadas da concorrência ou de potenciais concorrentes;
f) O nível dos gastos de manutenção requerido para obter os benefícios econômicos futuros do ativo e a capacidade e intenção da entidade para atingir tal nível;
g) O período de controle sobre o ativo e os limites legais ou similares para a utilização, tais como datas de vencimento dos arrendamentos/locação relacionados; e
h) Se a vida útil do ativo depende da vida útil de outros ativos da entidade.

Partindo-se da consideração de fatores como concorrência, no caso do desenvolvimento de novas tecnologias, a Techno Petro acredita que poderá utilizar a referida tecnologia de forma compatível com os atuais níveis de concorrência e produtividade por um período de, no máximo, cinco anos.

Tomando-se por base esse ciclo, a Techno Petro realizará a amortização dos gastos ativados com o intangível pelo método linear, o que corresponde a um valor de $ 240.000,00 ao ano ou $ 20.000,00 ao mês, levando-se em conta que o valor ativado de $ 1.200.000,00 corresponde ao gasto total realizado para colocá-lo em condições de funcionamento.

3. *Pela contabilização da amortização do intangível no ano*

D: Despesa de amortização (conta de resultado)

C: Amortização acumulada (conta redutora de ativo) $ 240.000,00

É importante destacar que o ciclo de vida útil deverá ser periodicamente revisado, a fim de que a amortização corresponda efetivamente à perda dos benefícios econômicos futuros.

2.7.5 *Diferido*

Pela atual composição, o ativo diferido não deverá mais fazer parte do Balanço Patrimonial. Entretanto, o artigo 299-A da lei societária determina que os valores nele classificados em 31 de dezembro de 2008 e que não puderem ser alocados em outras contas deverão permanecer até que sejam totalmente amortizados, sendo sujeitos a análise de recuperabilidade.

2.8 *Passivo circulante*

O passivo circulante representa as obrigações assumidas pela empresa, cujo prazo para liquidação está compreendido dentro do exercício social seguinte. Ele compreende contas como empréstimos e financiamentos, fornecedores, obrigações fiscais e provisões.

O critério para sua avaliação é dado pelo artigo 184 da lei societária, que estabelece como regra geral seu valor de custo atualizado até a data do balanço, enquanto que as obrigações indexadas em moeda estrangeira deverão ser convertidas pela taxa de câmbio na data do balanço. Os valores registrados no passivo circulante somente serão ajustados a valor presente se este tiver efeito relevante nas demonstrações contábeis.

Caso a empresa possua transações com o mercado externo, seja de compra de mercadorias e/ou captação de recursos, é recomendável que haja uma segregação entre mercado interno e mercado externo, uma vez que este deverá reconhecer os efeitos da variação cambial.

O registro inicial de uma transação em moeda estrangeira deve ser realizado a partir da conversão da moeda transacionada pela taxa de câmbio à data do fato gerador, e reconhecido pela Contabilidade pela moeda base para os registros usuais da entidade, também denominada como moeda funcional.

Após o registro inicial, os itens monetários devem ser convertidos pela taxa de câmbio à data do fechamento do balanço, sendo as diferenças provocadas por essa operação reconhecidas como receitas ou despesas na data em que incorrerem (Pronunciamento Técnico CPC, 02, itens 26 e 31).

Exemplo: a MM Autopeças importou um lote de peças automotivas por US$ 1.000,00 (mil dólares norte-americanos) no dia 10/01/2010 para revenda, a prazo. Nessa data, a taxa de câmbio para cada dólar norte-americano era de R$ 1,50 e, portanto, o referido lote foi reconhecido pelo valor de R$ 1.500,00. No dia 31/01/2010, a taxa de câmbio teve uma elevação, e cada dólar norte-americano correspondia a R$ 1,55.

1. *Pelo reconhecimento da aquisição do lote de peças importadas*

   D: Mercadorias (ativo circulante)

   C: Fornecedores Estrangeiros (passivo circulante) $ 1.500,00

2. *Pelo reconhecimento da variação cambial em 31/01/2010*

   D: Variação Monetária Passiva (conta de resultado)

   C: Fornecedores Estrangeiros (passivo circulante) $ 50,00

A variação monetária passiva registrada na apuração do resultado do exercício corresponde à diferença obtida entre o valor da obrigação assumida no dia 10/01/2010 e sua atualização pela taxa cambial no dia 31/01/2010 (US$ 1.000,00 x R$ 1,55 = R$ 1.550,00 (–) $ 1.500,00 = $ 50,00 – variação monetária passiva).

Caso ocorra uma redução na taxa de câmbio para as obrigações assumidas, haverá diminuição na dívida assumida, ocorrendo, portanto, uma variação monetária ativa, que equivale a uma receita financeira.

1. *Empréstimos e Financiamentos*

Os empréstimos e financiamentos são origens de recursos de terceiros que, por sua vez, são obtidos em espécie ou para dar cobertura à compra de um bem do ativo imobilizado, como imóveis, máquinas e equipamentos, veículos, entre outros.

Para os empréstimos e financiamentos de origem externa, as variações cambiais também devem ser reconhecidas. Porém, essas contas diferenciam-se das demais por terem contratualmente juros explícitos pelo decurso do contrato, o que merece especial atenção. Além disso, no caso de bens cujo custo de empréstimos possa ser diretamente atribuível, esses bens deverão ser capitalizados, inclusive no caso de variação monetária.

Segundo o Pronunciamento Técnico CPC 20, os custos de empréstimos (encargos financeiros e variações cambiais) estarão sujeitos à capitalização quando forem diretamente identificados na transação de aquisição, construção ou produção de ativos qualificáveis.[5]

A capitalização dos custos financeiros cessará no momento em que os ativos elegíveis estiverem concluídos, seja para uso ou para venda, cabendo, dessa forma, em períodos subsequentes, tais encargos serem reconhecidos como despesas financeiras no resultado do exercício.

Os juros a transcorrer dos contratos de empréstimos e financiamentos cuja taxa seja prefixada deverão ser registrados no passivo circulante ou exigível, conforme prazo, como conta redutora e reconhecida no resultado do exercício quando incorrida.

Exemplo: a empresa MM Autopeças comprou um veículo no valor de $ 10.000,00, financiado em 12 parcelas a uma taxa mensal igual a 1,50%. Considerando que a taxa é prefixada e o valor da parcela é fixa, tem-se 12 parcelas de $ 916,80, o que resultará em um encargo financeiro total de $ 1.001,60.

1. *Pela contabilização da aquisição do veículo financiado a curto prazo*

D: Veículos (ativo imobilizado)	$ 10.000,00
D: Juros a Transcorrer (conta redutora de passivo)	$ 1.001,60
C: Financiamentos a Pagar (passivo circulante)	$ 11.001,60

Ocorre que, após o reconhecimento inicial, os juros a transcorrer deverão ser reconhecidos mensalmente, o que implica em determinar seu valor mensal. Para isso, trazem-se a valor presente as prestações com base na taxa de juros mensais.

Tabela 1.3 *Valor presente líquido das parcelas e valor efetivo da despesa financeira.*

Ano	Parcela	Valor Presente da Parcela	Despesa Financeira
1	$ 916,80	$ 916,80 ÷ 1,0150 = $ 903,25	$ 13,55
2	$ 916,80	$ 916,80 ÷ $(1,0150)^2$ = $ 889,90	$ 26,90
3	$ 916,80	$ 916,80 ÷ $(1,0150)^3$ = $ 876,75	$ 40,05
4	$ 916,80	$ 916,80 ÷ $(1,0150)^4$ = $ 863,80	$ 53,00
5	$ 916,80	$ 916,80 ÷ $(1,0150)^5$ = $ 851,03	$ 65,77
6	$ 916,80	$ 916,80 ÷ $(1,0150)^6$ = $ 838,45	$ 78,35

[5] Ativo qualificável é um ativo que, necessariamente, demanda um período de tempo substancial para ficar pronto para seu uso ou venda pretendidos.

7	$ 916,80	$ 916,80 ÷ $(1{,}0150)^{7}$ = $ 826,06	$ 90,74
8	$ 916,80	$ 916,80 ÷ $(1{,}0150)^{8}$ = $ 813,85	$ 102,95
9	$ 916,80	$ 916,80 ÷ $(1{,}0150)^{9}$ = $ 801,83	$ 114,97
10	$ 916,80	$ 916,80 ÷ $(1{,}0150)^{10}$ = $ 789,98	$ 126,82
11	$ 916,80	$ 916,80 ÷ $(1{,}0150)^{11}$ = $ 778,30	$ 138,50
12	$ 916,80	$ 916,80 ÷ $(1{,}0150)^{12}$ = $ 766,80	$ 150,00
TOTAL	**$ 11.001,60**	**$ 10.000,00**	**$ 1.001,60**

2. *Pela contabilização despesas financeiras incorridas ao final do primeiro mês – considerando a apropriação incorrida para todas as parcelas*

   D: Despesas Financeiras (conta de resultado) $ 150,00

   C: Juros a Transcorrer (conta redutora de passivo) $ 150,00

3. *Pelo pagamento da 1ª parcela do financiamento*

   D: Financiamentos a Pagar (passivo circulante) $ 916,80

   C: Disponível (ativo circulante) $ 916,80

Note que o valor das despesas financeiras totais ao final do primeiro mês é obtido pelo valor futuro de todas as 12 prestações, isto é, $VF = VPx(1+i)^n$ $VF =$ $ 10.000,00 x $(1{,}015)^1$ = $ 10.150,00. Desse modo, considerando que as despesas financeiras incorridas decorrem da diferença entre o valor futuro ao final do mês e o valor presente do início do mês, deverá ser reconhecido como despesa financeira o valor de $ 150,00, procedendo a baixa de igual valor em juros a transcorrer.

Ao final do primeiro mês e após o pagamento da parcela de financiamento, bem como do reconhecimento das despesas financeiras, o saldo final da conta de financiamentos a pagar é igual a $ 10.084,80 (11 parcelas de $ 916,80) e a conta juros a transcorrer (redutora de passivo), no valor de $ 851,60 (movimentação a débito, $ 1.001,60 – movimentação a crédito, $ 150,00).

2. *Obrigações Fiscais*

As obrigações fiscais decorrem das obrigações oriundas de impostos, taxas e contribuições, tais como: (a) ICMS, (b) IPI, (c) COFINS, (d) PIS, (e) Contribuição Social sobre o Lucro Líquido, (f) Imposto de Renda Pessoa Jurídica, (g) SIMPLES, entre outros.

Para os tributos que incidem sobre a receita (ICMS, IPI, COFINS, PIS, SIMPLES, ISS) ou sobre o lucro (IRPJ e CSLL), o reconhecimento pela Contabilidade se dará a partir do momento em que ocorrer o fato gerador, que é caracterizado pela aquisição da disponibilidade econômica ou jurídica da renda (CTN, art. 43).

Exemplo: a empresa Alfa emitiu nota fiscal pela prestação de serviços a Beta no valor de $ 2.000,00 em janeiro de 2010. Sobre a referida receita houve a incidência do Imposto sobre Serviços (ISS), cuja alíquota é de 3%.

1. *Pelo reconhecimento do Imposto sobre Serviços sobre receita de prestação de serviços*

   D: ISS (conta de resultado)

   C: ISS a Recolher (conta de passivo) $ 60,00

No lançamento contábil para a constituição do tributo a recolher estarão envolvidas as contas de resultado e de passivo, sendo que a primeira, quando incidente sobre a receita, será uma conta redutora de receita bruta, enquanto que a segunda comporá o passivo circulante.

3. *Provisões, Passivos Contingentes e Ativos Contingentes*

Segundo o Pronunciamento Técnico CPC 25, provisão é um "passivo de prazo ou valor incerto". Considerando tal definição, o reconhecimento por competência de despesas incorridas como férias com adicional de 1/3, décimo terceiro salário, bem como seus encargos, não pode ser considerado como provisão, uma vez que não se enquadra nas características básicas de uma provisão – prazo ou valor incerto.

A provisão será reconhecida quando for uma obrigação presente, o evento já tiver incorrido, isto é, sua constituição é resultado de uma ação passada da qual se espera que haja uma saída de recursos para dar cobertura ao passivo gerado por esta ação, cujo valor é estimado confiavelmente.

São exemplos de provisões: provisão para riscos fiscais, provisão de demandas trabalhistas, provisão para garantias, provisão para benefícios a empregados, entre outros. Vale destacar que tais provisões não são dedutíveis para fins fiscais, e por isso devem ser adicionadas ao lucro líquido no Livro de Apuração do Lucro Real (LALUR).

Ainda no escopo do Pronunciamento Técnico CPC 25, os passivos contingentes e ativos contingentes pela necessidade destes necessitarem de uma ou mais ocorrências futuras (os quais não estão sob o controle da entidade) para serem caracterizados ou como passivo ou como ativo, tais eventos não devem ser reconhecidos.

4. *Outras Obrigações*

Essa conta deverá ser composta pelas obrigações com terceiros que não foram anteriormente especificadas, tais como: salários e ordenados a pagar, encargos sociais a pagar, FGTS a recolher, adiantamentos de clientes, dividendos a pagar, entre outras.

A conta Dividendos a Pagar decorre do reconhecimento de parcela do lucro líquido do exercício que deverá ser distribuído aos sócios ou acionistas da empresa.

A conta Adiantamentos de Clientes decorre de antecipações recebidas por ocasião de encomendas para entrega futura. Sua contabilização, regra geral, é realizada no ato do recebimento dos recursos que geraram a antecipação. Se for em moeda, será debitada na conta de disponível pela entrada dos recursos e creditada a conta de adiantamentos de clientes. Para empresas cuja atividade é de construção civil, se faz necessária a observância do Pronunciamento Técnico CPC 17 – Contratos de Construção.

2.9 Passivo não circulante

O passivo não circulante é composto pelas obrigações com terceiros cujo prazo para liquidação é superior ao término do exercício social seguinte.

O critério para avaliação do passivo não circulante é o mesmo daquele empregado no passivo circulante, com a ressalva de que neste item todos os valores deverão ser ajustados a valor presente, uma vez que, em virtude de sua característica, há presumidamente um efeito relevante nas demonstrações contábeis.

2.10 Patrimônio Líquido

O patrimônio líquido é o valor residual decorrente da diferença entre ativo e passivo, e é dividido em: capital social; reserva de capital; ajustes de avaliação patrimonial; reserva de lucros; ações em tesouraria; e prejuízos acumulados

Com a edição da Lei 11.638/2007, a reavaliação de bens do ativo deixa de existir, bem como sua reserva, podendo o saldo existente nesta reserva ser mantido até sua realização ou estornado até o final do ano de 2008.

a) Capital Social

O capital social é o valor resultante do investimento realizado pelos sócios ou acionistas da empresa, composto pelas contas Capital Subscrito e Capital a Integralizar. O capital subscrito representa o compromisso firmado dos sócios ou acionistas para com a empresa na entrega de bens ou direitos para que assim possam ser aplicados no desenvolvimento de suas atividades operacionais.

Capital a Integralizar é uma conta redutora de patrimônio líquido, e é resultado do valor que ainda deve ser entregue à empresa, considerando o compromisso subscrito no contrato ou estatuto social.

b) Reserva de Capital

A reserva de capital é representada por valores recebidos pela empresa que não transitaram no resultado do exercício e é composta pelas contas de ágio na emissão de ações, alienação de partes beneficiárias e pela alienação de bônus de subscrição.

Os valores alocados na reserva de capital poderão ser utilizados para absorver prejuízos, resgate, reembolso ou compra de ações; incorporar ao capital social; ou para o pagamento de dividendo acumulado de ações preferenciais.

c) Ajustes de Avaliação Patrimonial

Os ajustes de avaliação patrimonial surgem como contrapartida dos registros a valor justo nos ativos e passivos submetidos a esse tipo de avaliação e que não devem, no momento de seu reconhecimento, transitar no resultado do exercício.

d) Reserva de Lucros

A reserva de lucros é constituída a partir da destinação específica do lucro do exercício, observado seus limites legais. O limite para a destinação de lucros para essa conta, exceto reserva para contingências, de incentivos fiscais e de lucros a realizar, está atrelado ao valor do capital social.

É composta pelas seguintes contas:

a) **Reserva Legal** – deve ser constituída com a finalidade de assegurar a integridade do capital social e deverá ser utilizada para compensar prejuízos ou aumentar o capital. É formada a partir da destinação de 5% do lucro líquido do exercício e somente deixará de ser constituída no momento em que seu valor representar 20% do capital social ou seu saldo exceder a 30% da soma obtida com a reserva de capital em relação ao capital social.

b) **Reservas Estatutárias** – destinações específicas do lucro líquido do exercício, considerando que esta conta é constituída a partir da fixação de critérios específicos como o valor de destinação do lucro, finalidade e limite para sua constituição.

c) **Reserva para Contingência** – reserva que possui por finalidade compensar prejuízos futuros que poderão ocorrer em virtude de eventos prováveis ou incertos.

d) **Reserva de Incentivos Fiscais** – parcela decorrente de doações e/ou subvenções governamentais que transitaram no resultado e que poderá ser excluída da base de cálculo do dividendo mínimo obrigatório.

e) **Reserva de Retenção de Lucros** – também conhecida como reserva de lucros para expansão, é criada a partir de orçamento de capital previamente aprovado, cujo destino deverá servir para o financiamento próprio de novos projetos.

f) **Reserva de Lucros a Realizar** – pode ser constituída para que não seja distribuída parcela do lucro líquido do exercício não realizado financeiramente, em forma de dividendo aos acionistas.

3 Demonstração do resultado do exercício

3.1 Estrutura e finalidade

A Demonstração do Resultado do Exercício (DRE) é a exposição ordenada, de forma dedutiva, do resultado das operações da empresa durante um determinado período, de forma a destacar o resultado líquido do período. Engloba todas as receitas, despesas, ganhos e perdas do exercício, independentemente de seus pagamentos e recebimentos, em virtude do regime de competência.

De acordo com esse regime: considera-se receita gerada em determinado exercício social o evento econômico incorrido, não importando seu recebimento; o fato gerador é o período em que a receita foi ganha e não necessariamente recebida; considera-se a despesa consumida incorrida em determinado período contábil, sendo irrelevante o período de pagamento.

Ao contrário do regime de competência, no regime de caixa considera-se a receita efetivamente recebida (entrada de dinheiro) e a despesa efetivamente paga (saída de dinheiro/desembolso) dentro do exercício. É considerado como um instrumento de controle e decisão, não podendo ser utilizado oficialmente, pois a lei societária estabelece que a escrituração da empresa deve ser mantida em registros permanentes, com obediência aos preceitos da legislação comercial e da Lei das S.A.

Portanto, são apresentados na DRE a despesa consumida (utilizada) e a receita gerada (ganha), e no Balanço Patrimonial os gastos adquiridos com certa antecedência em relação ao seu consumo (despesas antecipadas) e os adiantamentos que se tornarão receitas (receitas recebidas antecipadamente).

A Demonstração do Resultado do Exercício pode ser elaborada conforme a estrutura apresentada no Quadro 1.13:

Quadro 1.13 *Demonstração do Resultado do Exercício – JJ Emp. Ltda., de 31/12/X0 a 31/12/X1.*

DEMONSTRAÇÃO DO RESULTADO DO EXERCÍCIO
Receita Bruta de Venda de Bens e Serviços
(–) Imposto sobre vendas
(–) Devolução, Descontos Comerciais e Abatimentos
Receita Líquida
(–) Custo dos Produtos e Serviços Vendidos
Lucro Bruto
(–) Despesas de Vendas
(–) Despesas Administrativas
(–) Outras Despesas Operacionais
(+) Outras Receitas Operacionais
Lucro Antes das Receitas e Despesas Financeiras
(+) Receitas Financeiras
(–) Despesas Financeiras
Lucro Antes do Imposto de Renda e Participações
(–) Provisão para o Imposto de Renda
(–) Participações de Debêntures, Empregados, Administradores, Partes Beneficiárias e Fundos de Assistência e Previdência aos Empregados
Lucro (ou Prejuízo) Líquido do Exercício

3.2 Receita bruta de vendas

O Pronunciamento Técnico CPC 30 (R1) define receita como "o ingresso bruto de benefícios econômicos durante o período proveniente das atividades ordinárias da entidade que resultam no aumento do seu patrimônio líquido, exceto as contribuições dos proprietários".

Nesse sentido, esse pronunciamento deve ser aplicado na contabilização da receita proveniente de: (a) venda de bens; (b) prestação de serviços; e (c) utilização, por parte de terceiros, de outros ativos da entidade que geram juros – encargos pela utilização de caixa e equivalentes de caixa ou de quantias devidas à entidade; *royalties* – encargos pela utilização de ativos de longo prazo da entidade, como, por exemplo: patentes, marcas, direitos autorais e *software* de computadores; e dividendos – distribuição de lucros a detentores de instrumentos patrimoniais na proporção das suas participações em uma classe particular do capital.

A elaboração da DRE inicia-se com o valor da receita apurada, contabilizada pelo seu valor bruto.

Exemplo 1: suponha que a empresa tenha vendido 5 unidades do produto X a um preço de $ 20,00 a unidade. Sabe-se que o custo de aquisição desse produto foi de $ 12,00. O imposto incidente sobre a venda é de 17%. Portanto, ter-se-ia:

1. *Pelo reconhecimento da venda de mercadorias com incidência de imposto sobre receita de 17%:*
   D: Caixa (venda à vista) ou Clientes (venda a prazo)
   C: Receita de Vendas (receita bruta) $ 100,00

   D: Custo das Mercadorias Vendidas (conta de resultado)
   C: Estoque de Mercadorias (conta de ativo) $ 60,00

   D: ICMS sobre Vendas (conta de resultado)
   C: ICMS a Recolher (conta de passivo) $ 17,00

3.3 Deduções da receita bruta

Da receita bruta de vendas (ou serviços), são deduzidos os descontos comerciais, abatimentos e devoluções e os tributos incidentes. O valor obtido após a subtração desses itens é denominado receita líquida.

O desconto comercial (também conhecido como desconto incondicional concedido) é a redução no preço concedida no momento da venda e deve constar de forma destacada em nota fiscal. A diferença entre o desconto comercial e o desconto financeiro (desconto condicional) é que o segundo é obtido quando do pagamento antecipado do título. Portanto, enquanto o desconto comercial é dedução da receita bruta, o desconto financeiro é uma despesa operacional financeira.

Exemplo 2: suponha que uma empresa quer pagar a dívida com seu fornecedor de $ 1.200,00 e este concede um desconto de 5% para pagamento antecipado. O lançamento contábil do desconto financeiro, quando do recebimento do crédito relativo à venda a prazo, seria:

1. *Reconhecimento do desconto financeiro pelo pagamento antecipado de título emitido na venda a prazo*

D: Caixa	(conta de ativo)	$ 1.140,00
D: Despesas Financeiras	(conta de resultado)	$ 60,00
C: Clientes	(conta de ativo)	$ 1.200,00

Diferentemente dos descontos incondicionais, o abatimento é a redução no preço, posterior à entrega do produto ou serviço, por defeitos de qualidade apresentados.

Exemplo 3: com base na venda realizada no exemplo 1, suponha que o cliente tenha adquirido do fornecedor as 5 unidades do produto que, durante o transporte, foram arranhadas, isto é, sofreram avarias. O fornecedor, então, decide conceder um abatimento de $ 2,50 por unidade ao cliente. O lançamento, pelo abatimento concedido na venda, seria:

2. *Reconhecimento de abatimento na venda por mercadorias avariadas*

D: Abatimentos sobre Vendas	(conta de resultado)	
C: Caixa ou Clientes	(conta de ativo)	$ 12,50

O ICMS não é afetado pelo abatimento, apesar de o valor recebido ou a receber do cliente ser reduzido. O imposto a recolher é calculado sobre o valor original da operação de venda.

As devoluções são vendas canceladas por defeitos de qualidade apresentados nos produtos entregues ou serviços ou por não serem os produtos solicitados pelo cliente.

Exemplo 4: tomando novamente, como referência, a venda realizada no exemplo 1. Suponha que o cliente tenha adquirido do fornecedor 5 unidades do produto X, porém foram entregues do produto Y. O lançamento contábil das mercadorias recebidas em devolução, no mesmo período (X1):

3. *Reconhecimento da devolução das mercadorias*

D: Devolução de Vendas	(conta de resultado)	
C: Caixa ou Clientes	(conta de ativo)	$ 100,00
D: Estoque de Mercadorias	(conta de ativo)	
C: Custo das Mercadorias Vendidas	(conta de resultado)	$ 60,00
D: ICMS a Recuperar	(conta de ativo)	
C: ICMS sobre Vendas	(conta de resultado)	$ 17,00

Na devolução das mercadorias no período seguinte (X2):

D: Despesas de Vendas	(lucro bruto de X1)	$ 23,00
D: ICMS a Recuperar	(conta de ativo)	$ 17,00
D: Estoque de Mercadorias	(conta de ativo)	$ 60,00
C: Caixa ou Clientes	(conta de ativo)	$ 100,00

Os tributos incidentes sobre as vendas e serviços são: Imposto sobre Operações Relativas à Circulação de Mercadorias e sobre Prestações de Serviços de Transporte Interestadual e Intermunicipal e de Comunicação (ICMS); Imposto sobre Serviços de Qualquer Natureza (ISS); Contribuição para o Programa de Integração Social (PIS); Contribuição para o Financiamento da Seguridade Social (Cofins).

3.4 Custo da mercadoria vendida

O passo seguinte é a dedução, no caso de empresa comercial, do custo da mercadoria vendida (CMV) ou do custo do produto vendido (CPV), no caso de empresa industrial, cuja apuração está diretamente relacionada aos estoques da empresa, pois representa o inventário consumido nas vendas realizadas. Deduzindo o CMV (ou CPV) da receita líquida, apura-se o lucro bruto.

3.5 Despesas operacionais e outras receitas operacionais

Em seguida, são apresentadas as despesas operacionais, segregadas por subtotais, conforme sua natureza. A lei societária divide as despesas operacionais em:

a) **Despesas de vendas** – relacionadas ao departamento de vendas (gastos com promoção, colocação e distribuição dos produtos, inclusive os riscos assumidos pela venda e as comissões sobre essas vendas);

b) **Despesas gerais e administrativas** – relacionadas a mais de um departamento (salários e encargos do pessoal administrativo, aluguel, material de escritório, despesas judiciais etc.), além da despesa de depreciação;

c) **Outras receitas e despesas operacionais** – resultado positivo/negativo na equivalência patrimonial, receita de dividendos provenientes de investimentos avaliados pelo custo, receita de aluguel e variações monetárias ativas/passivas, ganhos/perdas na venda de bens do ativo não circulante.

Nesse ponto, apura-se o lucro operacional antes do resultado financeiro. Para alguns autores,[6] esse é o verdadeiro lucro operacional da entidade, sendo, pois, o lucro que foi gerado em suas atividades-fim.

---

6 Silva e Tristão (2000).

A Lei 6.404/76 inclui as despesas financeiras líquidas antes da apuração do lucro operacional. Trata-se, porém, de um erro conceitual da referida legislação, uma vez que as despesas financeiras são originadas das fontes de financiamento da entidade, ou seja, do passivo, não tendo nenhuma relação com a geração de renda dos ativos.

Existe certa controvérsia sobre as denominadas receitas financeiras. Para alguns, essas receitas são consideradas como não operacionais, por não apresentar relação com a finalidade da entidade. Entende-se que elas podem ser operacionais, pois se originam de aplicações financeiras provisórias das disponibilidades, para proteção das perdas inflacionárias e do custo do dinheiro no tempo.

O inciso IV da Lei 6.404/76 considerava que, após a apuração do lucro operacional, esse deveria ser subtraído das despesas e acrescido das receitas não operacionais. Entretanto, a Lei 11.941/09 altera o seu texto, considerando apenas outras receitas e outras despesas.

De acordo com Regulamento do Imposto de Renda (RIR), as transações desvinculadas das atividades principais ou acessórias da entidade são denominadas de resultados não operacionais.

O RIR/99 considera como resultados não operacionais a transação com bens do ativo permanente (os ganhos e perdas de capital), ou seja, os resultados na alienação ou desapropriação, na liquidação de bens do ativo permanente, o resultado derivado de investimentos em outras entidades, da venda esporádica de sucatas etc.

Exemplo 5: um automóvel adquirido por $ 30.000, com saldo da Depreciação Acumulada de $ 16.000, foi vendido por $ 15.000. O valor contábil do veículo é apurado da seguinte forma:

Valor de aquisição	$ 30.000,00
(–) Depreciação Acumulada	$ (16.000,00)
Valor contábil	$ (14.000,00)

Resultado positivo apurado na alienação:

Valor da venda	$ 15.000,00
Valor contábil	$ (14.000,00)
Ganho de capital	$ 1.000,00

Reconhecimento da alienação do veículo

D: Caixa (conta de ativo)	$ 15.000,00
D: Depreciação Acumulada (conta de ativo – redutora)	$ 16.000,00
C: Veículos (conta de ativo)	$ 30.000,00
C: Lucro na Alienação de Bens do Imobilizado (conta de resultado)	$ 1.000,00

3.6 *Lucro antes das receitas e despesas financeiras*

As receitas financeiras são aquelas originadas de juros incorridos em desconto financeiros obtidos, de juros recebidos ou a receber pela origem de aplicações temporárias em títulos. Já as despesas financeiras são oriundas de juros de mora incidentes no caso de atraso do pagamento de dívidas, descontos concedidos em recebimento de duplicatas e comissões e despesas bancárias.

3.7 *Lucro antes do imposto de renda e contribuição social e participações*

Após isso, apura-se o lucro antes do Imposto de Renda da Pessoa Jurídica (IRPJ) e da Contribuição Social sobre o Lucro Líquido (CSLL).

A base de cálculo para o IR não é exatamente o lucro apurado pela Contabilidade, mas o lucro ajustado às disposições do RIR/99, mediante a adição e exclusão de itens especificados pela legislação fiscal. Sobre o resultado ajustado, denominado Lucro Real (LR), calcula-se, então, o Imposto de Renda. A CSLL é devida pelas pessoas jurídicas domiciliadas no país e pelas que lhes são equiparadas pela legislação do Imposto de Renda.

Do resultado obtido após a dedução do imposto de renda e contribuição social, subtraem-se as participações de terceiros no lucro, apurando-se, assim, o lucro líquido do exercício. A Lei 11.941/09, artigo 187, inciso VI, considera como participações no lucro "as participações de debêntures, empregados, administradores e partes beneficiárias, mesmo na forma de instrumentos financeiros, e de instituições ou fundos de assistência ou previdência de empregados, que não se caracterizem como despesa".

3.8 *Lucro ou prejuízo líquido e lucro por ação*

Finalmente, após a subtração das participações, obtém-se o resultado do período que, sendo credor, representa o lucro da companhia, ou devedor, um prejuízo do período.

Algumas entidades com fins lucrativos calculam o lucro por ação (LPA), dividindo o lucro líquido do exercício pelo número de ações existentes. Essa é uma informação que pode ser relevante, pois expressa qual a parcela do lucro que cabe a cada acionista da entidade.

4 Demonstração das mutações do patrimônio líquido (DMPL)

4.1 Obrigatoriedade

A Demonstração de Lucros ou Prejuízos Acumulados (DLPA) é obrigatória para as empresas, inclusive para as limitadas e outros tipos de sociedades, de acordo com o RIR/99 (art. 274). A Lei 6.404 faculta às empresas apresentarem a DLPA ou a Demonstração das Mutações do Patrimônio Líquido, já que esta é mais abrangente, pois apresenta as variações ocorridas em todas as contas do patrimônio líquido. A CVM estabeleceu que a elaboração e publicação da DMPL é obrigatória para as companhias abertas (Instrução CVM 59/86), sendo facultativa para as demais companhias. Entretanto, o CPC 26, que trata da apresentação das demonstrações contábeis, retira essa possibilidade ao informar que todas as empresas deverão apresentar a DMPL.

4.2 Estrutura e elaboração

A Demonstração das Mutações do Patrimônio Líquido poderá ser apresentada conforme apresentado no Quadro 1.14.

Quadro 1.14 *Demonstração das Mutações do Patrimônio Líquido – JJ Emp. Ltda., de 31/12/X1.*

	Capital Realizado	Reservas de Capital	Reservas de Lucros	Lucros Acumulados	Total
SALDOS EM 31 DE DEZEMBRO DE X0 CONFORME PUBLICAÇÃO ORIGINAL					
AJUSTES DE EXERCÍCIOS ANTERIORES					
Efeito da mudança de critérios contábeis (Nota X)					
Retificação de erro de exercícios anteriores (Nota Y)					
SALDOS EM 31 DE DEZEMBRO DE X0 CONFORME PUBLICAÇÃO ORIGINAL					
AUMENTOS DE CAPITAL					
Com lucros e reservas					
Por subscrição realizada					

	Capital Realizado	Reservas de Capital	Reservas de Lucros	Lucros Acumulados	Total
REVERSÕES DE RESERVAS					
De Contingências					
De Lucros a Realizar					
LUCRO LÍQUIDO DO EXERCÍCIO					
PROPOSTA DA ADMINISTRAÇÃO DE DESTINAÇÃO DO LUCRO					
Transferências para Reservas					
Reserva Legal					
Reserva Estatutária					
Reserva de Lucros a Realizar					
Reserva de Lucros para Expansão					
Juros sobre o Capital Próprio					
Dividendos a Distribuir ($ 0,06 por ação)					
SALDO EM 31 DE DEZEMBRO DE X1					

A Demonstração das Mutações do Patrimônio Líquido apresenta as variações que ocorreram no capital próprio da empresa durante um determinado período, mostrando os aumentos e reduções do capital, incluindo o resultado do exercício. Representa um detalhamento das contas existentes no patrimônio líquido.

Assim, existem eventos que aumentam o patrimônio líquido; outros que o reduzem e, ainda, há eventos que não afetam o total do PL.

a) *Por eventos que aumentam o PL, tem-se:*
   - ajustes de exercícios anteriores (credor);
   - atualização monetária;
   - lucro líquido do exercício;
   - reavaliação de ativos;
   - doações e subvenções (inclusive incentivos fiscais);
   - ágio na emissão de ações;
   - integralização de aumento de capital;
   - alienação de partes beneficiárias, bônus de subscrição e ações em tesouraria;
   - lucro na venda de ações em tesouraria.

b) *Os eventos que reduzem o PL podem ser:*
   - ajustes de exercícios anteriores (devedor);

- prejuízo líquido do exercício;
- dividendos e juros sobre capital próprio;
- redução de capital;
- aquisição de ações de própria emissão;
- prejuízo na venda de ações em tesouraria.

c) *Finalmente, os eventos que não afetam o total do PL:*
- aumento de capital com utilização de reservas ou lucros acumulados;
- apropriações de lucro líquido às reservas;
- reversões de reservas para lucros acumulados;
- compensação de prejuízos com reservas.

4.2.1 Saldo inicial e final

Cabe destacar que o artigo 202, § 6º, da Lei 6.404/76, alterada pela Lei 10.303/01, determina que os lucros não destinados às reservas de lucros devem ser distribuídos como dividendos. Sendo assim, o saldo inicial e final a ser evidenciado na demonstração deverá ser zero ou prejuízo.

4.2.2 Ajustes de exercícios anteriores

Em virtude da adoção do regime de competência, o resultado do período não pode ser afetado por receitas e despesas de períodos anteriores.

Assim, os ajustes de exercícios anteriores são registrados diretamente na conta de Lucros ou Prejuízos Acumulados. Somente serão considerados como ajuste aqueles decorrentes de mudança no critério contábil adotado ou por retificação de erro imputável.

Como exemplo de mudança no critério contábil pode-se citar a mudança do método de avaliação de participação permanente em outra sociedade, do método do custo de aquisição, para o método de equivalência patrimonial (MEP).

Por retificação de erro, têm-se os erros cometidos no registro de receitas e despesas que não tenham sido corrigidos dentro do exercício de competência, como um erro no cálculo da depreciação dos ativos, por exemplo.

4.2.3 Parcela de lucros incorporada ao capital

Por deliberação da assembleia geral dos acionistas, parte do lucro líquido poderá ser incorporada ao capital.

Exemplo 6: suponha que os acionistas decidam que, de um lucro líquido de $ 100.000,00, sejam 15% destinados ao aumento de capital. O lançamento contábil desse evento seria da seguinte forma:

1. *Reconhecimento de incorporação de parcela do lucro do líquido ao capital social*

   D: Lucros ou Prejuízos Acumulados (conta de patrimônio líquido)

   C: Capital Social (conta de patrimônio líquido) $ 15.000,00

4.2.4 Reversões de reservas

As reservas para contingências e reserva de lucros a realizar podem ser revertidas à conta de lucros ou prejuízos acumulados, à medida que as contingências não se realizaram e os lucros foram realizados financeiramente.

Exemplo 7: suponha que os acionistas tenham destinado uma parte dos lucros ($ 23.000,00) à constituição de uma reserva de contingências, esperando que houvesse escassez de matéria-prima para produção. Como a contingência não ocorreu, é necessário que se faça a reversão.

1. *Reconhecimento de reversão de reserva de contingência*

   D: Reserva de Contingências (conta de patrimônio líquido)

   C: Lucros ou Prejuízos Acumulados (conta de patrimônio líquido) $ 23.000,00

4.2.5 Lucro ou prejuízo líquido do exercício

O resultado apurado no exercício, o mesmo lucro ou prejuízo evidenciado na Demonstração do Resultado do Exercício, também é demonstrado na DLPA.

4.2.6 Proposta da administração de destinação do lucro

Na assembleia geral ordinária, os órgãos da administração da companhia apresentarão a proposta de destinação do lucro líquido do exercício, observado o disposto nos artigos 193 a 203 da Lei 6.404/76 e no estatuto da companhia.

Assim, quando a empresa tiver lucro remanescente, este deverá ser destinado para as reservas de lucros:

- **Reserva legal** – parcela retida de 5% do lucro líquido e obrigatória para todas as sociedades anônimas em cumprimento à legislação (art. 193). Deixa de ser constituída quando seu saldo for equivalente a 20% do capital social, ou quando, acrescida dos saldos das reservas de capital, atingir 30% do capital social. Constituída para absorver prejuízos ou aumentar o capital;

- **Reserva de incentivos fiscais** – parcela do lucro líquido decorrente de doações ou subvenções governamentais para investimentos, que poderá ser excluída da base de cálculo do dividendo obrigatório;
- **Reserva estatutária** – parcela retida em cumprimento ao estatuto da empresa (art. 194), desde que: (a) indique a sua finalidade; (b) fixe os critérios para determinar a parcela anual dos lucros líquidos que serão destinados à sua constituição; e (c) estabeleça o limite máximo da reserva;
- **Reserva para contingências** – parcela retida para cobrir perda provável, razoavelmente estimada, sendo seu montante determinado pela empresa (art. 195);
- **Reserva de lucros a realizar** – parcela retida até ser realizada financeiramente – lucros já contabilizados e economicamente realizados (arts. 196 a 199);
- **Reserva especial para o dividendo obrigatório não distribuído** – caso específico das sociedades anônimas, essa reserva ocorre quando se apura lucro no exercício, mas não há suporte financeiro para o pagamento de dividendos obrigatórios sobre esses lucros.

Quando o lucro líquido ainda não foi realizado financeiramente, tem-se uma parcela de lucros a realizar. Há três fontes de lucros a realizar:

- o resultado líquido positivo da equivalência patrimonial (Lei 10.303/01);
- o lucro, rendimento ou ganho líquidos em operações ou contabilização de ativo e passivo pelo valor de mercado, cujo prazo de realização financeira ocorra após o término do exercício social seguinte (Lei 11.638/07).

Quando a empresa tem prejuízos acumulados, deve-se compensá-los antes da constituição das reservas de lucros.

4.2.7 Juros sobre o capital próprio

As sociedades anônimas têm a opção de remunerar seus acionistas de duas maneiras: por meio de dividendos ou dos juros sobre o capital próprio (JSCP). Sobre o valor do patrimônio líquido da empresa, é aplicada uma taxa, limitada à Taxa de Juros de Longo Prazo (TJLP).

Exemplo 8: suponha que uma empresa queira calcular os JSCP do período:

Total do Patrimônio Líquido: $ 100.000

Taxa de Juros de Longo Prazo: 4%

Juros sobre o Capital Próprio: $ 4.000

1. *Reconhecimento dos juros sobre capital próprio*

   D: Juros sobre Capital Próprio (despesas financeiras)

   C: Juros sobre Capital Próprio a pagar (conta de passivo) $ 4.000,00

4.2.8 Dividendos propostos

Por último, devem-se evidenciar os dividendos propostos a distribuir. Quando o estatuto da empresa for omisso, os acionistas têm o direito de receber como dividendo obrigatório a metade do lucro líquido ajustado.

A Demonstração das Mutações do Patrimônio Líquido deve indicar o montante do dividendo por ação do capital social, discriminando a parcela do dividendo das ações ordinárias e preferenciais, inclusive por classe de ações, se for o caso. Os dividendos propostos reduzem o saldo credor da conta de lucros ou prejuízos acumulados.

Se, mesmo após a proposta de dividendos, houver saldo residual na conta de lucros acumulados, as empresas poderão propor um dividendo adicional, que será submetido à aprovação da Assembleia Geral. Nesse caso, o valor é registrado na conta de patrimônio líquido, denominada **dividendo adicional proposto.**

Exemplo 9: suponha-se que a empresa destine todo o seu lucro remanescente ($ 62.000,00) ao pagamento de dividendos.

1. *Reconhecimento dos dividendos adicionais*

   D: Lucros ou Prejuízos Acumulados (conta de patrimônio líquido)

   C: Dividendos Adicional Proposto (conta do patrimônio líquido) $ 62.000,00

2. *Reconhecimento dos dividendos a pagar, após a aprovação da assembleia*

   D: Dividendos Adicionais Propostos (conta de patrimônio líquido)

   C: Dividendos a Pagar (conta do passivo) $ 62.000,00

5 Demonstração dos fluxos de caixa (DFC)

Outra conta que merece uma demonstração específica é a movimentação dos ativos mais líquidos, informação denominada de demonstração dos fluxos de caixa. A demonstração exibe a movimentação financeira ocorrida durante o exercício social.

Contudo, essa terminologia não é muito adequada, pois se refere apenas aos recursos em moeda corrente. O termo *Fluxo do Disponível* é mais abrangente, pois incorpora tanto os recursos disponíveis em caixa e bancos como os equivalentes de caixa, que são aplicados em instrumentos de altíssima liquidez, prontamente conversíveis em uma quantia conhecida de dinheiro e que apresentam risco insignificante de alteração de valor, como títulos do governo.

A Lei 11.638/07 obriga a publicação da Demonstração dos Fluxos de Caixa (DFC) para as companhias abertas e as fechadas que possuírem, na data do balanço, patrimônio líquido igual ou superior a R$ 2.000.000,00.

Segundo o artigo 188 da lei ora citada, a demonstração dos fluxos de caixa devem apresentar "as alterações ocorridas, durante o exercício, no saldo de caixa e equivalentes de caixa, segregando-se essas alterações em, no mínimo, 3 (três) fluxos: (a) das operações; (b) dos financiamentos; e (c) dos investimentos".

A Demonstração dos Fluxos de Caixa apresenta informações relevantes sobre recebimentos e pagamentos periódicos de caixa, geralmente mês ou ano. Com base nessa informação, têm-se as causas da mudança de volume de recursos no disponível.

Essa demonstração permite planejar e controlar os recursos financeiros, fazer inferências sobre o fluxo de caixa futuro da entidade, avaliar decisões administrativas, determinar a capacidade de pagamento das obrigações e mostrar a relação entre o lucro e a geração de recursos disponíveis, sinalizando os rumos financeiros dos negócios.

Entretanto, a objetividade e a utilidade informativa da DFC podem ser alteradas em razão de mudanças de enquadramento, podendo causar sérias distorções nas análises futuras das movimentações de caixa.

Essas movimentações foram divididas em três grandes grupos (CPC 03(R1)):

1. **Fluxo gerado pelas atividades operacionais** – são as principais atividades geradoras de receita da entidade e outras atividades diferentes das de investimento e de financiamento. Desse grupo fazem parte o pagamento de salário e aluguel e o recebimento pela prestação de serviços por parte da empresa. Espera-se que empresas com bom desempenho consigam gerar um fluxo positivo;
2. **Fluxo advindo das atividades de investimento** – são as atividades referentes à aquisição e venda de ativos de longo prazo e investimentos não incluídos nos equivalentes de caixa, incluindo compra e venda de terrenos, máquinas e equipamentos. Títulos patrimoniais e não patrimoniais adquiridos com a intenção de revenda são classificados nas atividades operacionais;

3. **Fluxo oriundo das atividades de financiamento** – são as atividades que resultam em mudanças no tamanho e na composição do capital próprio e endividamento da entidade. Deste grupo fazem parte a incorporação de capital e a obtenção de empréstimos bancários.

As atividades operacionais podem ser apresentadas pelo método direto ou pelo indireto. O método direto requer conciliação entre o lucro líquido e o caixa das operações anexas ao fluxo de caixa, enquanto que no método indireto a conciliação entre o lucro líquido e o caixa das operações pode ser feita no próprio corpo da DFC. O Quadro 1.15 apresenta um modelo da estrutura da demonstração pelo método direto:

Quadro 1.15 *Demonstração dos Fluxos de Caixa (método direto) – JJ Emp. Ltda., de 31/12/X0 a 31/12/X1.*

Demonstração dos Fluxos de Caixa		
em $ mil	**20X0**	**20X1**
Atividades Operacionais		
Recebimento de clientes		
Recebimento de juros		
Duplicatas descontadas		
Pagamentos:		
– a fornecedores de mercadorias		
– de impostos		
– de salários		
– de juros		
– despesas pagas antecipadamente		
Caixa Líquido Consumido nas Atividades Operacionais		
Atividades de Investimento		
Recebimento pela venda de imobilizado		
Pagamento pela compra de imobilizado		
Caixa Líquido Consumido nas Atividades de Investimento		
Atividades de Financiamento		
Aumento de capital		

Demonstração dos Fluxos de Caixa		
em $ mil	**20X0**	**20X1**
Empréstimo de curto prazo		
Pagamento de dividendos		
Caixa Líquido Consumido nas Atividades de Financiamento		
Aumento Líquido no Caixa e Equivalente-Caixa		
Saldo de Caixa + Equivalente-Caixa em X0		
Saldo de Caixa + Equivalente-Caixa em X1		

O método indireto pode ser visualizado no Quadro 1.16. A regra geral para a elaboração é a seguinte: os aumentos no ativo circulante provocam uso de dinheiro (diminuem o caixa), enquanto que as reduções geram caixa (aumentam); os aumentos no passivo circulante evitam a saída de mais dinheiro (aumentam o caixa), enquanto que as reduções significam que o pagamento foi efetuado (diminuindo o caixa).

Quadro 1.16 *Demonstração dos Fluxos de Caixa (método indireto) – JJ Emp. Ltda., de 31/12/X0 a 31/12/X1.*

Demonstração dos Fluxos de Caixa		
em $ mil	**20X0**	**20X1**
Atividades Operacionais		
Lucro Líquido		
Mais: depreciação		
Menos: lucro na venda de imobilizado		
Aumento em duplicatas a receber		
Aumento em PCLD		
Aumento em duplicatas descontadas		
Aumento em estoques		
Aumento em despesas pagas antecipadamente		
Aumento em fornecedores		
Redução em provisão para IR		
Redução em salários a pagar		
Caixa Líquido Consumido nas Atividades Operacionais		

Atividades de Investimento		
Recebimento pela venda de imobilizado		
Pagamento pela compra de imobilizado		
Caixa Líquido Consumido nas Atividades de Investimento		
Atividades de Financiamento		
Aumento de capital		
Empréstimo de curto prazo		
Pagamento de dividendos		
Caixa Líquido Consumido nas Atividades de Financiamento		
Aumento Líquido no Caixa e Equivalente-Caixa		
Saldo de Caixa + Equivalente-Caixa em X0		
Saldo de Caixa + Equivalente-Caixa em X1		

6 Demonstração do valor adicionado

A Demonstração do Valor Adicionado (DVA) tem por objetivo evidenciar a riqueza econômica produzida pela companhia em determinado exercício e apresentar como essa riqueza é distribuída entre empregados, acionistas, financiadores de capital, governo, comunidade e a parcela retida na empresa para reinvestimento. Essa demonstração possibilita a avaliação do desempenho social e empresarial por intermédio da distribuição da riqueza gerada.

Valor adicionado é definido como "a riqueza criada pela empresa, de forma geral medida pela diferença entre o valor das vendas e os insumos adquiridos de terceiros. Inclui também o valor adicionado recebido em transferência, ou seja, produzido por terceiros e transferido à entidade" (CPC 09).

De acordo com Santos (2003), a soma dos valores adicionados de um país traduz o seu Produto Interno Bruto (PIB), podendo a DVA ser usada para planejamento e interpretação das questões macro e microeconômicas.

A Lei 11.638/07 tornou a DVA obrigatória para todas as companhias abertas, entretanto não apresentou um modelo de elaboração. Apenas determina que ela deva indicar o valor da riqueza gerada e a sua distribuição entre os elementos que contribuíram para a sua geração. A elaboração da DVA consolidada deve basear-se nas demonstrações consolidadas e evidenciar a participação dos sócios não controladores.

Quadro 1.17 *Demonstração do Valor Adicionado – JJ Empreendimentos Ltda.*

DEMONSTRAÇÃO DO VALOR ADICIONADO		
em $ mil	**20X0**	**20X1**
Descrição		
1. RECEITAS		
1.1 Vendas de mercadorias, produtos e serviços		
1.2 Provisão p/devedores duvidosos – reversão (constituição)		
1.3 Não operacionais		
2. INSUMOS ADQUIRIDOS DE TERCEIROS (Inclui ICMS e IPI)		
2.1 Matérias-primas consumidas		
2.2 Custos das mercadorias e serviços vendidos		
2.3 Materiais, energia, serviços de terceiros e outros		
2.4 Perda/recuperação de valores ativos		
3. VALOR ADICIONADO BRUTO (1 – 2)		
4. RETENÇÕES		
4.1 Depreciação, amortização e exaustão		
5. VALOR ADICIONADO LÍQUIDO PRODUZIDO PELA ENTIDADE (3 – 4)		
6. VALOR ADICIONADO RECEBIDO EM TRANSFERÊNCIA		
6.1 Resultado de Equivalência Patrimonial		
6.2 Receitas Financeiras		
7. VALOR ADICIONADO TOTAL A DISTRIBUIR (5 + 6)		
8. DISTRIBUIÇÃO DO VALOR ADICIONADO		
8.1 Pessoal e encargos		
8.2 Impostos, taxas e contribuições		
8.3 Juros e aluguéis		
8.4 Juros sobre o capital próprio e dividendos		
8.5 Lucros retidos/prejuízo do exercício		

Instruções de preenchimento

RECEITAS (soma dos itens 1.1 a 1.3)

1.1 Vendas de mercadorias, produtos e serviços: corresponde à receita bruta ou faturamento bruto.

1.2 Provisão p/ devedores duvidosos – reversão/(constituição)

1.3 Não operacionais: inclui ganhos ou perdas na baixa de bens permanentes.

2. INSUMOS ADQUIRIDOS DE TERCEIROS (Inclui ICMS e IPI) (soma dos itens 2.1 a 2.4)
2.1 Matérias-primas consumidas: incluídas no custo do produto vendido.
2.2 Custos das mercadorias e serviços vendidos: não inclui gastos com pessoal próprio.
2.3 Materiais, energia, serviços de terceiros e outros: inclui valores relativos às aquisições e pagamentos a terceiros.
2.4 Perda/recuperação de valores ativos: inclui valores relativos a valor de mercado de estoques e investimentos etc.

3. VALOR ADICIONADO BRUTO (1 – 2)

4. RETENÇÕES
4.1 Depreciação, amortização e exaustão: inclui a despesa contabilizada no período.

5. VALOR ADICIONADO LÍQUIDO PRODUZIDO PELA ENTIDADE (item 3 menos item 4)

6. VALOR ADICIONADO RECEBIDO EM TRANSFERÊNCIA (soma dos itens 6.1 e 6.2)
6.1 Resultado de Equivalência Patrimonial: valores recebidos como dividendos de investimentos avaliados ao custo.
6.2 Receitas Financeiras: inclui todas as receitas financeiras, independentemente da origem.

7. VALOR ADICIONADO TOTAL A DISTRIBUIR (soma dos itens 5 e 6)

8. DISTRIBUIÇÃO DO VALOR ADICIONADO (soma dos itens 8.1 a 8.5)
8.1 Pessoal e encargos: inclui gastos com férias, 13º salário, FGTS, alimentação, transporte.
8.2 Impostos, taxas e contribuições: inclui INSS, IR e CS e demais impostos, taxas e contribuições.
8.3 Juros e aluguéis: inclui despesas financeiras e juros e aluguéis pagos, inclusive despesas com *leasing*.
8.4 Juros sobre o capital próprio e dividendos: inclui valores pagos ou creditados aos acionistas. Os JSCP, contabilizados como reservas, são lançados em lucros retidos (8.5).
8.5 Lucros retidos/prejuízo do exercício: inclui os lucros do período destinados às reservas de lucros.

7 Demonstração do resultado abrangente

Enquanto a demonstração do resultado do exercício é apurada com base nas receitas e despesas realizadas em um exercício social, a demonstração do resultado abrangente representa receitas e despesas que ainda não foram realizadas, mas que já alteram o patrimônio líquido.

Assim, de acordo com o Pronunciamento Técnico CPC 26, que trata sobre a Apresentação das Demonstrações Contábeis, aprovado pela Deliberação CVM nº 595/09 e Resolução do CFC nº 1.185/09, determina-se que todas as empresas deverão apresentar a Demonstração do Resultado do Exercício (DRE) e a Demonstração do Resultado Abrangente (DRA).

A Demonstração do Resultado Abrangente é elaborada a partir do resultado líquido (lucro ou prejuízo líquido) apurado na DRE, acrescidos de *outros resultados abrangentes* e dos resultados abrangentes de empresas investidas, cujo reconhecimento é feito por meio da equivalência patrimonial, gerando-se o Resultado Abrangente Total.

De acordo com o item 7 do CPC 26, os "outros resultados abrangentes" incluem:

a) Variações na reserva de reavaliação, quando permitidas legalmente (ver Pronunciamentos Técnicos CPC 27 – Ativo Imobilizado e CPC 04 – Ativo Intangível);
b) Ganhos e perdas atuariais em planos de pensão com benefício definido reconhecidos conforme item 93A do Pronunciamento Técnico CPC 33 – Benefícios a Empregados;
c) Ganhos e perdas derivados de conversão de demonstrações contábeis de operações no exterior (ver Pronunciamento Técnico CPC 02 – Efeitos das Mudanças nas Taxas de Câmbio e Conversão de Demonstrações Contábeis);
d) Ganhos e perdas na remensuração de ativos financeiros disponíveis para venda (ver Pronunciamento Técnico CPC 38 – Instrumentos Financeiros: Reconhecimento e Mensuração);
e) Parcela efetiva de ganhos ou perdas advindos de instrumentos de *hedge* em operação de *hedge* de fluxo de caixa (ver Pronunciamento Técnico CPC 38).

Ainda, segundo o CPC 26, a DRA pode ser apresentada em relatório próprio, ou dentro da Demonstração das Mutações do Patrimônio Líquido.

8 Notas explicativas

As demonstrações contábeis devem ser elaboradas e apresentadas de forma completa, incluindo as notas explicativas, de forma comparativa, com a indicação dos valores correspondentes ao exercício anterior.

As notas explicativas são detalhamentos ou complementações necessários à clareza do conteúdo apresentado nas demonstrações. De acordo com a Lei 11.941/2009, as notas explicativas devem:

I – apresentar informações sobre a base de preparação das demonstrações financeiras e das práticas contábeis específicas selecionadas e aplicadas para negócios e eventos significativos;

II – divulgar as informações exigidas pelas práticas contábeis adotadas no Brasil que não estejam apresentadas em nenhuma outra parte das demonstrações financeiras;

III – fornecer informações adicionais não indicadas nas próprias demonstrações financeiras e consideradas necessárias para uma apresentação adequada; e

IV – indicar:

a) os principais critérios de avaliação dos elementos patrimoniais, especialmente estoques, dos cálculos de depreciação, amortização e exaustão, de constituição de provisões para encargos ou riscos, e dos ajustes para atender a perdas prováveis na realização de elementos do ativo;

b) os investimentos em outras sociedades, quando relevantes (art. 247, parágrafo único);

c) o aumento de valor de elementos do ativo resultante de novas avaliações (art. 182, § 3º);

d) os ônus reais constituídos sobre elementos do ativo, as garantias prestadas a terceiros e outras responsabilidades eventuais ou contingentes;

e) a taxa de juros, as datas de vencimento e as garantias das obrigações a longo prazo;

f) o número, espécies e classes das ações do capital social;

g) as opções de compra de ações outorgadas e exercidas no exercício;

h) os ajustes de exercícios anteriores (art. 186, § 1º); e

i) os eventos subsequentes à data de encerramento do exercício que tenham, ou possam vir a ter, efeito relevante sobre a situação financeira e os resultados futuros da companhia.

Referências

BRASIL. Decreto 3.000/99, de 26 de março de 1999. Regulamenta a tributação, fiscalização, arrecadação e administração do Imposto sobre a Renda e Proventos e Qualquer Natureza. **Diário Oficial da União**, Brasília, 26 mar. 1999.

BRASIL. Lei 6.404/76, de 15 de dezembro de 1976. Dispõe sobre as Sociedades por Ações. **Diário Oficial da União**, Brasília, 15 dez. 1976.

______. Lei 10.303/01, de 31 de outubro de 2001. Altera e acrescenta dispositivos na Lei 6.404, de 15 de dezembro de 1976, que dispõe sobre as Sociedades por Ações, e na Lei 6.385, de 7 de dezembro de 1976, que dispõe sobre o mercado de valores mobiliários e cria a Comissão de Valores Mobiliários. **Diário Oficial da União**, Brasília, 1 nov. 2001.

______. Lei 11.638/07, de 28 de dezembro de 2007. Altera e revoga dispositivos da Lei 6.404, de 15 de dezembro de 1976, e da Lei 6.385, de 7 de dezembro de 1976, e estende às sociedades de grande porte disposições relativas à elaboração e divulgação de demonstrações financeiras. **Diário Oficial da União**, Brasília, 28 dez. 2007.

______. Lei 11.941/09, de 27 de maio de 2009. Altera a legislação tributária federal relativa ao parcelamento ordinário de débitos tributários; concede remissão nos casos em que especifica; institui regime tributário de transição, alterando o... **Diário Oficial da União**, Brasília, 28 maio 2009.

______. MINISTÉRIO DA FAZENDA. COMISSÃO DE VALORES MOBILIÁRIOS. Instrução CVM nº 59, de 22 de dezembro de 1986. Dispõe sobre a obrigatoriedade de elaboração e publicação da demonstração das mutações do patrimônio líquido pelas companhias abertas. **Diário Oficial da União**, Brasília, 22 dez. 1986.

COMITÊ DE PRONUNCIAMENTOS CONTÁBEIS. **Pronunciamento Técnico CPC-01:** redução ao valor recuperável de ativos. Brasília, 2007.

______. **Pronunciamento Técnico CPC-02(R1):** efeitos das mudanças nas taxas de câmbio e conversão de demonstrações contábeis. Brasília, 2007.

______. **Pronunciamento Técnico CPC-03(R1):** demonstração dos fluxos de caixa. Brasília, 2008.

______. **Pronunciamento Técnico CPC-04 (R1):** ativo intangível. Brasília, 2010.

______. **Pronunciamento Técnico CPC-06:** operações de arrendamento mercantil. Brasília, 2008.

______. **Pronunciamento Técnico CPC-09:** demonstração do valor adicionado. Brasília, 2008.

______. **Pronunciamento Técnico CPC-12:** ajuste a valor presente. Brasília, 2008.

______. **Pronunciamento Técnico CPC-16(R1):** estoques. Brasília, 2009.

______. **Pronunciamento Técnico CPC-17:** contratos de construção. Brasília, 2009.

______. **Pronunciamento Técnico CPC-18:** investimento em coligada e em controlada. Brasília, 2009.

______. **Pronunciamento Técnico CPC-20:** custos de empréstimos. Brasília, 2009.

______. **Pronunciamento Técnico CPC-25:** provisões, passivos contingentes e ativos contingentes. Brasília, 2009.

______. **Pronunciamento Técnico CPC-27:** ativo imobilizado. Brasília, 2009.

______. **Pronunciamento Técnico CPC-28:** propriedade para investimento. Brasília, 2009.

______. **Pronunciamento Técnico CPC-29:** ativo biológico e produto agrícola. Brasília, 2009.

______. **Pronunciamento Técnico CPC-30 (R1):** receitas. Brasília, 2012.

______. **Pronunciamento Técnico CPC-38:** instrumentos financeiros – reconhecimento e mensuração. Brasília, 2009.

______. **Pronunciamento Técnico CPC-39:** instrumentos financeiros – apresentação. Brasília, 2009.

______. **Pronunciamento Técnico CPC-40:** instrumentos financeiros – evidenciação. Brasília, 2009.

IUDÍCIBUS, Sérgio de; MARION, José Carlos; PEREIRA, Elias. **Dicionário de termos de contabilidade**. 2. ed. São Paulo: Atlas, 2003.

MATINS, Eliseu; GELBCKE, E. R.; SANTOS, A. dos; IUDÍCIBUS, S. de. **Manual de contabilidade societária**. São Paulo: Atlas, 2013.

SANTOS, Ariovaldo dos. **Demonstração do valor adicionado**: como elaborar e analisar a DVA. São Paulo: Atlas, 2003.

SILVA, César Augusto Tibúrcio; TRISTÃO, Gilberto. **Contabilidade básica**. 2. ed. São Paulo: Atlas, 2000.

Exercícios

1. **(Exame de suficiência CFC 2/2015) Em relação à Demonstração das Mutações do Patrimônio Líquido – DMPL, julgue os itens abaixo como Verdadeiros (V) ou Falsos (F) e, em seguida, assinale a opção CORRETA.**

   I. A Demonstração das Mutações do Patrimônio Líquido – DMPL é uma demonstração de apresentação obrigatória pela Lei das Sociedades por Ações.

   II. A Demonstração das Mutações do Patrimônio Líquido – DMPL poderá substituir a Demonstração de Lucros e Prejuízos Acumulados – DLPA, pois as informações apresentadas na DLPA fazem parte da DMPL.

   III. A Demonstração das Mutações do Patrimônio Líquido – DMPL evidencia quais contas sofreram alterações e os respectivos montantes, que deram origem às transformações ocorridas no Patrimônio Líquido.

   IV. A Demonstração das Mutações do Patrimônio Líquido – DMPL deve evidenciar apenas as alterações ocorridas no Patrimônio Líquido relativas à parte dos acionistas não controladores.

   A sequência CORRETA é:

   a) F, V, F, V.

   b) F, V, V, F.

c) V, F, F, V.

d) V, F, V, F.

2. **(Exame de suficiência CFC 2/2015) Uma Sociedade Empresária apresentou os seguintes dados que foram extraídos de sua contabilidade:**

✓ Estoque em 31.12.2013 R$ 140.000,00

✓ Estoque em 31.12.2014 R$ 80.000,00

✓ Saldo de Fornecedores em 31.12.2013 R$ 60.000,00

✓ Saldo de Fornecedores em 31.12.2014 R$ 20.000,00

✓ Custo das Mercadorias Vendidas R$ 470.000,00

A movimentação do estoque é composta por compras e baixa por vendas.

Todas as compras foram efetuadas a prazo.

A movimentação de fornecedores corresponde à contrapartida de compras e pagamentos.

A Demonstração dos Fluxos de Caixa é elaborada pelo Método Direto.

Com base nos dados apresentados, o caixa consumido para pagamento de fornecedores é de:

a) R$ 40.000,00.

b) R$ 60.000,00.

c) R$ 410.000,00.

d) R$ 450.000,00.

3. **(Exame de suficiência CFC 2/2015) A NBC TG 26 (R2) – Apresentação das Demonstrações Contábeis estabelece que as notas explicativas devem apresentar informação acerca das políticas contábeis específicas utilizadas na elaboração das demonstrações contábeis.**

Acerca desse assunto, assinale a opção que apresenta o exemplo de divulgação de política contábil aplicada aos estoques que contemple apenas os requisitos de divulgação, de acordo com as Normas Brasileiras de Contabilidade.

a) Os estoques foram adquiridos e incorporados ao ativo da companhia a partir de um processo de compra, devidamente atestado pela área de controle interno da companhia. Periodicamente é avaliada a existência de itens a serem colocados em liquidação. O preço de venda é determinado a partir da identificação das despesas variáveis e fixas.

b) Os estoques foram mensurados pelo custo de aquisição ou pelo valor realizável líquido, o que for menor. Para efeito de determinação do custo, a empresa adotou a média ponderada. Periodicamente, é avaliada a existência de perdas na realização dos estoques por quebras, danos, prazo de validade ou outros fatores.

c) Os estoques são contabilizados diariamente, de acordo com as entradas no local de destinação para venda. As notas fiscais equivalentes a cada estocagem são contabilizadas, verificando-se a existência de tributos recuperáveis, fretes ou outros custos adicionais. Em média, as mercadorias são adquiridas para pagamento em 40 dias e são negociadas em um prazo médio de 20 dias.

d) Os estoques são demonstrados pelo custo de aquisição líquido das perdas por realização identificadas, quando o valor do custo de aquisição for superior ao valor justo dos itens estocados. As perdas estimadas são calculadas e reconhecidas pelo Regime de Competência. A baixa do estoque é calculada por um dos métodos de valoração permitidos pelas Normas Brasileiras de Contabilidade.

4. (Exame de suficiência CFC 2/2015) Uma Sociedade Empresária apresentou os seguintes dados para a elaboração da Demonstração do Valor Adicionado em 2014:

Valor bruto das vendas de mercadorias	R$ 110.000,00
PIS sobre vendas	R$ 4.015,00
Cofins sobre vendas	R$ 8.360,00
ICMS sobre vendas	R$ 19.800,00
Valor líquido das vendas	R$ 77.825,00
Valor bruto das compras de mercadorias	R$ 70.000,00
PIS sobre compras a recuperar	R$ 2.555,00
Cofins sobre compras a recuperar	R$ 5.320,00
ICMS sobre compras a recuperar	R$ 12.600,00
Valor líquido das compras	R$ 49.525,00
Estoque Inicial de Mercadorias	0,00
Estoque Final de Mercadorias	0,00

Considerando-se que houve apenas esses saldos e movimentações, o Valor Adicionado Bruto, na Demonstração do Valor Adicionado, é igual a:

a) R$ 28.300,00.

b) R$ 40.000,00.

c) R$ 70.000,00.

d) R$ 110.000,00.

5. (Exame de suficiência CFC 1/2015) De acordo com a Lei nº 6.404/76 e suas alterações, em relação ao conteúdo das Notas Explicativas, julgue os itens abaixo e, em seguida, assinale a opção CORRETA.

I. As Notas Explicativas não poderão evidenciar as políticas contábeis da empresa, quando estas já tiverem sido apresentadas no Relatório da Administração.

II. As Notas Explicativas devem apresentar informações sobre a base de preparação das demonstrações financeiras e das práticas contábeis específicas selecionadas e aplicadas para negócios e eventos significativos.

III. As Notas Explicativas devem apresentar informações adicionais não indicadas nas próprias demonstrações financeiras e consideradas necessárias para uma apresentação adequada.

Estão CORRETOS os itens:

a) I e II, apenas.

b) I e III, apenas.

c) I, II e III.

d) II e III, apenas.

6. (Exame de suficiência CFC 1/2015) Uma Sociedade Empresária apresentava, em 1.1.2014, os seguintes saldos em suas contas de Patrimônio Líquido:

Conta	Saldo	Natureza
Capital Subscrito	R$ 500.000,00	Credora
Capital a Integralizar	R$ 150.000,00	Devedora
Reserva Legal	R$ 30.000,00	Credora
Reserva de Lucros para Expansão	R$ 50.000,00	Credora

Durante o ano de 2014, essa sociedade apresentou as seguintes movimentações:

– Integralização de capital em dinheiro no montante de R$ 80.000,00.

– Lucro Líquido do período no montante de R$ 120.000,00.

– Destinação do lucro para dividendos obrigatórios a pagar de R$ 65.000,00.

– Destinação do lucro para Reserva Legal de R$ 6.000,00.

– Destinação do lucro para Reserva de Lucros para Expansão de R$ 49.000,00.

Considerando que houve apenas esses saldos e movimentações, o saldo do Patrimônio Líquido da empresa, em 31.12.2014, era de:

a) R$ 565.000,00.

b) R$ 630.000,00.

c) R$ 865.000,00.

d) R$ 930.000,00.

7. **(Exame de suficiência CFC 1/2015) Em relação ao conteúdo da Demonstração dos Fluxos de Caixa de uma Sociedade Comercial, assinale a opção CORRETA.**

   a) A integralização de capital, com a entrega de um terreno, é apresentada simultaneamente como caixa consumido na atividade de investimento e caixa gerado na atividade de financiamento.

   b) Na liquidação de um empréstimo obtido, o pagamento dos juros pode ser classificado como atividade operacional ou de financiamento, mas o principal da dívida deve ser classificado como atividade de financiamento.

   c) O lucro líquido é apresentado como componente da atividade operacional quando a Demonstração do Fluxo de Caixa é elaborada pelo método direto.

   d) O pagamento de parcela de arrendamento mercantil financeiro, realizado pelo arrendatário, deve ser classificado na atividade operacional.

8. **(Exame de suficiência CFC 2/2015) Acerca da NBC TG 25 (R1) – Provisões, Passivos Contingentes e Ativos Contingentes, julgue os itens abaixo e, em seguida, assinale a opção CORRETA.**

   I. Presumindo-se que possa ser feita uma estimativa confiável, as provisões são reconhecidas como passivo porque são obrigações presentes, e é provável que uma saída de recursos que incorporam benefícios econômicos seja necessária para liquidar a obrigação.

   II. Passivos Contingentes não são reconhecidos como passivo porque são obrigações possíveis, visto que ainda há de ser confirmado se a entidade tem, ou não, uma obrigação presente que possa conduzir a uma saída de recursos que incorporam benefícios econômicos ou obrigações presentes que não satisfazem aos critérios de reconhecimento da NBC TG 25 (R1).

   III. Os Ativos Contingentes são reconhecidos nas demonstrações contábeis, pois tratam-se de resultados que virão a ser realizados.

Estão CORRETOS os itens:

a) I e II, apenas.

b) I e III, apenas.

c) I, II e III.

d) II e III, apenas.

9. **(Exame de suficiência CFC 2/2015) Uma Sociedade Empresária iniciou suas atividades em 2.1.2014 e, ao final do ano, apresentou os saldos abaixo.**

Contas	Saldos em 31.12.2014
Ações de Emissão Própria em Tesouraria	R$ 2.239,00
Caixa e Equivalente de Caixa	R$ 57.583,00
Capital a Integralizar	R$ 24.592,00
Capital Subscrito	R$ 331.991,00
Contas a Pagar	R$ 8.067,00
Depreciação Acumulada	R$ 62.896,00
Dividendos a Pagar	R$ 174.272,00
Duplicatas a Receber	R$ 170.875,00
Duplicatas a Receber de Longo Prazo	R$ 56.960,00
Estoque de Mercadorias para Revenda	R$ 282.985,00
Financiamentos a Pagar de Longo Prazo	R$ 113.915,00
Fornecedores	R$ 202.663,00
Imóveis de Uso	R$ 405.339,00
Reserva Estatutária	R$ 51.384,00
Reserva Legal	R$ 13.170,00
Salários a Pagar	R$ 65.766,00
Títulos a Receber	R$ 23.551,00

Com base nos saldos apresentados, é CORRETO afirmar que:

a) o valor do Ativo Circulante é de R$ 537.233,00.

b) o valor do Ativo Não Circulante é de R$ 401.642,00.

c) o valor do Passivo Circulante é de R$ 276.496,00.

d) o valor do Patrimônio Líquido é de R$ 369.714,00.

10. (Exame de suficiência CFC 2/2015) Uma Sociedade Empresária Investidora apresentava, em 31.12.2014, as seguintes informações relativas às suas participações societárias.

Empresa	Tipo de Participação	Participação no Capital da Investida	Resultado da Investida, apurado em 31.12.2014
B	Sem influência significativa	15%	R$ 600.000,00
C	Coligada	25%	(R$ 200.000,00)
D	Controlada	60%	R$ 900.000,00
E	Coligada	30%	R$ 100.000,00

No ano de 2014, não existiam resultados não realizados de transações entre a sociedade e suas investidas, e não foi observada nenhuma outra movimentação no Patrimônio Líquido das investidas, além do Lucro ou Prejuízo apurado em 31.12.2014.

Considerando-se os dados informados, o Resultado de Equivalência Patrimonial apurado pela Investidora, em 31.12.2014, é de:

a) R$ 660.000,00.

b) R$ 610.000,00.

c) R$ 540.000,00.

d) R$ 520.000,00.

11. (Exame de suficiência CFC 2/2015) Uma Sociedade Empresária adquiriu, em 30.11.2014, uma máquina por R$ 39.000,00. Para deixar a máquina em condição de funcionamento, foi necessária a instalação, que foi feita pelo vendedor, sem custo adicional, em 31.12.2014. A vida útil da máquina foi estimada em 150 meses; e o valor residual é de R$ 6.000,00. Para o cálculo da depreciação, foi adotado o Método das Quotas Constantes.

Considerando-se os dados informados, o saldo da conta Depreciação Acumulada, em 31.8.2015, é de:

a) R$ 1.760,00.

b) R$ 1.980,00.

c) R$ 2.080,00.

d) R$ 2.340,00.

12. (Exame de suficiência CFC 2/2015) Uma Sociedade Empresária importou mercadoria por um valor equivalente a R$ 21.400,00. Foram gastos mais R$ 2.421,00 com seguro e tarifas aduaneiras.

Além dos valores citados, a Sociedade Empresária incorreu nos seguintes tributos, dos quais apenas o Imposto de Importação não é recuperável:

Tributo	Valor
Imposto de Importação	R$ 8.337,35
ICMS	R$ 7.595,12
PIS	R$ 393,05
Cofins	R$ 2.048,61
Total dos Tributos	R$ 18.374,13

Considerando-se os dados informados, o custo de aquisição das mercadorias é igual a:

a) R$ 29.737,35.

b) R$ 31.416,12.

c) R$ 32.158,35.

d) R$ 42.195,13.

13. (Exame de suficiência CFC 2/2015) Uma Sociedade Empresária realizou gastos para tentar a descoberta da cura de determinada doença.

✓ Os relatórios da tesouraria indicam que os gastos foram pagos à vista e podem ser mensurados com confiabilidade.

✓ Os relatórios da controladoria registram que os gastos foram devidamente aprovados pela direção.

✓ Os relatórios da equipe técnica apontam que foram realizados grandes avanços na direção desejada e que é possível que os primeiros sinais de viabilidade técnica venham a ser coletados entre dois e cinco anos.

Diante da situação exposta e considerando-se apenas esse fato, é CORRETO afirmar que, no encerramento do exercício, ocorreram os seguintes efeitos sobre os respectivos registros contábeis da entidade que realizou os gastos:

a) Aumento e redução no Ativo.

b) Aumento no Ativo e no Patrimônio Líquido.

c) Redução no Ativo e no Passivo Exigível.

d) Redução no Ativo e no Patrimônio Líquido.

14. (Exame de suficiência CFC 2/2015) Em 15.12.2014, uma Sociedade Empresária, cuja moeda funcional é o Real, adquiriu mercadoria para revenda importada, a prazo, com pagamento previsto para 15.1.2015, com base na cotação de uma moeda estrangeira – nesse caso, hipotética e denominada Estrangeiro (ES$)* –, no montante de ES$ 10.000,00. Sabe-se que a mercadoria não havia sido revendida nem o pagamento efetuado até 31.12.2014. As taxas de câmbio do Estrangeiro (ES$), em relação ao Real (R$), estão apresentadas na tabela a seguir:

Data	Estrangeiro (ES$)*	Real (R$)
15.12.2014	1,00	1,80
31.12.2014	1,00	2,00
15.1.2015	1,00	2,10

Em 31.12.2014, o preço de venda estimado para a mercadoria mencionada era de R$ 26.000,00, e a despesa para vender era de R$ 2.000,00.

Considerando-se que não havia saldos anteriores de estoque, com base apenas nas informações ora apresentadas e desconsiderando-se os aspectos tributários, o valor dessa mercadoria a ser apresentado no Balanço Patrimonial, encerrado em 31.12.2014, é de:

a) R$ 18.000,00.

b) R$ 20.000,00.

c) R$ 21.000,00.

d) R$ 24.000,00.

15. (Exame de suficiência CFC 2/2015) Uma Sociedade Empresária apresentou os seguintes gastos mensais:

Aquisição de matéria-prima no período	R$ 25.000,00
Comissão devida aos vendedores pela venda de produtos no mês	R$ 5.000,00
Tributos sobre o lucro	R$ 2.000,00
Imobilizado adquirido a prazo	R$ 60.000,00

Considerando-se as terminologias utilizadas em custos, assinale a opção CORRETA.

a) O total dos investimentos é de R$ 60.000,00; e o total das despesas é de R$ 32.000,00.

b) O total dos investimentos é de R$ 60.000,00; o total dos custos é de R$ 25.000,00; e o total das despesas é de R$ 7.000,00.

c) O total dos investimentos é de R$ 85.000,00; e o total das despesas é de R$ 7.000,00.

d) O total dos investimentos é de R$ 85.000,00; o total dos custos é de R$ 2.000,00; e o total das despesas é de R$ 5.000,00.

16. (Exame de suficiência CFC 1/2015) Com relação à situação patrimonial, assinale a opção INCORRETA.

a) A compra de matéria-prima a prazo provoca aumento no Ativo e no Passivo.

b) A integralização de capital em dinheiro provoca aumento no Ativo e no Patrimônio Líquido.

c) O pagamento da compra de máquinas em dinheiro provoca redução no Ativo e aumento no Passivo.

d) O pagamento de fornecedores em dinheiro provoca diminuição no Ativo e no Passivo.

17. (Exame de suficiência CFC 1/2015) Uma Sociedade Empresária apresentou os seguintes saldos no Ativo Circulante, em 30.11.2014:

Contas a Receber.. R$ 80.000,00

(-) Perdas Estimadas em Créditos de Liquidação

Duvidosa .... R$ 1.920,00

Em dezembro de 2014, foi recebido o valor de R$ 74.000,00 proveniente do saldo existente em novembro de 2014, e a diferença foi considerada incobrável, uma vez que foram esgotadas todas as possibilidades de recebimento.

Em relação aos efeitos dessa transação, é CORRETO afirmar que:

a) será reconhecida, adicionalmente, uma perda complementar no valor de R$ 4.080,00.

b) será reconhecida, adicionalmente, uma perda complementar no valor de R$ 6.000,00.

c) será reconhecido um desconto comercial no valor de R$ 4.080,00.

d) será reconhecido um desconto comercial no valor de R$ 6.000,00.

18. (Exame de suficiência CFC 1/2015) Em relação aos efeitos contábeis referentes aos registros das transações de uma empresa no mês de fevereiro de 2015, julgue os itens a seguir como Verdadeiros (V) ou Falsos (F) e, em seguida, assinale a opção CORRETA.

I. O pagamento do aluguel do mês anterior, na data de vencimento, diminuiu o Ativo e o Passivo e não gerou nenhuma mudança no Patrimônio Líquido.

II. A compra à vista de mercadorias não alterou o total do Ativo, não alterou o total do Passivo e não gerou nenhuma mudança no Patrimônio Líquido.

III. A aquisição de ações de emissão da própria empresa, à vista, diminuiu o Ativo, não alterou o Passivo Exigível e aumentou o Patrimônio Líquido.

A sequência CORRETA é:

a) F, F, V.

b) F, V, F.

c) V, F, V.

d) V, V, F.

19. (Exame de suficiência CFC 1/2015) Uma Sociedade Empresária adquiriu mercadorias para revenda, com as seguintes informações:

Informações Valor Total

– Preço das mercadorias adquiridas para revenda R$ 25.000,00

– PIS e Cofins recuperáveis R$ 2.312,50

– ICMS de 17% incluído no preço das mercadorias R$ 4.250,00

A empresa está sujeita à não cumulatividade do PIS e da Cofins e, ainda, tem direito ao crédito tributário referente ao ICMS pago na aquisição das mercadorias.

Conforme a NBC TG 16 (R1) – Estoques, o custo de aquisição total a ser reconhecido no estoque, referente a essa transação, é de:

a) R$ 18.437,50.

b) R$ 20.750,00.

c) R$ 25.000,00.

d) R$ 31.562,50.

20. (Exame de suficiência CFC 1/2015) Assinale a opção que apresenta uma transação que retrata um lançamento contábil gerador de aumento no Ativo e no Passivo, simultaneamente.

a) Aquisição à vista de mercadorias para revenda.

b) Compra de um veículo a prazo.

c) Pagamento de salários de funcionários.

d) Reconhecimento da depreciação de um bem imóvel.

21. **(Exame de suficiência CFC 1/2015) Uma Sociedade Empresária adquiriu um equipamento, por R$ 25.000,00, para uso em suas atividades. Para deixá-lo em condições de uso, foi necessário gastar mais R$ 1.500,00.**

O equipamento ficou pronto para uso no dia 2.1.2014, e a empresa estima usar o equipamento por 5 anos.

O valor residual é estimado em R$ 2.500,00, para qualquer método de depreciação adotado.

A vida útil estimada do equipamento é de 12.000 horas.

O equipamento tem capacidade para produzir 8.000 unidades de produto.

O equipamento foi utilizado durante todo o ano de 2014; operou por 2.600 horas; e produziu 1.800 unidades.

Com base nos dados acima, é CORRETO afirmar que a despesa com depreciação, no ano de 2014, foi de:

a) R$ 4.800,00, apurados com base no Método das Quotas Constantes.
b) R$ 5.416,67, apurados com base no Método das Horas de Produção.
c) R$ 5.962,50, apurados com base no Método das Unidades Produzidas.
d) R$ 7.500,00, apurados com base no Método da Soma dos Dígitos.

22. **(Exame de suficiência CFC 1/2015) Assinale a opção que apresenta apenas Ativos que podem ser objeto de Ajuste ao Valor Recuperável, na forma estabelecida pela NBC TG 01 (R2) – Redução ao Valor Recuperável de Ativos.**

a) Estoques de Matéria-prima, Bancos Conta Movimento, Marcas e Patentes.
b) Imóveis de Uso, Duplicatas a Receber, Bancos Conta Movimento.
c) Marcas e Patentes, Imóveis de Uso, Móveis e Utensílios.
d) Móveis e Utensílios, Duplicatas a Receber, Estoques de Matéria-prima.

23. **(Exame CFC 2016.1) Assinale a opção que representa a CORRETA associação entre o fato contábil e o seu registro no Balanço Patrimonial.**

a) A compra, a prazo, de mercadoria para revenda provoca um aumento no Ativo e uma redução no Passivo.
b) A contratação de uma apólice de seguros, com pagamento a prazo, para cobertura de doze meses a transcorrer provoca um aumento no Ativo e um aumento no Passivo.

c) A integralização de capital com bens para uso provoca um aumento no Ativo e uma redução no Patrimônio Líquido.

d) O pagamento em dinheiro a fornecedores, decorrente de aquisição de mercadorias a prazo, provoca uma diminuição no Ativo e um aumento no Passivo.

24. (Exame de CFC 1/2015) De acordo com a NBC TG 27 (R2) – Ativo Imobilizado, assinale a opção que apresenta os custos diretamente atribuíveis a um ativo imobilizado.

a) Custos administrativos e custos de abertura de nova instalação.

b) Custos da transferência das atividades para novo local ou para nova categoria de clientes.

c) Custos de instalação e montagem e custos de preparação do local.

d) Custos incorridos na introdução de novo produto ou serviço.

25. (Exame de CFC 1/2014) Uma sociedade empresária adquiriu o controle de duas outras sociedades durante o ano de 2013.

Na aquisição do controle da sociedade "A", foi apurado um ágio por expectativa de rentabilidade futura – *goodwill* no valor de R$ 2.000.000,00.

Na aquisição do controle da sociedade "B", foi apurada uma compra vantajosa no valor de R$ 200.000,00.

O registro contábil dos valores apurados irá gerar:

a) um aumento de R$ 2.000.000,00 no Ativo Não Circulante e um aumento de R$ 200.000,00 no Resultado do Período.

b) um aumento de R$ 2.200.000,00 no Ativo Não Circulante.

c) uma redução de R$ 1.800.000,00 no Resultado do Período.

d) uma redução de R$ 2.000.000,00 no Ativo Não Circulante e um aumento de R$ 200.000,00 no Resultado do Período.

26. (Exame de CFC 1/2014) A respeito doscritérios de reconhecimento de provisões, conforme o estabelecido na NBC TG 25 – Provisões, Passivos Contingentes e Ativos Contingentes, julgue as situações hipotéticas apresentadas nos itens abaixo e, em seguida, assinale a opção CORRETA.

I. Uma entidade do setor de petróleo causa contaminação e opera em um país onde não há legislação ambiental. Entretanto, a entidade possui uma política ambiental amplamente divulgada, na qual ela assume a limpeza de toda a contaminação que causa. A entidade tem um histórico de honrar essa política publicada e é possível estimar, confiavelmente, os gastos com a limpeza de toda a contaminação causada.

II. Em 12 de dezembro de 2013, o conselho da entidade decidiu encerrar as atividades de uma divisão. Os gastos com o encerramento das atividades foram estimados em R$ 1.000.000,00, e esta estimativa é confiável. Antes do fechamento do balanço de 31 de dezembro de 2013, a decisão não havia sido comunicada a qualquer um dos afetados por ela e nenhuma outra providência havia sido tomada para implementar a decisão.

III. Uma loja de varejo tem a política de reembolsar compras de clientes insatisfeitos, mesmo que não haja obrigação legal para isso. Sua política de efetuar reembolso é amplamente conhecida. Com base no histórico anterior, é possível mensurar, confiavelmente, o montante dos reembolsos a serem efetuados.

Devem ser objeto de constituição de provisão as situações apresentadas nos itens:

a) I e II, apenas.

b) I e III, apenas.

c) II e III, apenas.

d) I, II e III.

27. (Exame de CFC 1/2014) Segundo a NBC TG 04(R1) – Ativo Intangível, são exemplos de atividades de pesquisa, EXCETO:

a) projeto de ferramentas, gabaritos, moldes e matrizes que envolvam nova tecnologia.

b) atividades destinadas à obtenção de novo conhecimento.

c) busca, avaliação e seleção final das aplicações dos resultados de pesquisa ou outros conhecimentos.

d) busca de alternativas para materiais, dispositivos, produtos, processos, sistemas ou serviços.

28. (Exame de suficiência CFC 2/2013) Uma sociedade empresária adota como método de avaliação de seu estoque o custo médio ponderado móvel.

Em 31.12.2012, seu estoque de mercadorias para venda estava assim constituído:

Estoque Inicial	**R$ 20.000,00**
Quantidade	200 unidades
Valor Unitário	R$ 100,00

No decorrer do mês de janeiro de 2013, ocorreram as seguintes operações com mercadorias:

3.1.2013 – Aquisição de mercadorias para revenda, conforme abaixo:

Quantidade	**120 unidades**
Preço Unitário	R$ 106,67
Frete	R$ 500,00
Seguro	R$ 300,00

12.1.2013 – Venda de mercadorias, conforme abaixo:

Quantidade	**180 unidades**
Preço Unitário	R$ 250,00

22.1.2013 – Aquisição de mercadorias para revenda, conforme abaixo:

Quantidade	**150 unidades**
Preço Unitário	R$ 111,58
Frete	R$ 350,00
Seguro	R$ 200,00

Com base nas informações acima e desconsiderando a incidência de tributos, o custo médio unitário utilizado para a baixa do estoque em 12.1.2013 foi de:

a) R$ 100,00.

b) R$ 102,50.

c) R$ 104,06.

d) R$ 105,00.

29. **(Exame de suficiência – Bacharel 1/2011) Uma companhia efetuou, em dezembro de 2010, a venda de mercadorias para recebimento com prazo de 13 meses, considerando uma taxa de juros de 10% no período. O valor da nota fiscal foi de R$ 110.000,00.**

O registro contábil CORRETO no ato da transação é:

a) Débito: Contas a Receber (Ativo Não Circulante) R$ 110.000,00
Crédito: Receita Bruta de Vendas R$ 110.000,00

b) Débito: Contas a Receber (Ativo Não Circulante) R$ 110.000,00
Crédito: Receita Bruta de Vendas R$ 100.000,00
Crédito: Receita Financeira R$ 10.000,00

c) Débito: Contas a Receber (Ativo Não Circulante) R$ 100.000,00
Crédito: Receita Bruta de Vendas R$ 100.000,00

d) Débito: Contas a Receber (Ativo Não Circulante) R$ 110.000,00
Crédito: Receita Bruta de Vendas R$ 100.000,00
Crédito: Receita Financeira a Apropriar (Ativo Não Circulante) R$ 10.000,00

30. (Exame de suficiência – Bacharel 1/2011) A movimentação ocorrida nas contas de Reservas de Lucros em um determinado período é evidenciada na seguinte demonstração contábil:

a) Balanço Patrimonial.
b) Demonstração das Mutações do Patrimônio Líquido.
c) Demonstração dos Fluxos de Caixa.
d) Demonstração dos Lucros ou Prejuízos Acumulados.

31. (Exame de Suficiência – Bacharel 1/2011) Uma sociedade empresária apresentou, no exercício de 2010, uma variação positiva no saldo de caixa e equivalentes de caixa no valor de R$18.000,00. Sabendo-se que o caixa gerado pelas atividades operacionais foi de R$ 28.000,00 e o caixa consumido pelas atividades de investimento foi de R$ 25.000,00, as atividades de financiamento:

a) geraram um caixa de R$ 21.000,00.
b) consumiram um caixa de R$ 15.000,00.
c) consumiram um caixa de R$ 21.000,00.
d) geraram um caixa de R$ 15.000,00.

32. (Exame de suficiência – Bacharel 2/2011) Acerca das demonstrações contábeis, julgue os itens abaixo e, em seguida, assinale a opção CORRETA.

I – O recebimento de caixa resultante da venda de Ativo Imobilizado e Intangível é apresentado na Demonstração dos Fluxos de Caixa como atividade operacional.

II – No Balanço Patrimonial, os ativos mantidos com o propósito de serem negociados classificam-se no grupo do Ativo Circulante.

III – Uma empresa que realize uma operação de venda do seu estoque por R$ 21.000,00, que foi adquirido por R$ 11.000,00 e que, ainda, tenha incorrido em comissões sobre venda no valor total de R$ 2.000,00 apresentará na Demonstração do Resultado um Lucro Bruto de R$ 8.000,00.

Está(ão) certo(s) apenas o(s) item(ns):

a) I e II.

b) II e III.

c) II.

d) III.

33. (Exame de suficiência – Bacharel 2/2011) Uma entidade apresentou, em 31.12.2010, os seguintes saldos de contas:

Contas	Saldos
Ações de Outras Empresas – para negociação	R$ 2.300,00
Ações em Tesouraria	R$ 500,00
Bancos Conta Movimento	R$ 7.500,00
Caixa	R$ 1.000,00
Capital Social	R$ 26.500,00
Depreciação Acumulada	R$ 11.000,00
Estoque de Mercadoria para Revenda	R$ 6.200,00
Fornecedores – Vencimento em setembro de 2011	R$ 24.000,00
Imóveis de Uso	R$ 32.500,00
Impostos a Pagar – Vencimento em janeiro de 2011	R$ 8.000,00
Propriedades para Investimento	R$ 5.000,00
Participação Societária em Empresas Controladas	R$ 17.500,00
Participações Permanentes no Capital de Outras Empresas	R$ 1.500,00
Reserva Legal	R$ 4.500,00

No Balanço Patrimonial, o saldo do grupo Investimentos do Ativo Não Circulante é igual a:

a) R$ 21.300,00

b) R$ 23.000,00

c) R$ 24.000,00

d) R$ 26.300,00

34. (Exame de suficiência – Bacharel 2/2011) Em relação às Notas Explicativas e às Demonstrações Contábeis, assinale a opção INCORRETA.

a) A entidade deve divulgar nas notas explicativas as fontes principais da incerteza das estimativas à data do balanço que tenham risco significativo de provocar modificação material nos valores contábeis de ativos e passivos durante o próximo.

b) A entidade deve divulgar no resumo de políticas contábeis significativas as bases de mensuração utilizadas na elaboração das demonstrações contábeis e outras políticas contábeis utilizadas que sejam relevantes para a compreensão das demonstrações contábeis.

c) Informação adicional que não tenha sido apresentada nas demonstrações contábeis, mas que seja relevante para sua compreensão, deve ser apresentada nas notas explicativas.

d) Políticas contábeis inadequadas podem ser retificadas por meio da divulgação das políticas contábeis utilizadas ou por notas ou qualquer outra divulgação explicativa.

35. (Exame de suficiência – Bacharel 2/2011) Uma sociedade empresária foi constituída em 31/12/2010 com capital de R$ 100.000,00, dos quais R$ 10.000,00 foram integralizados em dinheiro naquela data. Em janeiro de 2011, os sócios entregaram mais R$ 30.000,00 em dinheiro e R$ 40.000,00 em terrenos. Ainda em janeiro, a sociedade empresária adquiriu mercadorias para revenda por R$ 32.000,00, metade à vista e metade para pagamento em 30 dias.

Desconsiderando a incidência de tributos e com base nos dados informados, é CORRETO afirmar que na Demonstração dos Fluxos de Caixa relativa ao mês de janeiro de 2011:

a) as atividades de financiamento geraram caixa no valor de R$ 70.000,00.

b) as atividades de financiamento geraram caixa no valor de R$ 80.000,00.

c) as atividades de investimento consumiram caixa no valor de R$ 40.000,00.

d) as atividades operacionais consumiram caixa no valor de R$ 16.000,00.

36. (Exame de suficiência – Bacharel 1/2012) Uma sociedade empresária apresentou os seguintes dados para a elaboração da Demonstração do Valor Adicionado:

Receita Bruta de Vendas	R$ 800.000,00
(–) Tributos sobre as Vendas	R$ 136.000,00
Receita Líquida	R$ 664.000,00
(–) Custo das Mercadorias Vendidas	R$ 498.000,00

Lucro Bruto	R$ 166.000,00
Despesa com Pessoal	R$ 90.000,00
Despesa com Depreciação	R$ 8.000,00
Despesa de Juros sobre Empréstimos	R$ 3.000,00
Resultado antes dos Tributos sobre o Lucro	R$ 65.000,00
Imposto de Renda	R$ 16.250,00
Contribuição Social	R$ 5.850,00
Resultado do Período	R$ 42.900,00

Informações adicionais:

I. O custo de aquisição da mercadoria vendida foi calculado da seguinte forma:

Valor da Mercadoria	R$ 600.000,00
ICMS Recuperado	R$ 102.000,00
Custo Aquisição	R$ 498.000,00

II. O valor da despesa com Pessoal é composto dos seguintes gastos:

Salários, Férias e 13º Salário	R$ 65.000,00
INSS	R$ 25.000,00
Total	R$ 90.000,00

De acordo com a Demonstração do Valor Adicionado, elaborada a partir dos dados fornecidos, assinale a opção INCORRETA.

a) O Valor adicionado a distribuir é R$ 192.000,00.
b) O Valor adicionado a distribuir é R$ 294.000,00.
c) O valor da remuneração de capital de terceiros é de R$ 3.000,00.
d) O valor distribuído para pessoal é de R$ 65.000,00.

37. (Exame de suficiência – Bacharel 1/2012) Em relação ao conteúdo das Notas Explicativas, de acordo com a NBC TG 26 – Apresentação das Demonstrações Contábeis, é INCORRETO afirmar que o conjunto das Notas Explicativas apresenta:

a) a divulgação da análise dos resultados e da posição financeira da sociedade e o parecer da diretoria.
b) a divulgação de informações requerida pelas normas, interpretações e comunicados técnicos que não tenha sido evidenciada nas demonstrações contábeis.
c) as informações adicionais que não tenham sido evidenciadas nas demonstrações contábeis, mas que sejam relevantes para sua compreensão.
d) as informações sobre a base para elaboração das demonstrações contábeis e das políticas específicas utilizadas.

38. (Exame de suficiência – Bacharel 1/2012) Uma sociedade empresária apresentou os seguintes dados de um determinado período:

Despesas administrativas reconhecidas durante o período	R$ 20.000,00
Ganhos na remensuração de ativos financeiros disponíveis para venda líquidos dos tributos	R$ 30.000,00
Lucro bruto do período	R$ 240.000,00
Lucro líquido do período	R$ 270.000,00
Perdas derivadas de conversão de demonstrações contábeis de operações no exterior menos tributos sobre ajuste de conversão	R$ 170.000,00
Receita de vendas realizadas durante o período	R$ 800.000,00
Resultado do período antes das receitas e despesas financeiras	R$ 230.000,00

Na Demonstração do Resultado Abrangente, elaborada a partir dos dados fornecidos, o valor do Resultado Abrangente é igual a:

a) R$ 90.000,00.
b) R$ 100.000,00.
c) R$ 110.000,00.
d) R$ 130.000,00.

39. (Exame de suficiência – Bacharel 1/2012) Na Demonstração do Valor Adicionado, a despesa com aluguel, a energia elétrica consumida no período e o resultado positivo da equivalência patrimonial são evidenciados, respectivamente, como:

a) insumos adquiridos de terceiros; insumos adquiridos de terceiros e remuneração do capital próprio.

b) insumos adquiridos de terceiros; remuneração do capital de terceiros e valor adicionado recebido em transferência.

c) remuneração do capital de terceiros; insumos adquiridos de terceiros e valor adicionado recebido em transferência.

d) remuneração do capital de terceiros; remuneração do capital de terceiros e remuneração do capital próprio.

40. (FCC/2012/TRE-SP/Analista Judiciário/Contabilidade) Foram extraídas as seguintes informações, em reais, da Demonstração de Lucros ou Prejuízos Acumulados da Cia. Ômega, relativa ao exercício encerrado em 31-12-2011:

Ajuste positivo de exercícios anteriores	136.000,00
Constituição da Reserva Estatutária	117.000,00
Reversão da Reserva de Lucros a Realizar	38.000,00
Lucro Líquido do Exercício	380.000,00
Constituição da Reserva Legal	19.000,00
Dividendos propostos	156.000,00

Sabendo-se que o saldo inicial e o saldo final da conta Lucros ou Prejuízos Acumulados foram nulos, por conta do disposto no art. 202, § 6º, da Lei nº 6.404/76, a companhia constituiu outras reservas de lucros, não mencionadas acima, no valor, em reais, de

a) 282.000,00.

b) 244.000,00.

c) 262.000,00.

d) 264.000,00.

e) 272.000,00.

41. (Exame CFC 2016.1) Uma Sociedade Empresária apresentou, em 31.12.2015, antes da apuração do resultado do exercício, o seguinte Patrimônio Líquido:

Contas	Saldos
Capital Subscrito	R$ 30.000,00
Reserva de Capital – Ágio na Emissão de Ações	R$ 3.000,00
Reserva Legal	R$ 5.838,00
Reserva Estatutária	R$ 930,00

O Lucro Líquido apurado em 31.12.2015 foi de R$ 8.300,00.

Nesse caso, de acordo com a Lei nº 6.404/76 e alterações posteriores, o valor a ser destinado no período, obrigatoriamente, para Reserva Legal é de:

a) R$ 162,00.

b) R$ 415,00.

c) R$ 2.300,00.

d) R$ 2.462,00.

42. (Exame CFC 2016.1) Uma Sociedade Empresária efetuou aplicação financeira em 1º.11.2015, para resgate em 31.1.2016, no valor de R$2.000.000,00, com taxa de 2% ao mês com capitalização composta.

Por ocasião do resgate, será retido Imposto de Renda na fonte à alíquota de 15% sobre o valor do rendimento da aplicação financeira, compensável com o Imposto de Renda incidente sobre o lucro.

O banco forneceu a seguinte informação sobre o movimento da aplicação financeira:

Mês	Descrição	Movimentação	Saldos
1º.11.2015	Aplicação	R$ 2.000.000,00	R$ 2.000.000,00
30.11.2015	Rendimento da aplicação	R$ 40.000,00	R$ 2.040.000,00
31.12.2015	Rendimento da aplicação	R$ 40.800.00	R$ 2.080.800,00
31.1.2016	Rendimento da aplicação	R$ 41.616,00	R$ 2.122.416,00
31.1.2016	Imposto de Renda Retido na Fonte – IRRF	(R$ 18.362,40)	R$ 2.104.053,60
31.1.2016	Resgate	(R$ 2.104.053,60)	R$ 0,00

Nessa Sociedade Empresária, o valor da receita financeira a ser reconhecida em janeiro de 2016, de acordo com as Normas Brasileiras de Contabilidade emanadas pelo Conselho Federal de Contabilidade, é de:

a) R$ 23.253,60.

b) R$ 41.616,00.

c) R$ 104.053,60.

d) R$ 122.416,00.

43. (Exame CFC 2016.1) Uma Sociedade Empresária apresentou os seguintes dados extraídos da contabilidade referente ao ano de 2015:

Receita de Vendas	R$ 90.000,00
Variação positiva de Contas a Receber	R$ 60.000,00
Pagamento a fornecedores	R$ 20.000,00
Compra à vista de Ativo Imobilizado	R$ 15.000,00

A variação de Contas a Receber deveu-se única e exclusivamente a recebimentos de vendas de mercadorias efetuadas no período.

Com base nos dados apresentados, o caixa gerado nas atividades operacionais foi de:

a) R$ 10.000,00.

b) R$ 25.000,00.

c) R$ 40.000,00.

d) R$ 115.000,00.

44. (Exame CFC 2016.1) Uma Sociedade Empresária possui um único estabelecimento comercial.

Em 31.1.2016, apresentou os seguintes saldos no seu balancete mensal referentes a registros de ICMS incidentes sobre compras e sobre vendas:

Conta	Saldo	Natureza do Saldo
ICMS a Recuperar	R$15.000,00	Devedor
ICMS a Recolher	R$10.000,00	Credor

De acordo com as informações apresentadas, é CORRETO afirmar que o registro contábil a ser efetuado para apuração do ICMS é:

a) Débito: ICMS a Recolher R$15.000,00
Crédito: ICMS a Recuperar R$15.000,00

b) Débito: ICMS a Recolher R$10.000,00
Crédito: Caixa R$10.000,00

c) Débito: ICMS a Recolher R$5.000,00
Crédito: Caixa R$5.000,00

d) Débito: ICMS a Recolher R$10.000,00
Crédito: ICMS a Recuperar R$10.000,00

45. (Exame CFC 2016.1) Uma transportadora fez contrato de seguro para um de seus caminhões, cuja vigência é de 12 meses, com início em 1º.12.2015. O caminhão está avaliado em R$ 360.000,00. O prêmio total, pago à vista e em parcela única, foi de R$ 18.000,00. O valor da franquia será de R$ 15.000,00.

Considerando-se o Regime de Competência e com base nos dados informados, o montante a ser apropriado como Despesa de Seguros, em dezembro de 2015, é de:

a) R$ 1.250,00.

b) R$ 1.500,00.

c) R$ 15.000,00.

d) R$ 18.000,00.

46. (Exame CFC 2016.1) Um hotel adquiriu uma caldeira para o aquecimento da água a ser consumida pelos hóspedes e pagou por isso R$ 10.800,00 à vista. O fornecedor ficou responsável pela entrega do produto. Para a instalação da referida caldeira, o hotel pagou mais R$ 3.600,00. A caldeira tem vida útil estimada em 10 anos. O valor residual é estimado em R$2.400,00. A caldeira ficou pronta para uso em 1º.8.2015. O hotel calcula a depreciação usando o Método Linear.

Com base nos dados informados, a despesa de depreciação da caldeira, no mês de agosto de 2015, é de:

a) R$ 70,00.

b) R$ 100,00.

c) R$ 120,00.

d) R$ 140,00.

47. (Exame CFC 2016.1) Uma Sociedade Empresária iniciou suas atividades em janeiro de 2015. Ao final do ano, apresentou os saldos abaixo, após a destinação do resultado.

Contas	Saldos
Ações de Emissão Própria em Tesouraria	R$ 2.197,00
Adiantamento Recebido de Clientes	R$ 4.827,00
Bancos conta Movimento	R$ 8.575,00
Capital a Integralizar	R$ 2.856,00
Capital Subscrito	R$ 34.330,00
Contas a Pagar	R$ 1.680,00
Depreciação Acumulada de Imóveis de Uso	R$ 6.020,00
Dividendos a Pagar	R$ 3.484,00
Duplicatas a Pagar	R$ 12.484,00
Duplicatas a Receber	R$ 10.605,00
Empréstimos a Pagar	R$ 17.867,00
Estoque de Mercadorias para Revenda	R$ 8.158,00
Imóveis de Uso	R$ 23.300,00
Impostos a Recolher	R$ 2.419,00
Investimentos em Coligadas	R$ 5.145,00

Marcas e Patentes	R$ 13.787,00
Propriedades para Investimento	R$ 7.923,00
Reserva Estatutária	R$ 3.243,00
Reserva Legal	R$ 1.400,00
Salários a Pagar	R$ 2.016,00
Títulos a Receber	R$ 7.224,00

Com base nos dados apresentados, ao final do ano o montante do Imobilizado é de:

a) R$ 17.280,00.

b) R$ 25.203,00.

c) R$ 29.320,00.

d) R$ 31.067,00.

48. (Exame CFC 2016.1) Uma Sociedade Empresária apresentou, em 31.12.2015, os seguintes saldos em suas contas de resultado, antes da apuração do resultado do período.

Contas	Saldos em 31.12.2015
Custo das Mercadorias Vendidas	R$ 154.575,00
Despesas Administrativas	R$ 86.121,00
Despesas com Vendas	R$ 77.288,00
Despesas Financeiras	R$ 15.458,00
Perdas com Operações Descontinuadas	R$ 48.581,00
Receita Bruta de Vendas	R$ 662.466,00
Receitas Financeiras	R$ 13.249,00
Tributos sobre Vendas	R$ 39.749,00
Vendas Canceladas	R$ 17.666,00

De acordo com NBC TG 26 (R3) – Apresentação das Demonstrações Contábeis, com base nos saldos apresentados e desconsiderando-se os aspectos tributários, é CORRETO afirmar que:

a) O Resultado Antes dos Tributos sobre o Lucro é de R$ 287.067,00.

b) O Resultado Antes das Receitas e Despesas Financeiras é de R$ 605.051,00.

c) O Lucro das Operações Continuadas é de R$ 236.277,00.

d) O Lucro Bruto é de R$ 450.476,00.

49. (Exame CFC 2016.1) Com relação à Demonstração dos Lucros ou Prejuízos Acumulados – DLPA, julgue os itens abaixo como Verdadeiros (V) ou Falsos (F) e, em seguida, assinale a opção CORRETA.

I. A Demonstração das Mutações do Patrimônio Líquido – DMPL poderá ser incluída na Demonstração dos Lucros ou Prejuízos Acumulados – DLPA, a qual é mais abrangente que a anterior.

II. Quando a Entidade evidenciar o resultado e sua destinação nas Notas Explicativas, está desobrigada de publicar a Demonstração dos Lucros ou Prejuízos Acumulados – DLPA.

III. A Demonstração dos Lucros ou Prejuízos Acumulados – DLPA discriminará, entre outros, o saldo do início do período, as reversões de reservas de lucro e o lucro líquido do exercício.

A sequência CORRETA é:

a) F, F, V.

b) F, V, F.

c) V, F, V.

d) V, V, F.

50. (Exame CFC 2016.1) Assinale a opção que indica o evento cujo registro contábil aumenta simultaneamente o Ativo Circulante e o Passivo Circulante.

a) Pagamento, em 20.11.2015, de prêmio de seguro com vigência de 1°.1.2016 a 31.12.2016.

b) Aquisição, em 16.12.2015, de veículo para uso do setor de vendas, com pagamento para 2.2.2016.

c) Recebimento, em 30.12.2015, de adiantamento de cliente, por conta de serviço a ser prestado em 15.1.2016.

d) Apuração, em 31.1.2016, do ICMS devido no período, mediante compensação dos saldos a recolher e a recuperar.

51. (Exame CFC 2016.1) Assinale a opção que apresenta apenas contas classificadas no Ativo Não Circulante.

a) Ações de Emissão Própria em Tesouraria, Marcas e Patentes, Duplicatas a Receber a Longo Prazo.

b) Duplicatas a Receber a Longo Prazo, Propriedades para Investimento e Imóveis de Uso.

c) Imóveis de Uso, Ações de Emissão Própria em Tesouraria, Aplicações Financeiras de Liquidez Imediata.

d) Marcas e Patentes, Aplicações Financeiras de Liquidez Imediata e Propriedades para Investimento.

52. (Exame CFC 2016.1) Em fevereiro de 2016, uma Sociedade Empresária apresentava os seguintes dados a respeito de suas operações com mercadorias.

Data	Operações
2.2.16	Estoque inicial de mercadorias: 80 unidades ao custo unitário de R$ 20,00.
10.2.16	Compra de mercadorias: 170 unidades ao preço total de R$ 6.000,00, nesse valor incluído o ICMS recuperável de 15%.
20.2.16	Venda de mercadorias: 200 unidades pelo preço total de R$ 8.000,00, com incidência de ICMS de 15%.
28.2.16	Compra de mercadorias: 50 unidades ao preço total de R$ 3.000,00, nesse valor incluído o ICMS recuperável de 15%.

A empresa utiliza Registro de Inventário Permanente. O estoque de mercadorias é avaliado pela Média Ponderada Móvel.

Com base nos dados informados, o valor do Custo das Mercadorias Vendidas no período é de:

a) R$ 1.340,00.

b) R$ 2.290,00.

c) R$ 3.890,00.

d) R$ 5.360,00.

53. (Exame CFC 2016.1) Uma Sociedade Empresária comercial realizou aquisição de mercadorias para revenda.

Em seus registros constam os seguintes dados relacionados aos itens adquiridos:

Descrição	Valor
Fretes sobre a compra das mercadorias	R$ 400,00
Gastos com divulgação	R$ 100,00
Gastos estimados necessários para se concretizar a venda	R$ 300,00
Preço de venda	R$ 1.600,00
Tributos adicionais decorrentes da aquisição das mercadorias, não recuperáveis e não incluídos no valor de aquisição	R$ 200,00
Tributos recuperáveis incluídos no valor de aquisição das mercadorias	R$ 170,00
Valor de aquisição das mercadorias	R$ 1.000,00

De acordo com a NBC TG 16 (R1) – Estoques, o custo de aquisição dessas mercadorias é de:

a) R$ 1.300,00.

b) R$ 1.430,00.

c) R$ 1.530,00.

d) R$ 1.600,00.

54. (Exame CFC 2016.1) Uma Sociedade Empresária apresentou as seguintes informações a respeito de suas operações com mercadorias:

Discriminação	Valor
Abatimentos sobre compras	R$ 7.000,00
Abatimentos sobre vendas	R$ 10.000,00
Valor total de aquisição das mercadorias	R$ 90.000,00
Desconto financeiro concedido	R$ 3.000,00
Desconto financeiro obtido	R$ 4.000,00
Fretes sobre compras	R$ 5.000,00
Fretes sobre vendas	R$ 8.000,00
Receita bruta de vendas	R$ 180.000,00
Tributos sobre compras – recuperáveis e incluídos no valor de aquisição	R$ 6.000,00
Tributos sobre vendas	R$ 30.000,00

Considere que todos os itens adquiridos foram vendidos no mesmo período e que não havia estoques de mercadorias no início do período.

Diante apenas das informações apresentadas, e de acordo com o disposto na Lei nº 6.404/76, o Lucro Bruto é de:

a) R$ 50.000,00.

b) R$ 51.000,00.

c) R$ 58.000,00.

d) R$ 59.000,00.

Gabarito

1. b
2. d
3. b
4. b
5. d
6. a
7. b
8. a
9. d
10. d
11. a
12. c
13. d
14. a
15. c
16. c
17. a
18. d
19. a
20. b
21. a
22. c
23. b
24. c
25. a
26. b
27. a
28. d
29. d
30. b
31. d
32. c
33. c
34. d
35. d
36. b
37. a
38. d
39. c
40. c
41. a
42. b
43. a
44. d
45. b
46. b
47. a
48. d
49. a
50. c
51. b
52. d
53. b
54. c

Os exercícios deste capítulo encontram-se resolvidos e comentados e estão à disposição dos leitores no *site* do GEN | Atlas.

2

Noções de Direito Público e Privado

Paulo César de Melo Mendes

Objetivos

- ⇨ Dotar o leitor de noções de direito público e privado
- ⇨ Observar as características básicas do Direito
- ⇨ Apresentar as fontes de direito e hierarquia das leis
- ⇨ Principais pontos sobre os ramos de direito público e privado

Introdução

O capítulo trata dos conhecimentos básicos do Direito Público e Privado, sua importância e suas características. Trata de uma forma objetiva os ramos do Direito e suas fontes de recursos, os aspectos do Direito Constitucional, Administrativo, Tributário e Penal de um lado e do outro os aspectos do Direito Civil, Comercial e Trabalhista. Cada ramo do Direito foi relacionado com a contabilidade e seu campo de atuação, buscando o interesse mútuo entre as duas áreas. Nesta edição foram incluídos comentários à Lei 12.441/11, que introduziu a EIRELI, aspectos do Decreto-lei 5.452/43 (CLT) e normas sobre o Código Civil.

1 Conceito de direito

A origem da palavra *Direito* vem do latim *directu(m)*, acusativo singular da forma participal adjetiva *directus*. Segundo Martins (2009), Direito significa qualidade do que é conforme à regra. A palavra é usada em vários sentidos: ciência do Direito, tributo, o conjunto de leis e normas jurídicas, faculdade reconhecida a uma pessoa, justiça, jurisprudência, lei etc.

O Direito surge na faculdade de reconhecimento de soluções para as divergências da sociedade e ele busca, nos seus princípios fundamentais, os elementos capazes e necessários para atender às adversidades no campo conflitante da sociedade em si ou do Estado.

Portanto, o Direito é o conjunto de regras de conduta e de organização, dotadas de força impositiva. É um conjunto de princípios e de normas destinados a regular a vida em sociedade (MARTINS, 2009; SILVA, 2009).

Direito Público e Direito Privado tratam da divisão de regras, soluções e princípios na esfera Estatal e Privada. A concepção dominante diz tratar-se de uma repartição das relações jurídicas.

O Direito Privado representa uma relação entre sujeitos em posição de igualdade e Direito Público, uma relação entre um sujeito supraordenado e um sujeito subordinado.

Conforme Silva, Niyama e Piscitelli (2006), o Direito Público disciplina as relações jurídicas em que o Estado é o sujeito, seja na organização e atividade do Estado (por exemplo, Direito Constitucional), seja nas relações com outros Estados (Direito Internacional).

Ainda segundo os autores ora citados, o Direito Privado regula as relações jurídicas entre os particulares, nas quais, embora haja a presença do Estado, o interesse é de ordem predominante privada e os particulares atuam em igualdade de condições.

Dessa forma, os ramos do Direito Público podem ser assim classificados:

a) Direito Constitucional;
b) Direito Administrativo;
c) Direito Penal;
d) Direito Processual;
e) Direito Financeiro;
f) Direito Tributário;
g) Direito Internacional;
h) Direito Eclesiástico;

Já os ramos do Direito Privado são assim classificados:

a) Direito Civil;

b) Direito Comercial;
c) Direito do Trabalho;
d) Direito Empresarial;
e) Direito Rural e Agrário;
f) Direito Industrial.

2 Fontes do direito

São fontes do Direito: a Constituição, as leis, os decretos, os atos do Poder Executivo, os contratos, as convenções e os acordos coletivos:

1. a Constituição – é a Lei Magna de um Estado. Ela representa a sustentação a todo ordenamento jurídico de um país;
2. as leis – em sentido formal, são as normas emanadas do Estado e têm caráter imperativo. Segundo Silva (2009), elas são, sem dúvida, as principais fontes de direito e dividem-se em: emendas à Constituição, leis complementares, leis ordinárias, leis delegadas, medidas provisórias, decretos legislativos e resoluções;
3. os decretos – podem ser do Poder Executivo ou Legislativo. O decreto-lei é uma fonte do Direito emanada pelo chefe do Poder Executivo, o Presidente da República, e serve para dar imediata efetividade de organização político-administrativa; o decreto legislativo é uma resolução do Congresso Nacional que independe de sanção do Chefe do Executivo e destina-se a regular matéria que tenha efeito externo;
4. os atos do Poder Executivo – além do decreto-lei, que complementa as leis, regulamentando sua execução, o Poder Executivo pode ainda editar medidas provisórias, que têm força de lei no período de 60 dias. Outros atos do Poder Executivo são as portarias, ordens de serviço, instruções normativas, circulares que visam esclarecer as leis e sua interpretação;
5. os contratos – são leis entre as partes, fixando regras de conduta e até multas pelo inadimplemento de certa cláusula. São, portanto, fontes do Direito, como ocorre com o contrato de trabalho ou com qualquer outro contrato (MARTINS, 2009);
6. as convenções – são um conjunto de acordos, padrões estipulados geralmente aceitos como normas sociais ou critérios que, nos países anglo-americanos, frequentemente assumem a forma de um costume que, por sua vez, é a vontade social decorrente de uma prática reiterada, de certo hábito.

3 Hierarquia das leis

O conjunto normativo nacional é composto por leis que possuem um grau de importância diferenciado, e isso depende da forma como elas foram votadas.

Em escala decrescente, podemos observar a ordem de importância das leis:

1. Constituição Federal e suas emendas;
2. leis complementares à Constituição Federal;
3. leis federais (ordinárias, delegadas, medidas provisórias e decretos legislativos);
4. constituições estaduais e suas emendas;
5. leis complementares às constituições estaduais;
6. leis estaduais (ordinárias e decretos legislativos);
7. leis orgânicas municipais;
8. leis municipais (ordinárias e decretos legislativos);

4 Ramos do direito público

De forma sucinta, podemos conceituar Estado como a reunião de pessoas numa sociedade política e juridicamente organizada, dotada de soberania, dentro de um território, sob um governo, para a realização do bem comum do povo. Os elementos do Estado são: o povo, o território e o governo.

Apenas para efeito didático, comentaremos os principais ramos do Direito.

4.1 Direito Constitucional

É o ramo do Direito Público que estuda os princípios, as regras estruturadas do Estado e garantidoras dos direitos e liberdades individuais (JAQUES, apud MARTINS, 2009).

A Constituição é o conjunto de princípios e regras relativos à estrutura e ao funcionamento do Estado. Constituição é uma norma, escrita ou costumeira, que regula a forma de Estado, o governo e a sua organização.

Direito Constitucional é o ramo do Direito Público interno que disciplina a organização do Estado, define e limita a competência de seus poderes, suas atividades e suas relações com os indivíduos, aos quais atribui e assegura direitos fundamentais de ordem pessoal e social (VICENTE RAO, apud SILVA, 2009).

4.1.1 Divisão de poderes

A Constituição Federal define a forma de governo, a organização política, o sistema representativo e a soberania popular como fontes de poder.

São poderes da União, independentes e harmônicos entre si, o Legislativo, o Executivo e o Judiciário (art. 2º, CF).

1. *Poder Judiciário* – é o poder encarregado de aplicar as leis, o Direito; dirimir litígios e controvérsias trazidos para sua apreciação.

O artigo 92 da CF dispõe sobre a estrutura do Poder Judiciário, sendo:

a) Supremo Tribunal Federal;
b) Superior Tribunal de Justiça;
c) Tribunais Regionais Federais e Juízes Federais;
d) Tribunais e Juízes do Trabalho;
e) Tribunais e Juízes Eleitorais;
f) Tribunais e Juízes Militares;
g) Tribunais e Juízes dos Estados e do Distrito Federal e Territórios.

2. *Poder Legislativo* – exercido pelo Congresso Nacional, composto pela Câmara dos Deputados e o Senado Federal.

A Câmara dos Deputados é composta por representantes do povo, eleitos em cada Estado, Território e no Distrito Federal, pelo sistema proporcional (art. 45 da CF).

O Senado Federal é composto de representantes dos Estados e do Distrito Federal, eleitos segundo o princípio majoritário conforme preceitua a Constituição em seu artigo 46.

De acordo com o artigo 48 da CF, cabe ao Congresso, com a sanção do Presidente da República, dispor sobre as matérias de competência da União, especialmente sobre:

- sistema tributário, arrecadação e distribuição de rendas;
- plano plurianual, diretrizes orçamentárias, orçamento anual, operações de crédito, dívida pública e emissões de curso forçado;
- fixação e modificação do efetivo das Forças Armadas;
- planos e programas nacionais, regionais e setoriais de desenvolvimento;
- limites do território nacional, espaço aéreo e marítimo e bens do domínio da União;

- incorporação, subdivisão ou desmembramento de áreas de Territórios ou Estados, ouvidas as respectivas Assembleias Legislativas;
- transferência temporária da sede do Governo Federal;
- concessão de anistia;
- organização administração judiciária, do Ministério Público e da Defensoria Pública da União e dos Territórios e organização judiciária, do Ministério Público e da Defensoria Pública do Distrito Federal;
- criação e transformação e extinção de cargos, empregos e funções públicas;
- criação e extinção de Ministérios e Órgãos da administração pública;
- telecomunicações e radiodifusão;
- matéria financeira, cambial e monetária, instituições financeiras e suas operações;
- moeda e seus limites de emissão, e montante da dívida mobiliária federal.

O artigo 49 da CF dispõe sobre a competência exclusiva do Congresso Nacional:

- resolver definitivamente sobre tratados, acordos ou atos internacionais que acarretem encargos ou compromissos gravosos ao patrimônio nacional;
- autorizar o Presidente da República a declarar guerra, a celebrar a paz, a permitir que forças estrangeiras transitem pelo território nacional ou nele permaneçam temporariamente, ressalvados os casos previstos em lei complementar;
- autorizar o Presidente e o Vice-presidente da República a se ausentarem do país, quando a ausência exceder a quinze dias;
- aprovar o estado de defesa e a intervenção federal, autorizarem o estado de sítio, ou suspender qualquer uma dessas medidas;
- sustar os atos normativos do Poder Executivo que exorbitem do poder regulamentar ou dos limites de delegação legislativa;
- mudar temporariamente sua sede;
- fixar idêntico subsídio para os Deputados Federais e os Senadores, observando o limite de remuneração dos Ministros do Supremo Tribunal Federal;
- fixar os subsídios do Presidente e do Vice-presidente da República e dos Ministros de Estado, observando o limite de remuneração dos Ministros do Supremo Tribunal Federal;

- julgar anualmente as contas prestadas pelo Presidente da República e apreciar os relatórios sobre a execução dos planos de governo;
- fiscalizar e controlar, diretamente, ou por qualquer de suas Casas, os atos do Poder Executivo, incluídos os da administração indireta;
- zelar pela preservação de sua competência legislativa em face da atribuição normativa dos outros poderes;
- apreciar os atos de concessão e renovação de concessão de emissoras de rádio e televisão;
- escolher dois terços dos membros do Tribunal de Contas da União;
- aprovar iniciativas do Poder Executivo referentes a atividades nucleares;
- autorizar referendo e convocar plebiscito;
- autorizar, em terras indígenas, a exploração e o aproveitamento de recursos hídricos e a pesquisa e lavra de riquezas minerais;
- aprovar, previamente, a alienação ou concessão de terras públicas com área superior a dois mil e quinhentos hectares.

3. *Poder Executivo* – é composto pelo Presidente da República, também conhecido como Chefe de Estado, pelo Vice-Presidente da República e pelos Ministros de Estado. As competências do Poder Executivo estão estipuladas na Constituição Federal.

Das principais atribuições do Presidente da República, dispostas no artigo 84 da CF, destacam-se:

- a nomeação e exoneração dos Ministros de Estado;
- exercer, com o auxílio dos Ministros de Estado, a direção superior da Administração Federal;
- sancionar, promulgar e fazer publicar as leis, bem como expedir decretos e regulamentos para sua fiel execução;
- vetar projetos de lei, total ou parcialmente;
- manter relações com Estados estrangeiros e acreditar seus representantes diplomáticos;
- conceder indulto e comutar penas, com audiência, se necessário, dos órgãos instituídos em lei;
- exercer o comando supremo das Forças Armadas, nomear os Comandantes da Marinha, do Exército e da Aeronáutica, promover seus oficiais-generais e nomeá-los para os cargos que lhes são privativos;
- nomear, após aprovação pelo Senado Federal, os Ministros do Supremo Tribunal Federal e dos Tribunais Superiores, os Governadores de Terri-

tórios, o Procurador-Geral da República, o presidente e os diretores do Banco Central e outros servidores, quando determinado em lei;

– editar medidas provisórias com força de lei, nos termos do artigo 62 da CF.

4.1.2 Cidadania, direitos e garantias individuais e coletivas

A Constituição da República Federativa do Brasil assegura que todos são iguais perante a lei, sem distinção de qualquer natureza, garantido aos brasileiros e aos estrangeiros residentes no país a inviolabilidade do direito à vida, liberdade, igualdade, segurança e propriedade (art. 5º).

Os direitos e deveres individuais estão dispostos nos incisos do artigo 5º da CF, dentre eles: igualdade de condições para homens e mulheres; inviolabilidade da intimidade, vida privada, honra e imagem; garantia do direito à propriedade, considerado crime inafiançável o racismo, tortura, tráfico ilícito de entorpecentes e drogas afins, terrorismo etc.

Como Direitos Sociais, a CF menciona, no artigo 6º, a educação, saúde, alimentação, trabalho, moradia, lazer, segurança, previdência social, proteção à maternidade e à infância, assistência aos desamparados e discorre, em seu artigo 7º, sobre as garantias trabalhistas constitucionais.

A Constituição, no artigo 12, determina que são brasileiros:

I – Natos:

a) os nascidos da República Federativa do Brasil, ainda que de pais estrangeiros, desde que estes não estejam a serviços de seu país;

b) os nascidos no estrangeiro, de pai brasileiro ou de mãe brasileira, desde que qualquer deles esteja a serviço da República Federativa do Brasil;

c) os nascidos no estrangeiro, de pai brasileiro que de mãe brasileira, desde que venham a residir na República Federativa do Brasil e optem, em qualquer tempo, pela nacionalidade brasileira.

II – Naturalizados:

a) os que, na forma da lei, adquiram a nacionalidade brasileira, exigida aos originários de países de língua portuguesa apenas residência por um ano ininterrupto e idoneidade moral;

b) os estrangeiros de qualquer nacionalidade residentes na República Federativa do Brasil há mais de quinze anos ininterruptos e sem condenação penal, desde que requeiram a nacionalidade brasileira.

4.1.3 Improbidade administrativa

É a caracterização atribuída pela Lei 8.429/92 a determinadas condutas praticadas por agentes públicos e também por particulares que nelas tomem parte. São exemplos:

- atos de enriquecimento ilícito;
- atos que acarretam lesão ao erário público;
- atos que violam os princípios da administração pública.

4.2 Direito Administrativo

Meirelles (1994) conceitua Direito Administrativo como sendo um conjunto harmônico de princípios jurídicos que regem as atividades públicas tendentes a realizar concreta, direta e imediatamente os fins desejados pelo Estado.

Lima (1965) conceitua Direito Administrativo como o direito que regula a ação e a competência da administração central, das administrações locais e da jurisdição administrativa.

A Administração Pública pode ser dividida em direta e indireta. A direta compreende os serviços prestados pela própria Administração e se confunde com o Poder Executivo, seus ministérios, secretarias etc.

A Administração Pública indireta é composta pelas sociedades de economia mista, empresas públicas que exploram atividades econômicas, fundações públicas e autarquias.

A Administração Pública direta e indireta de qualquer dos poderes da União, dos Estados, do Distrito Federal e dos Municípios obedecerá aos princípios da legalidade, impessoalidade, moralidade, publicidade e eficiência (art. 37 da CF).

4.2.1 Contratos administrativos

São ajustes que a Administração faz com um particular (pessoa física ou jurídica, pública ou privada), visando à realização de fins públicos, de acordo com o regime jurídico de Direito Público.

Exemplos de contratos da Administração Pública: obras públicas com empreitadas de obra pública; concessão de serviços ou de uso de bens públicos; fornecimento ao poder público de materiais; serviços técnicos ou especializados etc.

Concessão é o contrato administrativo em que a Administração Pública defere ao particular a execução remunerada de serviço público ou de obra pública, ou a concessão de uso de bem público, para que explore por sua conta e risco, pelo prazo e condições ajustados. Ex.: concessão para exploração das linhas do metrô.

A Lei 8.987, de 1995, trata do regime de concessão e permissão da prestação de serviços públicos, regulamentando o artigo 175 da Constituição.

4.2.2 Licitações

De acordo com o inciso XXI do artigo 37 da CF, as obras, compras, alienações e serviços serão contratados mediante processo de licitação pública, que assegura igualdade de condições a todos os concorrentes. Esses contratos possuem cláusulas que estabelecem obrigações de pagamento, mantidas as condições efetivas da proposta, nos termos da lei. Somente serão permitidas exigências de qualificação técnica e econômica indispensáveis à garantia do cumprimento das obrigações.

A norma que regulamenta e ordena as licitações públicas é a Lei 8.666, de 1993, que em seu artigo 22 cita as modalidades: concorrência, tomada de preços, convite, concurso e leilão:

1. concorrência – quaisquer interessados podem participar desde que, na fase inicial de habilitação preliminar, comprovem possuir os requisitos mínimos de qualificação exigidos no edital para execução de seu objeto;
2. tomada de preço – permite a participação entre interessados devidamente cadastrados ou que atendam a todas as condições exigidas para cadastramento até o terceiro dia anterior à data do recebimento das propostas, observada a necessária qualificação;
3. convite – participam interessados do ramo pertinente a seu objeto, cadastrados ou não, escolhidos e convidados em número mínimo de três pela unidade administrativa, a qual afixará, em local apropriado, cópia do instrumento convocatório e o estenderá aos demais cadastrados na correspondente especialidade que manifestarem seu interesse com antecedência de até 24 horas da apresentação das propostas. Nas obras com valor até R$ 150.000,00, a licitação é feita por convite. Acima de R$ 150.000,00 e até R$ 1.500.000,00, a modalidade é a tomada de preços. Acima de R$ 1.500.000,00, concorrência;
4. concurso – modalidade para escolha do trabalho técnico, científico ou artístico, mediante a instituição de prêmios ou remuneração aos vencedores, conforme edital;
5. leilão – para a venda de bens móveis inservíveis para a Administração ou de produtos legalmente apreendidos ou penhorados, ou para alienação de bens imóveis, a quem oferecer o maior lance, igual ou superior ao valor da avaliação;
6. pregão – instituído pela Lei 10.520/02, é a modalidade de aquisição de bens e serviços comuns no âmbito do Direito Administrativo. Com essa modalidade de licitação, poderão ser adquiridos bens e serviços

comuns, promovidos no âmbito da União, dos Estados e Municípios. Nota-se que tal mecanismo de oferta pública visa à aquisição de bens ou a contratação de serviços prestados por terceiros em favor da Administração. Deve ser observado que esses bens e serviços deverão estar dentro dos padrões de desempenho e qualidade definidos pelo edital, sendo proibido fazer as especificações nos modelos de mercado privado ou particular.

4.3 Direito Tributário

Direito Tributário é o conjunto de princípios, de regras e de instituições que regem o poder fiscal do Estado e suas relações (MARTINS, 2008). É o ramo autônomo do Direito formado pela harmonia dos princípios e normas jurídicas que disciplinam os planos da instalação, existência e extinção da obrigação tributária.

De acordo com o Código Tributário Nacional (CTN) no seu artigo 96, a expressão *Legislação Tributária* compreende as leis, tratados e convenções internacionais, decretos e as normas complementares que versem, no todo ou em parte, sobre tributos e relações jurídicas a eles pertinentes.

Ainda segundo o CTN, tributo é toda prestação pecuniária compulsória, em moeda ou cujo valor nela se possa exprimir, que não constitua sanção por ato ilícito, instituída em lei e cobrada mediante atividade administrativa plenamente vinculada.

Prestação pecuniária compulsória diz respeito ao pagamento obrigatório e não facultativo em moeda corrente. Ato ilícito, de acordo com o Código Civil (art. 186), é aquele que, por ação ou omissão voluntária, negligência ou imprudência, viola o direito e causa dano a outrem, ainda que exclusivamente moral.

4.3.1 Princípios tributários

1. Princípio da legalidade – não haverá exigência nem aumento de tributo sem prévia determinação legal. Art. 150 da Constituição, inciso I.
2. Princípio da irretroatividade – advém do Código Penal, segundo o qual a lei não poderá ser retroativa a não ser para beneficiar o réu. Nesse caso, não há que se instituir tributo retroativo.
3. Princípio da anterioridade – dividido em anterioridade simples e anterioridade nonagesimal:
   a) a anterioridade simples proíbe a cobrança de tributos no mesmo exercício financeiro em que haja sido publicada a lei que os instituiu ou aumentou. Ex.: IR; ITR; IGF; ITCMD; ICMS; IPVA; ISS; ITBI (grandes exceções são IPI; II; IE; e IOF);

b) a anterioridade nonagesimal – o tributo aumentado ou alterado não pode ser cobrado antes de 90 dias da publicação da lei que alterou ou aumentou. Ex.: todos os impostos exceto o IR; II; IE; IOF e os impostos extraordinários de guerra. Exceção também às bases de cálculo do IPVA e IPTU.

4. Princípio da isonomia ou igualdade tributária – visa garantir tratamento uniforme àqueles que se encontrarem em condições iguais e tratamento diferenciado àqueles que se encontrem em situações distintas, na medida de sua desigualdade. Atende ao artigo 5º da CF: "todos são iguais perante a lei".
5. Princípio da competência tributária – compete à União, ao Estado, ao Município e ao Distrito Federal exercitar as competências tributárias, por meio de suas respectivas casas legislativas, não sendo permitida qualquer delegação ou prorrogação da competência.
6. Princípio da vedação ao confisco – proíbe à União, aos Estados, aos Municípios e ao Distrito Federal utilizar o tributo de confisco. Com isso, a tributação não pode exigir exação[1] em percentual superior a 50% do patrimônio da pessoa.
7. Princípio da tipicidade – visa ao estabelecimento da hipótese de incidência, dos sujeitos passivos e ativos, da alíquota e base de cálculo, ou seja, os elementos fundamentais tributários.

4.3.2 Elementos fundamentais tributários

1. A lei – é a principal fonte de Direito e sem ela não existe fato ou tributo que o defina. É a condição-chave e primordial para comentar sobre a matéria.
2. O objeto – obrigações que o contribuinte (sujeito passivo) deve cumprir. Dividem-se em:
   a) obrigação principal – geralmente, o pagamento dos tributos;
   b) obrigação acessória – escrituração de livros fiscais, confecção da declaração de imposto de renda e outros informativos exigidos.
3. O fato gerador – é o motivo pelo qual ocorre a incidência do tributo. Ex.: transferência de mercadoria – incidência do ICMS.
4. O sujeito passivo da relação – pode ser, de acordo com o artigo 121, parágrafo único, I e II do CTN: (a) o contribuinte: o que tem relação pessoal e direta com a situação que constitua o respectivo fato gerador;

[1] Cobrança rigorosa de tributos ou dívidas.

(b) responsável é o que surge quando, sem revestir a condição de contribuinte, sua obrigação decorra de disposição expressa em lei.

5. Base de cálculo – é o valor que se aplica à alíquota do tributo.
6. Alíquota – percentual que deve ser aplicado à base de cálculo, conforme determinado em lei.

Todos esses elementos têm como base a lei. Essa, por sua vez, devidamente classificada na CF, inciso III, determina que cabe à lei complementar:

> Estabelecer normas gerais em matéria de legislação tributária, especialmente sobre: a) definição de tributos e de suas espécies, bem como, em relação aos impostos discriminados nesta Constituição, a dos respectivos fatos geradores, bases de cálculo e contribuintes; b) obrigação, lançamento, crédito, prescrição e decadência tributários.

4.3.3 Espécies de tributos

1. Imposto – tem por fato gerador uma situação independente de qualquer atividade estatal específica, relativa ao contribuinte (art. 16 do CTN); ex.: Imposto de Renda.
2. Taxa – tem por fato gerador o exercício regular do poder de polícia, ou a utilização, efetiva ou potencial, de serviços públicos específicos e divisíveis, prestados ao contribuinte ou postos a sua disposição (art. 77 do CTN); ex.: licenciamento de veículos.
3. Contribuição de melhoria – cobrada para fazer face ao custo de obras públicas de que decorra valorização imobiliária, tendo como limite total a despesa realizada e, como limite individual, o acréscimo do valor que da obra resultar para cada imóvel beneficiado (art. 81 do CTN); ex.: asfalto de ruas.
4. Contribuições sociais – instituídas pela atual Constituição, têm a finalidade de custear atividades estatais específicas, porém que não são inerentes ao Estado. Dividem-se em:
   a) de intervenção no domínio econômico: FGTS;
   b) de interesse de categorias econômicas ou profissionais: contribuição sindical (OAB, CREA, CRC, CRM etc.).

4.3.4 Crédito tributário

É o que decorre da obrigação tributária. Decorre da obrigação principal e tem a mesma natureza desta. Surge com a ocorrência do fato gerador e sua constituição faz-se através de lançamento, que é o ato de verificar a ocorrência do fato gerador da obrigação, verificar o cálculo e seu montante, identificação do(s) responsável(is) pelo pagamento e aplicação das penalidades cabíveis.

4.3.4.1 Suspensão do Crédito Tributário

É a paralisação temporária da exigibilidade do crédito tributário, através de norma tributária. No direito brasileiro, conforme o art. 151 do CTN, as modalidades de suspensão do credito são: moratória, o depósito do montante integral; as reclamações e os recursos administrativos; a concessão de medida limiar em mandato de segurança; a concessão de medida liminar ou de tutela antecipada, em outras espécies de ação judicial; o parcelamento.

4.3.4.2 Extinção do Crédito Tributário

Extinção do crédito tributário é qualquer ato jurídico ou fato jurídico que faça desaparecer a obrigação respectiva. A extinção ocorre nas seguintes modalidades: pagamento do crédito tributário; compensação; transação; remissão; decadência; prescrição; pela conversão do depósito em renda; com a homologação do pagamento antecipado; com a consignação em pagamento; com a decisão administrativa favorável ao sujeito passivo de caráter irreformável; com a decisão judicial transitada em julgado; dação em pagamento em bens imóveis.

4.3.5 Modalidades tributárias

Conforme Decreto 3.000/99 e suas alterações, existem no Brasil três modalidades de tributação: lucro real, lucro presumido e lucro arbitrado.

De acordo com a Lei Complementar 123/06, o SIMPLES Nacional é um regime tributário diferenciado, simplificado e favorecido, aplicável às microempresas e às empresas de pequeno porte.

De acordo com o artigo 247 do Decreto 3.000/99, lucro real é o lucro líquido do período de apuração ajustado pelas adições, exclusões ou compensações prescritas ou autorizadas por lei.

A determinação do lucro real será precedida da apuração do lucro líquido de cada período de apuração, com observância das disposições das leis comerciais (Lei 8.981/95, art. 37, § 1º).

Martins de Oliveira et al. (2009) definiram o lucro real como sendo aquele que é realmente apurado pela Contabilidade, com base na completa escrituração contábil fiscal, com a estrita e rigorosa observância dos Princípios Fundamentais de Contabilidade e demais normas fiscais e comerciais.

101 – LUCRO PRESUMIDO é a modalidade de tributação que se obtém a base de cálculo do imposto de renda e da contribuição social através da aplicação de alíquotas, predeterminadas contidas na legislação tributária específica para cada segmento empresarial, sob o faturamento da empresa. Em seguida, aplica-se o percentual do imposto de renda 15% sobre essa base de cálculo presumida mais o adicional, se for o caso.

Podem optar por essa modalidade de tributação apenas as empresas industriais, comerciais ou de prestação de serviços que tenham auferido no ano-calendário anterior receita bruta inferior a R$ 48.000.000,00 ou proporcionais aos meses de constituição.

Lucro arbitrado ocorre quando, por motivo de força maior, o fisco é impedido de considerar a escrita fiscal e contábil da empresa, arbitrando assim o lucro para efeito de tributação. Os motivos podem ser: evidências de fraude ou a identificação de vícios; erros ou deficiências que possam tornar imprestável a movimentação financeira ou bancária; não apresentação à autoridade tributária dos livros e documentos da escrituração comercial e fiscal, ou livro caixa; opção indevida por uma modalidade tributária etc.

SIMPLES NACIONAL não é um tributo ou um sistema tributário, mas uma forma de arrecadação unificada dos seguintes tributos e contribuições:

- Tributos da Competência Federal:
  - Imposto sobre a Renda da Pessoa Jurídica (IRPJ).
  - Imposto sobre Produtos Industrializados (IPI).
  - Contribuição Social sobre o Lucro Líquido (CSLL).
  - Contribuição para o Financiamento da Seguridade Social (COFINS).
  - Contribuição para o PIS.
  - Contribuição para a Seguridade Social – INSS, a cargo da pessoa jurídica.
  - CPP.
- Tributo da Competência Estadual: ICMS.
- Tributo da Competência Municipal: ISS.

As ME e EPP optantes pelo Simples Nacional deverão adotar para os registros e controles das operações e prestações por elas realizadas, os seguintes livros: (perguntas e respostas sítio: www.receita.fazenda.gov.br)

- Livro Caixa, escriturado por estabelecimento, no qual deverá estar escriturada toda a sua movimentação financeira e bancária (podendo ser dispensado no caso de empresas que possuam livro Razão e Diário, devidamente escriturados).

- Livro Registro de Inventário, no qual deverão constar registrados os estoques existentes no término de cada ano-calendário, quando contribuinte do ICMS.
- Livro Registro de Entradas, modelo 1 ou 1-A, destinado à escrituração dos documentos fiscais relativos às entradas de mercadorias ou bens e às aquisições de serviços de transporte e de comunicação efetuadas a qualquer título pelo estabelecimento, quando contribuinte do ICMS.
- Livro Registro dos Serviços Prestados, destinado ao registro dos documentos fiscais relativos aos serviços prestados sujeitos ao ISS, quando contribuinte do ISS (O município poderá, a seu critério, substituir os Livros por Declaração Eletrônica dos serviços prestados).
- Livro Registro de Serviços Tomados, destinado ao registro dos documentos fiscais relativos aos serviços tomados sujeitos ao ISS (O município poderá, a seu critério, substituir os Livros por Declaração Eletrônica dos serviços tomados).
- Livro de Registro de Entrada e Saída de Selo de Controle, caso exigível pela legislação do Imposto sobre Produtos Industrializados (IPI).
- Livro Registro de Impressão de Documentos Fiscais, pelo estabelecimento gráfico para registro dos impressos que confeccionar para terceiros ou para uso próprio.
- Livros específicos pelos contribuintes que comercializem combustíveis.

Outra Categoria é o SIMEI, que é o enquadramento para microempreendedor individual com valores fixos de recolhimento mensais dos tributos abrangidos pelo Simples Nacional.

4.4 Direito Penal

O Direito Penal é o ramo do Direito Público que tem por finalidade regular as ações humanas que se contraponham à lei, bem como estudar o delinquente, as penas (tipo de sanção penal aplicável aos imputáveis) e as medidas de segurança (tipo de sanção penal aplicável aos inimputáveis) (GRECO, 2004).

Corrêa Júnior e Rocha (2006), conceituam Direito Penal Objetivo como

> o conjunto de normas editadas pelo Estado, definindo crimes e contravenções, isto é, impondo ou proibindo determinadas condutas sob a ameaça de sanção ou medida de segurança, bem como todas as outras que cuidem de questões de natureza penal.

A finalidade do Direito Penal é a proteção dos bens jurídicos considerados mais importantes e necessários para a própria finalidade da sociedade (CORRÊA JÚNIOR; ROCHA, 2006).

4.4.1 Características do Direito Penal

Positivo	O Direito Penal é positivo, isto é, é aquele que o Estado criou. Positivo quer dizer posto, colocado, imposto por meio de um conjunto de leis.
Público	O Direito Penal tem natureza pública, já que a proteção dos bens jurídicos que estão sob a sua proteção interessa a toda a sociedade. Por esta razão, e para tirar do indivíduo a possibilidade de vingar-se do seu agressor, o direito de punir o infrator da norma penal é privativo do Estado, que irá, quando necessário, em nome da coletividade, aplicar a sanção penal.
Normativo	O Direito Penal trabalha com a norma jurídica, que é sua espinha dorsal.
Sancionador	O Direito Penal impõe uma sanção a quem cometer um crime ou contravenção.
Dever-ser	O Direito Penal é uma ciência do dever-ser, ou seja, trata de como devem ser as coisas. Ele se preocupa com os modelos de comportamento.
Axiológico	O Direito Penal lida com valores sociais (*axiós* = valor).

Fonte: Corrêa Júnior e Rocha (2006, p. 20), com adaptação.

5 Ramos do direito privado

Esse ramo do Direito, dentre outras características, busca regular a relação dos indivíduos no seu aspecto social e econômico, sem envolver a figura do Estado. Os principais ramos são: Direito Civil, Direito Comercial e Direito Trabalhista.

5.1 Direito Civil

É o ramo do Direito Privado que se constitui pelas normas que regulamentam as pessoas, a família e o patrimônio. É o conjunto de regras e princípios que normatizam os conflitos das pessoas físicas e jurídicas e seus bens.

Pessoa compreende todo ser humano independentemente de sexo, raça, religião ou qualquer outra condição (CANIATO, 2004).

A personalidade, de acordo com o artigo 2º do Código Civil, ocorre com o nascimento com vida, mas a lei põe a salvo, desde a concepção, os direitos do nascituro.

A capacidade corresponde ao reconhecimento, em lei, para que uma pessoa possa exercer os atos da vida civil.

A incapacidade é a ausência da capacidade de exercer atos da vida civil; ela pode ser classificada em:

1. incapacidade absoluta – configurada quando a pessoa não possui discernimento para a prática dos atos da vida civil, necessitando de ser assistida nos referidos atos. São considerados absolutamente incapazes (art. 3º, CC):
   a) menores de 16 anos;
   b) os que, por enfermidade ou deficiência mental, não tiverem o necessário discernimento para a prática desses atos;
   c) os que, mesmo por causa transitória, não puderem exprimir sua vontade;

2. incapacidade relativa – entendida como um estágio intermediário em que a pessoa possui discernimento, porém esse não é completo. São considerados relativamente incapazes (art. 4º, CC):
   a) os maiores de 16 anos e menores de 18 anos;
   b) os ébrios habituais, os viciados em tóxicos e os que, por deficiência mental, tenham discernimento reduzido;
   c) os excepcionais sem desenvolvimento mental completo;
   d) os pródigos, também conhecidos como dilapidadores.

Pessoa jurídica é um ente incorpóreo que, como as pessoas físicas, pode ser sujeito de direito (MARTINS, 1999).

As pessoas jurídicas dividem-se entre as de direito privado e as de direito público (interno e externo).

As pessoas jurídicas de direito público são: a União, os Estados, o Distrito Federal, os Territórios, os Municípios, as autarquias e as demais entidades de caráter público criadas por lei (art. 41, Código Civil).

As pessoas jurídicas de direito público externo são: os Estados estrangeiros, como Bolívia, Uruguai, e os organismos internacionais, como ONU, UNESCO etc.

São pessoas jurídicas de direito privado as associações, as sociedades (simples e empresária), as associações, as fundações, as organizações religiosas e os partidos políticos (art. 44, Código Civil).

5.1.1 Tipos de sociedade

O artigo 981 do Código Civil conceitua sociedade como a reunião de duas ou mais pessoas que reciprocamente se obrigam a contribuir, com bens ou serviços, para o exercício de atividade econômica e a partilha, entre si, dos resultados.

Com o Código Civil de 2002, foi suprimida a expressão *civil e comercial*, passando a existir a ideia de sociedade empresária.

O artigo 982 do Código Civil classifica as duas formas de sociedades existentes: a empresária e a simples: "Salvo as exceções expressas, considera-se empresária a sociedade que tem por objeto o exercício de atividade própria de empresário sujeito a registro e simples as demais."

As sociedades empresárias são classificadas em três tipos, de acordo com a responsabilidade dos sócios:

a) sociedade ilimitada – os sócios respondem ilimitadamente pelas obrigações da sociedade;
b) sociedade limitada – os sócios respondem de modo limitado pelas obrigações societárias até o montante do capital social realizado;
c) sociedade mista – como o próprio nome diz, é uma mistura da limitada com a ilimitada, assim, alguns sócios respondem ilimitadamente e outros limitadamente.

O Código Civil reconhece também as sociedades não personificadas, que são chamadas de sociedades comuns e, segundo o artigo 986, enquanto não inscritos os atos constitutivos, regendo-se a sociedade, exceto por ações em organização, seguem as normas da sociedade simples.

O *caput* do artigo 966 do Código Civil informa que para ser enquadrado como empresário (firma individual empresária) o indivíduo tem que exercer sua atividade com habitualidade, objetivando o lucro e ter organização. A organização é o grande elemento de distinção, já que é natural que a atividade seja exercida com habitualidade, ou profissionalidade, e esteja objetivando o lucro.

Criada pela Lei 12.441, de 11/07/2011, a Empresa Individual de Responsabilidade Limitada – EIRELI é a sociedade constituída por uma única pessoa titular da totalidade do capital social, devidamente integralizado, igual ou superior a 100 (cem) vezes o maior salário-mínimo vigente no País. Não solidário, o titular não responderá com seus bens pessoais pelas dívidas da empresa e a pessoa natural que constituir empresa individual de responsabilidade limitada somente poderá figurar em uma única empresa dessa modalidade. Em seu nome empresarial deve constar a expressão "EIRELI" após a firma ou a denominação social da empresa individual de responsabilidade limitada. A EIRELI também poderá resultar da concentração das quotas de outra modalidade societária num único sócio, independentemente das razões que motivaram tal concentração.

5.1.2 Fundações

Definidas como um complexo de bens que assume forma de pessoa jurídica, para a realização de um fim de interesse público, de modo permanente estável.

A fundação poderá ser constituída por atos *inter vivos* (escritura pública) ou *causa mortis* (testamento), dotando-se um conjunto de bens, especificando o fim a que se destina, que só poderá ser assistencial, moral, cultural, ou religioso. A pessoa instituidora pode ser uma pessoa natural ou jurídica.

5.1.3 Administração da Sociedade

Administrador é o indivíduo responsável pela gestão, aquele que pratica os atos fundamentais para que a empresa consiga realizar o objeto social. Seu campo de ação pode ser limitado por cláusulas específicas no instrumento de nomeação, ou apenas pela atividade própria da empresa.

A designação do administrador da sociedade limitada pode ser efetivada de três maneiras: a) contrato social no ato de sua constituição; b) posteriormente através de um aditivo ao contrato social que passa a ter a mesma natureza da modalidade anterior, sobretudo após a consolidação do contrato social; c) Ato separado, como ata de reunião ou assembleia dos sócios com o respectivo termo de posse.

De acordo com parágrafo único do artigo 1.060, a administração atribuída no contrato a todos os sócios não se estende de pleno direito aos que posteriormente adquiram essa qualidade. Assim, se ingressarem novos sócios na empresa, para que estes participem da administração se faz necessário que seja redefinido o quadro societário, o que deverá ser feito através de reunião ou assembleia dos sócios, dela participando também os sócios entrantes.

5.1.3.1 Administrador não sócio

O código civil de 2002 trouxe a possibilidade de o administrador não ser participante da sociedade. Eliminando a figura do sócio-gerente.

Para isso, há necessidade de previsão contratual. Nesse sentido, determina o artigo 1.061 que se o contrato permitir administradores não sócios, a designação deles dependerá de aprovação da unanimidade dos sócios, enquanto o capital não estiver integralizado, e de dois terços, no mínimo, após a integralização.

Assim, mesmo que o contrato permita que a empresa seja administrada por terceiros, há de observar a questão do quórum para deliberação sobre o assunto. Assim, se o capital social estiver totalmente integralizado, para a admissão de administrador não sócio haverá a necessidade de aprovação de no mínimo 2/3 (dois terços) dos sócios; na hipótese de não estar totalmente integralizado o capital, somente com a aprovação de todos os sócios, ou seja, com a unanimidade.

5.1.3.2 Administrador sócio

Para a nomeação de um sócio ao cargo de administrador, a lei exige a instalação de uma assembleia com o quórum mínimo de ¾ do capital social, quando por meio do contrato social, e por mais da metade do capital, quando por instrumento apartado, exigindo-se, da mesma forma, a averbação no registro competente.

Sendo designado um sócio em ato separado através de um aditivo, esta indicação terá que ser aprovada por sócios titulares de no mínimo três quartos, representando mais de 75% do capital social, conforme o artigo 1.076, inciso I do NCC. Sendo o sócio designado em ato separado que não modifique o contrato social, precisa da aprovação de sócios que sejam titulares de mais da metade do capital social.

5.1.4 Bens

Os bens podem ser classificados em corpóreos e incorpóreos. Bens corpóreos são os bens físicos, como uma mesa. Bens incorpóreos ou imateriais são os bens abstratos, como um direito. Segundo Farias e Rosenvald (2007), o bem é tudo que, de algum modo, venha aguçar na pessoa um desejo.

Os bens podem ser classificados em:

1. bens móveis – são os que podem ser transportados de um local para o outro, como as máquinas. Ao contrário, os bens imóveis são que não podem ser transportados, como terrenos, edifícios. São classificados: (a) pela natureza (o solo); (b) por cessão: construções; (c) por disposição legal: veículo hipotecado;
2. bens fungíveis – são bens móveis que podem ser substituídos por outros da mesma espécie, qualidade e quantidade; ex.: uma dúzia de bananas. Bens infungíveis são os que não podem ser substituídos; ex.: uma obra de arte;
3. bens consumíveis – são os que deixam de existir após o uso, como os alimentos, ou aqueles destinados à alienação;
4. bens singulares – podem ser individualizados, como um veículo;
5. bens públicos – pertencem às pessoas jurídicas de direito público interno. São bens comuns do povo: mares, rios, estradas, ruas, praças.

5.2 Direito Comercial

Direito Comercial é o conjunto de princípios, de regras e de instituições que regula os atos do comércio e das pessoas que exercem profissionalmente esses atos (MARTINS, 2009). Os atos do comércio são as compras e as vendas efetivadas.

5.2.1 Fundo empresarial

Compreende elementos materiais que compõem a atividade comercial, constituído de bens corpóreos e incorpóreos como móveis, mercadorias, vitrines, imóveis, ponto, clientela etc.

5.2.2 Agentes auxiliares do comércio

1. Os corretores de fundos públicos, de mercadorias, de navios.
2. Os leiloeiros, voluntários ou oficiais.
3. Os despachantes, administrativos, de importação e exportação ou aduaneiros.
4. Os agentes não oficiais, como os representantes comerciais e os comissários.

5.2.3 Livros

A escrituração comercial é obrigatória para toda empresa. O livro obrigatório do comércio é o Diário. Para as vendas a prazo, o obrigatório é de Registro de Duplicatas.

Como livros auxiliares temos: Razão, Caixa, Conta-corrente. Todos devem ser assinados por profissional devidamente registrado no Conselho Regional de Contabilidade (CRC), podendo ser um técnico de Contabilidade ou um contador.

Os livros obrigatórios dos leiloeiros são: Diário de Entrada, Diário de Saída, Contas-correntes, Protocolo, Diário de Leilões e Livro-talão;

Os armazéns gerais têm como obrigatórios os livros de Registro de Entradas e de Saída de Mercadorias.

5.2.4 Título de crédito

É um documento literal e autônomo, com força executiva, representativo da dívida. O título de crédito possui as seguintes características:

1. literalidade – o título vale na medida exata do que for nele declarado;
2. cartularidade – só vale com o documento;
3. autonomia – não vincula o título aos coobrigados;
4. abstração – os títulos independem da causa de origem.

O endosso é uma forma de transmissão de titularidade dos títulos de crédito, mediante assinatura do proprietário no verso do título.

5.2.5 Letra de câmbio

É uma ordem de pagamento, sacada por um credor contra o devedor, favorável a outrem.

5.2.6 Nota promissória

É a promessa de que na data do vencimento haverá seu pagamento, sendo emitida pelo próprio devedor.

5.2.7 Conhecimento de depósito e *warrant*

Warrant é um título que compreende penhor. É emitido com base em gêneros ou mercadorias em depósito. Conhecimento de depósito é a mercadoria depositada para pagamento.

5.3 Direito Trabalhista

O Direito do Trabalho surgiu como uma forma de proteger o empregado contra os abusos praticados pelo empregador. É o conjunto de princípios, regras e instituições atinentes à relação de trabalho subordinado e situações equivalentes, que visam assegurar as melhores condições de trabalho.

O Decreto-lei 5.452, de 1º de maio de 1943, aprovou a Consolidação das Leis do Trabalho (CLT). Apesar de consolidar pontos importantes na relação empregado-empregador, a CLT é uma lei que precisa ser revista, pois possui pontos ultrapassados e confusos para os tempos atuais, necessitando nova regulamentação.

O artigo 6º da Constituição, no capítulo de Direitos Sociais, traz aspectos importantes da relação empregado-empregador: salário, estabelecendo e qualificando o salário-mínimo; a irredutibilidade, 13º salário, normas do trabalho noturno com maior remuneração que o diurno, salário-família para dependentes, serviço extraordinário com 50% a mais da hora normal; repouso semanal remunerado, férias anuais com 1/3 a mais; licença-gestante, licença-paternidade etc.

5.3.1 Contrato de trabalho

Contrato individual de trabalho é o acordo, tácito ou expresso, correspondente à relação de emprego (art. 442 da CLT). O contrato necessita de alguns requisitos, como:

1. continuidade – compreendendo prestações sucessivas;
2. onerosidade – não pode ser gratuito;
3. pessoalidade – trata-se do empregado e não pode ser substituído;
4. alteridade – trabalho deve ser subordinado a alguém e não por conta própria;
5. exclusividade – o empregado deve cumprir o horário determinado e, caso não haja incompatibilidade de horário, poderá trabalhar em outro local;
6. profissionalidade – exige-se conhecimento do serviço prestado.

5.3.2 Jornada de trabalho

O artigo 58 da CLT estabelece que a jornada mínima de trabalho é de oito horas diárias, desde que não seja fixado expressamente em outro limite, como a convenção coletiva.

O artigo 7º, inciso XIII, da CF estabelece duração do trabalho normal não superior a oito horas diárias e 44 semanais, facultada a compensação de horários e a redução de jornada, mediante acordo ou convenção coletiva de trabalho.

Algumas categorias de trabalhadores estabelecem, em suas convenções, jornada mínima de trabalho diferente desse padrão estabelecido, como é o caso de profissionais de *telemarketing* ou de motoristas que possuem jornada de seis horas diárias; de médicos que têm quatro horas de jornada etc.

Quando a jornada for superior ao estabelecido, é considerada extraordinária, sendo devida a hora extra com acréscimo de, no mínimo, 50% do valor da hora normal.

Contudo, a jornada não pode ser superior a 44 horas semanais, facultando a sua compensação, porém com esse parâmetro de 44 horas semanais, a quantidade de horas por mês do horista é de 220 e não de 240 horas.

O trabalho noturno terá duração do trabalho prestado entre as 22 horas de um dia e as 5 horas do dia seguinte. A lei estabelece uma duração reduzida da hora noturna com 52 minutos e 30 segundos e uma remuneração acrescida à hora normal de, no mínimo, 20%.

5.3.3 Remuneração

É o conjunto de retribuições recebidas habitualmente pelo empregado pela prestação de serviços, seja em dinheiro, seja em utilidade, provenientes do empregador ou de terceiros, mas decorrentes do contrato de trabalho, de modo a satisfazer suas necessidades vitais básicas e de sua família (MARTINS, 2009).

O artigo 457 da CLT conceitua a remuneração como sendo toda paga direta efetuada pelo empregador, como contraprestação do serviço. Ex.: gorjetas, horas extras, comissões etc.

5.3.3.1 Salário In Natura

O Salário *In Natura*, ou Salário Utilidade, é o pagamento, em bens ou serviços, feito ao empregado em contraprestação ao trabalho realizado. Essa modalidade de pagamento está prevista pela CLT em seu artigo. Observa-se que apenas o pagamento com habitualidade e objetivo contraprestativo é considerado *In Natura*.

Geralmente são valores pagos em forma de alimentação, habitação ou outras prestações equivalentes que a empresa, por força do contrato ou do costume, fornece habitual e gratuitamente ao empregado. O artigo 82 da CLT estabelece limite de 70% do salário mínimo como base do salário utilidade. Assim, pode-se concluir que a regra é proporcional a quem ganha mais que o salário mínimo, sendo garantido o pagamento em dinheiro de ao menos 30%.

Como limites individuais, temos 20% e 25% do salário respectivamente, a alimentação e a habitação fornecidas como salário utilidade.

Para o trabalhador rural, a Lei 5.889/73 estabelece que os descontos do salário utilidade terão como base o salário mínimo, sendo limitado em 20% pela ocupação de moradia e de 25% pelo fornecimento de alimentação, atendidos os preços vigentes na região.

5.3.4 Aviso-prévio

É o prazo que deve preceder à rescisão unilateral do contrato de trabalho de prazo indeterminado e cuja não concessão gera a obrigação indenizatória. O aviso-prévio pode ser formalizado do empregador para o empregado e vice-versa, e deverá ser comunicado com antecedência mínima de 30 dias.

De acordo com a Lei 12.506/11, o aviso-prévio será concedido na proporção de 30 dias aos empregados que tenham até 1 ano de serviço na mesma empresa, sendo de 60 dias, perfazendo um total de até 90 dias.

5.3.5 Férias

Após período de 12 meses de vigência do contrato de trabalho, o empregado tem direito ao gozo de um período de férias de 30 dias, que poderá ser diminuído, caso o empregado possua em seu histórico faltas injustificadas, em:

a) até 30 dias corridos, quando suas faltas injustificadas não ultrapassarem cinco no ano;
b) de 24 dias corridos, quando o total das faltas injustificadas no ano for superior a cinco e inferior a 14;
c) de 18 dias corridos, quando o total das faltas injustificadas no ano for superior a 14 e inferior a 23;
d) 12 dias corridos, quando o total das faltas injustificadas no ano for de 24 a 32 faltas.

5.3.6 Da suspensão e interrupção do trabalho

A suspensão e a interrupção se diferenciam na seguinte forma: suspensão é o afastamento do empregado sem direito ao recebimento da remuneração e não é computada para efeito de tempo de serviço; a interrupção é o afastamento do empregado com recebimento de sua remuneração e o tempo de serviço é considerado apesar do afastamento.

5.3.7 Rescisão

O empregado terá direito a uma indenização, paga na base da maior remuneração que tenha percebido na mesma empresa, por motivo de dispensa dos serviços contratuais determinado no contrato de prestação de serviço.

No instrumento de rescisão ou recibo de quitação, qualquer que seja a causa ou forma de dissolução do contrato, deve ser especificada a natureza de cada parcela paga ao empregado e discriminado o seu valor (art. 477, § 2º, CLT).

5.3.7.1 Demissão por justa causa

Rescisão por justa causa é aquela em que o empregador demite, sem aviso-prévio, o empregado, por motivos que o dispensam de alguns direitos trabalhistas. As hipóteses legais que dão ensejo à demissão sem justa causa estão elencadas no artigo 482 da CLT que dispõe o seguinte:

a) ato de improbidade;
b) incontinência de conduta ou mau procedimento;
c) negociação habitual por conta própria ou alheia sem permissão do empregador, e quando constituir ato de concorrência à empresa para a qual trabalha o empregado, ou for prejudicial ao serviço;
d) condenação criminal do empregado, passada em julgado, caso não tenha havido suspensão da execução da pena;
e) desídia no desempenho das respectivas funções;
f) embriaguez habitual ou em serviço;
g) violação de segredo da empresa;
h) ato de indisciplina ou de insubordinação;
i) abandono de emprego;
j) ato lesivo da honra ou da boa fama praticado no serviço contra qualquer pessoa, ou ofensas físicas, nas mesmas condições, salvo em caso de legítima defesa, própria ou de outrem;
k) ato lesivo da honra ou da boa fama ou ofensas físicas praticadas contra o empregador e superiores hierárquicos, salvo em caso de legítima defesa, própria ou de outrem;
l) prática constante de jogos de azar.

Parágrafo único – Constitui igualmente justa causa para dispensa de empregado a prática, devidamente comprovada em inquérito administrativo, de atos atentatórios à segurança nacional.

Não estando elencadas nesse rol e devidamente comprovada, o empregador não poderá utilizar-se desse tipo de dispensa, pois de acordo com o artigo 7º da Constituição, "relação de emprego é protegida contra despedida arbitrária ou sem justa causa, nos termos de lei complementar, que preverá indenização compensatória, dentre outros direitos".

Assim, despedida arbitrária, de acordo com o artigo 165 da CLT, é a despedida sem motivo disciplinar, técnico, econômico ou financeiro. Portanto, conclui-se que o artigo 482 da CLT é taxativo, ou seja, somente as faltas tipificadas nele poderão ser usadas para a justa causa do Empregado.

Referências

BRASIL. Constituição (1988). **Constituição da República Federativa do Brasil**. Brasília: Senado, 1988.

______. Decreto-lei nº 5.452, de 1º de Maio, 1943. Aprova a Consolidação das Leis do Trabalho.

______. Lei 5.172, de 25 de outubro de 1966. Dispõe sobre o Sistema Tributário Nacional e institui normas gerais de direito tributário aplicáveis à União, Estados e Municípios. **Diário Oficial da União**, Brasília, 27 out. 1966. Disponível em: <http://www.planalto.gov.br/ccivil_03/Leis/L5172.htm>. Acesso em: 12 mar. 2010.

______. Lei 8.666, de 21 de junho de 1993. Regulamenta o art. 37, inciso XXI, da Constituição Federal, institui normas para licitações e contratos da Administração Pública e dá outras providências. **Diário Oficial da União**, Brasília, 22 jun. 1993. Disponível em: <http://www.planalto.gov.br/ccivil_03/Leis/L8666cons.htm>. Acesso em: 12 mar. 2010.

______. Lei 8.987, de 13 de fevereiro de 1995. Dispõe sobre o regime de concessão e permissão da prestação de serviços públicos previsto no art. 175 da Constituição Federal, e dá outras providências. **Diário Oficial da União**, Brasília, 14 fev. 1995. Disponível em: <http://www.planalto.gov.br/ccivil/Leis/L8987cons.htm>. Acesso em: 20 mar. 2010.

BRASIL. Lei 10.406, de 10 de janeiro de 2002. Institui o Código Civil. **Diário Oficial da União**, Brasília, 11 jan. 1995. Disponível em: <http://www.planalto.gov.br/CCivil/leis/2002/L10406.htm>. Acesso em: 12. mar. 2010.

______. Lei 8.429, de 2 de junho de 1992. Dispõe sobre as sanções aplicáveis aos agentes públicos nos casos de enriquecimento ilícito no exercício de mandato, cargo, emprego ou função na administração pública direta, indireta ou fundacional e dá outras providências. **Diário Oficial da União**, Brasília, 3 de junho de 1992.

______. Lei 10.406, de 10 de janeiro de 2002, Institui o Código Civil.

______. Lei 10.520, de 17 de julho de 2002. Institui, no âmbito da União, Estados, Distrito Federal e Municípios, nos termos do art. 37, inciso XXI, da Constituição Federal, modalidade de licitação denominada pregão, para aquisição de bens e serviços comuns, e dá outras providências. Brasília: 18 jul. 2002.

______. Lei 12.441, de 11 de julho de 2011. Altera a Lei nº 10.406, de 10 de janeiro de 2002 (Código Civil), para permitir a constituição de empresa individual de responsabilidade limitada.

BRASIL. Lei 12.506, de 11 de outubro de 2011. Dispõe sobre o aviso-prévio e dá outras providências. **Diário Oficial da União**, Brasília, 13 out. 2011.

CANIATO, Maria Cecilia Garreta Pratis. **Direito civil**: parte geral. São Paulo: Habra, 2004.

CORRÊA JÚNIOR, Luiz Carlos Bivar; ROCHA, Zélio Maia da. **Direito penal**. 18. ed. Brasília: Vestcon, 2006.

FARIAS, Cristiano Chaves; ROSENVALD, Nelson. **Direito Civil**: teoria geral. 6. ed. Rio de Janeiro: Lumen Juris, 2007.

GRECO, Rogério. **Curso de direito penal**: parte geral. Rio de Janeiro: Impetus, 2004. v. 1.

LIMA, Ruy Cirne. **Sinopse de direito administrativo brasileiro**. Porto Alegre: Sulina, 1965. (Série Temas Filosóficos, Políticos e Sociais.)

MARTINS DE OLIVERIA, Luís et. al. **Manual de contabilidade tributária**: textos e testes com as respostas. 8. ed. São Paulo: Atlas, 2009.

MARTINS, Fran. **Curso de direito comercial**. Rio de Janeiro: Forense, 1999.

MARTINS, Sergio Pinto. **Instituições de direito público e privado**. 9. ed. São Paulo: Atlas, 2009.

______. **Manual de direito tributário**. 7. ed. São Paulo: Atlas, 2008.

MEIRELLES, Hely Lopes. **Direito administrativo brasileiro**. 19. ed. São Paulo: Malheiros, 1994.

SILVA, César Augusto Tibúrcio; NIYAMA, Jorge Katsumi; PISCITELLI, Roberto Bocaccio. **Exame de suficiência em contabilidade**. 2. ed. São Paulo: Atlas, 2006.

SILVA, Edson Jacinto da. **Instituições de direito público e privado**. 2. ed. Campinas: Servanda, 2009.

<http://www.receita.fazenda.gov.br>. Simples Nacional

Exercícios

1) **(Exame de suficiência CFC 2/2015) De acordo com o Código Tributário Nacional, considere as situações que extinguem o crédito tributário, apresentadas nos itens abaixo, e, em seguida, assinale a opção CORRETA.**

   I. O pagamento antecipado e a homologação do lançamento.

   II. A decisão judicial passada em julgado.

   III. A consignação em pagamento.

   IV. A concessão de medida liminar emandado de segurança.

   Estão CORRETAS as situações apresentadas nos itens:

   a) I e II.

   b) I, II e III.

   c) I, III e IV.

   d) II, III e IV.

2) **Exame de suficiência CFC 2/2015) Em relação aos direitos trabalhistas dos empregados, julgue os itens abaixo como Verdadeiros (V) ou Falsos (F) e, em seguida, assinale a opção CORRETA.**

   I. Todo empregado tem direito ao repouso semanal remunerado. A remuneração correspondente a esse repouso pode ser descontada quando o empregado não tiver frequência integral na semana.

   II. Os empregadores devem continuar a realizar o depósito na conta vinculada do FGTS ao empregado afastado para prestação do serviço militar obrigatório.

   III. A remuneração do trabalho noturno nas atividades urbanas, realizado entre as 18h de um dia e as 6h do dia seguinte, terá um acréscimo de10%, calculado sobre o valor do salário mínimo.

   A sequência CORRETA é:

   a) F, V, F.
   b) F, V, V.
   c) V, F, V.
   d) V, V, F.

3) **(Exame de suficiência CFC 2/2015) Considerando-se o que dispõe o Código Civil para a Empresa Individual de Responsabilidade Limitada – EIRELI, assinale a opção INCORRETA.**

   a) A Empresa Individual de Responsabilidade Limitada – EIRELI também poderá resultar da concentração das quotas de outra modalidade societária em um único sócio, independentemente das razões que motivaram tal concentração.
   b) A pessoa natural que constituir Empresa Individual de Responsabilidade Limitada – EIRELI poderá figurar em mais de uma empresa dessa modalidade, sendo permitida a adesão de apenas mais um sócio, desde que este seja especialista na atividade-fim da empresa.
   c) O nome empresarial deverá ser formado pela inclusão da expressão "EIRELI" após a firma ou da denominação social da empresa individual de responsabilidade limitada.
   d) Poderá ser atribuída à Empresa Individual de Responsabilidade Limitada – EIRELI, constituída para a prestação de serviços de qualquer natureza, a remuneração decorrente da cessão de direitos patrimoniais de autor ou de imagem, nome, marca ou voz de que seja detentor o titular da pessoa jurídica, vinculados à atividade profissional.

4) **(Exame de suficiência CFC 1/2015) De acordo com a Consolidação das Leis do Trabalho – CLT, no que se refere às situações em que o empregado poderá deixar de comparecer ao serviço sem prejuízo do salário, julgue os itens a seguir e, em seguida, assinale a opção CORRETA.**

I. O empregado poderá ausentar-se do trabalho até 5 (cinco) dias consecutivos, em caso de falecimento de cônjuge, ascendente, descendente, irmão ou pessoa que, declarada em sua Carteira de Trabalho e Previdência Social, viva sob sua dependência econômica.

II. O empregado poderá ausentar-se do trabalho até 5 (cinco) dias, a cada 12 (doze) meses de trabalho, em caso de doação voluntária de sangue devidamente comprovada.

III. O empregado poderá ausentar-se do trabalho nos dias em que estiver, comprovadamente, realizando provas de exame vestibular para ingresso em estabelecimento de ensino superior.

IV. O empregado poderá ausentar-se do trabalho pelo tempo que se fizer necessário, quando, na qualidade de representante de entidade sindical, estiver participando de reunião oficial de organismo internacional do qual o Brasil seja membro.

Estão CORRETOS os itens:

a) I e II, apenas.

b) I, II, III e IV.

c) II e III, apenas.

d) III e IV, apenas.

5) **(Exame de suficiência CFC 1/2015) De acordo com o que estabelece o Código Civil, a respeito da Empresa Individual de Responsabilidade Limitada – Eireli, julgue os itens abaixo como Verdadeiros (V) ou Falsos (F) e, em seguida, assinale a opção CORRETA.**

A empresa individual de responsabilidade limitada será constituída por uma única pessoa, titular da totalidade do capital social, devidamente integralizado, que não será inferior a cem vezes o maior salário mínimo vigente no País.

A pessoa natural que constituir empresa individual de responsabilidade limitada somente poderá figurar em uma única empresa dessa modalidade.

As regras previstas para as sociedades limitadas aplicam-se, no que couber, à empresa individual de responsabilidade limitada.

A sequência CORRETA é:

a) F, V, F.

b) V, F, V.

c) F, F, F.

d) V, V, V.

6) **(Exame de CFC 1/2014) Dados extraídos do recibo de salário de um empregado de uma sociedade empresária.**

Descrição Proventos

Salário Base R$ 2.500,00

Adicional por tempo de serviço R$ 320,00

Horas extras R$ 95,00

Auxílio-moradia(habitação) R$ 300,00

Auxílio-alimentação R$ 300,00

Auxílio para assistência médica mediante seguro-saúde R$ 200,00

Auxílio seguro de vida e acidentes pessoais R$ 150,00

De acordo com a Consolidação das Leis do Trabalho – CLT, é considerado salário "in natura":

a) Auxílio para assistência médica mediante seguro saúde.
b) Auxílio-moradia e auxílio-alimentação.
c) Auxílio seguro de vida e acidentes pessoais.
d) Horas extras e adicional por tempo de serviço.

7) **(Exame de CFC 1/2014) Assinale a opção que apresenta apenas hipóteses de justa causa para rescisão de contrato de trabalho, de acordo com a Consolidação das Leis do Trabalho – CLT.**

a) Ato de improbidade, incontinência de conduta ou mau procedimento, condenação civil transitada em julgado, violação de segredo da empresa.
b) Desídia no desempenho das respectivas funções, abandono de emprego, violação de segredo da empresa, ato de indisciplina ou de insubordinação.
c) Desempenho de obrigações legais incompatíveis com a continuação do serviço, abandono de emprego, violação de segredo da empresa, práticas constantes de jogos de azar.
d) Falta injustificada ao trabalho, ato de improbidade, ato de indisciplina e insubordinação, morte do empregado.

8) **(Exame de suficiência CFC 2/2013) Uma Sociedade aprovou a aquisição da Companhia "A" em sua Assembleia, realizada na forma da Lei nº 6.404/76, e as atas foram disponibilizadas aos acionistas nos termos das normas da Comissão de Valores Mobiliários – CVM. Na referida Assembleia, foi aprovada a deliberação sobre a aquisição integral das ações da Companhia "A", que seria na sequência absorvida, integralmente, pela**

Sociedade compradora, cumprindo-se todos os procedimentos estabelecidos na Lei Societária.

A operação que se seguiu após a aquisição integral das ações é nominada pela Lei nº 6.404/76 como:

a) Cisão.

b) Fusão.

c) Incorporação.

d) Transformação.

9) **(Exame de suficiência CFC 2/2013) De acordo com o Código Tributário Nacional, no que diz respeito ao parcelamento de débitos tributários, assinale a opção CORRETA.**

a) O parcelamento constitui uma das modalidades de extinção dos créditos tributários prescritas pelo Código Tributário Nacional.

b) O parcelamento constitui uma das modalidades de remissão dos créditos tributários prescritas pelo Código Tributário Nacional.

c) O parcelamento dispensa o cumprimento das obrigações acessórias a partir da data de sua concessão.

d) O Parcelamento é uma modalidade de suspensão da exigibilidade do crédito tributário.

10) **(Exame de suficiência CFC 2/2013) Uma Lei Ordinária Municipal, publicada em 1º de setembro de 2013, aumentou:**

- a alíquota do Imposto sobre Transmissão de Bens Intervivos – ITBI; e
- o valor venal dos imóveis para fins de cálculo do Imposto Predial e Territorial Urbano – IPTU.

De acordo com a legislação tributária, o município poderá cobrar ostributos com base na lei aprovada, em setembro de 2013, a partir de:

a) 1º de janeiro de 2014.

b) 1º de dezembro de 2013.

c) 1º de outubro de 2013.

d) 1º de setembro de 2013.

11) **(Exame de suficiência CFC 1/2013) A sociedade limitada pode ser administrada por uma ou mais pessoas, designadas em contrato ou em ato separado, podendo ser elas sócias ou não.**

A permissão para administrar a sociedade, por administradores não sócios, depende da aprovação:

a) de, no mínimo, 2/3 dos sócios, independentemente da integralização do capital social.
b) de, no mínimo, 2/3 dos sócios, quando o capital social não tiver sido integralizado.
c) unânime dos sócios, independentemente da integralização do capital social.
d) unânime dos sócios, quando o capital não tiver sido 100% integralizado, e de 2/3 deles, no mínimo, após a integralização.

12) (Exame de suficiência CFC 1/2013) O Código Tributário Nacional institui as normas gerais de direito tributário, que são exigidas pela Constituição brasileira e regula as normas gerais de direito tributário, aplicáveis a todos os entes da federação.

Relacione os termos referentes à obrigação, na primeira coluna, com a respectiva descrição, na segunda coluna, e, em seguida, assinale a opção CORRETA.

(1) Obrigação Acessória	( ) Imposto de Renda apurado sobre o lucro auferido pela empresa e Imposto sobre Produtos Industrializados incidente sobre a venda de produtos.
(2) Fato Gerador	( ) Emissão de nota fiscal e entrega da declaração do Imposto de Renda.
(3) Obrigação Principal	( ) Venda de produtos base de cálculo do Imposto sobre Produtos Industrializados.
(4) Sujeito ativo	( ) Empresa obrigada ao pagamento do tributo.
(5) Sujeito passivo	( ) Pessoa jurídica de direito público, titular da competência para exigir o cumprimento da obrigação tributária.

A sequência CORRETA é:

a) 2, 1, 3, 4, 5.
b) 2, 3, 1, 5, 4.
c) 3, 1, 2, 5, 4.
d) 3, 2, 1, 4, 5.

13) (Exame de suficiência CFC 1/2013) Uma sociedade empresária está contratando um novo funcionário, que tem 17 anos de idade.

De acordo com o que estabelece a Consolidação das Leis do Trabalho – CLT, sobre o trabalho do menor, assinale a opção CORRETA a respeito da relação de trabalho entre as partes.

a) A duração normal diária do trabalho do menor poderá ser prorrogada por duas ou mais horas diárias, a critério do empregador, desde que seja pago um acréscimo de 20% sobre a hora normal.

b) Entre dois períodos de trabalho contínuo do menor, é permitido um intervalo de repouso de 10 horas, observado o intervalo mínimo de 8 horas.

c) O menor de dezoito anos não poderá trabalhar no período compreendido entre às 22h e às 5h.

d) Os recibos legais pelo pagamento de salários deverão ser obrigatoriamente firmados pelo menor, em conjunto com seus representantes legais, sob pena de nulidade.

14. (Exame CFC 2016.1) De acordo com o Código Tributário Nacional, quanto a Obrigações, Fato Gerador, Sujeito Ativo e Passivo, julgue as afirmações abaixo como Verdadeiras (V) ou Falsas (F) e, em seguida, assinale a opção CORRETA:

I. Fato gerador da obrigação principal é a situação definida em lei como necessária e suficiente para a sua ocorrência.

II. Sujeito ativo é a pessoa a quem cabe realizar o pagamento do montante do débito, mesmo se a obrigação for principal ou acessória.

III. A obrigação tributária principal corresponde a sujeitar-se à atividade de fiscalização exercida pelo ente tributante.

IV. O sujeito passivo da obrigação principal diz-se contribuinte quando tem relação pessoal e direta com a situação que constitua o respectivo fato gerador.

A sequência CORRETA é:

a) F, F, V, V.

b) F, V, F, V.

c) V, F, F, V.

d) V, F, V, F.

15. (Exame CFC 2016.1) De acordo com a Consolidação das Leis do Trabalho – CLT, no que se refere à remuneração de férias, julgue os itens abaixo como Verdadeiros (V) ou Falsos (F) e, em seguida, assinale a opção CORRETA.

I. Quando o salário for pago por hora com jornadas variáveis, a remuneração de férias será apurada pela média do período aquisitivo, e será aplicado o valor do salário na data da concessão das férias.

II. Quando o salário for pago por tarefa, a remuneração de férias será apurada com base na média da produção no período aquisitivo do direito a férias, e será aplicado o valor da remuneração da tarefa na data da concessão das férias.

III. Quando o salário for pago por percentagem, comissão ou viagem, a remuneração de férias será apurada pela média percebida pelo empregado nos dezoito meses que precederem a concessão das férias.

A sequência CORRETA é:

a) F, F, V.

b) F, V, F.

c) V, F, V.

d) V, V, F.

16. (Exame CFC 2016.1) De acordo com a Consolidação das Leis do Trabalho – CLT, no que se refere ao período de descanso, julgue os itens abaixo e, em seguida, assinale a opção CORRETA.

I. Entre 2 (duas) jornadas de trabalho deverá haver um intervalo de 11 (onze) horas consecutivas, no mínimo, destinado ao repouso.

II. Em caso de prorrogação do horário normal, será obrigatório um descanso de 15 (quinze) minutos, no mínimo, antes do início do período extraordinário do trabalho.

III. Havendo trabalho aos domingos, será organizada uma escala de revezamento quinzenal que favoreça o repouso dominical.

IV. O descanso semanal será de 18 (dezoito) horas consecutivas e coincidirá no todo ou em parte com o domingo, ainda que por motivo de conveniência pública ou necessidade imperiosa de serviço, a juízo da autoridade competente, na forma das disposições gerais, caso em que o descanso recairá em outro dia.

Estão CORRETOS os itens:

a) I, II e III, apenas.

b) I, III e IV, apenas.

c) II e III, apenas.

d) II e IV, apenas.

Gabarito

1. a (segundo o CFC) e b (segundo nosso entendimento, ver comentários)
2. d
3. b
4. d
5. d
6. b
7. b
8. c
9. d
10. a
11. d
12. c
13. c
14. c
15. d
16. a

Os exercícios deste capítulo encontram-se resolvidos e comentados e estão à disposição dos leitores no *site* do GEN | Atlas.

3

Matemática Financeira

César Augusto Tibúrcio Silva

Objetivos

- ⇨ Diferenciar os regimes de capitalização existentes
- ⇨ Discutir os conceitos de taxa proporcional, equivalente, nominal e efetiva, real e nominal
- ⇨ Apresentar as técnicas usadas nas decisões de investimento, assim como a estrutura básica de cálculo do fluxo de caixa para investimento

Introdução

Este capítulo trata dos conhecimentos básicos associados à matemática financeira. A matemática financeira tem um papel muito importante nas decisões financeiras e pode ser usada em: análise de projetos, decisões de investimento e financiamento, planos de amortização, entre outras aplicações. Além disso, os conhecimentos relacionados ao valor do dinheiro no tempo são relevantes em algumas áreas da Contabilidade, como a questão do ajuste a valor presente na Contabilidade Societária.

1 Regimes de capitalização

Existem dois regimes de capitalização que decorrem das diferentes maneiras com que os juros são agregados a um investimento ou financiamento. A escolha do regime dependerá de aspectos jurídicos, legais e de costumes. Os regimes são: simples ou composto.

No regime simples, os juros são calculados sobre o valor principal, não incidindo juros sobre juros. Na capitalização composta, os juros são determinados sobre o valor principal mais os juros dos períodos anteriores. Nesse caso, existem juros sobre juros.

Para demonstrar a diferença, considere um investimento de \$ 1.000, com juros de 10% no período. Ao final do primeiro, período o valor futuro será correspondente ao principal mais os juros incidentes, ou seja:

$$\textit{Valor Futuro} = \textit{Valor Presente} + \textit{Juros}$$

No exemplo:

$$\textit{Valor Futuro} = \$\ 1.000 + 10\% \times \$\ 1.000$$

$$\textit{Valor Futuro} = \$\ 1.000 + \$\ 100 = \$\ 1.100$$

Visualmente, temos a seguinte representação:

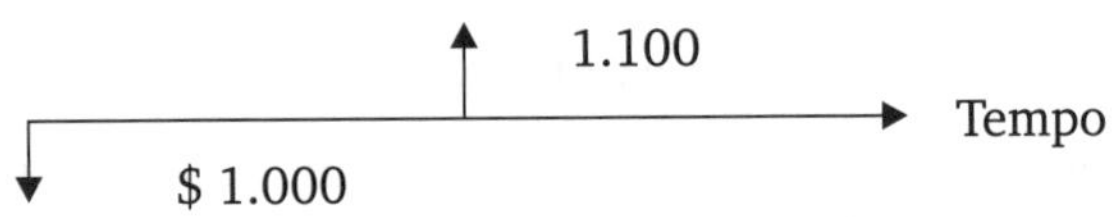

(Adota-se a seguinte convenção para representar o exemplo: a saída de caixa – neste caso, um investimento – será uma seta para baixo; a entrada de caixa – retorno da aplicação mais os juros – corresponde a uma seta para cima.)

1.1 *Juros simples*

Para o primeiro período, o resultado pelos juros simples e juros compostos, como foi visto, é idêntico.

Considere agora que o investimento seja por dois períodos, com juros de 10% para cada período. Pela capitalização simples, os valores dos juros são calculados somente sobre o investimento inicial. Como são dois períodos, tem-se:

$$\textit{Valor Futuro} = \$\ 1.000 + 10\% \times \$\ 1.000 + 10\% \times \$\ 1.000 = \$\ 1.000 + \$\ 100 + \$\ 100 = \$\ 1.200$$

O cálculo do valor futuro (ou montante) pode ser feito através da seguinte fórmula:

$$\textit{Valor Futuro} = \textit{Valor Presente} + \textit{juros} \times \textit{tempo} \times \textit{Valor Presente}$$

Considerando *VF* = Valor Futuro (ou montante); *VP* = Valor Presente (ou capital); i = taxa de juros; n = período de tempo, pode-se colocar a expressão anterior sob a forma matemática:

$$VF = VP + i \times n \times VP$$

$$VF = VP \times (1 + i \times n)$$

No exemplo apresentado: $VP = \$ 1.000$; $i = 10\%$; $n = 2$. Então, $VF = \$ 1.000 \times (1 + 10\% \times 2) = \$ 1.000 \times (1 + 20\%) = \$ 1.000 \times 1{,}2 = \$ 1.200$. (Importante lembrar que, toda vez que a operação estiver em percentagem, deve-se dividir por cem antes de fazer os cálculos.)

Com a fórmula básica da capitalização simples, pode-se determinar o valor futuro, o valor presente, a taxa de juros ou o período de tempo, fazendo a substituição necessária. Considere os seguintes exemplos:

1º exemplo – quanto devo aplicar hoje para ter $ 2.000 em dez anos? Suponha que a taxa de juros seja de 6% ao ano, capitalização simples. Para resolver, basta verificar os valores que foram apresentados da equação básica de juros simples. É necessário encontrar quanto devo aplicar hoje, e isto corresponde ao valor presente (*VP*) da fórmula. O objetivo é ter $ 2.000, ou seja, o valor futuro (*VF*), em dez anos, que corresponde ao período de tempo (ou n). Os juros são de 6%.

Substituindo na fórmula

$$\$ 2.000 = VP \times (1 + 6\% \times 10) = VP \times (1 + 60\%) = VP \times 1{,}6$$

$$VP = \$ 2.000/1{,}6 = \$ 1.250$$

Este é o valor que devo aplicar hoje para ter $ 2.000 em dez anos.

2º exemplo – um investidor possui $ 5.000 e deseja duplicar seus recursos em cinco anos. Qual deverá ser a taxa de juros, caso a capitalização seja simples? Novamente, antes de resolver a questão, é necessário achar os valores da fórmula. O valor presente corresponde ao montante que o investidor possui, ou seja, $ 5.000; deseja-se duplicar esse valor, passando para $ 10.000, que corresponderá ao valor futuro. Isso deve ser feito em cinco anos, que é o número de períodos. Substituindo na fórmula:

$$\$ 10.000 = \$ 5.000 \times (1 + i \times 5) = \$ 5.000 + \$ 25.000 \times i$$

$$\$ 10.000 - \$ 5.000 = \$ 25.000 \times i$$

$$\$ 5.000/\$ 25.000 = i$$

$$i = 20\%$$

A taxa de juros é de 20%. Como o período de tempo está em anos, essa taxa de juros também é anual.

3º exemplo – ao fazer uma aplicação de \$ 2.500, um investidor receberá 1% de juros simples mensais. Se seu objetivo é ter \$ 3.000, pode-se determinar o número de períodos necessários para que isso ocorra usando a expressão apresentada dos juros simples. Neste caso, tem-se um valor presente de \$ 2.500, um valor futuro de \$ 3.000 e uma taxa de 1%. Substituindo na expressão:

$$\$ 3.000 = \$ 2.500 (1 + 1\% \times n) = \$ 2.500 + \$ 2.500 \times 1\% \times n = \$ 2.500 + \$ 25 \times n$$

$$\$ 500 = \$ 25 n$$

$$n = 20$$

Como a taxa de juros é mensal, o número de período também está expresso em meses. Em 20 meses, portanto, o investidor terá o retorno desejado.

1.2 Juros compostos

Conforme afirmado anteriormente, na capitalização composta incidem juros sobre juros. Considere a situação de investimento de \$ 1.000, a uma taxa composta de 10% ao ano, por dois anos. O valor futuro será dado por:

$$\text{Valor futuro para o ano 1} = \$ 1.000 + \$ 1.000 \times 10\% = \$ 1.100$$

$$\text{Valor futuro para o ano 2} = \$ 1.100 + \$ 1.100 \times 10\% = \$ 1.210$$

Como pode ser observado, o valor obtido (\$ 1.210) é superior ao da capitalização simples (\$ 1.200), em razão da incidência de juros sobre os juros anteriores. A fórmula geral para determinar o valor futuro na capitalização composta é a seguinte:

$$VF = VP (1 + i)^n$$

Usando o exemplo, tem-se:

$$VF = 1.000 \times (1 + 10\%)^2 = 1.000 \times 1{,}1^2 = 1.000 \times 1{,}21 = \$ 1.210$$

A partir da fórmula de juros compostos, uma série de situações financeiras práticas é resolvida, conforme demonstrado a seguir.

1º exemplo – um aplicador deseja ter \$ 9.000 nos próximos seis meses. Se um investimento rende juros de 2% ao mês, é necessário saber quanto se deve aplicar hoje para obter esse valor. Tem-se o valor futuro (\$ 9.000), a taxa de juros (2% ao mês) e o período (6 meses). Substituindo na expressão:

$$\$ 9.000 = VP (1 + 2\%)^6 = VP \times 1{,}1262$$

$$VP = 9.000/1{,}1262 \cong 7.991$$

2º exemplo – um investidor promete dobrar o capital aplicado em dois anos. Considere um valor presente inicial de \$ 5.000. Isso significa dizer que, em 24 meses, o valor futuro será de \$ 10.000. Para determinar a taxa de juros, basta substituir na expressão o valor presente (\$ 5.000), o valor futuro (\$ 10.000) e o período de tempo:

$$\$\ 10.000 = \$\ 5.000\ (1 + i)^{24}$$

$$2 = (1 + i)^{24}$$

$$(1 + i) = \sqrt[24]{2} = 1{,}0293$$

$$i = 2{,}93\% \text{ ao mês}$$

3º exemplo – um investimento rende 0,5% ao mês, capitalização composta. Aplicando \$ 4.000, seria possível determinar o tempo necessário para que o valor futuro fosse de \$ 5.000. Para isso, basta usar a expressão:

$$5.000 = 4.000\ (1 + 0{,}5\%)^{n}$$

$$5.000/4000 = 1{,}25 = (1{,}005)^{n}$$

Para resolver este exemplo é necessário fazer um cálculo um pouco mais complexo:

$$\text{Log}_{1{,}005}\ 1{,}25 \cong 45 \text{ meses}$$

Algumas observações relevantes:

1. O uso dos juros simples é cada vez menor. Assim, a capitalização composta é aquela mais usada nos negócios.
2. Os cálculos de juros compostos, por outro lado, são mais complexos e geralmente exigem uma calculadora ou uma planilha eletrônica. A nomenclatura aqui apresentada pode alterar conforme o instrumento utilizado, sendo necessário consultar o manual da calculadora ou a ajuda da planilha.
3. Em algumas situações, a taxa de juros encontra-se expressa numa periodicidade diferente. Nesse caso, é geralmente mais fácil converter o período de tempo do que a taxa de juros. Por exemplo: uma taxa de juros mensal de 1%, capitalizada durante dez anos; fazendo a conversão do tempo, tem-se que dez anos correspondem a 120 meses. Já a conversão dos juros mensais em juros anuais seria feita da seguinte forma: $(1 + 1\%)^{12} - 1\ \ 12{,}68\%$.
4. Quando se deseja encontrar o valor presente, a fórmula dos juros compostos fica: $VP = \frac{VF}{(1 + i)^n} = VF \times \frac{1}{(1 + i)^n}$, sendo que $\frac{1}{(1 + i)^n}$ é denominado de fator de desconto.

5. Em alguns livros, é possível encontrar tabelas que facilitam os cálculos. Entretanto, com o acesso facilitado a computadores e calculadoras, essas tabelas estão caindo em desuso.
6. Outra forma de resolver alguns problemas de juros compostos é por tentativa e erro.
7. Quando se tem dois fluxos e se deseja saber qual o valor presente, basta fazer por etapas. Por exemplo, o valor futuro de $ 5.000 em dois anos e 4.000 em quatro anos, a uma taxa de juros de 15% ao ano é dado por

   $VF = 5.000 \times (1{,}15)^2 + 4.000 \times (1{,}15)^4 = 6.612 + 6.996 \cong 13.609$

1.3 Periodicidade

A base dos cálculos da matemática financeira está nas duas fórmulas apresentadas. Existe uma série de outras situações em que é possível utilizar uma das fórmulas ou criar atalhos. Um exemplo disso ocorre com a periodicidade.

Uma série de pagamentos de mesmo valor, em intervalos regulares, é denominada de periodicidade, anuidade ou PGTO (nas planilhas e calculadoras eletrônicas). Na realidade, a periodicidade nada mais é que um valor futuro que se repete. Existem diversas situações práticas em que é possível encontrar a periodicidade, mas merece destaque o caso das prestações mensais nas compras de bens de consumo. A fórmula do valor presente de uma anuidade é dada por:

$$\sum_{t=1}^{n} \frac{PGTO}{(1+i)^t}$$

sendo PGTO a periodicidade. A expressão é derivada do cálculo do valor presente dos juros compostos. Mas, em planilhas eletrônicas ou calculadoras, torna-se mais fácil usar o conceito de periodicidade para estes casos.

Exemplo – suponha que uma loja esteja vendendo um produto em 10 parcelas mensais de $ 400. Se o objetivo é descobrir qual o valor presente, sabendo que a taxa de juros cobrada é de 3% ao mês, capitalização composta, basta usar a expressão de juros compostos:

$$VP = \frac{\$400}{(1+3\%)^1} + \frac{\$400}{(1+3\%)^2} + \dots + \frac{\$400}{(1+3\%)^{10}} \cong \$3.412$$

Não resta dúvida de que os cálculos são trabalhosos, mas numa planilha eletrônica é relativamente fácil. Deseja-se saber o valor presente (*VP*, que é a função numa planilha), sendo necessário informar a taxa, o número de períodos e o valor da periodicidade:

= *VP* (3%; 10; 400)

Pode-se, também, determinar a taxa de juros, sabendo o valor presente e as periodicidades.

Exemplo – um produto é vendido por uma loja a \$ 2.000 à vista. O cliente também pode pagar 15 parcelas de \$ 180. A taxa de juros da operação pode ser obtida:

$$\$\ 2.000 = \frac{180}{(1+i)^1} + \frac{180}{(1+i)^2} + ... + \frac{180}{(1+i)^{15}}$$

A resolução da expressão acima pode ser feita de duas formas. A primeira, resolvendo uma equação de **15º grau**, o que, realmente, é uma alternativa complexa.

A outra forma é através da tentativa e erro. Nesse caso, é só substituir o valor da taxa por um valor como 5% e calcular o resultado do lado direito da expressão. Se o valor for maior que \$ 2.000, indica que seria necessário aumentar a taxa. Esse processo também é cansativo.

A forma mais fácil é por meio de uma planilha ou calculadora. Pode-se usar a função TAXA:

= TAXA (15%; 180; – 2000)

O resultado é apresentado rapidamente. Neste caso, a taxa de juros cobrada é de, aproximadamente, 4%.

Outra aplicação é determinar o valor que se deve pagar regularmente num empréstimo, a uma determinada taxa de juros.

Exemplo – um cliente de um banco precisa de \$ 3.000 hoje. Sabendo que a taxa de juros é de 2% ao mês, para um empréstimo que é pago em 12 parcelas, é possível determinar o valor da parcela mensal do pagamento do empréstimo. A expressão de cálculo seria a seguinte:

$$\$\ 3.000 = \frac{PGTO}{(1 + 2\%)^1} + \frac{PGTO}{(1 + 2\%)^2} + ... + \frac{PGTO}{(1 + 2\%)^{12}}$$

$$\$\ 3.000 = \text{PGTO}\left(\frac{1}{1,02^1} + \frac{1}{1,02^2} + ... + \frac{1}{1,02^{12}}\right) = \text{PGTO}\ (0,9804 + 0,9612 + ... + 0,7885)$$

PGTO = \$ 283,68

Uma forma mais fácil seria utilizar a função de periodicidade de uma planilha eletrônica:

= PGTO (2%; 12; 3000)

A periodicidade também pode ser utilizada relacionando com um valor futuro. Neste caso, a expressão geral da periodicidade é dada por:

$$VF = \sum_{t=1}^{n} [PGTO \times (1 + i)^t]$$

As aplicações são próximas àquelas apresentadas anteriormente para o valor presente.

Exemplo – uma pessoa deseja adquirir um bem que custa \$ 10.000. Quanto se deve aplicar mensalmente num investimento, que rende 1,5% ao mês, para que ele possa efetuar a compra ao final de dez meses? Basta aplicar os valores na fórmula:

$$\$\ 10.000 = PGTO \times (1 + 1{,}5\%) + PGTO \times (1 + 1{,}5\%)^2 + ... + PGTO \times (1 + 1{,}5\%)^{10}$$

$$\$\ 10.000 = PGTO \times (1{,}015 + 1{,}0302 + ... + 1{,}1956)$$

Ou pode-se usar uma função de periodicidade:

= PGTO (1,5%; 10; 0; 10000)

Existe um tipo de anuidade importante: a perpetuidade. A *perpetuidade* é um caso especial da periodicidade em que o número de períodos é elevado. Nesse caso, o valor presente de uma perpetuidade é dado pela expressão:

$$VP = \frac{PGTO}{i}$$

A principal vantagem da perpetuidade é sua simplicidade de cálculo. É importante destacar que o número de períodos não necessita ser perpétuo para que se possa utilizar a expressão. Basta que o valor de *n* seja, razoavelmente, grande.

Exemplo – um apartamento é alugado a \$ 500 por 40 anos, com pagamentos mensais. O valor presente desse aluguel, que expressa, de certa forma, o valor do imóvel, pode ser calculado usando uma taxa de desconto de 0,8% ao mês: 800/0,8% = \$ 100.000. Usando a expressão do valor presente da periodicidade de uma planilha eletrônica, tem-se:

= PGTO (0,80%; 500; 800) = – 98.139,05

Observe que o resultado não foi exatamente aquele obtido com a perpetuidade. Entretanto, quanto maior o número, mais próximo o resultado estará do valor obtido na perpetuidade. De igual modo, quanto maior a taxa de desconto, melhor será a aproximação dada pela perpetuidade.

1.4 *Taxa proporcional, equivalente, nominal e efetiva, real e nominal*

Uma taxa é dita *proporcional* quando existe uma correspondente entre ela e os períodos de tempo.

Considere uma taxa de juros de 2% ao mês. Essa taxa é proporcional a 24% ao ano, já que 2% × 12 = 24%. A mesma taxa de juros de 2% ao mês é proporcional a 15% ao semestre, já que 2% × 6 = 12%. O mesmo raciocínio é válido no sentido inverso. Uma taxa de 18% ao trimestre corresponde a 6% ao mês, uma vez que 18%/3 = 6%. Observa-se que o conceito de taxa proporcional está associado aos juros simples.

Esse não é o caso do conceito de *taxa equivalente*, que usa a capitalização composta. Assim, 2% ao mês correspondem a uma taxa equivalente de 26,82% ao ano. O valor é obtido através da seguinte fórmula:

$$i_e = (1 + i_c)^{\frac{ne}{nc}} - 1$$

Sendo i_e = taxa equivalente que se deseja encontrar; i_c = taxa dada; *ne* = período referente à taxa equivalente; *nc* = período referente à taxa conhecida. No exemplo apresentado, tem-se que i_c = 2% ao mês; *ne* = 12; e *nc* = 1. Substituindo, tem-se:

$$i_e = (1 + 2\%)^{\frac{12}{1}} - 1 = 26{,}82\%$$

Exemplo – a taxa trimestral equivalente a 6% ao ano é igual a:

$$i_e = (1 + 6\%)^{\frac{1}{4}} - 1 \; 1{,}47\% \text{ ao trimestre.}$$

Uma forma de entender melhor o significado desse valor é considerar o seguinte: (a) um investimento de \$ 100, a 6% ao ano, terá um valor futuro de \$ 100 × (1,06) ou \$ 106; (b) um investimento de \$ 100, a 1,47% ao trimestre, terá um valor futuro ao final de um ano de \$ 100 × $(1{,}0147)^4$ = \$ 106. Ou seja, são equivalentes.

A *taxa nominal* refere-se à taxa contratada numa operação financeira. Essa taxa está expressa numa unidade de tempo que não coincide com o período de capitalização, sendo comum estar expressa ao ano. Assim, um empréstimo poderá ter uma taxa de 18% ao ano, com capitalização mensal. Observe que, neste caso, a taxa está expressa numa unidade de tempo – o ano – diferente do período da capitalização – o mês.

A *taxa efetiva* é aquela usada na transação financeira; ela pode ser obtida a partir de uma taxa nominal ou de outra taxa efetiva.

Exemplo – a taxa efetiva de um empréstimo com taxa nominal de 18% ao ano, capitalização mensal, corresponde a 1,5% ao mês ou 18%/12.

Exemplo – a taxa efetiva anual de um empréstimo com taxa efetiva de 2% ao mês, capitalização mensal, é dada por $(1 + 2\%)^{12} - 1 = 26{,}82\%$.

Exemplo – uma aplicação tem rentabilidade de 15% ao ano, com capitalização mensal. A taxa efetiva mensal corresponde a 1,25% ao mês (ou 15%/12). Em termos anuais, esta aplicação terá uma rentabilidade efetiva de 16,08% ao ano ou $(1{,}0125)^{12} - 1$.

A distinção entre a taxa nominal e a real diz respeito ao efeito da variação dos preços da economia. Na *taxa real* retiram-se os efeitos da inflação; na *taxa nominal*, considera-se a taxa real mais a inflação. Em termos formais, tem-se que:

$$i_n = (1 + i_r) \times (1 + i_i) - 1$$

Sendo i_n = taxa nominal; i_r = taxa de juros real; e i_i = índice de inflação.

Exemplo – considere que um investimento tenha uma rentabilidade, no ano, de 12%. Durante esse período, a inflação foi de 5%. O valor da rentabilidade real, sem os efeitos da inflação, pode ser obtido da seguinte forma:

$$12\% = (1 + i_r) \times (1 + 5\%) - 1$$

$$(1 + i_r) = \frac{1{,}12}{1{,}05}$$

$$i_r = 6{,}67\%$$

2 Decisões de investimento

A matemática financeira apresenta ferramentas relevantes para as decisões de investimento que são realizadas na empresa. As decisões podem ser a substituição de uma máquina, a expansão para um mercado existente, a expansão em relação a novos produtos ou, até mesmo, investimentos decorrentes de obrigações legais. Em todos esses casos utiliza-se a noção de valor do dinheiro no tempo apresenta no início do capítulo.

Quando se analisam investimentos, tem-se: investimento independente, dependente ou mutuamente excludentes.

Uma análise de *investimento independente* ocorre quando a decisão de um investimento não afeta outro. O *investimento dependente* tem sua análise vinculada a outro. E dois investimentos são *mutuamente excludentes* quando a aceitação de um elimina, automaticamente, o outro.

Quando da análise de investimentos, espera-se que o fluxo de caixa seja convencional. Isso significa dizer que as saídas líquidas de caixa ocorrem no início do projeto e as entradas líquidas, no final. Já um fluxo não convencional pode ter alternância entre as saídas e entradas líquidas. A figura mostra essa distinção.

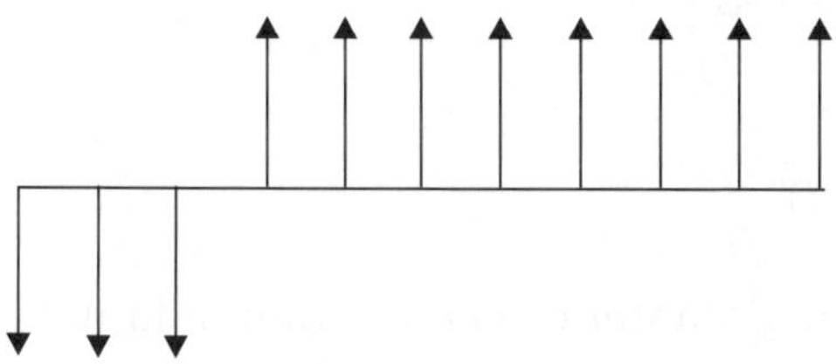

Fluxo de Caixa Convencional

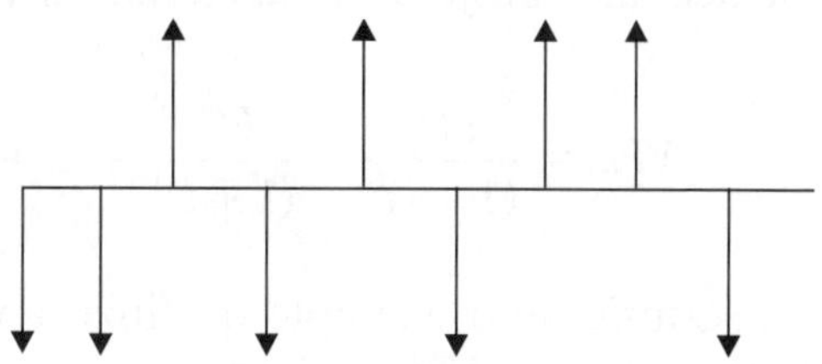

Fluxo de Caixa não Convencional

2.1 *Técnicas de decisões de investimento*

Com a estimativa do fluxo de caixa de um investimento, é possível utilizar uma técnica para a decisão. Existem quatro técnicas principais: *payback*, valor presente líquido, taxa interna de retorno e índice de lucratividade.

1. *Payback* – diz respeito ao tempo necessário para recuperar o investimento inicial. Se o período de tempo de recuperação for considerado adequado pela administração, o projeto será aceito.

Considere o seguinte fluxo de caixa de um projeto com investimento inicial de $ 1.000, fluxo de caixa de $ 400, $ 600 e $ 500 nos anos 1, 2 e 3, respectivamente, conforme ilustrado a seguir. Nesse caso, já no segundo ano, o investimento realizado será recuperado, pois os valores dos fluxos de caixa serão iguais aos $ 1.000 desembolsados inicialmente.

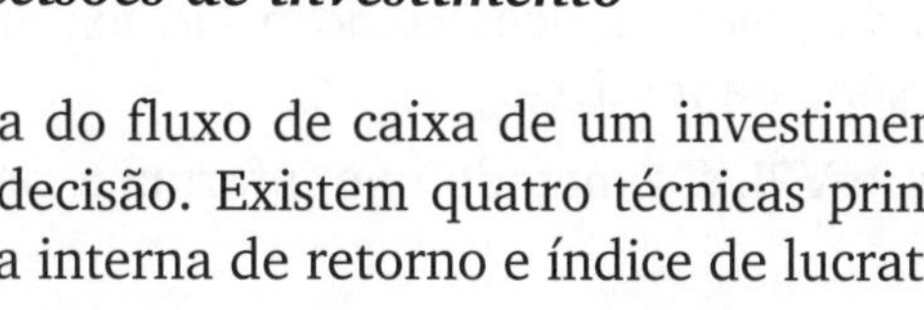

O *payback* possui duas grandes vantagens: é fácil de ser calculado; e corresponde a uma medida de risco do investimento, já que projetos de maturação mais longa são mais arriscados.

Essa técnica apresenta muitos problemas, entre os quais se destacam: não considera o valor do dinheiro no tempo; não leva em consideração o fluxo de caixa após o período de *payback* (observe que o fluxo de $ 500, no ano 3, não foi considerado no cálculo); não mensura o efeito do projeto para o aumento do valor dos acionistas.

2. *Valor Presente Líquido (VPL)* – diz respeito à soma de todos os fluxos de caixa de um investimento, trazidos a valor presente. Se o VPL for positivo, deve-se aceitar o projeto. A expressão do VPL é a seguinte:

$$VPL = \frac{FC_0}{(1+i)^0} + \frac{FC_1}{(1+i)^1} + \dots + \frac{FC_n}{(1+i)^n}$$

Considere o exemplo do fluxo apresentado anteriormente. Admitindo uma taxa de 10%, o VPL será de:

$$VPL = -1.000 + \frac{400}{(1+0,1)^1} + \frac{600}{(1+0,1)^2} + \frac{500}{(1+0,1)^3} = 235$$

O VPL é considerado pelos teóricos como o *melhor* método de decisão de investimento por uma série de motivos.

Em primeiro lugar, o VPL é o método que informa a riqueza que está sendo gerada pelo projeto.

Segundo, leva em consideração o tamanho do projeto, já que projetos de grande porte possuem elevados VPLs.

Terceiro, pode-se aplicar o *princípio da aditividade*. Isso significa dizer que o VPL de um projeto é a soma dos VPLs de cada uma de suas partes. Assim, um projeto complexo pode ser analisado em suas diversas partes.

3. *Taxa Interna de Retorno (TIR)* – é a taxa que faz com que o valor presente líquido seja igual a zero. Se o valor da TIR for maior que uma taxa de atratividade utilizada pela empresa, o projeto será aceito. Em termos formais, a TIR corresponde a:

$$FC_0 + \frac{FC_1}{(1+i)^1} + \frac{FC_2}{(1+i)^2} + \dots + \frac{FC_n}{(1+i)^n} = 0$$

No exemplo, a TIR seria encontrada da seguinte forma:

$$-1.000 + \frac{400}{(1+i)^1} + \frac{600}{(1+i)^1} + \frac{500}{(1+i)^2} = 0$$

Para encontrar qual a taxa, é necessário resolver a expressão. Nesta situação, tem-se uma equação do segundo grau. Em fluxos mais complexos, a equação a ser solucionada é mais complexa. Nas planilhas e calculadoras existe a função

TIR, que encontra o valor de forma mais fácil. Neste caso, o valor da TIR seria 22,4%. Com efeito:

$$-1.000 + \frac{400}{(1+0,224)^1} + \frac{600}{(1+0,224)^1} + \frac{500}{(1+0,224)^2} = 0$$

Apesar de, na prática, a TIR ser bastante utilizada, ela apresenta algumas desvantagens: (a) não considera o princípio da aditividade; ou seja, um grande projeto não pode ser analisado nas suas partes; (b) em análise comparativa, não considera o tamanho do projeto; (c) a TIR supõe que os fluxos de caixa obtidos durante o projeto sejam reinvestidos em outras aplicações que rendem a mesma taxa da TIR; e, finalmente, (d) a TIR não pode ser usada em fluxos não convencionais.

4. *Índice de lucratividade* – o índice de lucratividade relaciona o valor presente dos fluxos de caixa sobre o investimento inicial. Se o valor for superior à unidade, aceita-se o investimento. Os aspectos positivos do seu uso são: é um número relativo; e pode ser usado em situações de restrição de capital. Já os pontos negativos são: dificuldade de definir a taxa de desconto; não considera a *aditividade*; e não leva em conta o tamanho do projeto.

2.2 Fluxo de caixa

Ao utilizar uma técnica como o VPL é necessário ter uma estimativa do fluxo de caixa do investimento. Esse fluxo pode ser operacional ou financeiro. A diferença está na inclusão ou não das despesas financeiras: o fluxo operacional não considera os juros no cálculo.

O fluxo de caixa operacional pode ser obtido de forma direta ou indireta. No fluxo direto somam-se os pagamentos e recebimentos projetados. O fluxo indireto parte da projeção da Demonstração do Resultado para chegar ao fluxo de caixa:

Fluxo de Caixa Operacional = Lucro Após Imposto + Despesa Financeira ± Investimento + Depreciação

Exemplo – considere a seguinte projeção para um investimento:

Vendas	20.000
CMV	– 12.000
Depreciação	– 1.000
Desp. Financeiras	– 2.000
Lucro Antes do IR	5.000
IR (34%)	– 1.700
Lucro Líquido	3.300

Durante o exercício estima-se um investimento, em giro e em máquinas, de \$ 1.500. O fluxo de caixa operacional seria:

Fluxo de Caixa Operacional = \$ 3.300 + \$ 2.000 – \$ 1.500 + \$ 1.000 = \$ 4.800

O fluxo de caixa financeiro corresponde a:

Fluxo de Caixa Financeiro = \$ 3.300 – \$ 1.500 + \$ 1.000 = \$ 2.800

É importante salientar que o fluxo de caixa financeiro deve ser descontado por uma taxa que reflita o custo do capital próprio. Já o fluxo de caixa operacional deve ser descontado por uma taxa que considere o custo do capital de terceiros e o custo do capital próprio.

Exercícios

1. **(Prefeitura Angra dos Reis 2015) Certa mercadoria é vendida em duas formas de pagamentos: a primeira é o pagamento em parcela única de R\$ 1.000,00, no ato da compra. A segunda é o pagamento em duas parcelas iguais de R\$ 600,00, sendo uma no ato e outra exatamente um mês após a compra. Um consumidor que opte pelo segundo modo de pagamento pagará, sobre o valor financiado, juros real de**

   (A) 10%.

   (B) 20%.

   (C) 30%.

   (D) 40%.

   (E) 50%.

2. **(Exame de suficiência, 02-2004) Uma aplicação financeira de R\$ 22.000,00 será resgatada ao final de 15 meses, à taxa nominal dos juros de 12% ao ano. O valor a ser resgatado no final do período, se considerarmos a capitalização mensal dos juros, é de:**

   a) R\$ 24.640,00.

   b) R\$ 25.300,00.

   c) R\$ 25.348,09.

   d) R\$ 25.541,32.

3. **(BACEN, 2010 – Analista – Área 5) A taxa composta de 4% ao semestre equivale, ao mês, a:**

   (Nota: efetue as operações com 6 casas decimais)

a) 0,5000%.
b) 0,6444%.
c) 0,6558%.
d) 0,6667%.
e) 0,9853%.

4. **(Exame de suficiência CFC 2/2015) Determinada empresa contratou empréstimo a juros compostos de 23,144% ao ano.**

A taxa trimestral equivalente é de, aproximadamente:

a) 7,715%.
b) 7,186%.
c) 5,786%.
d) 5,342%.

5. **(Exame de CFC 1/2014) Uma sociedade empresária investiu um capital de R$ 15.000,00 por 8 meses a uma taxa de juros compostos de 1% ao mês. O montante dessa aplicação foi reaplicado em outro investimento, com uma taxa mensal de juros simples de 2%, por mais 4 meses.**

O valor total resgatado ao fim dos 12 meses é de:

a) R$ 17.496,00.
b) R$ 17.535,40.
c) R$ 17.542,28.
d) R$ 17.581,78.

6. **(Exame de suficiência CFC 2/2015) Uma Sociedade Empresária financia a compra de uma máquina de costura em três prestações mensais iguais, no valor de R$ 573,50, com a primeira prestação com vencimento um mês após a compra.**

Considerando-se uma taxa de juros composta de 5% ao mês, o valor presente da máquina é de, aproximadamente:

a) R$ 1.991,69.
b) R$ 1.720,50.
c) R$ 1.634,48.
d) R$ 1.561,78.

7. **(ENADE, 2006) A Empresa Comercial Aurora Ltda. negociou, em 31/12/2005, uma operação de Desconto de Duplicatas no valor total de R$ 1.500.000,00, distribuídos conforme o fluxo de vencimento das duplicatas a seguir:**

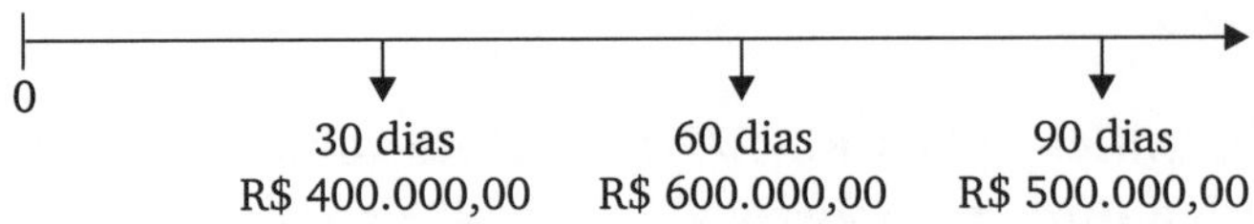

Nessa operação, a instituição financeira cobrou e recebeu juros antecipados no valor de R$ 155.000,00, calculados à taxa de 5% ao mês (juros simples), e taxas de serviço de R$ 500,00.

Se a empresa encerra o seu exercício contábil ao final de dezembro, qual foi o efeito do registro dessa operação nas Demonstrações Contábeis da empresa?

a) Diminuição no Resultado do Exercício no valor de R$ 155.500,00.

b) Diminuição no Ativo no valor de R$ 155.500,00.

c) Diminuição no Ativo Circulante no valor de R$ 500,00.

d) Aumento de Despesas Financeiras no valor de R$ 155.000,00.

e) Aumento do Passivo Circulante no valor de R$ 500,00.

8. **(RFB, Auditor/2009) No sistema de juros compostos, um capital PV aplicado durante um ano à taxa de 10% ao ano com capitalização semestral resulta no valor final FV. Por outro lado, o mesmo capital PV, aplicado durante um trimestre à taxa de i_t% ao trimestre, resultará no mesmo valor final FV, se a taxa de aplicação trimestral for igual a:**

a) 26,25%.

b) 40%.

c) 13,12%.

d) 10,25%.

e) 20%.

9. **(Exame de suficiência CFC 1/2015) Uma empresa adquiriu um bem destinado ao imobilizado por meio de uma transação de financiamento. O financiamento será pago em duas prestações de R$ 150.000,00, cada, vencíveis ao final de cada ano. A taxa de juros compostos pactuada para a operação foi de 4% ao ano.**

O valor presente na data em que foi efetuada a transação de financiamento é de, aproximadamente:

a) R$ 277.778.
b) R$ 282.914.
c) R$ 283.120.
d) R$ 294.231.

10. (FCC/2012/TRT/6ª Região (PE)/Analista Judiciário/Contabilidade) Não tendo recursos para saldar um empréstimo de R$ 110.000,00 (na data do vencimento), determinada empresa fez um acordo com a instituição financeira para pagá-lo 90 dias após o vencimento. Sabendo que a taxa de juros compostos cobrada pelo banco foi de 5% ao mês, o valor pago pela empresa foi, em reais:

a) 115.500,00.
b) 115.762,50.
c) 121.275,00.
d) 126.500,00.
e) 127.338,75

11. (Exame de suficiência CFC 2/2013) Uma sociedade empresária investirá o valor de R$ 100.000,00 em um projeto que se espera gerar um retorno de R$ 400.000,00 ao final de dois anos.

Considerando uma taxa de juros de 3% a.a., o valor presente líquido desse investimento é de:

a) R$ 266.666,67.
b) R$ 276.928,93.
c) R$ 277.038,36.
d) R$ 282.778,77.

12. (Analista DPE-RS 2013) Artur pretende investir R$ 10.000,00 por um período de um ano. Por isso, está avaliando dois investimentos oferecidos pelo gerente de seu banco.

Investimento I: regime de juros simples, com taxa de 1% ao mês.

Investimento II: regime de juros compostos, com taxa de 6% ao semestre.

Ao comparar os dois investimentos, Artur concluiu que

(A) I é mais vantajoso, pois terá rendido R$ 36,00 a mais do que II após um ano.

(B) I é mais vantajoso, pois terá rendido R$ 18,00 a mais do que II após um ano.

(C) eles são indiferentes, pois ambos terão rendido R$ 1.200,00 após um ano.

(D) II é mais vantajoso, pois terá rendido R$ 18,00 a mais do que I após um ano.

(E) II é mais vantajoso, pois terá rendido R$ 36,00 a mais do que I após um ano.

13. **(Exame CFC 2016.1) Uma Sociedade Empresária que realiza seus registros de acordo com as Normas Brasileiras de Contabilidade aplicou, em 1º.12.2015, a importância de R$ 144.580,00 em um banco, a uma taxa de juros compostos de 2% ao mês, cujo resgate ocorreu em 28.2.2016, no valor de R$ 153.429,45.**

    Com base nessas informações, considerando-se o mês comercial de 30 dias e desconsiderando-se os efeitos tributários, o valor que a sociedade apropriou como receita financeira, em 31.12.2015, é de:

    a) R$ 2.891,60.

    b) R$ 2.949,81.

    c) R$ 5.899,63.

    d) R$ 8.849,45.

14. **(Exame CFC 2016.1) Uma Sociedade Empresária optou por liquidar, antecipadamente, o valor da indenização devida ao sócio excluído do quadro societário, prevista originalmente para ser paga ao final de 12 meses, a contar da data da exclusão do sócio, cujo montante seria de R$ 96.882,69.**

    Considerando-se os dados acima, com base na taxa de juros compostos de 0,85% ao mês, o valor presente a ser pago é de, aproximadamente:

    a) R$ 87.000,66.

    b) R$ 87.449,80.

    c) R$ 87.525,65.

    d) R$ 97.706,19.

Gabarito

1. e
2. d
3. c
4. d
5. c
6. d
7. c
8. d
9. b
10. e
11. c
12. e
13. a
14. c

Os exercícios deste capítulo encontram-se resolvidos e comentados e estão à disposição dos leitores no *site* do GEN | Atlas.

4

Teoria da Contabilidade

César Augusto Tibúrcio Silva
Jorge Katsumi Niyama

Objetivos

- ⇨ Apresentar as vantagens e desvantagens da convergência contábil
- ⇨ Apresentar o arcabouço teórico: princípios contábeis (anteriormente denominados de princípios fundamentais de contabilidade) e estrutura conceitual básica do CPC
- ⇨ Mostrar as características qualitativas da informação contábil
- ⇨ Apresentar definição, mensuração e reconhecimento de ativo, passivo e patrimônio líquido
- ⇨ Apresentar definição, mensuração e reconhecimento de receitas e despesas

Introdução

A teoria da contabilidade apresentou grandes evoluções e mudanças nos últimos anos. Para o Brasil, deve-se destacar a adoção de normas internacionais estabelecidas pelo *International Accounting Standard Board* (IASB), uma entidade sem fins lucrativos com sede em Londres, concomitante à criação do Comitê de Pronunciamentos Contábeis (CPC). Isso ocorreu em razão da alteração da Lei 6.404/76, pela Lei 11.638, de 28 de dezembro de 2007.

Este capítulo é um reflexo dessas mudanças que influenciaram a teoria da contabilidade. Inicialmente, discute-se a questão dos usuários e da convergência contábil. A seguir, discutem-se as duas abordagens teóricas vigentes.

Posteriormente, o capítulo apresenta a definição, a discussão sobre o reconhecimento e mensuração dos principais elementos das demonstrações contábeis. Conclui-se com uma discussão sobre a evidenciação das informações.

1 Convergência contábil

A busca da convergência contábil tornou-se o grande debate, não somente no Brasil, mas também em diversos países desenvolvidos e emergentes. Existem diversas vantagens na convergência.

Talvez a principal ocorra quando o sistema contábil adotado no país é claramente inferior às normas internacionais. Nesse caso, a convergência pode apresentar um benefício significativo para a contabilidade atualmente praticada.

Um segundo aspecto é o aumento da comparabilidade das informações contábeis entre os diferentes países. Por fim, ao melhorar a qualidade das informações contábeis, a convergência pode reduzir o custo de captação das empresas.

Contudo, dois problemas são apontados como relevantes para a convergência. O primeiro diz respeito à dificuldade da convergência, pois ela deve levar em consideração as particularidades de cada país.

O segundo aspecto refere-se aos problemas políticos e culturais da convergência. Quando um país assina a intenção de fazer a convergência das normas internacionais, isso significa abster-se da elaboração de suas normas contábeis.

Com a Lei 11.638/07, o Brasil ingressou no clube de países que passam a observar as normas contábeis elaboradas pelo IASB; não só para as companhias abertas, mas para todas as sociedades por ações. Isto equivale a dizer também para demonstrações contábeis consolidadas com as individuais.

2 Arcabouço conceitual

Pode-se dizer que existem dois arcabouços conceituais no Brasil: os princípios contábeis, anteriormente denominados de princípios fundamentais de contabilidade (PFC), do Conselho Federal de Contabilidade (CFC) e a Estrutura Conceitual Básica (ECB), do Comitê de Pronunciamentos Contábeis (CPC).

2.1 Princípios de contabilidade e princípios fundamentais de contabilidade

Instituídos pelas Resoluções 750 e 774[1] e inspirado na escola europeia de contabilidade, os PFC se constituem de sete princípios, sendo que não há, entre eles, uma hierarquização:

---

[1] O CFC está estudando adaptar o seu conteúdo à estrutura conceitual editada pelo CPC.

a) entidade – reconhece o patrimônio como objeto da contabilidade. Assim, o patrimônio da entidade não se confunde com o dos seus sócios;
b) continuidade – a continuidade ou não da entidade deve ser considerada na classificação e avaliação dos ativos e passivos;
c) oportunidade – o registro contábil deve ser feito de imediato (tempestividade) e na extensão correta (integridade);
d) registro pelo valor original – o registro deve ser feito pelos valores originais das transações, em moeda do País;
e) atualização monetária – os efeitos da inflação devem ser considerados na contabilidade;
f) competência – as receitas e as despesas devem ser registradas no período em que ocorreram, independentemente do pagamento ou recebimento;
g) prudência – deve-se optar pelo menor valor para o ativo e o maior valor para o passivo, sempre que as opções foram igualmente adequadas.

Com a publicação da Resolução 1.282 pelo Conselho Federal de Contabilidade, os princípios fundamentais de contabilidade passaram a denominar-se princípios contábeis. Além disso, na revisão ocorrida com esta resolução, o princípio da atualização monetária foi incorporado pelo princípio do registro pelo valor original. Ou seja, existem hoje seis princípios contábeis.

Tendo em vista a convergência com a estrutura conceitual básica promulgada pelo CPC, o princípio do registro pelo valor original passa a contemplar variações decorrentes dos seguintes fatores:

a) *custo corrente. Os ativos são reconhecidos pelos valores em caixa ou equivalentes de caixa, os quais teriam de ser pagos se esses ativos ou ativos equivalentes fossem adquiridos na data ou no período das demonstrações contábeis. Os passivos são reconhecidos pelos valores em caixa ou equivalentes de caixa, não descontados, que seriam necessários para liquidar a obrigação na data ou no período das demonstrações contábeis;*
b) *valor realizável. Os ativos são mantidos pelos valores em caixa ou equivalentes de caixa, os quais poderiam ser obtidos pela venda em uma forma ordenada. Os passivos são mantidos pelos valores em caixa e equivalentes de caixa, não descontados, que se espera seriam pagos para liquidar as correspondentes obrigações no curso normal das operações da entidade;*
c) *valor presente. Os ativos são mantidos pelo valor presente, descontado do fluxo futuro de entrada líquida de caixa que se espera seja gerado pelo item no curso normal das operações da entidade. Os passivos são mantidos pelo valor presente, descontado do fluxo futuro de saída líquida de caixa que se espera seja necessário para liquidar o passivo no curso normal das operações da entidade;*

d) *valor justo. É o valor pelo qual um ativo pode ser trocado, ou um passivo liquidado, entre partes conhecedoras, dispostas a isso, em uma transação sem favorecimentos; e*

e) *atualização monetária. Os efeitos da alteração do poder aquisitivo da moeda nacional devem ser reconhecidos nos registros contábeis mediante o ajustamento da expressão formal dos valores dos componentes patrimoniais.*

2.2 Estrutura conceitual básica

Aprovada pelo CPC, em março de 2008 e modificada no final de 2011, para incorporar as mudanças realizadas pelo Iasb, a estrutura conceitual básica apresenta os aspectos básicos sobre a preparação e apresentação das demonstrações contábeis para os usuários externos. Por ter um objetivo amplo, a ECB é bem extensa e serve de base para outras normas do CPC. Por esse motivo, não deve existir conflito com outra norma ou procedimento.

Compõe-se a ECB de quatro partes, além da sua introdução, onde são apresentados a finalidade, o *status* da norma e o alcance. Os capítulos são os seguintes: Objetivo da elaboração e divulgação de relatório contábil-financeiro de propósito geral; Entidade que reporta a informação; Características qualitativas da informação contábil-financeira útil; e Estrutura conceitual. Este último capítulo ainda está sendo objeto de discussão no Iasb e deverá sofrer alterações no futuro próximo. O segundo capítulo deverá ser incorporado no futuro.

A nova ECB considera que as características qualitativas da informação contábil-financeira estão divididas em dois grupos: as *fundamentais*, que são as mais críticas, e as qualitativas de *melhoria*, que são desejáveis, mas menos críticas. Com respeito à norma anteriormente vigente, destaca-se que (a) a confiabilidade recebeu denominação de representação fidedigna; (b) a "essência sobre a forma" passa a compor a representação fidedigna; e (c) deixa de ter a prudência ou conservadorismo por ser inconsistente com a neutralidade.

Existem duas caraterísticas fundamentais: a *relevância* e a *representação fidedigna*. Conforme a norma, a informação contábil-financeira *relevante* é aquela capaz de fazer diferença nas decisões que possam ser tomadas pelos usuários. Isso inclui o valor preditivo e/ou confirmatório para o usuário.

Para obter a *representação fidedigna*, os relatórios devem retratar a realidade de maneira *completa*, *neutra* e *livre de erro*.

As características de melhoria são as seguintes, segundo a ECB:

a) comparabilidade: é a característica qualitativa que permite que os usuários identifiquem e compreendam similaridades dos itens e diferenças entre eles;

b) verificabilidade: diz respeito ao fato de que "diferentes observadores, cônscios e independentes, podem chegar a um consenso, embora não cheguem necessariamente a um completo acordo, quanto ao retrato de uma realidade econômica em particular ser uma representação fidedigna";

c) tempestividade: corresponde a "ter informação disponível para tomadores de decisão a tempo de poder influenciá-los em suas decisões"; e

d) compreensibilidade: a informação deve estar classificada, caracterizada e apresentada de maneira a ser entendida pelo usuário.

No processo de elaboração e divulgação da informação, é importante considerar o custo de informação como sendo uma restrição ao processo contábil.

3 Elementos das demonstrações contábeis

3.1 Ativo

A definição de ativo apresenta três elementos: (a) é um recurso *controlado* pela entidade; (b) como *resultado de eventos passados*; (c) e do qual se espera que resultem *futuros benefícios econômicos* para a entidade.

A definição enfatiza o aspecto econômico, não sua forma legal.

O processo de reconhecimento diz respeito a incorporar, nas demonstrações contábeis, um item que se enquadre na definição. Além disso, deve ser mensurado de forma confiável.

Um exemplo é a marca que foi construída pela empresa. Apesar de corresponder à definição do ativo, não é reconhecida pela contabilidade devido à dificuldade de ser mensurada.

Observe que a definição incorpora a incerteza no recebimento dos benefícios futuros, o que é coerente com o ambiente econômico.

Não se deve confundir a base confiável de mensuração com a existência de estimativa para valores contábeis. Certos itens podem ser estimados, como é o caso de uma ação judicial que a empresa possui da qual haja uma razoável jurisprudência a respeito.

Dessa forma, existindo uma estimativa razoável de valor, ela deve ser reconhecida no balanço.

3.2 Passivo

Corresponde a: (a) obrigação presente da entidade; (b) derivada de eventos já ocorridos; (c) cuja liquidação se espera que resulte em saída de recursos capazes de gerar benefícios econômicos.

Assim como no ativo, a definição do passivo deve estar separada do seu reconhecimento. Alguns passivos só são mensurados por estimativas.

No que diz respeito à incerteza do passivo, uma obrigação pode ser classificada em quatro categorias:

1. o passivo é conhecido, assim como seu montante – nesse caso, não existe motivo para que o passivo não seja evidenciado. Exemplo: fornecedores;
2. o passivo é conhecido, mas não seu montante – o passivo é conhecido por estimativas, devendo ser considerado pela entidade. É o caso do décimo terceiro salário, em que o valor preciso só é obtido, pela entidade, no pagamento;
3. o passivo é incerto, mas o pagamento pode ser estimado – caso das milhas aéreas;
4. o passivo é incerto e seu montante também – representa a contingência.

Na questão da mensuração, o uso do valor justo[2] para o passivo pode trazer uma situação estranha. Por exemplo, o ambiente econômico piora e com isso a taxa de juros aumenta.

Pelo valor justo, o montante do passivo deveria ser reduzido pelo aumento da taxa de desconto. Isso significa dizer que o passivo diminui, melhorando o resultado da entidade.

3.3 Patrimônio líquido

É definido como a diferença entre ativo e passivo. Como é possível perceber, o valor do patrimônio líquido depende da mensuração do ativo e do passivo. Em razão das limitações do processo de reconhecimento e mensuração, o patrimônio líquido contábil não corresponde ao valor de mercado das ações.

Um problema contábil diz respeito à separação do passivo e do patrimônio líquido. Para alguns teóricos (Paton, Modigliani e Miller), a separação não é importante. Entretanto, a prática contábil talvez indique que a segregação seja relevante para o usuário.

Existem alguns casos em que a separação é difícil de ser feita. Exemplos: as debêntures conversíveis em ações, os serviços prestados como passivo e as debêntures perpétuas.

---

[2] Não é usual no Brasil, nem na lei societária.

3.4 *Receitas e despesas*

A apuração das receitas e despesas possibilita a análise do desempenho da entidade. As definições desses dois itens estão no Quadro 4.1, que permite comparar os dois termos.

Quadro 4.1 *Receitas e despesas, segundo a ECB.*

Receitas	Despesas
aumentos nos benefícios econômicos durante o período contábil sob a forma de **entrada** de recursos ou **aumento** de ativos ou **diminuição** de passivos que resultem em **aumento** do patrimônio líquido e que não sejam provenientes de **aporte** dos proprietários	**decréscimos** nos benefícios econômicos durante o período contábil sob a forma de **saída** de recursos ou **redução** dos ativos ou **incremento** de passivos que resultem em **decréscimo** do patrimônio líquido e que não sejam provenientes de **distribuição** aos proprietários

Um aspecto relevante da definição da ECB é que não existe diferença entre receita e ganhos. O mesmo ocorre para despesa e perdas. Tanto ganhos quanto perdas não diferem, de forma expressiva, das receitas e despesas e, por esse motivo, são considerados conjuntamente.

É comum divulgar as informações separando as receitas (e despesas) que aparecem nas atividades normais da entidade. Entretanto, existe uma tendência da ECB de separar as receitas e despesas em recorrentes e não recorrentes.

Embora não seja tão destacada pela legislação societária, a distinção entre receitas/despesas não operacionais de ganhos/perdas e itens extraordinários deve ser feita como consta no Quadro 4.1.

As reavaliações ou atualizações de itens patrimoniais, apesar de se enquadrarem nas definições de receitas e despesas, não são consideradas na demonstração de resultado em certos tipos de conceitos de manutenção de capital. Nesse caso, são incluídas no patrimônio líquido, como ajustes.

Com respeito ao reconhecimento da receita, ele pode ser feito quando existir uma base confiável. Assim, em geral o processo de reconhecimento está associado à venda. Mas existem exceções a essa regra, como é o caso dos setores com ciclo longo de produção.

Normalmente, a teoria da contabilidade privilegia o reconhecimento da receita no seu ponto de transferência, que coincide na maior parte das vezes com seu ponto de venda.

Atividades conhecidas como de incorporação e venda de imóveis, por exemplo, têm suas receitas reconhecidas fora do "ponto de transferência", já que aguardar o término da obra e entrega ao cliente para apenas reconhecer a receita resultaria em apurar relatórios somente com despesas no início e durante o período.

Assim, a boa prática contábil é a de reconhecer a receita proporcionalmente aos gastos incorridos, em bases de estimativas.

O reconhecimento da despesa por ocorrer, na ordem de preferência:

a) pela associação entre receita e despesa ou confrontação;
b) pela alocação sistemática e racional, como a depreciação;
c) pelo reconhecimento imediato, como são os casos de "perdas".

4 Mensuração das demonstrações contábeis

Mensurar diz respeito a determinar os montantes que serão associados aos elementos das demonstrações contábeis (ativo, passivo, patrimônio líquido, receita e despesa). Para isso, é necessário selecionar uma base específica entre as seguintes:

a) *custo histórico* – a mensuração é pelo valor pago na data de aquisição para os ativos. Esse valor pode ser atualizado por um índice de inflação e, nesse caso, tem-se o custo histórico corrigido. Para o passivo, o custo histórico corresponde aos valores que foram recebidos em troca da obrigação;
b) *custo corrente* – os ativos são mensurados pelos valores que teriam que ser pagos na data do balanço. A mensuração do passivo pelo custo corrente corresponde ao montante que seria necessário para liquidar a obrigação na data do balanço;
c) *valor realizável* ou *preço corrente de venda* – a mensuração dos ativos é feita assumindo que haverá uma venda ordenada. Os passivos são medidos pelo valor de liquidação, pelos valores não descontados;
d) *valor presente* – os ativos são mantidos pelo valor presente numa situação normal de operação da entidade. Em relação aos passivos, são considerados, também, a valor presente descontado.
e) *valor de liquidação* – os ativos são mensurados num processo de venda forçada motivada usualmente por descontinuidade.

Admite-se a existência de uma combinação dos métodos de mensuração. Um exemplo são os estoques, que podem ser mensurados pelo custo histórico e pelo valor líquido de realização (regra custo ou mercado).

5 Capital e manutenção de capital

Existem dois conceitos de capital: financeiro e físico. A escolha do capital irá depender das necessidades dos usuários. O Quadro 4.2 resume a diferença entre esses dois conceitos.

Quadro 4.2 *Diferença entre capital financeiro e capital físico.*

	Capital financeiro	Capital físico
Foco	Verificar a manutenção do capital monetário que foi investido	Verificar a capacidade produtiva da entidade
Lucro	O montante financeiro dos ativos líquidos que no fim do período excede o do começo do período, excluindo as distribuições e os aportes de capital no período.	A capacidade física produtiva no fim do período é maior que a do início do período, excluindo distribuições e aportes de capital no período.
Mensuração	Qualquer unidade monetário nominal ou em unidades de poder aquisitivo constante	Adoção do custo corrente

Fonte: Adaptado do ECB.

Referências

COMITÊ DE PRONUNCIAMENTOS CONTÁBEIS. **Estrutura conceitual básica**. 2008 (atualizada em 2011).

NIYAMA, Jorge Katsumi; SILVA, César Augusto Tibúrcio. **Teoria da contabilidade**. 2. ed. São Paulo: Atlas, 2011.

Exercícios

1. **(Exame de suficiência CFC 2/2015) De acordo com a NBC TG Estrutura Conceitual, no que se refere à inclusão na definição de Ativo, analise as condições apresentadas nos itens abaixo e, em seguida, assinale a opção CORRETA.**

   I. Recurso com característica tangível.

   II. Recurso controlado pela entidade.

   III. Recurso de propriedade da entidade.

   IV. Recurso do qual se espera que fluam benefícios econômicos futuros para a entidade.

   V. Recurso resultante de eventos passados.

   De acordo com a NBC TG Estrutura Conceitual, são condições necessárias para o reconhecimento do Ativo os requisitos apresentados apenas nos itens:

   a) I e III.

   b) I, III e IV.

c) II, IV e V.

d) III e V.

2. **(Exame de suficiência CFC 2/2015) De acordo com a definição de Ativo, constante na NBC TG Estrutura Conceitual, julgue os itens abaixo como Verdadeiros (V) ou Falsos (F) e, em seguida, assinale a opção CORRETA.**

I. Um bem do imobilizado que não tenha mais condição de ser usado e nenhum interesse do mercado por sua aquisição, sob qualquer forma, deve ser mantido no Ativo até que seja descartado fisicamente.

II. Bens sob arrendamento financeiro não devem ser reconhecidos nas demonstrações do arrendatário, mas nas demonstrações do arrendador, devido ao fato de não haver ocorrido a transferência legal do bem, sendo facultado ao arrendatário apenas o seu uso e, não, a possibilidade de vendê-lo até que se obtenha a propriedade.

III. A alteração no uso de um ativo pode provocar alteração na sua capacidade de geração de fluxos de caixa futuros. Esse fato, todavia, não deve ensejar revisão de seu valor recuperável, uma vez que não lhe foi provocado nenhum dano, e os ativos são mensurados com base no custo histórico.

IV. Considerando-se que um dos principais recursos capazes de gerar benefícios econômicos futuros são os conhecimentos das pessoas e ainda que, atualmente, há possibilidade de se reconhecerem ativos intangíveis. Se uma determinada empresa tiver desenvolvido uma equipe com forte capacidade de sinergia com o mercado, que lhe permita gerar diferencial competitivo, deve reconhecer esse item em seu ativo, já que é resultado de eventos passados.

A sequência CORRETA é:

a) F, F, F, F.

b) F, V, F, V.

c) V, F, V, F.

d) V, V, V, V.

3. **(Exame de suficiência CFC 2/2015) De acordo com a Resolução nº 750/93, com redação dada pela Resolução CFC nº 1.282/10, relacione os Princípios de Contabilidade, elencados na primeira coluna, com a respectiva descrição, apresentada na segunda coluna, e, em seguida, assinale a opção CORRETA.**

1 Princípio da Competência	( ) Refere-se ao processo de mensuração e apresentação dos componentes patrimoniais para produzir informações íntegras e tempestivas.
2 Princípio da Entidade	( ) O reconhecimento de receitas e despesas deve ocorrer nos períodos a que se referem, independentemente do recebimento ou pagamento.
3 Princípio da Oportunidade	( ) Reconhece o patrimônio como objeto da contabilidade e afirma a autonomia patrimonial, a diferenciação de um patrimônio particular, entre outros patrimônios existentes.

A sequência CORRETA é:

a) 3, 1, 2.

b) 1, 3, 2.

c) 2, 1, 3.

d) 1, 2, 3.

4. **(Exame de suficiência CFC 2/2015) De acordo com o disposto na NBC TG 23 (R1) – Políticas Contábeis, Mudança de Estimativa e Retificação de Erro, julgue os itens abaixo e, em seguida, assinale a opção CORRETA.**

I. O efeito da mudança de estimativa comporta aplicação retrospectiva, no caso de aplicação praticável, resultando no ajuste dos saldos anteriores impactados pela mudança.

II. A mudança na estimativa de vida útil de um ativo depreciável deve ser tratada como mudança de política contábil com aplicação retrospectiva, quando praticável.

III. Na aplicação da mudança de uma política contábil de forma retrospectiva, quando for exigida e praticável, a entidade deve ajustar o saldo de abertura de cada componente do patrimônio líquido afetado para o período anterior mais antigo apresentado.

Está(ão) CORRETO(S) o(s) item(ns):

a) I e II, apenas.

b) I e III, apenas.

c) I, II e III.

d) III, apenas.

5. **(Exame de suficiência CFC 2/2015) De acordo com a Resolução CFC nº 750/93, julgue os itens abaixo como Verdadeiros (V) ou Falsos (F) e, em seguida, assinale a opção CORRETA.**

   I. Os Princípios de Contabilidade representam a essência das doutrinas e teorias relativas à Ciência da Contabilidade, consoante o entendimento predominante nos universos científico e profissional do País.

   II. Os Princípios de Contabilidade representam as normas essenciais que determinam a ética no comportamento profissional.

   III. Os Princípios de Contabilidade definem o Valor Justo como base universal para mensuração inicial para todos os componentes patrimoniais.

   IV. Os Princípios de Contabilidade concernem à Contabilidade no seu sentido mais amplo de ciência social, cujo objeto é o patrimônio das entidades.

   A sequência CORRETA é:

   a) F, V, F, V.
   b) F, V, V, F.
   c) V, F, F, V.
   d) V, V, F, V.

6. **(Exame de suficiência CFC 1/2015) De acordo com a NBC TG Estrutura Conceitual – Estrutura Conceitual para Elaboração e Divulgação de Relatório Contábil-Financeiro, as características qualitativas são atributos que tornam as demonstrações contábil-financeiras úteis para seus usuários.**

   Assinale a opção que apresenta as Características Qualitativas de Melhoria.

   a) comparabilidade, verificabilidade, tempestividade e compreensibilidade.
   b) compreensibilidade, relevância, confiabilidade e comparabilidade.
   c) relevância, materialidade, comparabilidade e compreensibilidade.
   d) tempestividade, confiabilidade, relevância e comparabilidade.

7. **(Exame de suficiência CFC 1/2015) De acordo a NBC TG Estrutura Conceitual – Estrutura Conceitual para Elaboração e Divulgação de Relatório Contábil-Financeiro, assinale a opção que apresenta o tratamento contábil CORRETO à situação descrita.**

   a) Uma Sociedade Comercial efetuou um pedido de fornecimento de mercadorias ao fornecedor, adiantando 20% do valor. As mercadorias serão fabricadas e entregues pelo fornecedor no mês seguinte. Tendo em vista que existe a intenção de adquirir as mercadorias, 100% do pedido foi registrado como Estoque de Mercadorias.

b) Uma Sociedade Empresária realizou gastos iniciais com um projeto de pesquisa para desenvolver um novo produto. Como não há uma expectativa provável de que o produto é viável e será produzido, o gasto foi registrado como despesa.

c) Uma Sociedade Empresária recebeu um terreno como doação da prefeitura. O valor de mercado do terreno é de R$ 1.000.000,00 e satisfaz à definição de Ativo. Como não foi feito nenhum pagamento, o terreno não foi reconhecido como Ativo.

d) Uma Sociedade Industrial realizou, na qualidade de arrendatária, um contrato de arrendamento mercantil financeiro de uma máquina, para uso na produção. Como a nota fiscal de compra da máquina foi emitida em nome do banco arrendador, a indústria não reconheceu a máquina em seu ativo.

8. **(Exame de suficiência CFC 1/2015) De acordo a NBC TG Estrutura Conceitual – Estrutura Conceitual para Elaboração e Divulgação de Relatório Contábil-Financeiro, com relação às características qualitativas da informação contábil, julgue os itens abaixo como Verdadeiros (V) ou Falsos (F) e, em seguida, assinale a opção CORRETA.**

I. A informação necessita, concomitantemente, ser relevante e representar com fidedignidade a realidade reportada para ser útil. Nem a representação fidedigna de fenômeno irrelevante, tampouco a representação não fidedigna de fenômeno relevante, auxiliam os usuários a tomarem boas decisões.

II. Comparabilidade, verificabilidade, tempestividade e compreensibilidade são características qualitativas que melhoram a utilidade da informação que é relevante e que é representada com fidedignidade. As características qualitativas de melhoria podem também auxiliar a determinar qual de duas alternativas, que sejam consideradas equivalentes em termos de relevância e fidedignidade de representação, deve ser usada para retratar um fenômeno.

III. O custo de gerar a informação é uma restrição sempre presente na entidade, no processo de elaboração e divulgação de relatório contábil-financeiro. O processo de elaboração e divulgação de relatório contábil-financeiro impõe custos, e é importante que tais custos sejam justificados pelos benefícios gerados pela divulgação da informação.

a) F, V, F.

b) V, F, V.

c) F, F, F.

d) V, V, V.

9. **(Exame de suficiência CFC 2/2014) De acordo com a NBC TG 30 – Receita:**

"Quando o desfecho de transação que envolva a prestação de serviços puder ser confiavelmente estimado, a receita associada a transação deve ser reconhecida tomando por base a proporção dos serviços prestados até a data do balanço."

Acerca da afirmação acima, NÃO se constitui condição a ser satisfeita, para que o desfecho da transação possa ser confiavelmente estimado, quando:

a) os serviços executados até a data do balanço puderem ser confiavelmente mensurados.

b) for provável que os benefícios econômicos associados a transação fluirão para a entidade.

c) for possível mensurar confiavelmente o valor da receita.

d) os serviços tiverem sido concluídos.

10. **(Exame de suficiência CFC 1/2014) Considerando o que dispõe a NBC TG Estrutura Conceitual, a respeito das características qualitativas da informação contábil-financeira útil, julgue os itens abaixo como Verdadeiros (V) ou Falsos (F) e, em seguida, assinale a opção CORRETA.**

I. Para que a informação contábil-financeira seja útil, ela precisa ser relevante e representar com fidedignidade o que se propõe a representar.

II. A utilidade da informação contábil-financeira é melhorada se ela for comparável, verificável, tempestiva e compreensível.

III. Informação contábil-financeira relevante é aquela capaz de fazer diferença nas decisões que possam ser tomadas pelos usuários.

IV. Comparabilidade é o mesmo que uniformidade e consistência.

A sequência CORRETA é:

a) F, F, F, V.

b) F, F, V, V.

c) V, V, F, F.

d) V, V, V, F.

11. **(Exame de suficiência CFC 1/2014) De acordo com a NBC TG Estrutura Conceitual, quando os gastos incorridos não proporcionarem a expectativa provável de geração de benefícios econômicos para a entidade além do período contábil corrente, o item será reconhecido como:**

a) Ativo.

b) Despesa.

c) Intangível.
d) Passivo.

A sequência CORRETA é:

a) F, F, F, V.
b) F, F, V, V.
c) V, V, F, F.
d) V, V, V, F.

12. **(Exame de suficiência CFC 2/2013) Com base na Resolução NBC TG ESTRUTURA CONCEITUAL – Estrutura Conceitual para Elaboração e Divulgação de Relatório Contábil-Financeiro, julgue os itens sobre Manutenção de Capital como Verdadeiros (V) ou Falsos (F) e, em seguida, assinale a opção CORRETA.**

I. De acordo com o conceito de capital financeiro, tal como o dinheiro investido ou o seu poder de compra investido, o capital é sinônimo de ativos líquidos ou patrimônio líquido da entidade.

II. De acordo com o conceito de manutenção do capital físico, o lucro é considerado auferido somente se a capacidade física produtiva da entidade no fim do período exceder a capacidade física produtiva no início do período, depois de excluídas quaisquer distribuições aos proprietários e seus aportes de capital durante o período.

III. Todas as mudanças de preços, afetando ativos e passivos da entidade, são vistas, no conceito de manutenção de capital físico, como mudanças na mensuração da capacidade financeira da entidade, devendo ser tratadas como lucro.

A sequência CORRETA é:

a) F, F, V.
b) F, V, F.
c) V, F, V.
d) V, V, F.

13. **(Exame de suficiência CFC 1/2013) De acordo com a NBC TG Estrutura Conceitual, é condição necessária à caracterização de uma informação como relevante:**

a) apresentar dados inéditos, não antecipados por outras fontes.
b) privilegiar a essência sobre a forma, sem, no entanto, descuidar da característica qualitativa da prudência.

c) ser capaz de fazer diferença nas decisões que possam ser tomadas pelos usuários.

d) ser efetivamente utilizada por todos os usuários.

14. (Exame de suficiência CFC 1/2013) De acordo com a NBC TG Estrutura Conceitual, as características qualitativas se subdividem em características qualitativas fundamentais e características qualitativas de melhoria.

NÃO é considerada característica qualitativa de melhoria:

a) Comparabilidade.

b) Compreensibilidade.

c) Conservadorismo.

d) Tempestividade.

15. (Exame de suficiência CFC 1/2013) De acordo com NBC TG 30 – Receitas, o reconhecimento da receita proveniente da venda de bens deve ser efetuado quando forem satisfeitas algumas condições.

Analise as condições de reconhecimento de receitas abaixo e, em seguida, assinale a opção CORRETA.

I. A entidade tenha transferido para o comprador os riscos e benefícios mais significativos inerentes à propriedade dos bens.

II. O valor da receita possa ser confiavelmente mensurado.

III. A entidade mantenha envolvimento continuado na gestão dos bens, vendidos em grau associado à propriedade, mesmo sem o efetivo controle de tais bens.

IV. As despesas incorridas ou a serem incorridas, referentes à transação, possam ser confiavelmente mensuradas.

São condições para reconhecimento da receita da venda de bens, apenas o(s) item(ns):

a) I, e III.

b) I, II e IV.

c) II e IV.

d) III.

16. (Exame de suficiência CFC 1/2013) Uma empresa firmou um contrato para construção de uma rodovia pública. O contrato deve ser reconhecido e mensurado no âmbito da ITG 01 – Contratos de Concessão.

Esse contrato, estabelece que a empresa terá direito de cobrar pedágio dos usuários da rodovia nos vinte primeiros anos de funcionamento. A cobrança de pedágio é a única contraprestação a ser recebida pela empresa, como pagamento pela construção, operação e manutenção da rodovia.

A empresa não fez pagamentos ao poder concedente para ter direito à concessão. Após 20 anos, a operação da rodovia será devolvida ao poder concedente.

No caso descrito, a receita relativa à construção da rodovia deverá ser registrada:

a) Pelo custo de construção, em contrapartida com uma conta de ativo intangível.

b) Pelo custo de construção, em contrapartida com uma conta de ativo financeiro.

c) Pelo valor justo, em contrapartida com uma conta de ativo financeiro.

d) Pelo valor justo, em contrapartida com uma conta de ativo intangível.

17. **(Exame de suficiência CFC 1/2013) Uma sociedade empresária reconhece uma provisão para garantias concedidas aos clientes, no mesmo período em que são registradas as vendas. Apesar de não ser possível prever o valor exato a ser gasto no futuro, com cada cliente, a provisão é constituída e o valor da provisão é calculado com base nas melhores estimativas disponíveis, e em bases confiáveis.**

    Justificam o procedimento adotado pela empresa os Princípios:

    a) da Relevância e do Registro pelo Valor Original.

    b) da Prudência e do Custo Histórico.

    c) da Oportunidade e da Competência.

    d) da Continuidade e da Objetividade.

18. **(ENADE 2015) As Características Qualitativas Fundamentais, previstas na Estrutura Conceitual para Elaboração e Apresentação das Demonstrações Contábeis, são a relevância e a representação fidedigna.**

    No que diz respeito a essas características, avalie as afirmações a seguir.

    I. A informação contábil-financeira é relevante quando capaz de fazer diferença, com valor preditivo e/ou confirmatório, nas decisões.

    II. A informação pode ser capaz de fazer diferença em uma decisão ainda que alguns usuários decidam não levá-la em consideração.

    III. Para ser representação fidedigna, a realidade retratada deve ser completa e neutra, e estar livre de erro.

É correto o que se afirma em:

a) I, apenas.
b) II, apenas.
c) I e III, apenas.
d) II e III, apenas.
e) I, II e III.

19. **(ENADE 2015) As áreas do conhecimento embasam-se em pressupostos e métodos científicos de diversas escolas do pensamento. Especificamente na área da contabilidade, as escolas de pensamento norte-americana e italiana são as principais correntes em que se fundamenta a contabilidade brasileira.**

Acerca dessas escolas, assinale a opção correta.

a) A italiana enfatiza a abordagem informacional, enquanto a escola norte-americana confere grande importância à sistematização do plano de contas.
b) A norte-americana adota a visão estabelecida pelo neopatrimonialismo, enquanto a escola italiana assume como principal foco a geração das informações contábeis para seus diversos usuários.
c) A italiana prioriza as necessidades dos usuários das informações contábeis, enquanto a escola norte-americana demonstra excessiva preocupação em caracterizar a contabilidade como ciência.
d) A norte-americana considera prioritário o conhecimento da teoria das contas, enquanto a escola italiana enfatiza a área de auditoria, para garantir maior confiabilidade às informações geradas.
e) A norte-americana considera a contabilidade uma fornecedora de informações econômicas relevantes para os diversos usuários, enquanto a escola italiana defende que a contabilidade deve estudar apenas os eventos que afetam o patrimônio das entidades.

20. **(ENADE 2015) Em janeiro de 2015, uma empresa solicitou empréstimo a determinada instituição financeira para pagamento em dez meses. Foi registrado na contabilidade o valor recebido em conta do Ativo e o valor total do empréstimo em conta do Passivo. Os encargos financeiros incidentes sobre o empréstimo foram debitados em conta redutora do Passivo, denominada "Encargos Financeiros a Transcorrer", tendo sido essa conta posteriormente apropriada para despesas financeiras, no resultado, à medida do tempo transcorrido.**

Nessa situação, esse registro contábil dos encargos tem por base o princípio da

a) Entidade.
b) Prudência.
c) Continuidade.
d) Competência.
e) Atualização monetária.

21. **(Exame de suficiência CFC 1/2016) De acordo com a NBC TG Estrutura Conceitual – Estrutura Conceitual para Elaboração e Divulgação de Relatório Contábil-Financeiro, no que se refere à posição patrimonial e financeira, assinale a opção INCORRETA.**

a) Ativo é um recurso controlado pela entidade como resultado de eventos passados e do qual se espera que fluam futuros benefícios econômicos para a entidade.

b) Passivo é uma obrigação presente da entidade, derivada de eventos passados, cuja liquidação se espera que resulte na saída de recursos da própria entidade capazes de gerar benefícios econômicos.

c) Patrimônio Líquido é o interesse residual nos ativos da entidade depois de deduzidos todos os seus passivos.

d) Receitas são aumentos nos benefícios econômicos durante o período contábil que resultam em diminuições do Patrimônio Líquido e que estão relacionados com a contribuição dos detentores dos instrumentos patrimoniais.

22. **(Exame de suficiência CFC 1/2016) De acordo com a NBC TG Estrutura Conceitual – Estrutura Conceitual para Elaboração e Divulgação de Relatório Contábil-Financeiro, é INCORRETO afirmar que:**

a) as características qualitativas fundamentais são comparabilidade, verificabilidade, tempestividade e compreensibilidade, pois tornam a informação útil. A utilidade da informação contábil-financeira é melhorada se ela for relevante e representar com fidedignidade o que se propõe a representar. Portanto, relevância e representação fidedigna são características qualitativas de melhoria.

b) a informação contábil-financeira relevante é aquela capaz de fazer diferença nas decisões que possam ser tomadas pelos usuários. A informação pode ser capaz de fazer diferença em uma decisão mesmo no caso de alguns usuários decidirem não a levar em consideração, ou já tiverem tomado ciência de sua existência por outras fontes.

c) as características qualitativas de melhoria podem também auxiliar a determinar qual de duas alternativas, que sejam consideradas equivalentes em termos de relevância e fidedignidade de representação, deve ser usada para retratar um fenômeno.

d) a informação contábil-financeira é capaz de fazer diferença nas decisões se tiver valor preditivo, valor confirmatório ou ambos. A informação contábil financeira tem valor preditivo se puder ser utilizada como dado de entrada em processos empregados pelos usuários para predizer futuros resultados.

23. (Exame de suficiência CFC 1/2016) De acordo com a NBC TG 04 (R3) – Ativo Intangível, em relação à amortização de ativos intangíveis com vida útil definida, assinale a opção INCORRETA.

a) A amortização inicia-se no momento da aquisição, independentemente de o ativo estar ou não disponível para uso na maneira pretendida pela administração.

b) O valor amortizável de Ativo Intangível com vida útil definida deve ser apropriado de forma sistemática ao longo da sua vida útil estimada.

c) A amortização deve cessar na data em que o ativo é classificado como mantido para venda ou incluído em um grupo de ativos classificados como mantido para venda ou, ainda, na data em que ele é baixado, o que ocorrer primeiro.

d) O método de amortização utilizado reflete o padrão de consumo, pela entidade, dos benefícios econômicos futuros. Se não for possível determinar esse padrão com confiabilidade, deve ser utilizado o Método Linear.

24. (Exame de suficiência CFC 1/2016) Uma Sociedade Industrial fabrica e vende um determinado produto com garantia convencional de um ano.

Na venda do produto é oferecida uma garantia estendida, coberta por ela própria, que começa a vigorar após a garantia convencional, a um preço acessível de tal forma que a maioria dos compradores a adquirem.

A Sociedade Industrial registra a garantia estendida como receita de serviços no momento da venda.

De acordo com essa situação, a sociedade industrial NÃO está obedecendo ao princípio:

a) da Competência.

b) da Continuidade.

c) da Entidade.

d) do Registro pelo Valor Original.

Gabarito

1. c
2. a
3. a
4. d
5. c
6. a
7. b
8. d
9. d
10. d
11. b
12. d
13. c
14. c
15. b
16. d
17. c
18. e
19. e
20. d
21. d
22. a
23. a
24. a

Os exercícios deste capítulo encontram-se resolvidos e comentados e estão à disposição dos leitores no *site* do GEN | Atlas.

5

Contabilidade Internacional

Ducineli Régis Botelho
Jomar Miranda Rodrigues
Jorge Katsumi Niyama

Objetivos

- ⇨ Causas das diferenças internacionais no *financial reporting*
- ⇨ Principais órgãos normatizadores e regulamentadores:
  - – International Accounting Standard Board (IASB);
  - – Outros organismos internacionais e regionais;
  - – Comitê de Pronunciamentos Contábeis (CPC).
- ⇨ O processo de convergência e a comparação de normas do IASB e CPC
- ⇨ Exemplos de divergências mais relevantes nos critérios de reconhecimento e mensuração segundo IASB e CPC

Introdução

Este capítulo objetiva apresentar o estudo da Contabilidade Internacional com ênfase no atual processo de convergência das normas contábeis brasileiras com as internacionais editadas pelo IASB.

Primeiramente, o capítulo aborda as principais causas das diferenças internacionais no *financial reporting*, ou seja, por que as demonstrações contábeis apresentam lucro, ativo e patrimônio líquido diferentes de um país para outro.

Posteriormente, serão apresentados os principais organismos nacionais, internacionais e regionais direta ou indiretamente vinculados ao processo de "internacionalização" da contabilidade e, finalmente, serão demonstrados os quadros comparativos IASB/CPC e as transações que apresentam divergências mais relevantes nos critérios de reconhecimento e mensuração.

1 Causas das diferenças internacionais

A identificação das diferenças internacionais da contabilidade tem sido estudada desde meados dos anos 1950-1960, ou seja, mais precisamente, após a Segunda Guerra Mundial. Os estudos verificaram que cada país tem uma especificidade de legislações, regras, filosofias, procedimentos, objetivos (e estes têm a finalidade de prover o interesse de cada país) que podem prover a sistematização com que as nações elaboram e preparam suas demonstrações contábeis, ou seja, o processo de regulamentação da contabilidade.[1]

A contabilidade de um país pode ser mais bem compreendida quando se conhecem os fatores que influenciaram o seu desenvolvimento. Assim, pode-se constatar que a contabilidade é influenciada pelo ambiente em que atua, ou seja, dependendo dos fatores de natureza cultural, social, econômica e política, a contabilidade terá processos e resultados diferentes no que tange à regulamentação e normatização em cada país.

Diversos autores estrangeiros procuraram enumerar esses fatores, Nobes e Parkes (1998) relacionaram 17 razões que provocam as diferenças internacionais nos *financial reporting*, que são:

1. Natureza da propriedade empresarial e formas de financiamento (fonte de financiamento das empresas: mercado de capitais ou mercado financeiro);
2. herança colonial;
3. invasão;
4. tributação;
5. inflação;
6. amadurecimento e tamanho da profissão contábil;
7. nível de educação na área contábil;
8. estágio de desenvolvimento econômico;
9. estrutura e sistema legal;
10. cultura;
11. história;

[1] Regulamentação da contabilidade é tratada aqui como externa à contabilidade e pode ser formalizada pelos padrões contábeis, e pela regulação social baseada na lógica contábil.

12. geografia;
13. linguagem;
14. influência da teoria contábil;
15. sistema político, clima social;
16. religião; e
17. acidente (de percurso).

Outros autores sintetizam que os fatores que influenciam significativamente na contabilidade envolvem a economia, fatores socioculturais, natureza institucional, cultura e desenvolvimento da contabilidade.

Assim, ao comparar as diversas razões de diferenças internacionais no *financial reporting*, Niyama (2008) destacou algumas que foram amplamente discutidas e identificadas pelos pesquisadores do tema como as principais causas dessas diferenças:

- estrutura jurídica e legal de um país (*common law* versus *code law*);
- mercado de capitais como principal provedor de recursos;
- nível de amadurecimento e *status* da profissão contábil;
- vinculação da escrituração à legislação tributária;
- desenvolvimento da teoria da contabilidade.

Esses pontos não esgotam o tema, mas são identificados como os mais relevantes na literatura subjacente em relação à contabilidade internacional e serão desenvolvidos e/ou explorados mais detalhadamente nas seções seguintes.

1.1 Estrutura jurídica e legal de um país – **common law** *versus* **code law**

O sistema legal é determinante sobre como os indivíduos e instituições se relacionam. O mundo ocidental é orientado juridicamente por duas linhas básicas: *code law*[2] (direito romano) e o *common law* (direito consuetudinário). A primeira é conhecida por sua visão legalística, enquanto a segunda tem predominância por uma visão menos legalística, mais baseada em usos e costumes. Mas o que seria isso?

O sistema legal baseado em *code law* foi estabelecido durante o apogeu do Império Romano, o qual deu origem a um sistema jurídico muito complexo, individualista e com alta formalidade. E isso ainda permanece nas civilizações mo-

[2] Conhecida como a Lei Romana, onde tudo tem que estar previsto na lei.

dernas e nos países ocidentais, dentre eles: Alemanha, França e Japão. Esse sistema tem uma característica muito peculiar: forte presença da codificação como traço marcante.

Assim, no sistema *code law* predomina um elevado grau de detalhamento das regras a serem cumpridas, bem como dos procedimentos a serem observados. Nesse contexto, os padrões e procedimentos contábeis são fortemente codificados e apropriados aos países sob este sistema. Ainda cabe destacar que este sistema é pouco flexível e tem mais ênfase na proteção dos credores da companhia, enquanto o *common law* se preocupa mais com os acionistas.

Já o sistema legal baseado em *common law*, que é de origem inglesa, tem sido elaborado com base no direito baseado em usos e costumes e com soluções específicas para cada um dos conflitos (casuístico). Assim, a jurisprudência tem sido a maior e principal fonte para a aplicação de soluções.

Dentre os países que se utilizam desse sistema, tem-se a Inglaterra (colonizadora) e Estados Unidos da América, Canadá, Austrália, Nova Zelândia (colonizados), onde não se faz necessário o detalhamento das regras contábeis a serem aplicadas para todos os casos ou situações.

Nesses países, as normas contábeis costumam ser editadas por entidades privadas, enquanto que nos demais (*code law*), pelo governo. Entretanto, é preciso ter cuidado com esse sistema, pois em alguns países a criatividade para interpretar o "espírito da lei" pode ser evasivo e resultar em manipulação das informações contábeis com tais brechas (conhecida como contabilidade "criativa").

1.2 Mercado de capitais como principal provedor de recursos

As empresas, além do patrimônio dos investidores iniciais, utilizam a captação de recursos junto às mais diversas fontes; quer sejam provenientes de recursos governamentais, recursos bancários ou mercado de capitais. Nesse momento, torna-se fundamental identificar quem provê o capital da empresa, pois isso influencia a forma de preparação e evidenciação do *financial reporting*.

Em países com o mercado de capitais forte, tal como Estados Unidos da América e Reino Unido, a contabilidade preocupa-se em como a empresa é gerenciada (bem como com a lucratividade) e como ela pode subsidiar os investidores em conhecer os fluxos de caixa futuros e os riscos associados a estes.

A evidenciação contábil, em geral, procura satisfazer as exigências que atentem a propriedade pública generalizadamente. Por outro lado, no sistema de crédito em que os bancos são fonte dominante de financiamento, a contabilidade foca sua preocupação na proteção desses créditos por meio de mensurações contábeis conservadoras.

Em suma, como os investidores são os principais usuários das informações contábeis, a contabilidade torna-se responsável por utilizar ferramentas que beneficiem essas informações a esses usuários (investidores e mercado de capitais) de forma confiável e para que possam continuar alocando recursos nas empresas.

1.3 Nível de amadurecimento e status *da profissão contábil*

A qualidade das informações contábeis, bem como a regulamentação sobre a contabilidade, é fortemente (ou não) influenciada pela profissão contábil. Quanto mais desenvolvido for o sistema contábil[3] de um país, mais necessária é uma profissionalização maior dos contadores, com habilidades teóricas e práticas do tema em questão.

Com a introdução de novos conceitos, tais como o *fair value* e *fair value accounting*,[4] torna-se necessário que o profissional em contabilidade tenha maior conhecimento sobre o patrimônio que está a mensurar e evidenciar, pois a subjetividade é uma das premissas quando se trata da essência econômica sobre a forma jurídica desse patrimônio.

Um fator significativo para o desenvolvimento de um sistema contábil mais confiável e real é que, quanto maior o *status* da profissão contábil (contadores e auditores), maior será a influência na elaboração das normas contábeis. Em países como Estados Unidos da América e Inglaterra, observa-se que a profissão tem um *status* forte e atuante.

No Brasil, a profissão contábil passa por uma transição quanto ao seu *status*, pois apenas com o advento da Lei 11.638/07 foi que o país deu um grande passo rumo à convergência internacional dos padrões contábeis e criou oportunidade para que a profissão contábil pudesse, ainda que não integralmente, influenciar a edição de normas contábeis.

Entretanto, cabe ressaltar que a edição de normas ainda é fortemente influenciada pelo sistema tributário, ou ainda pelos organismos reguladores como Banco Central e demais agências governamentais.

Vale destacar que onde a profissão contábil for fraca e pouco atuante, as demonstrações contábeis produzidas por esses profissionais terão sua qualidade comprometida, assim como, se os auditores independentes não tiverem realmente a independência que se propõem ter, os seus relatórios sobre as empresas por eles auditados podem não proporcionar credibilidade aos seus usuários.

---

[3] Sistema contábil é utilizado aqui como a forma de preparação e divulgação das demonstrações contábeis, cuja expressão em inglês é *financial reporting*.

[4] Valor justo e contabilidade a valor justo.

1.4 Vinculação da escrituração à legislação tributária

A função social de um governo é gerir os recursos por ele arrecadados e prover benefícios à sociedade. Tal gestão é feita pelo sistema tributário, que arrecada, gerencia e devolve à sociedade. Com isso, as empresas são foco ao serem tributadas para contribuir com esses benefícios à sociedade, pois fazem parte dela.

Em diversos países, a legislação tributária determina efetivamente os padrões contábeis porque as empresas precisam registrar suas receitas e despesas na sua contabilidade para contribuir com os tributos incidentes sobre os fatos, como é o caso da Alemanha e Suécia.

Entretanto, em países como Holanda e Brasil, a contabilidade financeira é separada da tributária, ou seja, a contabilidade é registrada formalmente e depois disso o lucro tributável é calculado e apurado separadamente, com a adoção de registros auxiliares semelhantes ao consagrado Livro de Apuração do Lucro Real (LALUR).

Com a edição da Lei 11.941/09 e a introdução do Regime Transitório de Tributário, foi garantida a neutralidade tributária para os contribuintes que optaram por esse regime. Há medida provisória em fase de estudos para promulgação até o final de 2012.

Dentre os critérios temporais (e polêmicos) que podem ser reconhecidos na contabilidade e não pelo fisco (e vice-versa), destacam-se a depreciação, constituição de provisões retificadoras (para perdas em estoques, investimentos) ou provisões exigíveis (contingências, por exemplo), gastos com pesquisa e desenvolvimento, *leasing* financeiro, amortização de certos intangíveis, entre outros mais.

1.5 Desenvolvimento da teoria da contabilidade

Conforme abordado anteriormente, o nível de amadurecimento e o *status* da profissão interferem na qualidade das informações contábeis, tanto no momento de preparação e divulgação quanto na normatização da contabilidade.

Como foi observado, existem países onde a profissão é mais atuante, ou seja, estão à frente dos organismos que emitem as normas contábeis, como é o caso dos Estados Unidos da América, Inglaterra, Austrália, Canadá, onde as normas editadas servem ao mercado de capitais.

Sendo assim, onde a profissão contábil é forte e atuante, existe uma estrutura conceitual e um arcabouço teórico, que dão alicerce aos critérios para a elaboração e apresentação das demonstrações contábeis, privilegiando usuários de informações, bem como o esclarecimento dos pressupostos básicos, características qualitativas, elementos das demonstrações contábeis e um arcabouço conceitual para definir critérios de reconhecimento, mensuração e evidenciação.

Por outro lado, em países como Alemanha, França e Japão, onde as normas contábeis são emitidas pelos organismos governamentais, a profissão contábil acaba por ser fraca e pouco atuante, tendo pouca ou nenhuma influência na melhoria do arcabouço teórico e conceitual.

No caso brasileiro, com a aprovação do Pronunciamento Conceitual Básico pelas mais diversas instâncias (CVM, CFC, SUSEP, ANEEL e ANTT), houve uma significativa melhoria nas bases para elaboração de normas contábeis. Anteriormente a isso, a CVM apenas se utilizava de um pronunciamento do IBRACON e da FIPECAFI/USP para editar suas normas e regular o mercado de capitais.

2 Principais órgãos normatizadores e regulamentadores

2.1 International Accounting Standards Board (IASB)

Com o desenvolvimento dos grandes blocos econômicos, inclusive da União Europeia, o processo de convergência às normas internacionais de contabilidade teve um grande impulso. A primeira proposta para a harmonização das normas contábeis, em nível internacional, foi estabelecida por Jacob Kraayenhof, presidente do Instituto de Contadores Registrados dos Países Baixos, em 1959.

Em seguida, no ano de 1961, foi criado um grupo de estudos contábeis para auxiliar as autoridades da comunidade europeia, incentivando a discussão e a renovação de assuntos voltados para as normas contábeis. A partir de então, o desenvolvimento desse grupo culminou com a criação, em 1973, do *International Accounting Standards Committee* (IASC), atualmente *International Accounting Standards Board* (IASB).

a) Características e objetivos do IASB

O IASB está sediado em Londres, no Reino Unido, sendo um órgão do setor privado e independente que tem como objetivo o estudo de padrões contábeis. Está representado por um conselho de membros, representando mais de 140 entidades de classe de todo o mundo, inclusive do Brasil (CPC), em mais de 100 países e tem como metas publicar e promover as normas contábeis internacionais (os IFRSs), trabalhando pelo melhoramento, ajustamento e convergência das normas contábeis internacionais.

O IASB traz como missão "desenvolver as Normas Internacionais de Relatório Financeiro (IFRS) que trazem transparência, responsabilidade e eficiência aos mercados financeiros em todo o mundo" (IFRS, 2016).

Recentemente, a Fundação IFRS, responsável por gerir o IASB, efetuou um estudo em 143 jurisdições e verificou a efetividade de aplicação dos IFRS em 119 delas. O estudo mais detalhado está disponível no site da Fundação IFRS (www.ifrs.org).

O IASB tem como uma das premissas básicas a adoção, muitas vezes, de mais de um procedimento contábil numa mesma transação operacional, inclusos nas orientações publicadas. Com isso, um dos benefícios proporcionados pela convergência das normas contábeis é a comparabilidade das informações fornecidas pelas empresas situadas nos diversos países, permitindo melhor avaliação em diferentes economias e culturas.

b) Estrutura do IASB

A Fundação IASC (a partir de 1º de julho de 2010, passou a denominar-se Fundação IFRS) é composta por curadores (*trustees*) que autorizam a constituição dos membros do colegiado do IASB (responsável pela emissão de normas internacionais de contabilidade), do comitê de interpretações e do conselho assessor de padrões.

A Fundação IFRS é composta por 22 curadores, distribuídos pelos continentes da Ásia/Oceania (seis), Europa (seis), América do Norte (seis), África (um), América do Sul (um) e resto do mundo (dois). O colegiado de normas internacionais é representado por 16 *experts* em padrões contábeis ou usuários, contadores, acadêmicos ou preparadores das demonstrações contábeis, desde julho de 2012; antes o total era de 15 membros.

O comitê de interpretações é composto por 14 membros de vários países. E, finalmente, o conselho assessor de padrões é um fórum para participação de empresas e indivíduos interessados em IFRS, com diversidade geográfica e funcional.[5]

2.2 Comitê de Pronunciamentos Contábeis (CPC)

O CPC foi criado pela Resolução 1.055, de 7 de outubro de 2005, do Conselho Federal de Contabilidade (CFC) e é composto por seis entidades: Associação Brasileira das Companhias Abertas (ABRASCA); Associação dos Analistas e Profissionais de Investimento do Mercado de Capitais (APIMEC NACIONAL); Bolsa de Valores, Mercadorias e Futuros (BM&F BOVESPA); Conselho Federal de Contabilidade (CFC); Fundação Instituto de Pesquisas Contábeis, Atuariais e Financeiras (FIPECAFI); e Instituto dos Auditores Independentes do Brasil (IBRACON).

Conforme a Resolução CFC 1.055/05, o objetivo do CPC é

> *o estudo, o preparo e a emissão de Pronunciamentos Técnicos sobre procedimentos de Contabilidade e a divulgação de informações dessa natureza, para permitir a emissão de normas pela entidade reguladora brasileira, visando à centralização e uniformização do seu processo de produção, levando sempre em conta a convergência da Contabilidade Brasileira aos padrões internacionais.*

Desse modo, o CPC foi criado para atender ao processo de implementação da convergência internacional, na centralização da emissão de normas contábeis,

---

5 Para detalhes da estrutura do IASB, visite o *site*: <http://www.iasb.org>.

na representação e no processo democrático da produção das informações contábeis. Para tanto, o CPC já editou: pronunciamentos técnicos (no total de 45, sendo 42 em vigor), orientações (5) e interpretações (17).[6]

Atualmente, o CPC é composto de 12 membros e membros convidados do Banco Central do Brasil (BACEN), Comissão de Valores Mobiliários (CVM), Secretaria da Receita Federal (SRF) e Superintendência de Seguros Privados (SUSEP). Os membros convidados não têm direito ao voto.

A estrutura do CPC é dividida em quatro coordenadorias (operações, relações institucionais, relações internacionais e técnica) e a assembleia dos presidentes das entidades.

2.3 Outros organismos internacionais

O processo de convergência internacional também é referendado por diversos organismos internacionais e regionais,[7] alinhados, principalmente, com os objetivos do IASB. Entre eles, destacam-se:

a) *Financial Accounting Standards Board (FASB)* – organismo norte-americano responsável pela edição de normas e padrões de contabilidade financeira e consequente aplicação pelos profissionais contábeis.

b) Federação Internacional de Contadores – *International Federation of Accountants* (IFAC) – Organismo internacional representativo da profissão contábil com participação de 167 membros e associados em 129 países e jurisdições, representando mais de 2,5 milhões de contadores.[8] O Brasil está representado pelo IBRACON e CFC;

c) Organização das Nações Unidas (ONU) – representado por um grupo de especialistas em padrões internacionais de contabilidade e relatórios financeiros – *International Standards of Accounting* (ISAR);

d) Organização Mundial das Comissões de Valores Mobiliários – *International Organization of Securities Commission* (IOSCO) – organismo internacional, que abrange países que representam aproximadamente 85% do movimento global do mercado de capitais;

e) Organização para Desenvolvimento e Cooperação Econômica – *Organization for Economic Cooperation and Development* (OECD) – organismo internacional com enfoque em práticas democráticas e economia de mercado, representado por um grupo de trabalho de padrões contábeis;

---

6 Até 25 de outubro de 2012.

7 Para detalhes dos organismos internacionais e regionais, ver o Capítulo 3, do livro *Contabilidade Internacional*, de Jorge Katsumi Niyama, 2. ed. São Paulo: Atlas, 2010.

8 Disponível em: <http://www.ifac.org/>. Acesso em: 25 out. 2012.

f) União Europeia – *European Economic Community/The European Union* – comunidade de países que adotam, por meio de diretivas, regras contábeis, tributárias, trabalhistas, comerciais de maneira unificada;

g) Comitê de Supervisão Bancária do Banco de Compensações Internacionais – *Banking Supervision Committee* (BIS) – organismo internacional que adota padrões mínimos de capital e patrimônio líquido para instituições financeiras. A sua adoção depende da normatização dos organismos reguladores de supervisão bancária;

h) Confederação de Contadores da Ásia e do Pacífico – *Confederation of Asian and Pacific Accountants* (CAPA) – organismo regional constituído de mais de 30 entidades profissionais de mais de 20 países da Ásia e do Pacífico;

i) Associação Interamericana de Contabilidade – *Associación Interamericana de Contabilidad* – organismo regional que congrega profissionais de contabilidade de países da América;

j) Federação dos Especialistas Contábeis da Europa – *Fédération des Experts Comptables Européens* – organismo regional de profissionais contábeis da Europa.

3 O processo de convergência e a comparação das normas do IASB *versus* CPC

As Normas Internacionais de Contabilidade (NIC) ou *International Accounting Standards* (IAS) são normas internacionais que foram editadas pelo IASB e, desde 2001, fazem parte do conjunto de procedimentos de normas contábeis, denominadas de *International Financial Reporting Standards* (IFRS).

O principal objetivo das IASs é diminuir as dissonâncias entre os procedimentos e normas contábeis adotados entre os diversos países. As IASs não são impostas pelo IASB, mas são adotadas por diversos países. São 41 IASs[9] (sendo 27 em vigor e 12 revogadas), 13 IFRSs, 20 IFRICs (sendo 16 em vigor e 4 revogadas) e 32 SICs (sendo 8 em vigor e 24 revogadas).

As normas do IASB enfocam tanto assuntos genéricos (por exemplo, políticas contábeis – IAS 1), quanto procedimentos específicos (inventário – IAS 2, *leasing* – IAS 17, instrumentos financeiros – IASs 32 e 39 etc.).

O Quadro 5.1 apresenta os objetivos básicos das IAS e dos IFRS.

[9] Até 25 de outubro de 2012.

Quadro 5.1 *Objetivos básicos das IASs e dos IFRSs.*

Normas	Objetivos básicos
IAS 1	**Apresentação das Demonstrações Contábeis** – é aplicável na divulgação de todas as políticas contábeis significativas que tenham sido adotadas na preparação e apresentação de demonstrações contábeis.
IAS 2	**Estoques** – estabelecimento do tratamento contábil para os estoques em um sistema de custo histórico, determinando seu valor e atribuições de reduções para se obter o valor líquido realizável.
IAS 7	**Demonstração dos fluxos de caixa** – consiste nos requisitos necessários para preparação da demonstração do fluxo de caixa e a importância de sua apresentação como parte integrante das demonstrações contábeis de cada período para o qual as demonstrações são apresentadas.
IAS 8	**Políticas contábeis, mudanças das estimativas contábeis e erros** – é aplicada na apresentação do lucro ou prejuízo das atividades ordinárias e itens extraordinários na demonstração do resultado e na contabilização das mudanças nas estimativas contábeis, erros fundamentais e mudanças nas políticas contábeis.
IAS 10	**Eventos subsequentes à data do balanço patrimonial** – é aplicada na contabilização e divulgação de contingências e eventos subsequentes à data do balanço, de acordo com o significado de contingência e eventos subsequentes à data do balanço pela IAS.
IAS 12	**Impostos sobre o lucro** – trata da contabilização dos impostos sobre a renda nas demonstrações contábeis. A mesma inclui, portanto, a determinação do valor da despesa ou economia dos impostos sobre a renda referente a um período e a apresentação de tal valor nas demonstrações contábeis.
IAS 16	**Imobilizado** – consiste na contabilização do ativo imobilizado pelo custo, exceto quando outra IAS requerer ou permitir um tratamento contábil diferente.
IAS 17	**Arrendamento mercantil** – trata da contabilização dos arrendamentos, em especial o financeiro e o operacional.
IAS 18	**Receitas** – estabelece a contabilização da receita resultante de transações ou eventos como venda de mercadorias, prestação de serviços e uso por terceiros de ativos da empresa que produz juros, *royalties* e dividendos.
IAS 19	**Benefícios a empregados** – é aplicada a contabilização do custo dos planos de benefícios de aposentadoria a empregados.
IAS 20	**Contabilização de subvenções governamentais e divulgação de assistência governamental** – consiste na contabilização e divulgação de subvenções governamentais e na revelação de outras formas de assistência governamental, exceto nos caso previstos pela IAS.

Normas	Objetivos básicos
IAS 21	**Efeitos das mudanças nas taxas de câmbio** – é aplicada na contabilização de transações em moedas estrangeiras e na tradução de demonstrações contábeis de operações estrangeiras que são incluídas nas demonstrações contábeis da empresa por meio de consolidação, consolidação proporcional ou pelo método de equivalência patrimonial.
IAS 23	**Custos de empréstimos** – é aplicada para prescrever o tratamento contábil para os encargos financeiros de empréstimos, requerendo de imediato o reconhecimento de tais encargos como despesa.
IAS 24	**Divulgação de partes relacionadas** – consiste no tratamento de partes relacionadas e das demonstrações entre uma empresa e suas partes relacionadas.
IAS 26	**Contabilização e evidenciação para planos de benefícios de aposentadoria** – é aplicada quando se preparam relatórios financeiros de planos de aposentadoria.
IAS 27	**Demonstrações contábeis consolidadas e contabilização de investimentos em subsidiárias** – enfoca a preparação e apresentação das demonstrações contábeis consolidadas de um grupo de empresas sob o controle de uma companhia matriz; bem como da contabilização dos investimentos em subsidiárias nas demonstrações contábeis da matriz.
IAS 28	**Contabilização de investimentos em empresas associadas** – é aplicada na contabilização, pelo investidor, dos investimentos em empresas associadas, ou seja, as consolidadas e as separadas.
IAS 29	**Demonstrações contábeis em economias hiperinflacionárias** – é aplicada às demonstrações contábeis básicas, inclusive demonstrações contábeis consolidadas, de qualquer empresa que reporte em moeda de uma economia hiperinflacionária.
IAS 32	**Instrumentos financeiros: apresentação e divulgação** – deve ser aplicada na apresentação e divulgação de informações sobre todos os tipos de instrumentos financeiros, registrados ou não, de acordo com o estabelecido na IAS.
IAS 33	**Lucro por ação** – estabelece a prescrição de princípios para a determinação e apresentação de resultados por ação, os quais melhorarão a comparação do desempenho entre diferentes empresas no mesmo período e entre diferentes períodos contábeis da mesma empresa, através do cálculo do resultado por ação.
IAS 34	**Demonstrações contábeis intermediárias** – contém, conjuntamente, a forma de apresentação e um guia de mensuração. Define o conteúdo mínimo de uma demonstração financeira intermediária, e estabelece os critérios contábeis e os princípios de mensuração a serem seguidos em um relatório financeiro intermediário.

Normas	Objetivos básicos
IAS 36	***Impairment* de ativos** – é aplicada, principalmente, para a contabilização de redução do *goodwill*, dos ativos intangíveis e dos imóveis, instalações e equipamentos. O padrão inclui exigências para identificação do ativo reduzido, mensuração do montante recuperável, reconhecimento da reversão do resultado de uma redução e geração de informações sobre perdas por desvalorização ou reversões de perdas por desvalorização.
IAS 37	**Provisões, ativos contingentes e passivos contingentes** – consiste na provisão que deve ser constituída no Balanço Patrimonial quando, e somente quando: (a) uma companhia tiver uma obrigação presente (legal ou evidente) que é resultado de um evento passado; (b) provisões que podem ser mensuradas no Balanço Patrimonial pela melhor estimativa de despesa necessária para liquidar uma obrigação presente na data do balanço; (c) o montante da provisão não pode ser reduzido por ganhos oriundos da expectativa de melhoramento do perfil de ativos, nem pela expectativa de reembolso e; (d) a provisão deve ser usada somente para gastos para os quais a provisão foi originalmente reconhecida e pode ser revertida se um fluxo de recursos não for improvável.
IAS 38	**Ativos intangíveis** – é aplicada para todos os ativos intangíveis que não foram especificados detalhadamente em outra IAS. Aplicada, entre outras coisas, para despesas com: propaganda, treinamento, lançamento e atividades de pesquisa e desenvolvimento.
IAS 39	**Instrumentos financeiros: reconhecimento e mensuração** – todos os ativos e passivos financeiros devem ser reconhecidos no balanço patrimonial, incluindo todos os derivativos. Eles são inicialmente mensurados pelo custo, que é o valor justo pago ou recebido na aquisição de um ativo ou passivo financeiro.
IAS 40	**Propriedades para investimentos** – engloba investimentos em imóveis que podem ser feitos por todas as empresas e não somente limitados a companhias cuja principal atividade está nesta área.
IAS 41	**Agricultura** – prescreve o tratamento contábil, os relatórios financeiros que devem ser apresentados, bem como a evidenciação por empresas que atuam com atividades rurais.
Framework	Estabelece a estrutura conceitual dos IFRS.
IFRS 1	**Adoção pela primeira vez dos IFRS** – apresenta procedimentos padrões para as empresas que estão adotando pela primeira vez as normas internacionais de contabilidade.
IFRS 2	**Pagamentos baseados em ações** – estabelece normas de reconhecimento e mensuração das transações em ações, incluindo as realizadas com os empregados.
IFRS 3	**Combinações de negócios** – estabelece normas de reconhecimento, mensuração e evidenciação de ativos identificáveis adquiridos, passivos assumidos e qualquer participação não controladora na adquirida.

Normas	Objetivos básicos
IFRS 4	**Contratos de seguros** – determina as informações financeiras que se relacionem com os contratos de seguro.
IFRS 5	**Ativos mantidos para venda e atividades descontinuadas** – estabelece os critérios contábeis para mensuração dos ativos destinados à venda em condições de pleno funcionamento das atividades empresariais e quando da descontinuidade das operações.
IFRS 6	**Exploração e avaliação de recursos minerais** – normatiza o reconhecimento e avaliação dos ativos destinados à exploração mineral, bem como a apresentação de informações relacionadas à dinâmica das operações.
IFRS 7	**Instrumentos financeiros: evidenciação** – propicia aos usuários informações quanto à relevância dos instrumentos financeiros na empresa e a sua *performance*, bem como os riscos inerentes e a sua forma de administrá-los.
IFRS 8	**Segmentos operacionais** – normatiza que as empresas devem evidenciar informações para capacitar os usuários das demonstrações contábeis a avaliarem a natureza e os efeitos financeiros das atividades de negócios desenvolvidas pelas empresas e o ambiente econômico em que operam.
IFRS 9	**Instrumentos financeiros** – estabelece princípios para o *financial reporting* dos ativos financeiros que serão relevantes e úteis para os usuários das demonstrações contábeis.
IFRS 10	**Demonstrações contábeis consolidadas** – estabelece a apresentação e preparação das demonstrações contábeis consolidadas.
IFRS 11	**Acordos conjuntos** – estabelece a contabilização dos investimentos controlados em conjunto.
IFRS 12	**Evidenciação sobre participação em outras entidades** – estabelece as exigências de divulgação para controladas, coligadas, acordos conjuntos e/ou entidades estruturadas não consolidadas.
IFRS 13	**Valor Justo** – estabelece uma estrutura conceitual para mensuração do valor justo e exigências de evidenciação.
IFRS 14	**Contabilidade regulatória diferida** – estabelece os critérios de reconhecimento e mensuração para contratos de concessão.
IFRS 15	**Receitas** – estabelece a contabilização da receita resultante de transações ou eventos como venda de mercadorias, prestação de serviços e uso por terceiros de ativos da empresa que produz juros, *royalties* e dividendos.
IFRS 16	**Arrendamento mercantil** – trata da contabilização dos arrendamentos, em especial o financeiro e o operacional.

Fonte: Disponível em: <http://www.iasb.org>. Acesso em: abr. 2012.

Assim, conforme observado no Quadro 5.2, as IASs, em conjunto com os IFRSs, estabelecem a normatização e os procedimentos contábeis referentes à preparação e apresentação das demonstrações contábeis, com a finalidade de minimizar as diferenças nos resultados das informações contábeis preparadas para os usuários e tomadores de decisões.

Por outro lado, as normas editadas pelo CPC[10] são os chamados pronunciamentos técnicos, ao todo 45 (sendo 42 em vigor); cinco orientações; e 17 interpretações técnicas.

O Quadro 5.2 apresenta cada um dos pronunciamentos e sua equivalência com as IAS/IFRS.

Quadro 5.2 *Objetivos básicos dos CPCs.*

CPC	Nome CPC	Equivalente IAS/IFRS
Pronunciamento Conceitual Básico R1)	Estrutura Conceitual para Elaboração e Divulgação de Relatório Contábil-Financeiro	*Framework*
CPC 01 (R1)	Redução ao Valor Recuperável de Ativos	IAS 36
CPC 02 (R2)	Efeitos das Mudanças nas Taxas de Câmbio e Conversão de Demonstrações Contábeis	IAS 21
CPC 03 (R2)	Demonstração dos Fluxos de Caixa	IAS 07
CPC 04 (R1)	Ativo Intangível	IAS 38
CPC 05 (R1)	Divulgação sobre Partes Relacionadas	IAS 24
CPC 06 (R1)	Operações de Arrendamento Mercantil	IAS 17
CPC 07 (R1)	Subvenção e Assistência Governamentais	IAS 20
CPC 08 (R1)	Custos de Transação e Prêmios na Emissão de Títulos e Valores Mobiliários	IAS 32, itens IN6, IN14, 11, 33, 34, 35, 37, 38 e IAS 39, itens 9, 43, 47
CPC 09	Demonstração do Valor Adicionado	–
CPC 10 (R1)	Pagamento Baseado em Ações	IFRS 2
CPC 11	Contratos de Seguro	IFRS 4
CPC 12	Ajuste a Valor Presente	–
CPC 13	Adoção Inicial da Lei 11.638/07 e da Medida Provisória 449/08	–
CPC 14	Instrumentos Financeiros: Reconhecimento, Mensuração e Evidenciação (Este Pronunciamento foi atualizado e corresponde à Orientação OCPC 03 e deixa de ter aplicabilidade após a utilização do CPC 38, CPC 39 e CPC 40)	IAS 39 e IAS 32 – partes

[10] Até 25 de outubro de 2012.

CPC	Nome CPC	Equivalente IAS/IFRS
CPC 15 (R1)	Combinação de Negócios	IFRS 3
CPC 16 (R1)	Estoques	IAS 2
CPC 17 (R1)	Contratos de Construção	IAS 11
CPC 18 (R2)	Investimento em Coligada e em Controlada	IAS 28
CPC 19 (R2)	Investimento em Empreendimento Controlado em Conjunto (*Joint Venture*)	IFRS 11
CPC 20 (R1)	Custos de Empréstimos	IAS 23
CPC 21 (R1)	Demonstração Intermediária	IAS 34
CPC 22	Informações por Segmento	IFRS 8
CPC 23	Políticas Contábeis, Mudança de Estimativa e Retificação de Erro	IAS 8
CPC 24	Evento Subsequente	IAS 10
CPC 25	Provisões, Passivos Contingentes e Ativos Contingentes	IAS 37
CPC 26 (R1)	Apresentação das Demonstrações Contábeis	IAS 1
CPC 27	Ativo Imobilizado	IAS 16
CPC 28	Propriedade para Investimento	IAS 40
CPC 29	Ativo Biológico e Produto Agrícola	IAS 41
CPC 30 (R1)	Receitas	IAS 18
CPC 31	Ativo Não Circulante Mantido para Venda e Operação Descontinuada	IFRS 5
CPC 32	Tributos sobre o Lucro	IAS 12
CPC 33 (R1)	Benefícios a Empregados	IAS 19
CPC 35 (R2)	Demonstrações Separadas	IAS 27
CPC 36 (R3)	Demonstrações Consolidadas	IAS 27
CPC 37 (R1)	Adoção Inicial das Normas Internacionais de Contabilidade	IFRS 1
CPC 38	Instrumentos Financeiros: Reconhecimento e Mensuração	IAS 39; IFRS 9
CPC 39	Instrumentos Financeiros: Apresentação	IAS 32
CPC 40 (R1)	Instrumentos Financeiros: Evidenciação	IFRS 7
CPC 41	Resultado por Ação	IAS 33

CPC	Nome CPC	Equivalente IAS/IFRS
CPC 43 (R1)	Adoção Inicial dos Pronunciamentos Técnicos CPC 15 a 40	IFRS 1
CPC 44	Demonstrações Combinadas	
CPC 45	Divulgação de Participações em outras entidades	
CPC 46	Mensuração do Valor Justo	
CPC PME	Contabilidade para Pequenas e Médias Empresas (R1) (com Glossário de Termos)	*IFRS for Small and Medium-sized Entities*

Fonte: Disponível em: <http://www.cpc.org.br>. Acesso em: abr. 2016.

4 Exemplos de divergências mais relevantes nos critérios de reconhecimento e mensuração segundo as práticas contábeis do IASB e CPC

Atualmente, uma das razões de se estudar contabilidade internacional é conhecer as diferenças entre os diversos critérios utilizados como base para elaboração e divulgação das demonstrações contábeis das empresas nos países. Para isso, esta seção abordará alguns critérios selecionados e que ainda são destaques ao efetuar algum tipo de comparação entre as informações contábeis, dentre eles: pesquisa e desenvolvimento, *leasing*, instrumentos financeiros, *goodwill* e ativos intangíveis, contratos de longo prazo (incluindo a construção civil).

Vale destacar que os critérios mencionados não são exaustivos, mas apenas exemplificativos, existindo outros que não serão abordados neste livro.

4.1 Pesquisa e desenvolvimento de novos produtos

Um ativo é conceituado como "recursos controlados e à disposição da empresa decorrente de eventos passados e com expectativas de ganhos futuros". Assim, qualquer item que atinja esse conceito deverá ser reconhecido no ativo da empresa e levado ao resultado quando cumprir o regime de competência, o qual pressupõe a confrontação entre receitas e despesas. Isto é, não existirá uma receita sem a respectiva despesa e vice-versa.

Nesse contexto, é necessário segregar os conceitos de pesquisa e desenvolvimento que, apesar de tratados em conjunto, apresentam critérios contábeis diferentes em alguns países.

Pesquisa é a investigação original e planejada realizada com a expectativa de adquirir novo conhecimento e entendimento científico ou técnico; ou seja, é um esforço para descobrir novas informações que contribuirão na criação de um novo produto, serviço, processo, técnica ou aperfeiçoamento do já existente.

Já o desenvolvimento é a aplicação dos resultados da pesquisa ou de outros conhecimentos, em um plano ou projeto visando à produção de materiais, dispositivos, produtos, processos, sistemas, serviços novos ou substancialmente aprimorados, antes do início da sua produção comercial ou do seu uso. Pode-se complementar dizendo que o desenvolvimento é uma aplicação de recursos destinada a um plano ou projeto para aperfeiçoamento de um produto, serviço, processo ou técnica anteriormente existente.

Com base nisso, os padrões internacionais editados pelo IASB (IAS 38) estabelecem que os gastos com pesquisa sejam levados à despesa no período, e os com desenvolvimento sejam capitalizados caso atendam às seguintes condições:

- o produto ou processo em questão é claramente definido;
- os custos atribuíveis podem ser identificados separadamente e mensurados em bases confiáveis;
- a característica técnica do produto ou processo pode ser demonstrada (ou identificada);
- a empresa tem intenção de produzir e disponibilizar no mercado ou de utilizá-lo internamente;
- o produto ou processo tem mercado próprio ou, se utilizado apenas internamente, a empresa tem condições de comprovar essa utilidade ou benefício; e
- existência de recursos para completar (terminar) o projeto (produto-processo).

Destaca-se, no caso do brasileiro, antes do advento da Lei 11.638/07, era claro que gastos com pesquisa e desenvolvimento deveriam ser capitalizados e somente reconhecidos no resultado quando da geração de benefícios, ou seja, cumprindo-se o regime de competência (Lei 6.404/76).

Entretanto, a nova lei, em consonância com os padrões internacionais de contabilidade editados pelo IASB, preconiza a possibilidade de capitalização de gastos com desenvolvimento caso satisfaçam determinados critérios de reconhecimento estabelecidos, enquanto os gastos com pesquisa devem ser levados a resultado quando incorridos.

4.2 Leasing

A utilização da operação de *leasing* possibilita à empresa utilizar um ativo que não seja dela a um desembolso não imediato, o que suaviza o impacto nos fluxos de caixa quando comparado com a aquisição desse ativo.

As operações de *leasing* se dividem basicamente em duas: *leasing* operacional (conhecido como um aluguel propriamente dito) e *leasing* financeiro (que possibilita a transferência do bem para a empresa ao final das contraprestações).

A questão subjacente ao *leasing*, discutida aqui, trata de saber se o *leasing* financeiro deve ou não ser reconhecido com um ativo, pois o *leasing* operacional é – tanto no IASB, quanto no Brasil – tratado como despesa.

O IASB trata o *leasing* financeiro como um ativo da arrendatária, pois se utiliza da visão econômica dos ativos (essência sobre a forma). O bem deve ser registrado pela arrendatária como ativo imobilizado em contrapartida a uma obrigação no passivo.

No caso do Brasil, antes da Lei 11.638/07, o *leasing* era tratado como despesa, independente de ser financeiro ou operacional. Com a alteração dada à Lei 6.404/76, mais especificamente o inciso IV do artigo 179, afirma que serão classificados no imobilizado:

> os direitos que tenham por objeto bens corpóreos destinados à manutenção das atividades da companhia ou da empresa ou exercidos com essa finalidade, inclusive os decorrentes de operações que *transfiram à companhia os benefícios, riscos e controle desses bens* (grifo nosso).

Deixa subentendido que o tratamento agora dado ao *leasing* financeiro (no Brasil, regulamentado como arrendamento mercantil) seja similar ao disposto no IASB (item do imobilizado e contraprestações no passivo), mas em detrimento da legislação fiscal, onde ainda é tratado como aluguel.

Assim, ainda existe a dupla face contábil (tributária e financeira) presente na contabilização desses ativos. Instituições financeiras, por exemplo, por força das disposições regulamentares editadas pelo Banco Central do Brasil e Conselho Monetário Nacional, mantêm os bens arrendados com imobilizado das arrendadoras, fazendo com que um mesmo bem seja capitalizado na arrendatária e na arrendadora.

Finalmente, com a edição do IFRS16, deixa-se de recohecer o *leasing* financeiro e o *leasing* operacional, com obrigatória inclusão de ambos os tipos de *leasing* no ativo e passivo da arrendatária, independentemente da classificação, ou seja, o ativo adquirido como direito de uso da arrendatária. No entanto, o IFRS 16 passa a entrar em vigor a partir de janeiro de 2019, mas necessita ser regulamentado para ter sua validade no Brasil.

4.3 Instrumentos financeiros

Os instrumentos financeiros derivativos têm recebido cada vez mais a atenção dos órgãos regulamentadores de contabilidade, tanto em nível nacional quanto internacional, pois tem havido várias repercussões nos resultados contábeis das empresas, nos mais diversos países.

Algumas questões subjacentes a tais ativos se referem a quais critérios de reconhecimento e mensuração melhor fornecem entendimentos e informações aos usuários para a tomada de decisão.

Assim, conforme os padrões internacionais editados pelo IASB, os derivativos devem ser reconhecidos como itens do balanço patrimonial, como ativos e passivos pelo *fair value* (valor justo) e, usualmente, ajustes ao *fair value* devem ser levados ao resultado, quando incorridos, exceto aqueles derivativos classificados como *hedge*.

Já no caso do Brasil, as instituições financeiras subordinadas ao controle e fiscalização do Banco Central adotam regras contábeis internacionais desde 2004. As demais sociedades anônimas, incluindo as abertas, subordinadas à Lei 6.404/76, estão obrigadas a ajustar as regras internacionais (Lei 11.638/07). De maneira geral, as normas contábeis brasileiras estão bem próximas das normas internacionais do IASB, após a alteração dada à Lei 6.404/76. Para maiores comentários, consultar o pronunciamento CPC nº 38 do Comitê de Pronunciamentos Contábeis.

4.4 Goodwill *e ativos intangíveis*

Um ativo intangível pode ser definido com um ativo não monetário identificável sem substância física. Da mesma forma, o *goodwill* pode ser identificado como um ágio pago por expectativa de rentabilidade futura, surgido na aquisição de investimento avaliado pelo método de equivalência patrimonial ou decorrente de combinação de negócios.

Os questionamentos sobre o tema aqui tratado giram em torno do reconhecimento e da mensuração desses ativos, ou seja, a principal questão é a seguinte:

- deve ser reconhecido como um ativo (e amortizado segundo a expectativa de benefícios futuros); ou
- deve ser imediatamente baixado contra o patrimônio líquido (ou resultado do exercício).

A situação, no caso do Brasil, com a interpretações da Lei 11.638/07, o *goodwill* é tratado como ágio, deve ser ativado e amortizado de acordo com a vida útil. Vale lembrar que tais ativos devem também ser submetidos ao teste de *impairment*.

Esta situação não era assim antes da referida lei, a qual determinava amortização anual e não simplesmente o *impairment*. No caso da legislação tributária, vale ressaltar que a regra ainda continua a anterior, ou seja, a perda por imparidade é indedutível para fins fiscais e o ágio deve ser amortizado em 60 meses.

4.5 *Contratos de longo prazo*

Os contratos de longo prazo envolvem transações com receitas e custos de longo prazo. Assim, é necessário definir quais os critérios de apropriação desses custos e receitas no resultado da empresa, bem como o devido reconhecimento dos mesmos no Balanço Patrimonial.

Para que isso seja possível, alguns métodos são utilizados, dentre eles:

- contrato completo: no qual o vendedor reconhece imediatamente todas as receitas e custos no resultado, sem ao mesmo ter incorrido nos mesmos. Dessa forma, ao decorrer do tempo, qualquer ajuste é feito diretamente no resultado; e
- estágios completos (percentagem completa): nesse método, as bases para reconhecimento da receita e dos custos são proporcionalmente as etapas do projeto (construção) que sejam concluídos, como no caso de construção civil: fundações, primeiro pavimento e assim sucessivamente. A empresa deve ter as fases do projeto de forma detalhadas.

O IASB afirma que a segunda alternativa seria a melhor para a mensuração do resultado, uma vez que o desempenho operacional seria afetado paulatinamente. Com o segundo método, os custos incorridos refletem efetivamente a sua contribuição para a geração das receitas.

No caso do Brasil, o reconhecimento segue as normas estabelecidas pela percentagem construída (executada), ou seja, o segundo método. Entretanto, a legislação tributária faculta a postergação do pagamento dos impostos (diferimento dos impostos) enquanto a receita não tiver sido recebida.

Verifica-se, por oportuno, que a maior parte das empresas incorporadoras/construtoras não são sociedades por ações, exatamente para "contornar" a apuração de resultado pelo regime de caixa admitido pela legislação fiscal.

Entretanto, com a edição do IFRIC nº 15 pelo IASB em 2008, o reconhecimento de receita na proporção dos custos incorridos passa a ser possível se e somente se o comprador for capaz de influenciar as principais especificações dos elementos estruturais do projeto do imóvel. Caso contrário, a receita deve ser reconhecida somente por ocasião da entrega das chaves.

Referências

BRASIL. Lei nº 6.404/76, de 15 de dezembro de 1976. Dispõe sobre as sociedades por ações. **Diário Oficial da União**, Brasília, 15 dez. 1976.

______. Lei nº 11.638/07, de 27 de dezembro de 2007. Altera e revoga dispositivos da Lei nº 6.404, de 15 de dezembro de 1976, e da Lei nº 6.385, de 7 de dezembro de 1976, e estende às sociedades de grande porte disposições relativas à elaboração e divulgação de demonstrações financeiras. **Diário Oficial da União**, Brasília, 28 dez. 2007.

CHOI, Frederick D. S.; MEEK, Gary K. *International accounting*. 5. ed. EUA: Prentice Hall, 2005.

______; MUELLER, Gerhard G. **International accounting**. 2. ed. New Jersey: Prentice Hall, 2009.

COMISSÃO DE VALORES MOBILIÁRIOS (CVM). Disponível em: <http://www.cvm.gov.br>.

COMITÊ DE PRONUNCIAMENTOS CONTÁBEIS. Disponível em: <http://www.cpc.org.br>.

EPSTEIN, J. Barry; JERMAKOWICZ, Eva K. **IRFS 2007**: interpretation and application of international financial reporting standards. New Jersey: Wiley, 2007.

FINANCIAL ACCOUNTING STANDARDS BOARD (FASB). Disponível em: <http://www.fasb.org>.

HENDRIKSEN, Eldon S.; BREDA, Michael F. van. **Teoria da contabilidade**. São Paulo: Atlas, 1999.

IFRS Foundation. Disponível em: <http://www.ifrs.org>. Acesso em: 25 abr. 2016.

IUDÍCIBUS, Sérgio de. **Teoria da contabilidade**. 10. ed. São Paulo: Atlas, 2010.

LARSON, Kermit D.; CHIAPPETTA, Barbara. **Fundamental accounting principles**. 4. ed. Chicago: Irwin, 1996.

MUELLER, Gerhard G.; GERNON, Helen; MEEK, Gary. **Accounting**: an international perspective. 3. ed. Illinois: Irwin, 1994.

NIYAMA, Jorge Katsumi. **Contabilidade internacional**. 2. ed. São Paulo: Atlas, 2010.

______; SILVA, César Augusto Tibúrcio. **Teoria da contabilidade**. 2. ed. São Paulo: Atlas, 2011.

NOBES, Christopher; PARKER, Robert. **Comparative international accounting**. 8. ed. Londres: Prentice Hall Europe, 2004.

______. **Comparative international accounting**. 4. ed. Prentice Hall Europe, 1998.

WEFFORT, Elionor Farah Jreige. **O Brasil e a harmonização contábil internacional**. São Paulo: Atlas, 2005.

Exercícios

1. **Com o processo de globalização e a internacionalização dos negócios, as empresas e o mercado passam a ter necessidade de harmonizar os padrões contábeis brasileiros aos padrões internacionais. No Brasil, foi criado, para este processo, o(a):**
   a) Comissão de Valores Mobiliários.
   b) Instituto de Auditores Independentes do Brasil.

c) Bolsa de Valores de São Paulo.

d) Comitê de Pronunciamentos Contábeis.

e) Todos itens anteriores estão corretos.

2. **Acerca do ambiente legal e regulamentar brasileiro, é possível afirmar que:**

a) A Comissão de Valores Mobiliários, enquanto entidade reguladora, tem as responsabilidades em emitir normas aplicadas às empresas de capital aberto e entidades de grande porte.

b) O Comitê de Pronunciamentos Contábeis tem a responsabilidade de emitir padrões de alta qualidade, em convergência com os padrões internacionais de contabilidade e, uma vez aprovados por ele, deverão ser seguidos pelas empresas de capital aberto e entidades de grande porte.

c) O IBRACON, juntamente com o CFC, deverá emitir padrões contábeis que deverão ser submetidos à CVM para deliberação e então aprovação. Assim, eles passarão a ser normas.

d) As agências reguladoras não podem emitir normas específicas de contabilidade antes de consultar a CVM, IBRACON e CFC.

e) Todas alternativas estão incorretas.

3. **Organismo responsável pela emissão de padrões contábeis aplicáveis as empresas que negociam na bolsa de valores norte-americana:**

a) International Accounting Standards Board (IASB).

b) Financial Accounting Standards Board (FASB).

c) American Institute of Certified Public Accountants (AICPA).

d) American Accounting Association (AAA).

e) Accounting Principles Board (APB).

4. **Diversos pesquisadores enumeraram as causas das diferenças internacionais nos *financial reporting*. Dentre as alternativas abaixo, é incorreto afirmar que:**

a) A história, geografia e linguagem são diferenças elencadas pelos pesquisadores.

b) A estrutura legal e o ambiente regulamentar da contabilidade podem causar diferenças nos *financial reporting*.

c) A inflação e o sistema tributário são características de cada país, mas são indiferentes ao analisar as diferenças entre países.

d) O nível de amadurecimento da profissão contábil é importante para analisar os *financial reporting*, bem como o nível de desenvolvimento da economia.

e) Religião e a herança colonial são destaques ao analisar as diferenças nos *financial reporting.*

5. Acerca do IASB, é correto afirmar que:

a) Estabelece seis pronunciamentos conceituais básicos.

b) É composto por 22 curadores e países-membros.

c) Criou diversos princípios, dentre eles: do custo, continuidade, objetividade e conservadorismo.

d) Estabeleceu um referencial conceitual que envolve: objetivos, informação necessária, características qualitativas, fundamentos, interpretações e práticas contábeis a serem seguidas pelos mais diversos países.

e) Tem por objetivo proporcionar a convergência das normas contábeis e melhorar a comparabilidade das informações fornecidas.

6. As transações abaixo apresentam diferenças nos critérios de mensuração entre padrões do IASB, FASB e no Brasil, exceto:

a) Reconhecimento dos estoques.

b) Instrumentos financeiros.

c) Contratos de longo prazo.

d) *Goodwill* e ativos intangíveis.

e) Pesquisa e desenvolvimento.

7. O sistema jurídico é importante ao analisar a convergência contábil, pois, dependendo do tipo adotado em cada país, a contabilidade terá a sua comparabilidade afetada. Assim, é incorreto afirmar que:

a) O sistema *code law* é proveniente do direito romano, sendo um sistema muito complexo com alta formalidade e individualista.

b) O *common law* é baseado nos usos e costumes, tendo soluções específicas para cada tipo de conflito (casuístico).

c) O *code law* tem predominância quanto ao detalhamento elevado das regras a serem cumpridas.

d) O sistema *code law* é mais legalista, enquanto que o *common law* não.

e) É preciso ter cuidado com o sistema *code law*, pois alguns países podem ter criatividade ao interpretar as leis emitidas com base neste sistema.

8. **No que se refere ao tratamento do *leasing*, é correto afirmar que:**

a) O *leasing* financeiro deve ser capitalizado no Brasil, mas não quanto aos padrões do IASB, pois são considerados ativos.

b) O *leasing* financeiro deve ser capitalizado tanto no Brasil quanto baseado nos padrões do IASB, pois são considerados ativos.

c) O *leasing* financeiro deve ser capitalizado pelo IASB, mas não quanto aos padrões do Brasil, pois são considerados ativos.

d) O *leasing* operacional deve ser capitalizado no Brasil, mas não quanto aos padrões do IASB, pois são considerados ativos.

e) Todas as anteriores estão incorretas.

9. **Assinale a alternativa onde todos são membros participantes do CPC:**

a) ABRASCA; APIMEC NACIONAL; BM&F BOVESPA; CFC; FIPECAFI; e CVM.

b) SUSEP; APIMEC NACIONAL; BM&F BOVESPA; CFC; FIPECAFI; e BCB.

c) ABRASCA; APIMEC NACIONAL; BM&F BOVESPA; CFC; FIPECAFI; e IBRACON.

d) SUSEP, APIMEC NACIONAL; BM&F BOVESPA; CFC; FIPECAFI; e SRFB.

e) ABRASCA; APIMEC NACIONAL; BM&F BOVESPA; CFC; FIPECAFI; e CVM, BCB e SRFB.

10. **(FUMARC/2011/BDMG/Analista de Desenvolvimento) Em relação ao IFRS, assinale a opção FALSA:**

a) As Normas Internacionais de Contabilidade (*International Accounting Standard – IAS*), atualmente conhecidas como normas IFRS (*International Financial Reporting Standard*) são um conjunto de pronunciamentos de contabilidade publicados e revisados pelo IASB (*International Accounting Standards Board*).

b) O objetivo principal das demonstrações financeiras em IFRS é o de cumprir a legislação.

c) As normas IFRS foram adotadas pelos países da União Europeia a partir do final de 2005, com o objetivo de harmonizar as demonstrações financeiras consolidadas.

d) As empresas brasileiras serão obrigadas pela Comissão de Valores Mobiliários (CVM) a publicar suas demonstrações financeiras consolidadas, seguindo o padrão internacional, que reforça a busca pela transparência e o melhor entendimento das informações dadas por investidores de todo o mundo.

Gabarito

1. d
2. e
3. b
4. c
5. e
6. a
7. d
8. b
9. c
10. b

Os exercícios deste capítulo encontram-se resolvidos e comentados e estão à disposição dos leitores no *site* do GEN | Atlas.

6

Contabilidade de Custos

Fátima de Souza Freire
Clesia Camilo Pereira

Objetivos

- ⇨ Conhecer os procedimentos básicos dos sistemas de custos
- ⇨ Identificar as etapas inerentes à formação dos custos de um objeto de custeio
- ⇨ Analisar qual é a melhor possibilidade da alocação mais criteriosa dos custos de produção aos produtos

Introdução

Neste capítulo, a contabilidade de custos será tratada como um instrumento que permite produzir informações para diversos níveis gerenciais de uma entidade. Essas informações atenderão não somente às demandas dos usuários internos que necessitam realizar planejamento, controle, produção e comercialização de bens e serviços, mas também dos usuários externos que exigem informações de gastos para negociação de preços (ex.: escolas e sindicatos) ou para repasse de recursos (ex.: tributos para o governo).

1 Terminologias utilizadas na contabilidade de custos

Os gastos estão sempre ocorrendo na empresa, sendo necessário um desembolso financeiro por meio do consumo e da produção de bens ou de serviços. O sacrifício financeiro inicial cria a possibilidade da entrega de um bem ou da prestação de um serviço em troca da promessa de recebimento de outro ativo, conhecido como dinheiro.

Dependendo de sua aplicação, os gastos podem ser classificados em investimentos, custos, despesas, perdas ou desperdícios. As terminologias básicas usualmente utilizadas na contabilidade de custos são as seguintes:

a) investimento – ocorre quando a empresa realiza um gasto de modo que possa constituir-se numa receita futura. Ex.: compras de matérias-primas, móveis e utensílios e veículos;
b) custos – são os gastos essenciais à produção, pois os fatores produtivos são utilizados com o objetivo de adquirir novos produtos ou serviços. Ex.: consumo de matéria-prima, energia, salários e encargos sociais dos empregados da produção, depreciação dos bens da fábrica e material de embalagem;
c) despesas – são gastos incorridos em um determinado período de tempo com o objetivo da venda de produtos e serviços para a geração de receitas. São todos os outros gastos efetuados nas áreas de apoio da empresa. Ex.: salários e encargos sociais dos empregados da administração, material de consumo da administração, depreciação dos bens da administração, comissões sobre vendas, juros bancários, Imposto de Renda e Contribuição Social sobre o Lucro;
d) perdas – são gastos de natureza excepcional, já que ocorrem de forma anormal e involuntária. Entende-se consumo involuntário o extravio e o desaparecimento de bens. São apropriados diretamente no resultado do período. Ex.: roubo e incêndio de produtos;
e) desembolsos – são saídas de dinheiro do caixa ou das contas bancárias das empresas, como, por exemplo, entrega a terceiros de parte do numerário da empresa. Os desembolsos ocorrem em virtude do pagamento de compras à vista ou de uma obrigação assumida anteriormente;
f) desperdícios – são gastos incorridos no processo produtivo ou de geração de receitas e que possam ser eliminados sem prejuízo da qualidade ou quantidade de bens, serviços ou receitas geradas;
g) subproduto – nasce de forma normal durante o processo de produção e origina-se de desperdícios. Os subprodutos possuem mercado de venda relativamente estável (compradores e preço certos) e têm faturamento ínfimo em relação ao faturamento global da empresa. A receita líquida das despesas variáveis com a sua venda é considerada redução do custo com a produção do produto principal, pois compõe os estoques da empresa. Ex.: farelo de trigo, em relação à farinha de trigo; serragem, em relação à serraria;

h) sucata – considerada um item de venda esporádica. O seu valor de venda não é previsível na data em que surge na produção. A sucata não recebe custos, pois não compõe os estoques da empresa e a sua venda é considerada como outras receitas operacionais.

No Quadro 6.1, são apresentadas de forma objetiva as principais características e diferenças entre custos e despesas.

Quadro 6.1 *Análise comparativa entre custos e despesas.*

Custos	**Despesas**
É um gasto efetuado no setor de produção.	É um gasto efetuado fora do setor de produção.
É um gasto gerado para obter novo produto ou serviço.	É um gasto gerado para obter receitas.
É lançado primeiramente no ativo em conta do estoque.	É lançado diretamente no resultado do exercício.
Não diminui de imediato o patrimônio líquido, pois o valor está embutido em conta de estoque.	Reduz de imediato o patrimônio líquido via resultado do exercício.
É lançado no resultado quando da venda do produto estocado ou serviço, transformando-se numa despesa.	É lançado no resultado do período quando da ocorrência do seu fato gerador.

Os custos podem ser classificados seja quanto à forma de apropriação ou quanto à variabilidade.

- *Quanto à forma de apropriação* aos produtos e serviços, os custos se dividem em diretos e indiretos.
  - Os *custos diretos* são aqueles gastos que em tese são facilmente mensurados e diretamente aplicados à produção. São exemplos de custos diretos: mão de obra direta e consumo de materiais diretos.
  - Os *custos indiretos* são aqueles gastos que necessitam de um critério de rateio, pois eles não são facilmente identificáveis. São exemplos de custos indiretos: aluguel da fábrica, mão de obra indireta, manutenção da fábrica e material indireto.
- *Quanto à variabilidade*, face aos diferentes volumes de produção dos bens e serviços, os custos podem ser fixos ou variáveis.
  - Os *custos fixos* independem das quantidades produzidas e permanecem constantes dentro de um intervalo determinado de volume de produção. Quanto maior for o volume de produção, menor será o cus-

to fixo por unidade. São exemplos de custos fixos: aluguel, manutenção e seguro da fábrica.

- Os *custos variáveis* dependem da quantidade produzida. Eles estão diretamente relacionados com o volume de produção. Quanto maior a quantidade produzida, maiores serão os custos variáveis totais de produção. O custo variável unitário fica constante. São exemplos de custos variáveis a matéria-prima consumida e a mão de obra.

Os custos podem ainda ser semifixos ou semivariáveis.

- Os *custos semifixos* são fixos em uma determinada faixa de produção, mas variam quando ocorre uma mudança nessa faixa. É o caso da empresa que necessita aumentar a capacidade produtiva sendo obrigada a alugar um galpão, gerando novos custos fixos.
- Os custos *semivariáveis* variam com o nível de produção de bens ou serviços, tendo uma parcela fixa existente mesmo que não ocorra uma produção. Cita-se, por exemplo, o caso da conta de energia elétrica da fábrica e de telefone, pois há uma taxa mínima a ser paga mesmo que nada seja gasto ou produzido no período.

Para melhor compreensão, estão apresentados resumidamente no Quadro 6.2 um exemplo de Custo Fixo (CF), Custo Fixo Unitário (CFu), Custo Variável (CV), Custo Total (CT), Custo Variável Unitário (CVu) e Custo Total Unitário (CTu), com valores de uma empresa fictícia referente à produção de um determinado bem.

Quadro 6.2 *Dados dos custos da produção do bem.*

Quantidade	CF	CFu	CV	CVu	CT	CTu
0	200,00	–	–	–	200,00	–
1	200,00	200,00	38,00	38,00	238,00	238,00
2	200,00	100,00	76,00	38,00	276,00	138,00
3	200,00	66,67	114,00	38,00	314,00	104,67
4	200,00	50,00	152,00	38,00	352,00	88,00
5	200,00	40,00	190,00	38,00	390,00	78,00
6	200,00	33,33	228,00	38,00	428,00	71,33
7	200,00	28,57	266,00	38,00	466,00	66,57
8	200,00	25,00	304,00	38,00	504,00	63,00
9	200,00	22,22	342,00	38,00	542,00	60,22
10	200,00	20,00	380,00	38,00	580,00	58,00

Em qualquer ponto, o custo fixo total é constante, pois independe da quantidade produzida. Então, quando for produzida zero unidade, o custo fixo total será igual a R$ 200,00 e, quando forem produzidas quatro unidades, o valor do custo fixo total permanecerá o mesmo.

Já o custo fixo unitário é igual à divisão do custo fixo total pela quantidade produzida. Observe que, quando aumenta a quantidade produzida, o custo fixo unitário passa a ficar menor.

O custo variável total cresce cada vez que aumenta a produção do bem, pois está relacionado com a quantidade produzida. É o caso da matéria-prima consumida, pois, a cada produção de um bem, há a demanda do consumo de material. Se não houver produção do bem ou serviço, o custo variável será nulo, pois não houve o consumo de matéria-prima.

Enquanto isso, o custo variável unitário será igual à divisão do custo variável total pela quantidade produzida. Logo, quando a empresa produzir quatro unidades, o custo variável unitário será igual a R$ 38,00, ficando sempre constante independentemente da quantidade produzida, diferentemente do custo variável total, que ficará igual a R$ 152,00.

O custo total é a soma dos custos fixos com os custos variáveis. Quando a empresa produzir quatro unidades, terá um custo total igual a R$ 352,00.

O custo total unitário é a soma do custo fixo unitário com o custo variável unitário. O CTu pode também ser encontrado pela divisão do custo total pela quantidade produzida. Assim, quando a empresa produzir quatro unidades, terá um custo total igual a R$ 88,00. Graficamente, os custos fixos e custos variáveis são representados como segue:

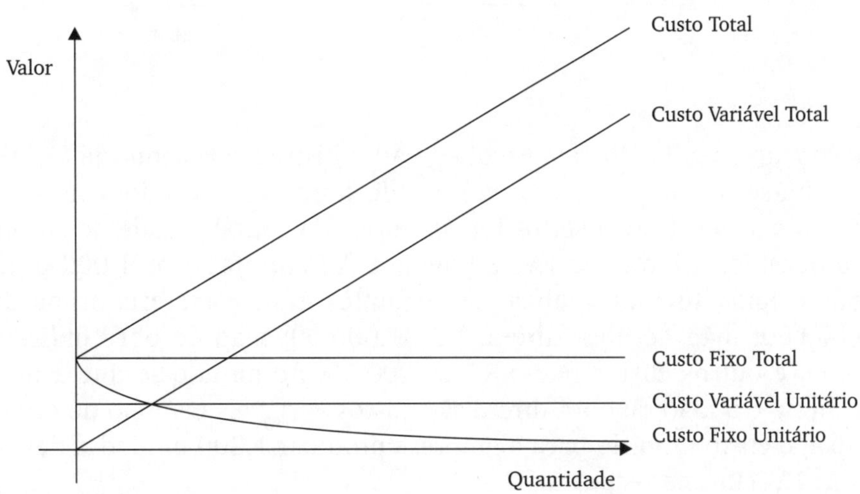

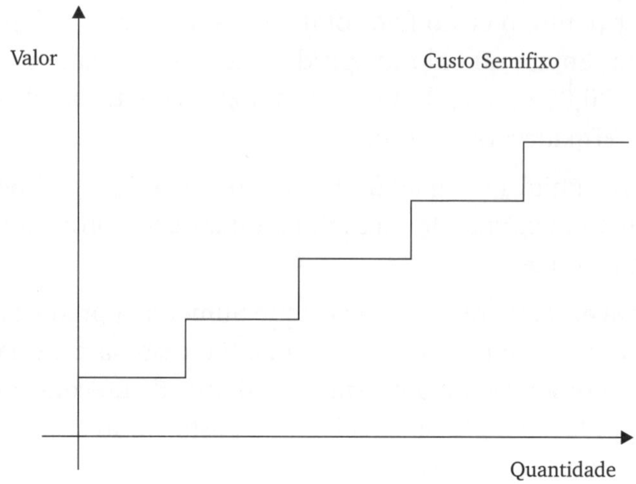

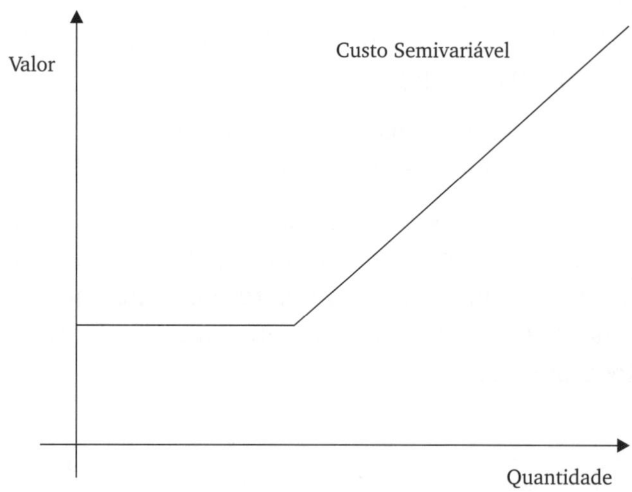

No concurso realizado pela Escola de Administração Fazendária (ESAF) em 2006, pediu-se o valor do custo unitário do produto, havendo a necessidade do candidato saber dos conceitos introdutórios da contabilidade de custos. Vejamos a questão. A indústria Kaele Emene S.A., para fabricar 1.000 unidades do produto Kam, teve de realizar os seguintes gastos: matéria-prima direta: R$ 40.000,00; mão de obra direta: R$ 30.000,00; mão de obra indireta: R$ 10.000,00; e outros custos fixos: R$ 20.000,00. Admitindo-se que a matéria-prima direta e a mão de obra direta são custos variáveis e a mão de obra indireta é fixa, o custo unitário para a empresa produzir 1.200 unidades deverá ser de quanto? Vejamos a resposta.

Situação inicial para 1.000 unidades produzidas:

1. Quantidade produzida	1.000 unidades
2. Custo variável com matéria-prima	R$ 40.000,00
3. Custo variável com MOD	R$ 30.000,00
4. Custo variável total (**2** + **3**)	R$ 70.000,00
5. Custo variável unitário (**4** : **1**)	R$ 70,00
6. Custo fixo com MOI	R$ 10.000,00
7. Custo fixo (outros)	R$ 20.000,00
8. Custo fixo total (**6** + **7**)	R$ 30.000,00
9. Custo fixo unitário (**8** : **1**)	R$ 30,00
10. Custo total (**4** + **8**)	R$ 100.000,00
11. Custo total unitário (**10** : **1**) ou (**5** + **8**)	R$ 100,00

O custo variável total depende da quantidade produzida. Logo, irá aumentar porque a produção passará de 1.000 unidades para 1.200 unidades. O custo variável unitário ficará sempre igual a R$ 70,00 (valor constante). O custo fixo total ficará constante em R$ 30.000,00. O custo fixo unitário será influenciado pela quantidade produzida. Logo, quanto maior a produção, menor será o CFu.

Situação sugerida para 1.200 unidades produzidas:

1. Quantidade produzida	1.200 unidades
2. Custo variável unitário	R$ 70,00
3. Novo custo variável total (**1** × **2**)	R$ 84.000,00
4. Custo fixo total	R$ 30.000,00
5. Novo custo fixo unitário (**4** : **1**)	R$ 25,00
6. Novo custo total (**3** + **4**)	R$ 114.000,00
7. Custo total unitário (**6** : **1**) ou (**2** + **5**)	R$ 95,00

O custo variável total aumentou e o custo fixo unitário diminuiu em função do aumento da quantidade produzida. A resposta será R$ 95,00.

Para a elaboração de sistemas de custos, é necessário que a empresa tenha na contabilidade um elenco de contas relacionadas ao estoque. As contas básicas para iniciar um sistema de custos integrado com a contabilidade da empresa podem ser classificadas em:

1. matérias-primas que representam todos os produtos que sofrem transformações no processo produtivo;

2. materiais de acondicionamento e embalagem que se referem a todos os itens de estoque que se destinam à embalagem ou ao acondicionamento para remessa;
3. manutenção e suprimentos gerais que representam materiais para manutenção de máquinas, equipamentos ou edificações para uso em consertos, manutenção, lubrificação, pintura etc.;
4. mercadorias para revenda que englobam todos os produtos adquiridos de terceiros para revenda;
5. produtos em elaboração que englobam todos os custos diretos e indiretos que estão sendo apropriados na produção de bens não concluídos, como, por exemplo, matéria-prima direta; mão de obra direta (salários, prêmios, encargos sociais, auxílio-alimentação, INSS, FGTS, férias, 13º salário, aviso-prévio e indenizações etc.); custos indiretos de fabricação (consumo de matérias-primas, consumo de outros materiais, salários, contribuições previdenciárias, contribuições ao FGTS, seguro contra acidentes do trabalho, outros gastos com o pessoal, aluguéis, manutenção e reparo de bens, depreciações, seguro contra incêndio, energia elétrica e outros gastos da produção);
6. produtos acabados que representam os produtos já terminados oriundos da própria produção e disponível à venda.

Na contabilidade de custos são também utilizadas outras nomenclaturas, tais como:

a) custos primários, que representam o somatório dos custos com matéria-prima e mão de obra direta;
b) custo de transformação, que representa o esforço da empresa para transformar o material em produto acabado. O custo de produção pode ser representado pela soma da mão de obra direta com os gastos gerais de fabricação, tais como: mão de obra direta e indireta, energia, materiais de consumo industrial;
c) custo da produção do período (CPP), que representa o somatório de todos os custos ocorridos no período determinado na fabricação do bem ou do serviço (matéria-prima consumida, mão de obra direta e custo indireto de fabricação);
d) custo dos produtos em elaboração (CPE), que representa o somatório de estoque dos produtos em elaboração e dos custos da produção do período. Quando o produto em elaboração é finalizado, deve ser transferido para a conta de custos dos produtos acabados;
e) custo da produção acabada (CPA), que representa a soma dos custos dos produtos acabados em um período determinado;

f) custo da produção vendida (CPV), que representa os valores dos bens produzidos e vendidos no período;

g) custos das mercadorias vendidas (CMV) representa o somatório do estoque inicial de mercadorias para revenda mais as compras do período menos as devoluções e abatimentos e menos o estoque final.

A título de exemplo, imaginamos que uma empresa, fabricante de um único produto, tenha levantado as seguintes informações:

- Compra de matéria-prima no mês R$ 600,00
- Custos do mês com mão de obra direta (MOD) R$ 800,00
- Custo indireto de fabricação incorridos no mês (CIF) R$ 600,00
- Estoque inicial de matéria-prima (EIMP) R$ 350,00
- Estoque final de matéria-prima (EFMP) R$ 520,00
- Estoque inicial de produtos em elaboração (EIPE) R$ 370,00
- Estoque final de produtos em elaboração (EFPE) R$ 530,00
- Estoque inicial de produtos acabados (EIPA) R$ 330,00
- Estoque final de produtos acabados (EFPA) R$ 390,00

Pergunta-se: qual é o valor do custo da matéria-prima, custo da produção do período, custo dos produtos em elaboração e custos dos produtos acabados?

Partindo da fórmula geral:

Custo (saída) = Estoque Inicial + Entradas – Estoque Final

Teremos:

Custo da Matéria-Prima (CMP) = 350,00 + 600,00 – 520,00 = 430,00 Custo da Produção do Período (CPP) = 0 + 1.830,00 – 0 = 1.830,00 Custo dos Produtos em Elaboração (CPE) = 370,00 + 1.830,00 – 530,00 = 1.670,00 Custos dos Produtos Acabados (CPA) = 330,00 + 1670,00 – 390,00 = 1.610,00

O fisco federal, através do Decreto 3.000/99 (Regulamento do Imposto de Renda), determinou quais gastos devem compor o custo de aquisição dos produtos e o custo de produção, bem como quais são os critérios e período de avaliação de estoques. Vejamos:

a) mercadorias para revenda e matéria-prima utilizada deverão ser registradas no livro de inventário pelo valor dos estoques existentes;

b) custos de aquisição de mercadorias para revenda são valores de transporte e seguro até o estabelecimento do contribuinte e os tributos devidos na aquisição ou importação, bem como gastos com desembaraço aduaneiro;

c) impostos recuperáveis através de créditos na escrita fiscal não irão compor o custo dos bens;

d) custos de produção dos bens ou serviços vendidos serão compostos pelas matérias-primas, bens ou serviços consumidos na produção, gastos com pessoal da produção, gastos com supervisão direta, instalações, locação, manutenção e reparo, depreciação, amortização e exaustão dos recursos naturais;

e) levantamento e avaliação dos estoques deverão ocorrer ao final de cada período de apuração do imposto de renda da pessoa jurídica;

f) mercadorias, matérias-primas e bens em almoxarifado serão avaliados pelo custo de aquisição;

g) produtos em fabricação e acabados serão avaliados pelo custo de produção desde que a empresa tenha sistema de contabilidade de custo integrado e coordenado com a escrituração contábil. Para tanto, considera-se sistema de contabilidade de custo aquele: apoiado em valores originados da escrituração contábil (matéria-prima, mão de obra direta, custos gerais de fabricação); em que, ao fim de cada mês, possa ser determinado na contabilidade o valor dos estoques de matérias-primas e outros materiais, produtos em elaboração e produtos acabados; apoiado em livros auxiliares, fichas, folhas contínuas, ou mapas de apropriação ou rateio, tidos em boa guarda, e de registros coincidentes com aqueles constantes da escrituração principal; que permita avaliar os estoques existentes na data de encerramento do período de apropriação de resultados segundo os custos efetivamente incorridos.

No caso de ausência de sistema de contabilidade de custo integrado com a escrita contábil, os estoques deverão ser avaliados:

a) materiais em processamento, por uma vez e meia o maior custo das matérias-primas adquiridas no período de apuração, ou em 80% do valor dos produtos acabados;

b) produtos acabados, em 70% do maior preço de venda no período de apuração. O valor dos produtos acabados deverá ser determinado tomando-se por base o preço de venda incluindo a parcela do Imposto sobre Operações relativas à Circulação de Mercadorias e sobre Prestações de Serviços de Transporte Interestadual e Intermunicipal e de Comunicações (ICMS).

2 Levantamento e avaliação de estoques

Os estoques representam bens adquiridos ou produzidos pela empresa com objetivo de comercialização ou de consumo próprio no decorrer de suas atividades normais. A avaliação ou atribuição de custos aos estoques é complexa, porém, será apresentado o que recomendam os órgãos profissionais e fiscais reguladores da contabilidade do país.

O Conselho Federal de Contabilidade (CFC), no bojo de sua NBC T 4, que trata da Avaliação Patrimonial, estabelece os critérios de avaliação dos estoques, como sendo:

a) Os estoques de mercadorias, matérias-primas, outros materiais e componentes são avaliados pelo custo de aquisição, atualizado monetariamente, ou pelo valor de mercado, quando este for menor.

b) Os estoques de produtos acabados e em elaboração e os serviços em andamento são avaliados pelo custo de produção, atualizado monetariamente, ou valor de mercado quando este for menor.

c) Os estoques obsoletos ou inservíveis são avaliados pelo valor líquido de realização e os estoques invendáveis devem ser baixados.

d) Os estoques de animais e de produtos agrícolas e extrativos, destinados à venda, poderão ser avaliados pelo valor de mercado, quando atendidas as seguintes condições:
   - que a atividade seja primária;
   - que o custo de produção seja de difícil determinação;
   - que haja um efetivo mercado que possibilite a liquidez imediata desse estoque e que valide a formação do seu preço;
   - que seja possível estimar o montante das despesas de realização da venda.

A Lei das Sociedades por Ações (Lei 6.404/76) estabelece que os direitos que tiverem por objeto mercadorias e produtos do comércio da companhia, assim como matérias-primas, produtos em fabricação e bens em almoxarifado, serão avaliados pelo custo de aquisição ou produção, deduzido de provisão para ajustá-lo ao valor de mercado, quando este for inferior.

Considera-se valor de mercado das matérias-primas e dos bens em almoxarifado o preço pelo qual possam ser repostos, mediante compra no mercado; dos bens ou direitos destinados à venda, o preço líquido de realização mediante venda no mercado, deduzidos os impostos e demais despesas necessárias para a venda, e a margem de lucro.

Os estoques de mercadorias fungíveis destinadas à venda poderão ser avaliados pelo valor de mercado, quando esse for o costume mercantil aceito pela técnica contábil.

A Comissão de Valores Mobiliários (CVM) estabelece que os critérios para avaliação de estoques devam ser consoantes com a Lei 6.404/76, não aceitando critérios estabelecidos por legislação especial ou tributária que contrariem a referida Lei. As despesas financeiras não podem ser ativadas no estoque.

Para o Instituto Brasileiro de Contadores (IBRACON), o principal critério para a avaliação de estoques é o custo histórico. Isto quer dizer que no critério se utiliza o preço de compra mais os gastos adicionais, representando a soma dos gastos aplicáveis e débitos incorridos direta ou indiretamente para colocar um bem do estoque em sua condição e localização atuais. Assinala-se que há exceção para produtos agrícolas, pecuários e extrativos, pois estes serão avaliados aos preços correntes de mercado deduzidos das despesas de vendas, ficando este critério prevalecendo nesse ramo de atividade. Diferentes métodos são usados na prática para atribuição de custo aos estoques. São destacados o método de custo médio ponderado, PEPS ou FIFO (primeiro a entrar, primeiro a sair), UEPS ou LIFO (último a entrar, primeiro a sair) e identificação específica. Destaca-se que no Brasil os aplicados com frequência são os dois primeiros. O fato é que o custo por identificação específica necessita de condições peculiares para a sua aplicação, exigindo um controle demasiado rígido que pode ocasionar um custo elevado de manutenção do sistema. No caso do método UEPS, há um uso restrito por não ser aceito pelo fisco brasileiro, e este demandaria um controle paralelo de estoques.

Para o Fisco Federal, as mercadorias, matérias-primas e bens em almoxarifado deverão ser avaliados pelo custo de aquisição. Para quem possua inventário permanente, a apuração do custo de aquisição far-se-á considerando-se o critério do custo médio ponderado móvel ou, alternativamente, o custo das mercadorias adquiridas mais recentemente (PEPS ou LIFO). Para quem não possua o inventário permanente, somente o critério PEPS é aceito.

Os critérios de avaliação de estoques mais difundidos no mundo são o custo médio ponderado, o PEPS, o UEPS e o preço específico.

No custo médio ponderado, a média mensal ou do período é estabelecida tomando as quantidades em estoques no início do período e os respectivos valores unitários constantes do balanço ou balancete anterior, e adicionando as entradas pelos respectivos valores unitários de aquisição ou produção. A média ponderada assim obtida estabelece o custo unitário das unidades inventariadas ao fim do período, que assim figuram avaliadas na conta de estoques no ativo, e estabelece também o custo operacional das unidades saídas durante o período, que é levado para débito de lucros e perdas. A média ponderada também pode ser apurada permanentemente, a cada nova entrada, sendo a ponderada igualmente afetada a cada nova saída.

O FIFO (*first in first out*) ou PEPS (o primeiro que entra é o primeiro que sai) toma as quantidades em estoque no início do período e os respectivos valores unitários constantes do balanço ou balancete anterior, adicionando as entradas, pelos respectivos valores unitários de aquisição ou produção. Em seguida, excluem-se as quantidades saídas durante o período aos custos unitários de aquisição ou produção sempre mais antigos. Lote por lote, o custo operacional das quantidades saídas, debitado a lucros ou perdas, é obtido pelos valores unitários das quantidades que estavam no estoque no início do período e, depois de produção de cada lote imediatamente subsequente, restam em estoque no ativo as quantidades não saídas aos valores unitários de aquisição ou produção dos últimos lotes entrados.

O LIFO (*last in first out*) ou UEPS, que consiste no custo operacional das quantidades saídas, debitado a lucros e perdas, é obtido pelos valores unitários da última aquisição ou produção e, depois de esgotada a quantidade desta, pelos valores unitários de aquisição ou produção de cada lote imediatamente anterior, restam em estoque no ativo as quantidades não saídas aos valores unitários de aquisição ou produção das primeiras entradas ocorridas no período e/ou ao valor unitário do estoque inicial.

No preço específico, o custo de cada produto é identificado individualmente. Só é possível utilizar esse método quando existe a identificação do preço específico de cada unidade de estoque, como, por exemplo, em indústrias de bens de capital, revenda de veículos e serviços.

O critério de avaliação determinado pelas normas contábeis para mercadorias, produtos acabados, produtos em elaboração, matérias-primas, almoxarifado etc. deve ser pelo custo histórico, custo corrigido ou valor de mercado quando este for menor.

Já o critério de avaliação aceito pelo fisco referente ao custo de aquisição de mercadorias, produtos acabados, produtos em elaboração, matérias-primas, almoxarifado etc. pode ser pelo método de custo médio ou PEPS ou FIFO.

Quando se trata do critério de avaliação determinado pelas normas contábeis para bens fungíveis, deve ser pelo valor de mercado. No entanto, a provisão para ajuste dos estoques ao valor de mercado não é dedutível na apuração do lucro real e da base de cálculo da Contribuição Social sobre o Lucro.

Em se tratando de critério de avaliação determinado pelas normas contábeis para produtos agrícolas, animais e extrativos, deve-se fazê-lo pelo valor de mercado.

Finalmente, o critério de avaliação determinado pelas normas contábeis para estoques em produção ou construção que se prolongue no tempo deve ser pelo custo histórico ou valor de mercado quando este for menor.

No Brasil, não se admite em nenhuma hipótese a adoção do método LIFO (UEPS). Os estoques são avaliados pelo custo histórico e, em período de alta inflação, é aconselhada a utilização pelo custo histórico corrigido monetariamente ou pelo valor de mercado, quando este for menor. Normalmente, são utilizados os métodos FIFO (PEPS), custo médio e preço específico.

Vejamos o seguinte exemplo. A firma Alimentos Ltda. realizou as seguintes transações mercantis com a mercadoria do tipo Alfa, durante o mês de janeiro corrente:

Data	Histórico		Valor
02/01/XX	1ª compra de 10 u a R$ 8,00/u	=	R$ 80,00
12/01/XX	2ª compra de 10 u a R$ 10,00/u	=	R$ 100,00
22/01/XX	3ª compra de 15 u a R$ 12,00/u	=	R$ 180,00
25/01/XX	1ª venda de 10 u a R$ 15,00/u	=	R$ 150,00
31/01/XX	4ª compra de 6 u a R$ 15,00/u	=	R$ 90,00

O cálculo dos custos dos produtos vendidos será:

a) pela utilização do método PEPS, igual a 10 u × R$ 8,00 = R$ 80,00
b) pela utilização do método UEPS, igual a 10 u × R$ 12,00 = R$ 120,00
c) pela média ponderada móvel, igual a

$$Custo\ Médio = \frac{(10\,u \times \text{R\$ } 8{,}00) + (10\,u \times \text{R\$ } 10{,}00) + (15\,u \times \text{R\$ } 12{,}00)}{10\,u + 10\,u + 15\,u}$$

$$Custo\ Médio\ Unitário = \text{R\$ } 10{,}29$$

Então, o custo dos produtos vendidos será igual a 10 u × R$ 10,29 = R$ 102,90 e o resultado da empresa, pelos três métodos, ficará igual a:

Demonstração do Resultado do Exercício em R$			
Contas	**PEPS**	**UEPS**	**Média ponderada**
Receitas de vendas	150,00	150,00	150,00
(–) Custos dos produtos vendidos	(80,00)	(120,00)	(102,90)
Resultado	70,00	30,00	47,10

3 Sistema de acumulação dos custos

O sistema de acumulação de custos é classificado pela natureza de fabricação, podendo ser por ordem ou por processo.

No caso do sistema de acumulação por ordem de produção, os custos são acumulados de acordo com a encomenda específica ou em ordem de serviço. A unidade de controle é a ordem e os registros e relatórios sintetizam os custos de acordo com o número da ordem. Geralmente, usados onde cada ordem é diferente e onde cada produto é feito sob medida de acordo com as especificações, como acontece nas empresas gráficas, estaleiros, indústrias e montadoras.

A ordem de produção (OP) deverá ter um número que agregará os valores de matéria-prima, mão de obra direta e outros custos. Neste sistema, o cálculo do custo unitário para cada ordem será igual ao custo total dividido pelo número de unidades efetuadas na OP.

Em se tratando de sistema de acumulação por processo, os custos são acumulados de acordo com cada departamento, centro de custos ou processo. O sistema é utilizado quando os produtos são fabricados sob métodos de produção em massa ou em processo contínuo. São exemplos de empresas que geralmente se utilizam desse tipo de sistema as indústrias de papel, aço, produtos químicos e têxteis.

4 Departamentalização e centro de custos

Para a contabilidade de custos, o departamento pode ser uma unidade administrativa da empresa, representada por homens e/ou máquinas, por onde ocorrem gastos. Exemplo: montagem, pintura, almoxarifado, manutenção, refinaria e administração da fábrica.

Em muitas empresas, é adotado o sistema de departamentalização para alocação dos custos indiretos de fabricação pela organização ou por centros de custos.

Um centro de custos é a unidade mínima de acumulação de custos, para posterior alocação aos produtos, podendo ser classificado em produtivo ou de serviço (auxiliar).

O centro de custos produtivo representa unidades ou setores da empresa por onde obrigatoriamente o bem ou o serviço deverá ser processado quer por meio de máquinas, quer por meio de pessoas.

O centro de custo auxiliar ou de serviço não atua diretamente sobre o produto e sua função é fornecer serviços para outros centros como, por exemplo, controle de qualidade, almoxarifado e administração da fábrica. Dependendo do porte da empresa e após definidas em função de aspectos homogêneos, organizacionais, de responsabilidades e localização, algumas unidades poderão ser subdivididas em centros de custos, de modo a gerar vários subsistemas (ver Figura 6.1).

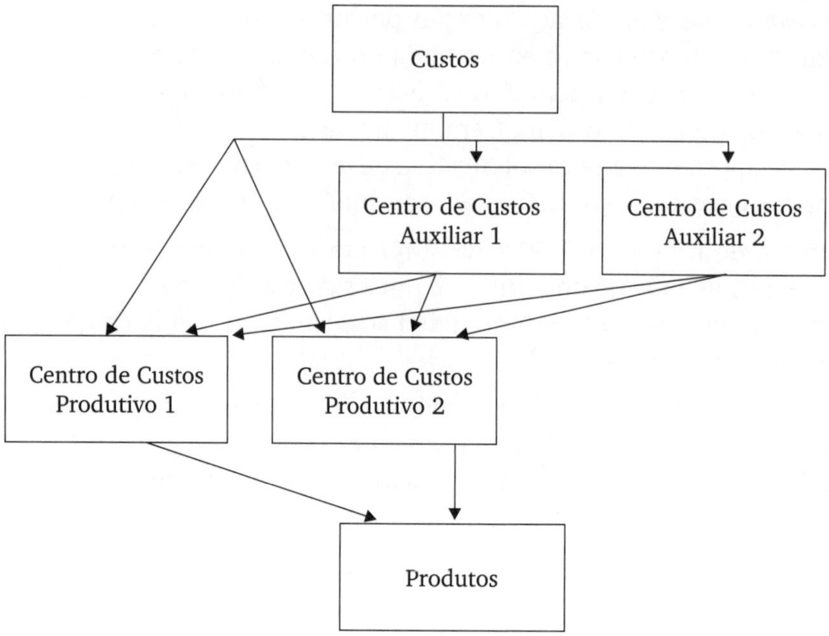

Figura 6.1 *Exemplo de divisão de centro de custos.*

Para empregar o método de centro de custos, é necessário que sejam identificados os centros de custos produtivos e auxiliares, para posteriormente alocação dos custos diretos e indiretos e apuração do custo total de cada centro. Em seguida, os custos acumulados nos centros de custos auxiliares serão rateados para os centros de custos produtivos e, por fim, os custos deverão ser alocados aos produtos.

Existem vantagens associadas a este método, como, por exemplo, a possibilidade de visualizar quais são os centros de custos que concentram maiores gastos na operacionalização da produção.

No entanto, o método não demonstra quais são as atividades relacionadas com o bem ou objeto de custeio. Além disso, há muita subjetividade e arbitrariedade nos critérios de rateio e de alocação dos custos que serão acumulados nos centros auxiliares para, em seguida, ser enviados aos centros produtivos. Logo, existe a possibilidade de produtos ou serviços obterem valores que não correspondam a sua natureza.

5 Métodos de custeio

5.1 Custeio por absorção

O método de custeamento por absorção ou integral consiste na apropriação de todos os custos de produção de forma direta ou indireta aos produtos adquiridos e elaborados ou aos serviços prestados.

Por este método, a apropriação dos custos diretos é constituída de forma econômica e viável ao objeto de custeio. Geralmente, os custos diretos mais importantes são os materiais diretos e a mão de obra direta.

A apropriação dos custos indiretos torna-se um pouco mais complicada, pois necessita de uma definição clara dos critérios de rateio. A problemática está relacionada com a forma do rateio dos custos comuns ou dos custos indiretos de fabricação (CIF), porque não podem ser alocados de forma direta ou objetiva a um segmento, atividade operacional ou produtos. Quando atribuídos aos produtos, serviços ou departamentos, os CIF são alocados por meio de critérios de distribuição ou métodos subjetivos e muitas vezes arbitrários.

O processo de alocação de gastos pelo método de custeio por absorção parte da separação entre custos e despesas até chegar à Demonstração do Resultado do Exercício (DRE), quando os produtos ou serviços são vendidos e quando os gastos incorridos são realizados no período financeiro (ver Figura 6.2).

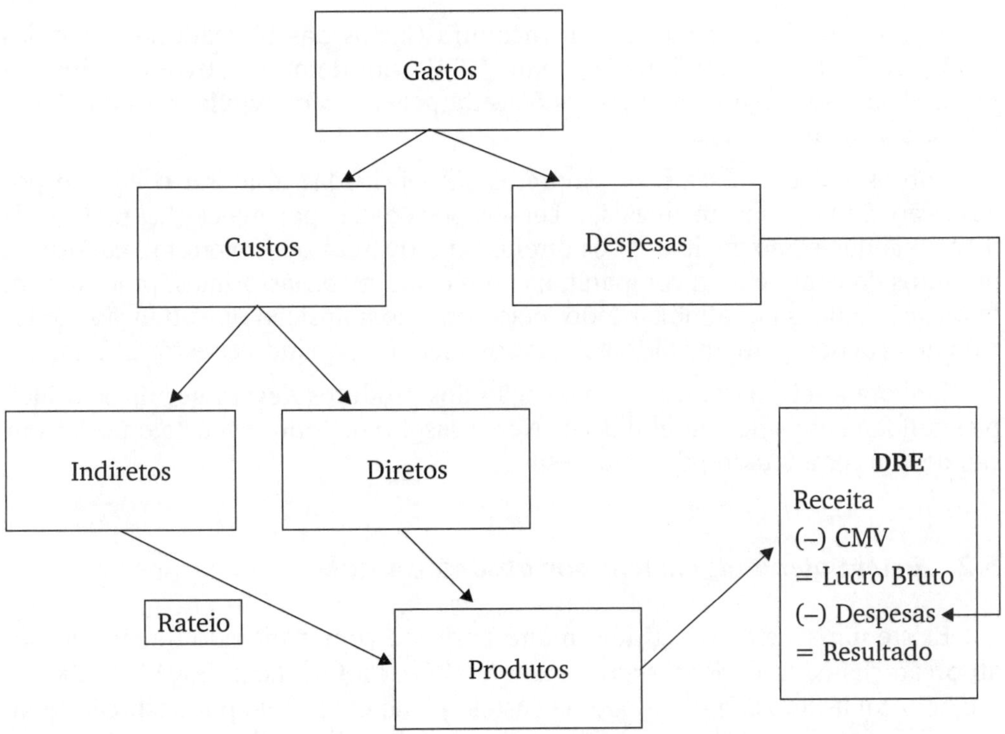

Figura 6.2 *Esquema do fluxo de gastos pelo método de custeio por absorção.*

Existe a possibilidade de o gestor alocar os custos indiretos de produção de forma arbitrária e às vezes enganosa, interferindo no valor final do bem. Os principais problemas relacionados com os critérios de rateio dos CIF estão na utilização de estimativas de dados, obtenção de resultados diversos, de acordo com o critério escolhido e da subjetividade e arbitrariedade.

Para minimizar a influência da subjetividade e arbitrariedade, o gestor deverá mapear o processo de produção, a estrutura da empresa, bem como estudar as origens dos custos indiretos de fabricação. Em seguida, deverá criar critérios de rateio bem definidos para centro de custo ou departamento. Existe ainda a necessidade de manter consistência nos critérios de rateio, pois os dados servirão de base para a comparação dos custos de produtos diferentes e para a análise do comportamento dos custos e do desempenho econômico da empresa no tempo. Além disso, a empresa precisa obedecer ao princípio contábil da consistência ou uniformidade, que prevê a homogeneização de procedimentos adotados para apuração de dados.

Outro ponto importante a ser abordado está relacionado aos custos das mercadorias e serviços vendidos que aparecem na DRE. Estes deveriam se chamar despesas das mercadorias e serviços vendidos, pois os custos só se transformam em despesas quando ocorrerem às vendas dos bens.

Embora esteja incorreta a nomenclatura Custos das Mercadorias Vendidas (CVM) ou Custos dos Produtos Vendidos (CPV), nos demonstrativos contábeis, a forma de apresentação como custos é aceita pelos órgãos reguladores da contabilidade no Brasil.

Sob os aspectos fiscais, as empresas são obrigadas a adotar o custeio por absorção. Sob os aspectos legais, a Lei das Sociedades por Ações (Lei 6.404/76) menciona que serão avaliados "os direitos que tiverem por objeto mercadorias e produtos do comércio da companhia, assim como matérias-primas, produtos em fabricação e bens em almoxarifado, pelo custo de aquisição ou produção, deduzido de provisão para ajustá-lo ao valor de mercado, quando este for inferior".

Embora a lei seja omissa, a avaliação dos produtos deverá seguir os princípios fundamentais de contabilidade. Nesse caso, o método de custeio por absorção deverá ser adotado pelas empresas.

5.2 Custeio pleno ou custeio por absorção total

Existe um sistema de custeio muito parecido com o método de custeio por absorção chamado de *Reichskuratorium fur Wirtschaftlichtkeit* (RKW). O RKW é também conhecido como método de custeio pleno ou custeio por absorção total, que consiste no rateio dos custos de produção e de todas as despesas da empresa, inclusive financeiras, a todos os produtos ou serviços (ver Figura 6.3).

A sigla representa as iniciais de um antigo conselho governamental para assuntos econômicos que existiu na Alemanha. Sua utilização aqui no Brasil se deve em parte à influência do Conselho Interministerial de Preços, que incentivou a divulgação de custos na década de 70. Infelizmente, seu impacto foi mínimo diante da realidade da inflação galopante da época, e o interesse por custos no campo da saúde foi abandonado rapidamente.

Embora contenha arbitrariedades na forma de alocação dos gastos, o *RKW* serve como instrumento de fixação de preços e informações gerenciais, pois há inclusão de todos os custos e despesas incorridos pela empresa.

Pelo método *RKW*, o valor do gasto unitário é influenciado por maior ou menor atividade como, por exemplo, despesas de distribuição, comercialização, financeiras e de administração geral. Assim, o preço dos produtos terá características de eventos não condizentes com sua realidade, decorrentes das subjetividades pessoais na escolha dos critérios de rateio.

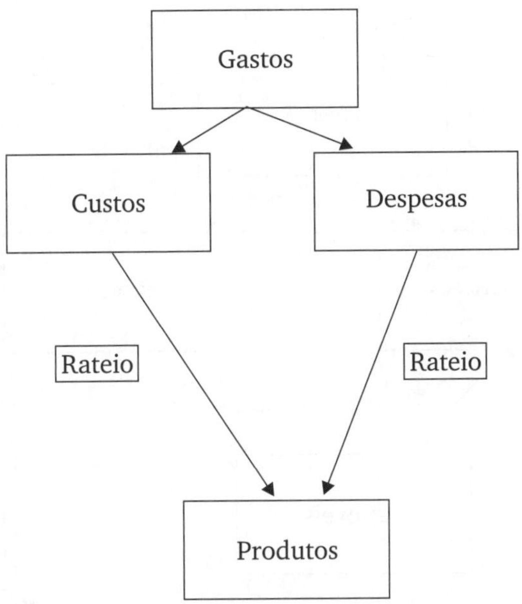

Figura 6.3 *Esquema do fluxo de gastos pelo método RKW.*

5.3 Custeio variável

No método de custeamento variável, todos os custos variáveis são alocados aos bens ou serviços, sejam eles diretos ou indiretos. Aqui, apenas os custos variáveis são considerados no valor do bem sem a utilização de métodos de rateio, sendo mensuráveis objetivamente, pois não sofrerão processos arbitrários ou subjetivos. Logo, há um custo unitário parcial, pois os custos fixos são considerados despesas do exercício (ver Figura 6.4).

O método de custeio variável constitui um conceito de custeio de inventário que corresponde diretamente aos dispêndios necessários para manufaturar os produtos, possibilitando mais clareza no planejamento do lucro e na tomada de decisão. Além disso, o lucro líquido não é afetado por mudanças de aumento ou diminuição de inventários.

Sendo integrado com o custo padrão, esse método permite o correto controle de custos, porque, após definidos os custos fixos, os preços de venda e o custo variável, os dados para analisar a relação custo, volume e lucro são fáceis de encontrar.

A obtenção de indicadores de desempenho possibilita melhor entendimento dos gestores sobre os gastos da empresa. A principal vantagem desse método é possibilitar encontrar a margem de contribuição unitária de cada produto, servindo como instrumento de decisão de curto prazo.

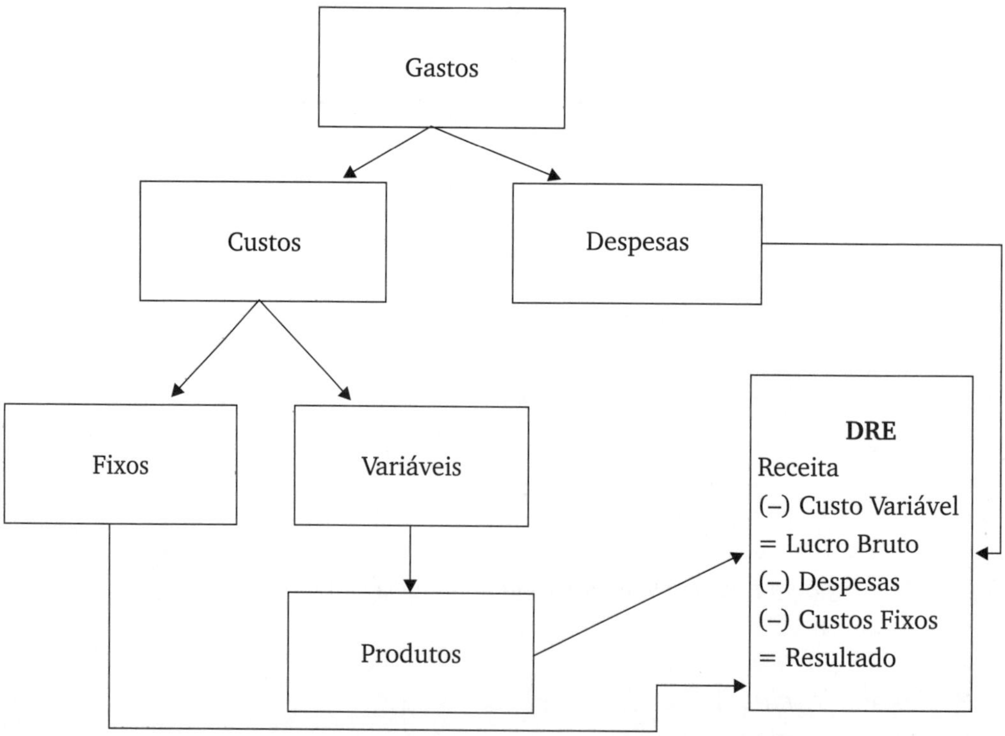

Figura 6.4 *Esquema do fluxo de gastos pelo método de custeio variável.*

A título de exemplo, vejamos uma questão relacionada com o tema de um concurso organizado por NCE/UFRJ em 2005. A July Ball é distribuidora de bolas de pingue-pongue, na cidade do Rio de Janeiro. A seguir são apresentados os dados do orçamento da July Ball para o próximo ano: Receitas R$ 20.000,00; Custos Fixos R$ 2.400,00; Custos Variáveis R$ 16.400,00. O lucro orçado considerando um desvio do orçamento original referente a um decréscimo de 5%

na margem de contribuição é de quanto? A resposta foi R$ 1.020,00, conforme demonstrado a seguir:

Receita	20.000,00
(–) Custo Variável	(16.400,00)
= Margem de Contribuição (MC)	3.600,00
(–) Custo Fixo	(2.400,00)
= Lucro Operacional	1.200,00
(–) Decréscimo de 5% da MC	(180,00)
= Lucro Orçado	1.020,00

5.4 Custo baseado em atividades

Em meados da década de 80, nasceu nos Estados Unidos um método que revolucionou o gerenciamento empresarial: o custeio ABC (*Activity-Based Costing*) ou custo baseado em atividades. O ABC causou um *frisson* na população mundial pelo fato de ter quebrado o vínculo com as tradicionais formas de custeamento. Nascia então um método baseado não mais na apropriação dos custos às unidades produtivas, mas sim nas atividades realizadas em um estabelecimento.

O ABC é um sistema de custeio que se assemelha ao método de custeio por absorção, porém a forma de alocação dos gastos ocorre por meio da identificação das atividades significantes relacionadas ao objeto de custeio. O método ABC leva em consideração no cálculo do gasto unitário dos produtos tanto os gastos diretos quanto os gastos indiretos, podendo ser por meio de centro de custos ou não (ver Figura 6.5).

O objetivo do ABC é reduzir o custo por meio da eliminação dos desperdícios, através do corte nos geradores de custos que não agreguem valor ou naqueles fatores causadores do consumo de atividades evitáveis ou desnecessárias. Essa é uma forma eficaz de compressão dos custos, diferindo da maneira tradicional de cortes aleatórios dos recursos. Dessa maneira, o gerenciamento consegue uma otimização nos retornos financeiros aliados a uma otimização do valor dos produtos para quem os demandar.

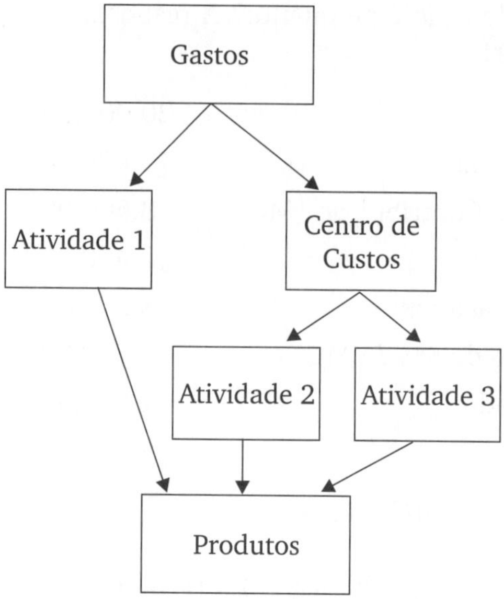

Figura 6.5 *Esquema do fluxo de gastos pelo método ABC.*

Foi pela ênfase dada ao estudo de um método analítico, sem uso de arbitramentos aleatórios, eficaz e de rápida promoção de decisões que o custeio ABC ganhou tanto mérito e repercussão no mundo.

As atividades são classificadas dentro de uma sistemática como, por exemplo, unidades, lote, produto, suporte etc. Uma atividade é uma combinação de recursos humanos, materiais, tecnológicos e financeiros para se produzirem bens ou serviços. É composta por um conjunto de tarefas necessárias ao seu desempenho. As atividades são necessárias para a concretização de um processo, que é uma cadeia de atividades correlatas e inter-relacionadas.

Para cada atividade significante, deve-se ter um direcionador. O direcionador de custo (*cost driver*) é um fator que influencia a quantidade de trabalho da empresa. Ele pode estar relacionado com o volume de produção ou não. Os direcionadores de custos foram uma inovação do ABC, visto que é por meio deles que os custos, provenientes do consumo de recursos, vão sendo agregados às suas respectivas atividades. Por vezes surgirão ramificações das atividades que se disseminarão em outros departamentos. É o que se chama de atividades secundárias. Estas devem se utilizar dos *cost drivers* para alocar a esse nível ou a níveis mais profundos os custos das atividades primárias, surgindo aqui uma hierarquia das atividades. Os *cost drivers* são utilizados, também, para calcular o consumo das atividades por cada produto, chegando-se, então, ao fim do processo de apuração. Pode-se observar que esse critério estudado proporciona a visão transparente do quanto cada nível do processo contribui para uma produtividade ótima.

A definição dos *cost drivers* para cada atividade é o ponto crucial do custeio baseado nas atividades. Porém, a identificação de cada atividade é a primeira e a mais complexa etapa desse método. A informatização desse custeio é de fundamental importância, uma vez que o número de informações é vultoso e, consequentemente, despenderia muito tempo para o processamento do método.

5.5 Unidade de esforço de produção (UEP)

A unificação da produção para facilitar o processo de controle de gestão é o referencial do método da unidade de esforço de produção (UEP). Numa empresa que fabrica um único produto, a alocação do custo é feita de forma simples, pois todos os custos estão diretamente relacionados ao produto. Na empresa que fabrica vários produtos, a alocação dos custos torna-se um pouco mais complicada, sendo difícil a identificação correta dos custos.

A filosofia do método da UEP parte de uma medida única com a finalidade de unificar a produção, pois tudo o que se relaciona com a produção da empresa gera esforço de produção. A fábrica é dividida em "postos operativos", que são conjuntos formados por uma ou mais operações, podendo ser diferentes de um posto de trabalho ou máquina. São necessárias informações de custo para determinar os esforços de produção, gerando índices de custos (custo por hora) para todos os itens relevantes.

O índice de custo para cada posto operativo representa os custos realmente incorridos no funcionamento típico do posto. Ao passar pelo posto, o produto absorve esforços de produção. Os procedimentos básicos para a implantação do método da UEP são:

a) divisão da fábrica em postos operativos que devem coincidir com a máquina;
b) cálculo dos índices de custos por meio da determinação dos custos horários dos postos operativos, denominados fotoíndices;
c) escolha do produto base que servirá para amortecer as variações individuais dos potenciais produtivos;
d) cálculo dos potenciais produtivos através da divisão dos fotoíndices pelo fotocusto base;
e) determinação dos equivalentes dos produtos, que representa o somatório dos esforços absorvidos pelo produto em todos os postos operativos.

O método de unidade de esforço de produção tem como vantagem principal a simplicidade de operacionalização. Com o conhecimento dos potenciais produtivos e equivalentes em UEP dos produtos, tornam-se fáceis e rápidos os cálculos periódicos necessários. Além disso, o método permite a mensuração de seu desempenho, através de medidas físicas simples, fáceis de empregar e de interpretar.

5.6 *Custos padrão*

O custo padrão pode ser do tipo ideal, estimado e corrente. O custo ideal é uma espécie de custo de laboratório, não levando em consideração as condições normais de operação da empresa.

O custo estimado ocorre por meio de estimativas com base em informações passadas da empresa ou mesmo em suposições decorrentes de dados do mercado.

O custo corrente é o valor que a empresa acha difícil de ser alcançado, mas não impossível, levando em consideração as condições normais de operação da entidade.

A partir da decisão de se conhecer o custo real da empresa ou o que realmente incorreu em determinado período, foi que surgiu a necessidade de criar uma forma de antecipar informações de custos, mediante parâmetros predefinidos, para que o controle se estabelecesse.

O custo padrão é um método que auxilia na formação do custeamento, tendo a finalidade de identificar responsabilidades, de avaliar o desempenho e eficácia operacional e determinar o custo real.

O custo real pode limitar-se ao atendimento das exigências legais e fiscais, não fornecendo ajuda no trabalho de planejamento estratégico, uma vez que esse sistema representa e se respalda em fatos passados.

O custo real mostrará sua devida importância no momento da análise causal dos possíveis problemas identificados, quando da comparação com o custo padrão. O custo padrão e o custo real devem caminhar sempre em parceria para que se realizem as comparações com fins de controle e planejamento, sempre com ênfase nas correções dos erros para um resultado futuro ótimo.

Para o sucesso da aplicação do custo padrão, é necessário que os procedimentos não sejam complicados, pois isso poderá surtir um efeito psicológico negativo ao seu andamento, findando por destruir a sua finalidade de controle. As comparações entre o real e o padrão devem ser efetivadas sobre as quantidades físicas, as qualidades e os valores em moeda corrente de cada elemento formador do custo.

Materiais diretos, mão de obra direta e custos indiretos são os componentes essenciais do custo. A partir da observação dos valores de cada um desses componentes e de sua comparação através da confrontação do custo real com o custo padrão é que se detectarão possíveis variações ocorridas. Se o nível do custo real superar o do estabelecido pelo padrão, tem-se uma situação desfavorável; caso contrário, tem-se uma situação favorável.

As denominações sugeridas às variações mudam conforme o componente observado. No caso dos materiais diretos, existem as chamadas variações de quantidade, de preço e mista.

No caso da mão de obra direta, existe a chamada variação de eficiência, que equivale à de quantidade, variação de taxa, que equivale à de preço, e a variação mista.

Finalmente, no custo indireto, encontram-se as variações de volume, de eficiência e de custo. A variação mista é aquela variação cujo responsável não se consegue identificar por faltar especificidade ao seu desnivelamento. Há variação tanto em nível de valor monetário quanto em nível de quantidade física. Logo:

- quando o custo real é maior que o custo padrão, gera uma situação DESFAVORÁVEL;
- quando o custo padrão é maior que o custo real, gera uma situação FAVORÁVEL.

Vejamos uma questão do Exame de Suficiência de 2001-2 que trata de custo padrão.

> Uma empresa previu que gastaria 15 quilos de matéria-prima, a um custo de R$ 45.000,00 o quilo, para produzir uma unidade de determinado produto. Ao final do período, constatou que, embora tivesse economizado 20% no preço do material, havia um gasto de 20% a mais de material que o previsto.

Qual é o custo padrão da empresa? A resposta é:

Custo Padrão (CP)	Custo Real (CR)
15 kg × R$ 45.000 = 675.000,00	18 kg × R$ 36.000,00 = 648.000,00

A diferença entre o CP e CR será igual a R$ 27.000,00. Quando o CP é maior que o CR, gera uma situação favorável, pois a empresa teve um saldo positivo.

No teste do ENADE de 2006, o questionamento foi o seguinte:

> A indústria Laguna S.A. planeja fabricar e vender 100.000 unidades de um único produto durante o exercício fiscal de 2005, com um custo variável de R$ 4,00 por unidade e um custo fixo de R$ 2,00 por unidade. Se nesse mesmo período a empresa não alcançar o planejado e fabricar e vender somente 80.000 unidades, incorrendo em um custo total de R$ 515.000,00, qual será a variação de custo de manufatura nesse período?

Veja a resposta a seguir:

Custo Padrão R$	Custo Real R$	Variação R$
CF = 2,00 * 100.000 u = 200.000,00		
CV = 4,00 * 80.000 u = 320.000,00		
Custo Total = 520.000,00	515.000,00	5.000,00 (favorável)

É preciso encontrar o total do CF quando planejado para 100.000 u, pois com 80.000 u o valor será o mesmo, porque o CF independe da quantidade produzida.

Quando o custo real é menor do que o custo padrão, gera uma situação favorável.

6 Custo-volume-lucro

Os principais indicadores na análise de custo, volume e lucro são a margem de contribuição e o ponto de equilíbrio, formulados a partir dos componentes custo fixo, despesa fixa, custo variável, despesa variável e preço de venda.

Enquanto os custos variáveis estão diretamente relacionados com a produção de um bem ou serviço, as despesas variáveis surgem com a venda do bem, tais como comissões, fretes e impostos.

Os custos fixos independem de produção (exemplo: aluguel da fábrica) e as despesas fixas independem das vendas (exemplo: pagamento de salários da administração da empresa).

A margem de contribuição unitária (MCu) é a diferença entre a receita e o gasto variável (despesa variável unitária mais o custo variável) de cada unidade do produto. A MCu representa o valor que cada unidade efetivamente traz para o pagamento dos gastos fixos e para a formação do lucro da empresa. A fórmula da margem de contribuição ficará então:

$$MCu = PVu - (CVu + DVu)$$

Onde:

MCu é a margem de contribuição unitária;

PVu é o preço de venda unitário;

CVu é o custo de venda unitário;

DVu é a despesa variável unitária.

Vejamos o exemplo a seguir:

Preço de venda unitária	R$ 4,00	100%	
(–) Gasto variável unitário	R$ 1,60	(40%)	(IGV)
Margem de contribuição unitária	R$ 2,40	60%	(IMC)

Isso significa que R$ 4,00 de vendas contribuem com R$ 2,40 para cobrir o total de gasto fixo da empresa e, se possível, para a formação do lucro. O exemplo mostra que 40% do preço de venda são representados pelo gasto variável e

60% pela margem de contribuição. O índice do gasto variável (IGV) e margem de contribuição (IMC) foram calculados a partir das seguintes fórmulas:

$$IGV = \frac{GVu}{PVu} \times 100\%$$

$$IMC = 100\% - IGV$$

O ponto de equilíbrio ocorre quando a receita total é igual ao gasto total (custo e despesas), gerando resultado nulo, pois não há lucro ou prejuízo. O principal objetivo na análise do ponto de equilíbrio é conhecer o nível mínimo de venda ou produção que deve ser praticado na empresa para se obter um lucro desejado. Para que seja possível a aplicação da relação custo – volume – lucro na análise do ponto de equilíbrio, é preciso calcular o ponto de equilíbrio em quantidade (PEq) e o ponto de equilíbrio em valor (PEvr). Para determinar o PEq, considera-se o lucro igual a zero. A fórmula do PEq será:

$$0 = [(PVu - GVu) \times Q] - CF$$

$$Q = \frac{GF}{PVu - CVu}$$

$$PEq = \frac{GF}{MCu}$$

Onde:

GF = custo fixo mais despesa fixa;

PVu = preço de venda unitário;

Q = quantidade produzida em unidades;

GVu = custo variável mais despesa variável por unidade.

O ponto de equilíbrio em valor (PEvr) será determinado a partir da seguinte fórmula:

$$PEvr = \frac{GF}{1 - \frac{\text{GVu}}{\text{PVu}}} \quad \text{ou} \quad PEvr = PEq \times PVu$$

A representação gráfica será então:

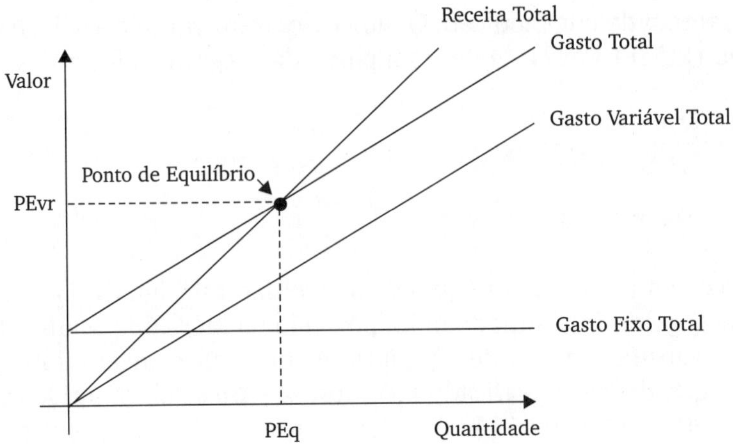

O ponto de equilíbrio pode ser classificado em contábil, econômico e financeiro. As fórmulas apresentadas anteriormente representam o ponto de equilíbrio contábil.

O *ponto de equilíbrio econômico* será o ponto onde a empresa deseja obter um lucro mínimo ou um retorno desejado do lucro. Nesse caso, é necessário que a margem de contribuição cubra os custos e despesas fixas e, ainda, proporcione o lucro mínimo desejado. As fórmulas do ponto de equilíbrio em quantidade e em valor terão os seguintes ajustes:

$$PEq = \frac{GF + Lucro\ Desejado}{MCu}$$

$$Pevr = \frac{GF + Lucro\ Desejado}{1 - \dfrac{GVu}{PVu}}$$

O *ponto de equilíbrio financeiro* ocorre quando são extraídos valores não desembolsáveis, como, por exemplo, depreciação, amortização e exaustão. As fórmulas do ponto de equilíbrio em quantidade e em valor terão os seguintes ajustes:

$$PEq = \frac{GF - Valores\ Não\ Desembolsáveis}{MCu}$$

$$Pevr = \frac{GF - Valores\ Não\ Desembolsáveis}{1 - \dfrac{GVu}{PVu}}$$

O ponto de equilíbrio poderá ajudar o gestor a tomar decisões sobre: (i) as alterações no processo de vendas em vista do comportamento do mercado; (ii) as políticas de vendas em relação a lançamentos de novos produtos; (iii) a definição da capacidade máxima e mínima de produção; (iv) a formação do preço de venda.

Além disso, o gestor poderá encontrar respostas sobre quantas unidades de produtos devem ser vendidas para se obter determinado montante de lucro; o que acontecerá com o lucro se o preço do produto aumentar ou diminuir; o que acontecerá com o ponto de equilíbrio, se o preço de determinada matéria-prima aumentar e se não houver condições de repassar o valor aos produtos.

Com a informação gerada pelo ponto de equilíbrio é possível planejar a produção, controlar as vendas e gerenciar o resultado da empresa, avaliando o desempenho principalmente através da análise da margem de contribuição unitária dos produtos.

A principal limitação é fornecer uma análise estatística da empresa, pois não se considera no ponto de equilíbrio todo o dinamismo dos negócios da empresa, como, por exemplo, capacidade dos recursos humanos, qualidade da matéria-prima, funcionamento das máquinas e sistema de organização da produção.

Quando existem múltiplos produtos, o cálculo do ponto de equilíbrio torna-se um pouco mais complexo. Nesse caso, há várias formas de abordar o problema, seja distribuindo o gasto fixo para os diversos produtos e, em seguida, calculando individualmente o ponto de equilíbrio de cada produto; seja mantendo o valor do gasto fixo inalterado e calculando uma margem de contribuição unitária média dos produtos envolvidos. Vejamos o exemplo a seguir:

Produto	PVu R$	GVu R$	MCu R$	Demanda média em unidades	Participação do produto sobre a demanda média
A	500,00	300,00	200,00	3.150	35%
B	600,00	350,00	250,00	3.600	40%
C	900,00	400,00	500,00	2.250	25%
Total				9.000	100%
Gastos Fixos = R$ 500.000,00					

Primeira solução: rateando os gastos fixos tomando por base a participação dos produtos sobre a demanda média.

Produto	Participação do produto sobre a demanda média	Gastos fixos R$
A	35%	175.000,00
B	40%	200.000,00
C	25%	125.000,00
–	100%	500.000,00

Aplicando a fórmula do PEq e PEvr para cada produto, tem-se os seguintes resultados:

Produto	Peq = GF/MCu
A	175.000,00/200,00 = 875 unidades
B	200.000,00/250,00 = 800 unidades
C	125.000,00/500,00 = 250 unidades

Produto	PEq	PEvr = PEq × PVu
A	875 unidades	875 u × R$ 500,00 = R$ 437.500,00
B	800 unidades	800 u × R$ 600,00 = R$ 480.000,00
C	250 unidades	250 u × R$ 900,00 = R$ 225.000,00
Total	1.925 unidades	R$ 917.500,00

Segunda solução: calculando a margem de contribuição média tomando por base a participação dos produtos sobre a demanda média.

Produto	Participação do produto sobre a demanda média (1)	Mcu (2)	Participação da Mcu (1*2)
A	35%	200,00	70,00
B	40%	250,00	100,00
C	25%	500,00	125,00
–	100%	Total da MCu Média	295,00

Aplicando a fórmula do PEq:

$$PEq = \frac{500.000,00}{295,00} = 1.695 \text{ unidades}$$

Em seguida, deve-se calcular o PEq utilizando a participação de cada produto sobre a demanda média:

Produto	Participação do produto sobre a demanda média	PEq
A	35%	593 unidades
B	40%	678 unidades
C	25%	424 unidades
Total	100%	1.695 unidades

Se utilizarmos a fórmula do PE em valor, então teremos para cada produto os seguintes valores:

Produto	PEvr = PEq × PVu
A	593 u × R$ 500,00 = R$ 296.500,00
B	678 u × R$ 600,00 = R$ 406.800,00
C	424 u × R$ 900,00 = R$ 381.600,00
Total	R$ 1.084.900,00

Para o rateio dos gastos fixos ou para encontrar a margem de contribuição média dos produtos, a base de cálculo pode ser a demanda média, capacidade máxima de produção da empresa ou quantidade de matéria-prima consumida. Fica a critério do gestor escolher o método que seja mais apropriado para a empresa.

7 Teoria das restrições

A teoria das restrições (*theory of constraints* – TOC) surgiu com o estudo do físico israelense Eliyahu M. Goldratt, nos anos 70, que indagou sobre qual era a meta da empresa.

O físico verificou que a principal meta da empresa era gerar riqueza ou ganhar dinheiro, embora tivesse outras metas como continuidade no negócio, contribuição social e desenvolvimento tecnológico.

Goldratt se baseou em princípios científicos e do raciocínio lógico dos processos para guiar as organizações, concluindo que o impedimento para uma empresa atingir ou superar a sua meta (ganhar mais dinheiro) seria as restrições internas ou externas.

As restrições internas seriam aquelas que impediriam a empresa de produzir mais, como, por exemplo, limitações de máquinas ou equipamentos ou de disponibilidade de funcionários.

As restrições externas seriam aquelas que impediriam a empresa de vender mais, como, por exemplo, a demanda de mercado, a concorrência e o preço de venda.

Para aplicar a teoria das restrições, é preciso que o gestor tenha em mente os seguintes conceitos:

- *ganho* – representa o índice pelo qual o sistema gera dinheiro por meio das vendas. É a diferença entre o preço líquido de venda e os materiais utilizados na produção do bem;

- *inventário* – representa o dinheiro investido em bens que se pretende vender, como a matéria-prima, material auxiliar, embalagem e todos os materiais consumidos no processo produtivo;
- *despesas operacionais* – são os recursos gastos para transformar o inventário em ganho. Todos os demais custos de produção, inclusive mão de obra direta e indireta, e todas as despesas de vendas, administrativas e financeiras são considerados como despesas operacionais;
- *custos variáveis* – representam os materiais consumidos na produção do bem;
- *preço líquido de venda* – representa o preço bruto menos impostos e contribuições sobre o faturamento e despesas variáveis de vendas, tais como comissões e fretes;
- *recursos* – são as máquinas ou centro de custos produtivos;
- *retorno sobre o investimento* – representa o lucro líquido dividido pelo investimento. Índice que expressa o esforço necessário para o alcance de determinado nível de lucro.

A metodologia da teoria da restrição consiste nos seguintes princípios:

- *1º Passo*: identificar a restrição. Verificar se a restrição é interna ou externa (exemplo: capacidade interna de produção ou demanda de mercado).
- *2º Passo*: explorar a restrição ou decidir como explorá-la. Significa aplicar esforços na solução do problema central. Um exemplo de restrição interna seria referente ao tempo de uma máquina, não permitindo que seja fabricado um número maior de produtos. Nesse caso, sugere-se que se calcule o ganho por minuto dos produtos na máquina ou recurso que está gerando a restrição. O cálculo seria efetuado da seguinte forma:

Produto	**Ganho R$ (1)**	**Tempo para produzir o bem na máquina (2)**	**Ganho por minuto de utilização na máquina (1 : 2)**
A	90,00	30 m	3
B	120,00	60 m	2

O produto A remunera melhor cada minuto de produção no maquinário que tem a restrição. Assim, a produção do A deverá ser priorizada, pois apresenta o melhor ganho por minuto de utilização na máquina.

- *3º Passo:* subordinar o nível de atividade à capacidade da restrição. A produção de um bem não deve ficar restrita à capacidade de produção do centro de custos ou maquinário, porque a utilização total de demais recursos diminuiria os custos indiretos, mas geraria estoques intermediários que, no final, comprometeriam a lucratividade da empresa.

- *4º Passo:* elevar a restrição. Deve-se evitar perda de tempo no recurso ou centro de custos, bem como tentar aumentar tempo para aumentar a produção e a lucratividade.
- *5º Passo:* após elevar a restrição ou resolver o problema, surgirá nova restrição no processo produtivo. Portanto, deve-se retornar para o 1º passo e sucessivamente ao novo elo, não deixando que a inércia crie uma restrição.

Na TOC não há técnicas de rateio que são utilizadas normalmente nos métodos de custeio por absorção, *RKW* e ABC. Esses privilegiam a formação de estoques sem levar em consideração a capacidade produtiva da empresa.

A TOC, seguindo a lógica do *just in time* e sendo bem empregada, tenta eliminar o acúmulo de inventário e diminuir problemas operacionais, assegurando o mínimo necessário de estocagem sem que haja prejuízo no capital de giro da empresa.

8 Preço de venda

Após a intensificação da abertura da economia no início dos anos 90, as empresas brasileiras passaram por mudanças estruturais no ambiente produtivo, em função da chegada de produtos importados com preços e qualidade competitivos.

Uma grande quantidade de empresas tinha como parâmetro, para calcular o preço de venda dos produtos, o controle empírico dos gastos gerais de fabricação, a observação do preço de venda dos concorrentes e o acompanhamento e ajuste dos preços pelas taxas de inflação. Diversas empresas entraram em processo de falência e concordata porque não utilizavam nenhum sistema de custos.

Uma política de preços eficiente permite avaliar o equilíbrio operacional necessário para a obtenção da margem de lucro, gerenciar as condições de vendas, os efeitos da inflação e os prazos das vendas e da formação do capital de giro. No entanto, analisar os preços de venda a partir dos custos da empresa não é suficiente, é essencial fazer uma análise dos fatores mercadológicos somados aos aspectos econômicos e financeiros, proporcionando a lucratividade esperada pelo empresário. O preço de venda dos produtos depende de diversos fatores, tais como:

- número de concorrentes, clientes, fornecedores e produtos substitutos, pois influenciam o ambiente competitivo da empresa. Uma empresa pode ainda ter um preço de venda determinado pelo governo ou entidade de classe, limitando um plano estratégico orçamentário e a concretização de altos ganhos em produtividade e lucro;
- ciclo de vida do produto. É essencial, na formação de preços, a identificação do ciclo de vida dos produtos (introdução, crescimento, maturida-

de e declínio), pois cada etapa corresponde a uma estratégia mercadológica na formação de gastos e de preços;

- avaliação do mercado de atuação. Os mercados são divididos em: monopólios, constituídos por apenas uma empresa; oligopólios, atuação de poucas empresas na mesma atividade que têm uma vasta liberdade na política de fixação de preços, pois dominam o mercado; concorrência perfeita, representada por empresas de setores de atividades que têm pouca capacidade de impor preços de venda, pois são influenciadas pela grande concorrência.

Embora certo número de empresas utilize a fórmula tradicional de cálculo do preço de venda, que tem por base o custo unitário do produto fabricado e a taxa de lucro, sabe-se que muitas poderão ainda perder competitividade. A problemática do cálculo do preço de venda não se resume a essas duas variáveis, mas reside também no método utilizado para calcular o custo unitário dos produtos, que pode ser o custeio por absorção, variável, RKW ou ABC, além da metodologia para cálculo da taxa de lucro desejada. A taxa mais conhecida para calcular o preço de venda é o *markup*. Na formação do *markup* deverão integrar-se também os tributos, taxas administrativas, taxas financeiras e o custo de oportunidade, que pode ter por base o capital investido (exemplo: capital social, patrimônio líquido e ativo total).

Para a formação do preço de venda, devem também ser analisados os tributos correspondentes à atividade da empresa. Os principais tributos incidentes na formação de preços são:

- *ICMS* – imposto de competência dos Estados, tem alíquotas diferenciadas para cada um, sendo um imposto não cumulativo;
- *ISS* – Imposto sobre Serviços de competência dos Municípios, sua incidência é sobre o preço de venda total das empresas prestadoras de serviço;
- *IPI* – Imposto sobre Produtos Industrializados, incide sobre produtos industrializados, nacionais e estrangeiros, é de competência da União;
- *COFINS* – Contribuição para o Financiamento da Seguridade Social, é de competência da União, tem por base a receita bruta, exceto sobre as parcelas de IPI, incide sobre o preço de venda total;
- *PIS* – Programa de Integração Social, é da esfera federal e incide sobre o preço de venda total ou sobre a folha de pagamento;
- *CSSL* – Contribuição Social sobre o Lucro Líquido, que é de competência da União;
- *IRPJ* – Imposto de Renda Pessoa Jurídica, é de competência da União, podendo ser calculado com tributação diferenciada, por três formas de apuração: lucro real, lucro presumido e lucro arbitrado;

- *SIMPLES* – imposto de competência da União para microempresas e empresas de pequeno porte, possui cobrança unificada em uma única alíquota dos tributos federais.

Os métodos de custeamento mais usuais para a formação do preço de venda são:

- *custeio por absorção* – todos os custos indiretos (fixos ou variáveis) da empresa são rateados aos produtos;
- *custeio variável* – apropria somente os custos variáveis aos produtos. Por esse método, pode-se chegar à margem de contribuição, que auxilia na definição de quais condições de venda devem ser implantadas para que a empresa tenha uma concorrência adequada para o mercado.

A fórmula usual para o cálculo do preço de venda será:

$$PVu = CTu \times Markup$$

Onde:

PVu representa o preço de venda unitário;

CTu representa o custo total unitário do produto;

Markup representa o fator multiplicador que será acrescido ao custo da mercadoria.

Para exemplificar, imaginamos que numa determinada empresa a composição dos custos pelo método de custeio por absorção e pelo método de custeio variável seja a seguinte:

Composição dos Custos	Método de Custeio por Absorção em R$	Método de Custeio Variável em R$
Matéria-prima	1.000,00	1.000,00
Mão de Obra Direta	500,00	500,00
Custos Indiretos Fixos	600,00	0
Custo Total	2.100,00	1.500,00

Observe que os custos indiretos de fabricação só farão parte da composição do custo total do produto no método de custeio por absorção. No método de custeio variável, os CIF não irão compor o valor do custo total do produto, mas deverão aparecer na composição da taxa de cálculo do *markup* multiplicador. Para o cálculo do *markup* multiplicador, serão consideradas as seguintes taxas:

Exemplo de Determinação do *Markup* e preço de venda		
Itens	**Pelo Método de Custeio Absorção**	**Pelo Método de Custeio Variável**
Preço de Venda (1)	100%	100%
(–) Despesas Variáveis (2)	25%	25%
(–) ICMS	17%	17%
(–) Comissões	5%	5%
(–) Outros Tributos	3%	3%
(–) Despesas Fixas (3)	17%	30,72%
(–) Administrativas	10%	10%
(–) Financeiras	7%	7%
(–) Custos Fixos	0	13,72%
(–) Taxa de lucro (4)	10%	10%
= *Markup* Divisor (5)=(1-2-3-4)	48%	34,28%
= *Markup* Multiplicador (1:5)	2,0833	2,9166

O preço de venda do produto pelo **Método de Custeio Absorção** será igual a:

$$PVu = R\$\ 2.100{,}00 \times 2{,}0833 = R\$\ 4.374{,}93$$

O preço de venda do produto pelo **Método de Custeio Variável** será igual a:

$$PVu = R\$\ 1.500{,}00 \times 2{,}9166 = R\$\ 4.374{,}90$$

Vimos que o valor da taxa do *markup* multiplicador recebe influência do método de apuração dos custos dos produtos, sendo relativamente simples de ser apurado. Um bom sistema de custos facilitará o gestor na tomada de decisão quanto aos procedimentos a serem realizados na fabricação dos bens.

O que impera na maioria das vezes é um empirismo no cálculo do preço de venda, sendo a raiz da elevada taxa de mortalidade e sobrevivência das empresas.

Há uma quantidade de casos em que o sucesso inicial de uma empresa se deve ao baixo preço de venda dos produtos. No entanto, é na maioria das vezes estipulado sem nenhum controle, restando o seu desaparecimento em poucos anos face à ausência do cálculo correto do preço de venda dos produtos.

Referências

BERNARDI, Luiz Antonio. **Política e formação de preços**: uma abordagem competitiva, sistêmica e integrada. São Paulo: Atlas, 1998.

BORNIA, Antonio Cezar. **Análise gerencial de custos**. São Paulo: Atlas, 2009.

MARTINS, Eliseu. **Contabilidade de custos**. São Paulo: Atlas, 2009.

PEREZ JÚNIOR, José Hernandez; OLIVEIRA, Luís Martins. **Contabilidade de custos para não contadores**. São Paulo: Atlas, 2009.

SANTOS, Joel J. **Contabilidade e análise de custos**. São Paulo: Atlas, 2009.

Exercícios

1. **(ENADE 2015) No quadro a seguir estão demonstradas operações com mercadorias de determinada empresa.**

Data	Descrição	Quantidade	Valor Unitário
2/4/2015	Compras	60	R$ 1,50
7/4/2015	Compras	90	R$ 1,80
25/4/2015	Vendas	?	?

Após o inventário físico, realizado em 30/4/2015, verificou-se não ter havido quebra ou perda na movimentação e observou-se que o saldo final correspondia a 20% do saldo de compras e que o preço unitário de venda do produto havia sido de R$ 2,00. A empresa utilizou, para avaliação de estoque, o critério denominado Custo Médio. Nessa situação, o saldo da conta Estoque e o Custo da Mercadoria Vendida (CMV), em 30/4/2015, são, respectivamente, de:

a) R$ 50,40 e R$ 162,00
b) R$ 50,40 e R$ 201,60
c) R$ 90,00 e R$ 50,40
d) R$ 162,00 e R$ 90
e) R$ 162,00 e R$ 201,60

2. **(ENADE 2015) Uma empresa que utiliza o método de custeio de absorção para a apuração dos custos dos produtos fabricou, em determinado período, 50 unidades de um dos produtos de sua linha, com custo total de produção de R$ 1.000.000,00 e custo unitário variável de R$ 8,00. A empresa estima que, para o próximo período, haverá aumento na produ-**

ção de 20% do referido produto, mantida a estrutura atual de custos, sem necessidade de modificação da capacidade de produção já instalada.

Nessa situação, dado o novo volume de produção, o custo unitário de produção, mantido o método do custeio por absorção, será de:

a) R$ 8,00

b) R$ 9,60

c) R$ 18,00

d) R$ 20,00

e) R$ 21,60

3. **(ENADE 2015) É muito importante que o empreendedor conheça o próprio negócio, para não deixar, nas mãos de terceiros, cuidados essenciais como a boa gestão de custos. O conhecimento do assunto auxilia o proprietário do negócio a ter uma boa gestão financeira: administrar e controlar os custos gerados na produção e comercialização de serviços ou produtos. O preço final de um serviço prestado ou produto vendido depende de quanto é investido para que ele exista. Caso a gestão de custos não seja eficaz, corre-se o risco de a empresa cobrar valores que não condizem com a realidade, o que pode afetar as margens de lucro, o volume de vendas ou o andamento geral do negócio.**

Considerando essas informações, avalie as asserções a seguir e a relação proposta entre elas.

I. Quando o preço de venda de um produto ou serviço é determinado pelo mercado, a empresa só ampliará sua margem de lucro por meio da redução de custos e aumento da produtividade.

PORQUE

II. Praticar preços acima do mercado, quando os produtos ou serviços não agregam valores que os diferenciem de outros similares disponíveis, provocará queda da demanda esperada, uma vez que os consumidores tenderão a comprar dos concorrentes.

A respeito dessas asserções, assinale a opção correta.

a) As asserções I e II são proposições verdadeiras, e a II é uma justificativa correta da I.

b) As asserções I e II são proposições verdadeiras, mas a II não é uma justificativa correta da I.

c) A asserção I é uma proposição verdadeira, e a II é uma proposição falsa.

d) A asserção I é uma proposição falsa, e a II é uma proposição verdadeira.

e) As asserções I e II são proposições falsas.

4. **(ENADE 2006) A Indústria Laboriosa fabrica apenas um produto, gastando 12 minutos de hora/máquina para produzir cada unidade. Em um determinado mês sua estrutura de custos e despesas é a seguinte:**

Dados	Valor
CustosFixos/mensais (CF)	R$ 1.920.000,00
Custos Variáveis (CV)	R$ 1.260.000,00
Despesas Fixas Mensais (DF)	R$ 1.200.000,00
Despesas Variáveis de Vendas (DV)	R$ 0,20 para cada R$ 1,00 das Vendas
Horas Máquinas Totais/Mês Aplicadas	2.000 horas

Nessas condições, para a empresa vender toda a sua produção e obter um resultado, antes do Imposto de Renda e Contribuições, no valor de R$ 1.400.000,00, qual a margem de contribuição unitária?

a) R$ 140,00

b) R$ 318,50

c) R$ 452,00

d) R$ 578,00

e) R$ 722,50

5. **(FUNDATEC, SEFAZ-RS, Auditor Fiscal da Receita Estadual, 2014) Com base nas informações disponíveis da Indústria Rio Negro Ltda., responda à questão.**

O Departamento de Custos disponibilizou as seguintes informações:

Capacidade total de produção: 20.000 peças por ano.

Custos Fixos Anuais: R$ 60.000,00.

Custos Variáveis: R$ 3,00 por unidade produzida.

Preço de Venda: R$ 9,00 por unidade vendida.

Com base nos dados apresentados, qual é o ponto de equilíbrio econômico se a Indústria Rio Negro Ltda. deseja um lucro anual de R$ 24.000,00?

a) 14.000 unidades por ano

b) 16.000 unidades por ano

c) 24.000 unidades por ano

d) 26.000 unidades por ano

e) 33.000 unidades por ano

6. (ENADE 2012) A Indústria Metalúrgica Sem Fronteiras S.A. fabrica 10.000 unidades mensais de determinada peça cujo custo está discriminado na tabela a seguir.

Custos	10.000	peças Unitário (R$)
Materiais	R$ 50.00,00	5,00
Mão de Obra Direta	R$ 30.000,00	3,00
Custos Indiretos Variáveis	R$ 20.000,00	2,00
Custos Fixos	R$ 100.000,00	10,00
Custo Total	R$ 200.000,00	20,00

Essa empresa recebe uma proposta de comprar a peça diretamente de um fornecedor por R$ 11,00 cada; porém, nesse caso, incorreria nos seguintes custos adicionais:

- fretes de R$ 2,00 por unidade;
- mão de obra indireta adicional para recepção, inspeção e manuseio das peças de R$ 20.000,00 mensais.

Se parar de fabricar a peça, a empresa não conseguirá eliminar todos os custos atuais relacionados à fabricação do produto, restando, ainda, 40% dos custos fixos.

Caso a empresa deixe de fabricar a peça e passe a comprá-la do fornecedor, seu custo unitário será de:

a) R$ 19,00

b) R$ 21,00

c) R$ 23,00

d) R$ 25,00

e) R$ 27,00

7. (FGV Técnico da Defensoria Publica – Técnico em Contabilidade 2015) Uma indústria teve uma receita de vendas de $ 8.000 e um lucro bruto de $ 2.400. Sabendo-se que foram vendidas 640 unidades e que o custo fixo representa 60% dos custos dos produtos vendidos, a margem de contribuição unitária é de:

a) 9,00

b) 8,50

c) 7,25

d) 5,25

e) 4,00

8. **(ENADE 2009) Uma empresa produziu, no mesmo período, 100 unidades do produto A, 200 unidades do produto B e 300 unidades do produto C. Os custos indiretos totais foram de R$ 1.700,00. Os custos diretos unitários de matéria-prima representaram, respectivamente, R$ 1,50, R$ 1,00 e R$ 0,50, e os custos diretos unitários de mão de obra R$ 1,00, R$ 0,50 e R$ 0,50. O critério de rateio dos custos indiretos foi proporcional ao custo direto total de cada produto.**

   Considerando-se essas informações, o custo unitário dos produtos A, B e C pelo custeio por absorção são, respectivamente,

   a) R$ 11,00; R$ 4,05; R$ 2,13.
   b) R$ 7,50; R$ 4,50; R$ 3,00.
   c) R$ 6,50; R$ 4,00; R$ 2,50.
   d) R$ 5,00; R$ 3,00; R$ 2,00.
   e) R$ 2,50; R$ 1,50; R$ 1,00.

9. **(EXAME CFC 2016.1) Uma indústria que fabrica três modelos de mesas apresentou, em um determinado período, os saldos de gastos abaixo:**

Itens	Saldo
Aluguel do escritório comercial	R$ 38.400,00
Comissões sobre vendas	R$ 192.000,00
Depreciação de máquina utilizada na fabricação dos três modelos de mesa	R$ 89.600,00
ICMS sobre vendas	R$ 384.000,00
Mão de obra direta	R$ 140.800,00
Mão de obra indireta	R$ 102.400,00
Material direto de embalagem utilizado na produção	R$ 25.600,00
Matéria-prima consumida	R$ 345.000,00
Aluguel da fábrica – Setor de produção	R$ 76.800,00
Salário dos vendedores	R$ 12.800,00

   Com base nos saldos apresentados e considerando-se como objeto de custeio os produtos, o valor total dos Custos Indiretos é:

   a) R$ 243.200,00
   b) R$ 268.800,00
   c) R$ 332.800,00
   d) R$ 345.600,00

10. (ENADE, 2006) A Empresa Custakaro Ltda. apresentou, em determinado momento, os dados abaixo:

	Produto Alpha	**Produto Beta**
Margem de Contribuição (considerando somente os custos variáveis)	R$ 380,00	R$ 420,00
Matéria-prima	R$ 240,00	R$ 360,00
Preço de Venda (líquido dos Impostos)	R$ 860,00	R$ 900,00

De acordo com esses dados, qual o percentual de participação da matéria-prima em relação ao custo variável total dos produtos Alpha e Beta, nessa ordem?

a) 25% e 50%.
b) 44% e 46%.
c) 50% e 25%.
d) 50% e 75%.
e) 75% e 50%.

11. (ENADE, 2006) A Cia. Eficiência fabrica equipamentos de irrigação agrícola modular. Em um determinado mês, produz e vende 450 unidades ao preço unitário de R$ 3.500,00. A estrutura de custos e despesas da empresa é a seguinte:

1. Custos e Despesas Variáveis R$ 2.500,00 por mês
2. Custos e Despesas Fixas R$ 360.000,00 por mês

Com base nos dados apresentados e considerando o conceito de alavancagem operacional é correto afirmar:

a) A empresa opera com uma margem de segurança de 20%.
b) A empresa nestas condições obtém um lucro de R$ 60.000,00.
c) O ponto de equilíbrio da empresa se dá após a venda de 380 unidades.
d) A empresa apura, no período, um prejuízo de R$ 100.000,00.
e) O resultado da empresa é nulo.

12. (Exame II – CFC 2011) Uma empresa realizou seu inventário físico em 1º/8/2011, identificando em seu estoque de mercadorias 8.000 unidades, avaliadas ao custo médio unitário de R$ 180,00. Em 5/8/2011 vendeu 6.000 unidades, à vista, por R$ 1.650.000,00, numa operação isenta de tributos de qualquer natureza. O comprador, no dia 10/8/2011, devolveu 20% da compra e ainda conseguiu obter um abatimento de 20%

no preço. Considerando essas transações as únicas do mês de agosto, a empresa apresentou um estoque em 31/8/2011 de:

a) 3.200 unidades a R$ 144,00, totalizando R$ 460.800,00.
b) 3.200 unidades a R$ 166,50, totalizando R$ 532.800,00.
c) 3.200 unidades a R$ 180,00, totalizando R$ 576.000,00.
d) 3.200 unidades a R$ 193,50, totalizando R$ 619.200,00.

13. (Exame II – CFC 2011) As seguintes informações foram extraídas do departamento de escuderia de uma indústria, no mês de junho de 2011, que utiliza o Sistema de Custeio ABC:

Produto	**Materiais diretos**	**Mão de obra direta**	**Pedidos de alterações de engenharia**	**Quilowatt-hora**
A	R$ 22.000,00	R$ 8.000,00	15	7.000 W
B	R$ 28.000,00	R$ 12.000,00	25	13.000 W
Total	R$ 50.000,00	R$ 20.000,00	40	20.000 W

Foram identificadas as seguintes atividades relevantes:

Atividade	**Direcionador de custo**
Realizar engenharia	Pedidos de alterações de engenharia
Energizar	Quilowatt-hora

Os custos indiretos de manufatura para o mês foram:

Realizar engenharia	R$ 84.000,00
Energizar	R$ 15.000,00
Total dos custos indiretos de manufatura	R$ 99.000,00

Com base nos dados apresentados, assinale a opção que apresenta o custo total do Produto "A" e do Produto "B", utilizando o método ABC, respectivamente:

a) R$ 66.750,00 e R$ 102.250,00.
b) R$ 69.600,00 e R$ 99.400,00.
c) R$ 72.429,00 e R$ 96.571,00.
d) R$ 73.560,00 e R$ 95.440,00.

14. (Exame II – CFC 2011). De acordo com a terminologia de custos, julgue os itens abaixo como Verdadeiros (V) ou Falsos (F) e, em seguida, assinale a opção CORRETA.

I – A depreciação de equipamentos que são utilizados em mais de um produto é classificada como custos indiretos de fabricação.

II – Quando uma indústria produz apenas um produto, não existe alocação de custos indiretos de fabricação.

III – O valor anormal de desperdício de materiais, mão de obra ou outros insumos de produção são incluídos como custo do período.

IV – O critério PEPS pressupõe que os itens de estoque que foram comprados ou produzidos primeiro sejam vendidos em primeiro lugar e, consequentemente, os itens que permanecerem em estoque no fim do período sejam os mais recentemente comprados ou produzidos.

V – De acordo com o critério do custo médio ponderado, o custo de cada item é determinado a partir da média ponderada do custo de itens semelhantes no começo de um período e do custo dos mesmos itens comprados ou produzidos durante o período.

A sequência CORRETA é:

a) V, F, V, F, F.
b) V, F, V, F, V.
c) V, V, F, V, F.
d) V, V, F, V, V.

15. (Exame II – CFC 2011) Uma empresa apresenta duas propostas de orçamento para o segundo semestre de 2012.

	Orçamento 1	**%**	**Orçamento 2**	**%**
Vendas	R$ 8.550.000,00	100	R$ 14.400.000,00	100
Custos Variáveis	R$ 5.130.000,00	60	R$ 5.760.000,00	40
Margem Contribuição	R$ 3.420.000,00	40	R$ 8.640.000,00	60
Custos Fixos	R$ 1.795.500,00	21	R$ 4.752.000,00	33
Lucro Líquido	R$ 1.624.500,00	19	R$ 3.888.000,00	27

Os pontos de equilíbrio contábil dos Orçamentos 1 e 2, em valores monetários, são, respectivamente:

a) R$ 9.450.000,00 e R$ 17.600.000,00.

b) R$ 7.735.714,29 e R$ 11.781.818,18.

c) R$ 4.488.750,00 e R$ 7.920.000,00.

d) R$ 4.061.250,00 e R$ 6.480.000,00.

16. (Exame – CFC 2012) De acordo com a Terminologia de Custos, julgue os itens abaixo, como Verdadeiros (V) ou Falsos (F) e, em seguida, assinale a opção CORRETA.

I – Gargalo compreende um ponto da estrutura organizacional ou um recurso que limita as atividades operacionais.

II – Margem de Segurança Operacional corresponde à quantidade de produtos ou receitas que uma empresa opera abaixo do ponto de equilíbrio.

III – Produção em Série é um sistema produtivo no qual as empresas necessitam de um pedido formal do cliente. Os produtos não são padronizados, sendo produzidos de acordo com as características pedidas pelos clientes.

IV – Rateio de Custo é a alocação dos custos aos objetos de custeio tendo por base um critério de rateio previamente definido.

V – Sistema de Acumulação de Custos por Processo é o sistema de acumulação de custos utilizados pelas empresas que trabalham em produção em série. Consiste em acumular os custos em uma conta representativa de um centro de custos e dividi-los pela produção equivalente para obter o custo de uma unidade de produto.

A sequência CORRETA é:

a) V, F, F, V, V.

b) V, F, F, V, F.

c) F, F, F, V, V.

d) F, V, V, V, F.

17. (Exame – CFC 2012) Uma indústria apresenta aos seus analistas de custos as seguintes informações do mês de fevereiro de 2012:

Produtos	Quantidade Produzida	Quantidade vendida	Custo Variável Total	Preço de Venda Unitária
A	1.200 unids.	1.100 unids.	R$ 20.160,00	R$ 40,00
B	750 unids.	500 unids.	R$ 33.000,00	R$ 70,00
C	5.200 unds.	5.200 unids.	R$ 33.280,00	R$ 13,00

– A empresa adota o Custeio por Absorção.
– Os Custos Fixos Totais são de R$ 21.610,00 e foram rateados aos produtos com base nos custos variáveis totais.
– As Despesas Variáveis representam 5% do preço de vendas.
– As Despesas Fixas representam R$ 6.300,00.

A Margem de Contribuição Total dos produtos A, B e C são, respectivamente:

a) R$ 23.320,00; R$ 11.250,00; e R$ 30.940,00
b) R$ 25.440,00; R$ 16.875,00; e R$ 30.940,00
c) R$ 25.520,00; R$ 13.000,00; e R$ 34.320,00
d) R$ 27.840,00; R$ 19.500,00; e R$ 34.320,00

18. (Exame – CFC 2012) Uma indústria apresenta o custo padrão necessário para comprar, cortar e beneficiar uma tora de madeira.

– Custos com materiais R$ 125.000,00.
– Custos de transformação R$ 55.000,00.

Do processo inicial, sairão dois produtos, partindo desses custos conjuntos: chapas de madeira e vigas de madeira. Os valores de venda estimados desses dois produtos são os seguintes:

– Chapas R$ 252.000,00.
– Vigas R$ 378.000,00.

Os custos adicionais para venda das chapas são estimados em R$ 50.000,00 e para venda das vigas em R$ 112.000,00.

Considerando o valor das vendas dos produtos finais como base de rateio e considerando os custos conjuntos das chapas de madeira e das vigas de madeira, as margens líquidas em percentual de cada produto são, respectivamente:

a) 40,00% e 60,00%.
b) 51,59% e 41,80%.
c) 71,43% e 71,43%.
d) 72,22% e 58,52%.

19. (Exame – CFC 2012) Uma sociedade empresária produz um produto com preço de venda de R$ 10,00 por unidade. Os custos variáveis são

R$ 8,00 por unidade e os custos fixos totalizam R$ 18.000,00 por ano, dos quais R$ 4.000,00 são relativos à depreciação. O Patrimônio Líquido da empresa é de R$ 50.000,00 e a sua taxa mínima de atratividade é de 10% ao ano.

O ponto de equilíbrio contábil, econômico e financeiro são, respectivamente:

a) 9.000 unidades por ano, 11.500 unidades por ano e 7.000 unidades por ano.

b) 9.000 unidades por ano, 11.500 unidades por ano e 9.500 unidades por ano.

c) 9.000 unidades por ano, 7.000 unidades por ano e 9.500 unidades por ano.

d) 9.000 unidades por ano, 9.500 unidades por ano e 7.000 unidades por ano.

20. (Exame – CFC 2012). Relacione o tipo de custo descrito na primeira coluna com os conceitos na segunda coluna e, em seguida, assinale a opção CORRETA.

(1) Custo Fixo	( ) É custo de natureza mais genérica, não sendo possível identificar imediatamente como parte do custo de determinado produto.
(2) Custo Variável	( ) Um custo que pode ser diretamente controlado em determinado nível de autoridade administrativa, seja em curto, seja em longo prazo.
(3) Custo Direto	( ) Um custo que, em determinado período e volume de produção, não se altera em seu valor total, mas vai ficando cada vez menor em termos unitários com o aumento do volume de produção.
(4) Custo Indireto	( ) É custo incorrido em determinado produto, identificando-se como parte do respectivo custo.
(5) Custo Controlável	( ) Um custo uniforme por unidade, mas que varia no total na proporção direta das variações da atividade total ou do volume de produção relacionado.

A sequência CORRETA é:

a) 4, 5, 1, 3, 2.

b) 1, 5, 4, 3, 2.

c) 1, 3, 4, 5, 2.

d) 4, 3, 1, 5, 2.

Gabarito

1. b	6. a	11. a	16. a
2. c	7. a	12. c	17. a
3. a	8. b	13. a	18. b
4. c	9. b	14. d	19. a
5. a	10. d	15. c	20. a

Os exercícios deste capítulo encontram-se resolvidos e comentados e estão à disposição dos leitores no *site* do GEN | Atlas.

7

Contabilidade Gerencial

Clesia Camilo Pereira
Fátima de Souza Freire

Objetivos

- ⇨ Entender a importância do papel da contabilidade gerencial nas organizações
- ⇨ Compreender como as organizações descentralizadas delegam responsabilidades
- ⇨ Elaborar uma demonstração de resultado por segmento, usando o formato de contribuição
- ⇨ Compreender metodologias de avaliação de desempenho de uma organização
- ⇨ Compreender como se determina um preço de transferência de operações internas

1 Introdução

Este capítulo apresenta conhecimentos básicos relacionados à contabilidade gerencial. A contabilidade gerencial trata do processo de identificação, mensuração, análise e comunicação de informações financeiras e operacionais que são utilizadas pelos administradores no planejamento, avaliação, controle e tomada de decisão dentro de uma organização.

1.1 Processo de gestão e as informações contábeis gerenciais

Independentemente de porte, todas as organizações possuem administradores, que são as pessoas responsáveis pela sua gestão. A gestão envolve atividades como elaboração de projetos, organização de recursos, gestão de recursos humanos e controle de operações. Estas atividades estão divididas em três momentos, quais sejam: planejamento, execução e controle.

O planejamento consiste em um processo que envolve o estabelecimento de objetivos da organização, bem como a escolha de uma linha de ação e a especificação de como esta linha será executada.

A execução é o momento no qual os gestores desenvolvem ações para efetivar o que foi planejado, através da mobilização de pessoas no processo e da gestão de operações rotineiras.

Por controle entende-se a verificação de que as ações estão em desenvolvimento em conformidade com o que foi planejado, possibilitando-se a identificação de desvios, suas causas e possíveis correções circunstanciais.

As informações contábeis gerenciais desempenham um papel fundamental nessas três atividades, em especial nas atividades de planejamento e controle. Elas devem ser relacionadas à real necessidade de seus usuários, à utilidade que eles pretendem dar às informações e ao processo decisório.

1.2 Contabilidade financeira e contabilidade gerencial

Embora haja similaridades e áreas de sobreposição entre a contabilidade financeira e a contabilidade gerencial, ambas são desenvolvidas para diferentes propósitos e usuários de suas informações.

A contabilidade financeira é regulamentada. É elaborada em conformidade com arcabouços teóricos da contabilidade e com a legislação específica do país. Tem como propósito atender necessidade de um público externo à organização, como acionistas, credores, agentes fiscalizadores, fornecedores e clientes. Reporta relatórios anuais, semestrais, trimestrais e ocasionalmente mensais, em moeda nacional, e seus valores são baseados em atos e fatos já ocorridos. Os principais relatórios são: balanço patrimonial, demonstração de lucros ou prejuízos acumulados, demonstração do resultado do exercício, demonstração do fluxo de caixa e do valor adicionado. Esses demonstrativos devem fornecer informações objetivas, verificáveis, consistentes, relevantes e tempestivas.

A contabilidade gerencial não é regulamentada. É elaborada em conformidade com as necessidades dos gestores da organização, utilizando-se não só do conhecimento da contabilidade, mas também de outras áreas como a economia, finanças, estatística e comportamento organizacional. Reporta relatórios tais como orçamentos e custos, relatórios de desempenho organizacional e relatórios não rotineiros. Todos com o objetivo de geração de informações para tomada de decisão, seja operacional ou estratégica. Embora sejam orientados para o futuro, são comparados com informações passadas para avaliar os resultados reais. Esses demonstrativos devem fornecer informações relevantes e tempestivas, podendo ser subjetivas, possuindo menos verificabilidade e precisão.

2 Descentralização e relatórios por segmentos

As organizações são estruturadas para alcançar seus objetivos. A partir da análise do negócio, efetua-se a configuração da estrutura organizacional que possibilitará o desempenho das atividades operacionais. Nessa configuração são definidos os departamentos, as divisões, os grupos, as posições e os cargos, todos em conformidade com o porte e a necessidade da organização.

Para se atingir o objetivo da organização, é necessário que todas as áreas trabalhem de forma sincronizada, fazendo-se necessária a definição e a delegação da autoridade decisória. A concentração ou dispersão dessa autoridade no processo decisorial é conhecida como centralização ou descentralização.

Nenhuma organização é totalmente centralizada ou descentralizada. Mas, quando as decisões, ou pelo menos as decisões mais relevantes, são tomadas no nível hierárquico organizacional mais alto, por exemplo, pela presidência da organização, pode-se dizer que a organização é centralizadora, pois a autoridade decisorial está concentrada no nível hierárquico mais alto da organização.

Por outro lado, ocorre a descentralização quando a autoridade decisorial é delegada, ou seja, quando é distribuída numa organização, dando aos gestores, até mesmo de nível operacional, a autoridade de tomar decisões relacionadas a sua área de responsabilidade.

2.1 Vantagens e desvantagens da descentralização

Em função de a autoridade decisória ser disseminada pela organização, constituem-se vantagens da descentralização:

a) o nível hierárquico mais alto pode concentrar seus esforços em decisões estratégicas para a organização;
b) as decisões são tomadas pelos gestores das áreas, até mesmo os de nível operacional, e estes, por sua vez, possuem informações mais detalhadas que a alta administração, possibilitando até mesmo mais agilidade no processo decisorial;
c) proporciona aos gestores experiência no processo de tomada de decisão, o que os beneficiará quando forem promovidos a cargos superiores;

d) proporciona maior envolvimento no processo decisorial, gerando motivação para os gestores, o que resulta em aumento da satisfação, melhores desempenhos e retenção destes na organização.

As desvantagens da descentralização são:

a) sendo as decisões tomadas por gestores das áreas, elas podem ser tomadas sem a compreensão geral do problema. Embora possuam informações detalhadas de suas operações, é necessário que esses gestores conheçam a estratégia da empresa para não tomarem decisões descoordenadas e individualizadas;
b) os gestores das áreas podem ter objetivos diferentes dos objetivos da organização. Por exemplo, pode-se estabelecer uma meta de crescimento para a área, pois esse crescimento aumentará os seus rendimentos através do recebimento de comissão, no entanto a organização não tem estrutura para dar suporte a esse crescimento. Este problema pode ser amenizado se a organização estabelecer sistema de avaliação de desempenho que motive os gestores a tomarem decisões de acordo com a estratégia da organização;
c) além das áreas poderem apresentar políticas e procedimentos diversos, poderão ainda dificultar a disseminação de novas ideias em uma organização. A organização deverá ter uma coordenação geral que seja facilitadora no processo de criação de políticas e procedimentos, além de incentivar o compartilhamento de ideias inovadoras.

2.2 Contabilidade por responsabilidade

As organizações descentralizadas precisam de sistemas que vinculem a autoridade decisória aos resultados obtidos pelas decisões tomadas pelos gestores das áreas. Esse controle é realizado na contabilidade, através da criação de centros de responsabilidade, daí o termo *contabilidade por responsabilidade*. Os principais centros de responsabilidade são: centros de custo, centros de lucro e os centros de investimento.

Os gestores dos centros de custo controlam os custos da área onde atuam. Espera-se que administrem a área com o mínimo de recursos possíveis para gerar serviços e produtos com qualidade. Geralmente, são classificados como centros de custo as áreas de serviços, tais como: contabilidade, assessoria jurídica, financeiros, compras, serviços e recursos humanos, e as áreas de produção. Seus resultados são comparados com o custo padrão ideal ou desejável fixado através da análise de padrões de qualidade.

Nos centros de lucro, os gestores respondem tanto pelo custo quanto pelo lucro. Geralmente ocupam cargos de gestão de nível intermediário e seus resultados são acompanhados através da comparação entre os resultados planejado ou orçado e o realizado.

O centro de investimento geralmente é gerido pela alta administração, pois neste centro controlam-se os custos, as receitas e os investimentos em ativos operacionais da organização. Os resultados obtidos por esses gestores geralmente são comparados com medidas de retorno do investimento.

2.3 Elaboração de demonstração de resultado de um segmento

Um segmento corresponde a uma parte ou a uma atividade que é desenvolvida na organização, em que os gestores precisam de informações para o processo de tomada de decisão. As informações podem ser dispostas em relatórios, tais como: relatórios de vendas, vendas por produto, vendas por lojas, vendas por região; produção, por produto, por linhas de produtos; por divisões e por filiais.

Os relatórios no formato de segmento são elaborados a partir da análise da margem de contribuição, onde são comparados os valores das vendas com os dos custos variáveis. É importante ressaltar que a margem de contribuição indica o que ocorre com o lucro quando o volume de produção varia, mantendo constantes a capacidade e os custos fixos.

Nesse contexto, a margem do segmento pode ser utilizada como uma medida de avaliação de desempenho de um segmento, pois ele deve ser capaz de gerar lucros. Nas decisões de curto prazo, a margem de contribuição pode ser utilizada para definir volume de produção, definição de preço de venda de um produto, atendimento a pedidos especiais que envolvem o uso temporário da capacidade produtiva existente.

Observe que na Tabela 7.1 as demonstrações por segmento apresentam tanto os custos fixos vinculáveis quanto os custos comuns ou não vinculáveis. Os custos fixos vinculáveis de um segmento são aqueles incorridos em função da existência do segmento. Se este não existisse, não haveria custo incorrido e, se o segmento fosse eliminado, esse custo também o seria.

Os custos fixos comuns são aqueles que sustentam as operações de mais de um segmento e não são vinculáveis no todo ou em partes a qualquer segmento. E, se o segmento fosse eliminado, não haveria alterações no custo fixo da organização.

Para atingir os objetivos de um relatório por segmento, é necessário que os custos sejam adequadamente atribuídos aos segmentos analisados. É comum ocorrerem erros no processo de atribuição dos custos a centros de responsabilidade. Pode ocorrer omissão de custos, a atribuição incorreta de custos fixos vinculáveis e até mesmo a alocação de custos fixos comuns de forma arbitrária sem considerar a relação de causa e efeito.

Para ilustrar uma demonstração de resultado de um segmento, é apresentada a Tabela 7.1. Trata-se de um relatório de uma empresa hipotética que tem como objeto a prestação de serviços e a industrialização de produtos. Observe que é possível conhecer o resultado da empresa como um todo, de suas divisões, das linhas de produção e por canais de vendas.

A demonstração de resultado por segmento pode ser segmentada em quantos níveis se fizerem necessários para preparar informações para o processo de tomada de decisão dos gestores.

Tabela 7.1 *Relatório por segmento.*

Segmento definido como divisões		**Divisões**	
	Empresa como um todo	**Divisão de Serviços**	**Divisão de produtos**
Vendas	800.000	300.000	500.000
Menos custos e despesas variáveis	420.000	180.000	240.000
= Margem de contribuição	380.000	120.000	260.000
Menos despesas fixas vinculáveis	240.000	80.000	160.000
= Margem de segmento da divisão	140.000	40.000	100.000*
Menos custos e despesas fixas comuns não vinculáveis às divisões	60.000		
= Lucro operacional líquido	80.000		

Segmento definido como linha de produtos da divisão de produtos		**Divisões de Produtos**	
	Divisão de produtos	**Produtos de higiene pessoal**	**Produtos de limpeza**
Vendas	**500.000**	**150.000**	**350.000**
Menos custos e despesas variáveis	**240.000**	**90.000**	**150.000**
= Margem de contribuição	**260.000**	**60.000**	**200.000**
Menos despesas fixas vinculáveis	**145.000**	**25.000**	**120.000**
= Margem de segmento da divisão	**115.000**	**35.000**	**80.000**
Menos custos e despesas fixas comuns não vinculáveis às linhas de produtos	**15.000**		
= Lucro operacional líquido	**100.000**		

Segmento definido como canais de vendas para uma linha de produtos, produtos de limpeza, da divisão de produtos			
		Canais de venda	
	Produtos de limpeza	**Vendas a varejo**	**Vendas pela Internet**
Vendas	350.000	200.000	150.000
Menos custos e despesas variáveis	150.000	60.000	90.000
= Margem de contribuição	200.000	140.000	60.000
Menos despesas fixas vinculáveis	110.000	45.000	65.000
= Margem de segmento do canal de vendas	90.000	95.000	(5.000)
Menos custos e despesas fixas comuns não vinculáveis aos canais de vendas	10.000		
= Lucro operacional líquido	80.000		

As margens de segmento devem ser acompanhadas rigorosamente. Observe na Figura 7.1 que Canais de vendas pela Internet possui margem negativa, o que não significa necessariamente que este canal deva ter suas atividades encerradas. Em um processo de análise, deve-se focar o exame minucioso dos custos e despesas variáveis, buscando sua redução, e até mesmo o aumento das vendas de acordo com a capacidade existente, visando à maximização da margem de segmento do canal de vendas.

3 *Balanced Scorecard* como instrumento de análise de avaliação de desempenho

O objetivo de uma avaliação de desempenho é analisar o resultado das áreas da organização em relação aos objetivos estratégicos estabelecidos. É através da análise de desempenho que se estabelece a direção para onde a organização deve caminhar, os meios de controle para alcançar seu objetivo, meios de checagem de desvios e até mesmo possíveis ações corretivas.

A alta administração acompanha o desempenho da organização por meio de indicadores. Existem indicadores financeiros e não financeiros que podem ser utilizados em uma avaliação de desempenho. Os indicadores financeiros focam resultados e, por este motivo, são criticados porque retratam resultados obtidos em iniciativas já realizadas. Os indicadores não financeiros são decisivos no processo decisorial, pois são fatores que determinarão o desempenho financeiro no futuro.

A análise de indicadores deve ser realizada de forma integrada, ou seja, análise conjunta de indicadores financeiros e não financeiros, e deve refletir o processo hierárquico decorrente da missão e da estratégia da organização.

3.1 *Balanced Scorecard (BSC)*

O *Balanced Scorecard* (BSC) é um modelo de mensuração de desempenho que foi criado por Kaplan e Norton (1996). Trata-se de um conjunto integrado de medidas de desempenho resultante da missão e da estratégia da organização que dá uma visão abrangente do negócio.

Como cada organização possui sua própria estratégia, o BSC será único em cada organização, pois retratará a sua realidade.

As organizações desenvolvem as medidas de desempenho para atingir seus objetivos estratégicos. Essas medidas devem ser dinâmicas, pois serão alteradas à medida que a estratégia evoluir, durante todo o ciclo de vida da organização.

Para o BSC ter sucesso, é necessário que haja uma integração de medidas financeiras e não financeiras com a estratégia da organização. Assim, na determinação dessas medidas há que se observarem as relações de causa e efeito, a combinação de indicadores de resultados com os impulsionadores de desempenho e das relações causais com os fatores financeiros.

3.2 *O BSC e suas perspectivas*

O BSC foi desenvolvido considerando quatro perspectivas do desenvolvimento organizacional: financeira, cliente, processos internos e aprendizagem e crescimento.

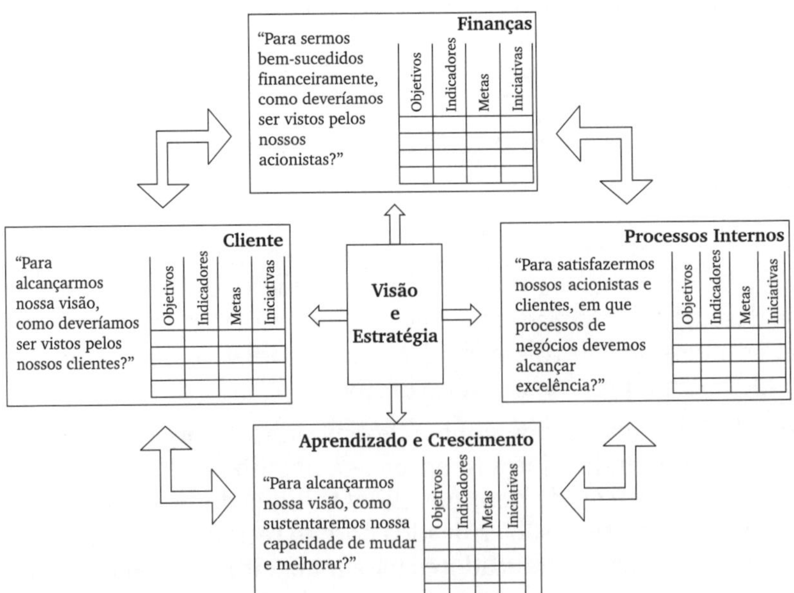

Fonte: Kaplan e Norton (1996) adaptado.

Figura 7.1 *As quatro perspectivas do desempenho organizacional, sob a ótica do* Balanced Scorecard.

Essas quatro perspectivas buscam representar o equilíbrio entre indicadores externos, que são de interesse dos acionistas e dos clientes, e internos, que proporcionam análise crítica dos processos, aprendizado e crescimento da organização.

As organizações podem até incorporar mais perspectivas na construção do seu BSC desde que proporcionem a geração de vantagem competitiva, devendo ser totalmente integrada com a cadeia de relações causais que retratam a estratégia da organização.

Num processo de implementação do BSC, depois de definidas as perspectivas, devem-se estabelecer os objetivos de cada uma delas, alinhados com a estratégia da organização. Logo em seguida, identificam-se as medidas de desempenho para cada um dos objetivos traçados e estabelecem-se os *targets*, que são os níveis esperados de *performance* de cada um deles.

3.2.1 Perspectiva financeira

Sob o enfoque da perspectiva financeira, entende-se que a organização deve atender aos acionistas em seus objetivos, isto é, gerar os retornos esperados a partir do capital investido. Este enfoque retrata, geralmente, metas de longo prazo.

Os objetivos financeiros constituem foco para as demais perspectivas do BSC em função da relação de causa e efeito. Só é possível obter os resultados financeiros esperados se os clientes da organização estiverem satisfeitos (perspectiva do cliente). Mas, para atender às necessidades dos clientes, é necessário que a organização desenvolva-se internamente, melhorando seus processos (perspectiva de processos internos), o que proporcionará infraestrutura necessária para atendimento e manterá seus colaboradores satisfeitos e motivados para um bom atendimento a clientes internos e externos (perspectiva de aprendizagem e crescimento).

Para selecionar as medidas financeiras, deve-se ater ao ciclo de vida da organização. Existem três temas principais que norteiam a estratégia organizacional: crescimento e *mix* de receita; redução de custos e melhoria de produtividade; e utilização dos ativos na estratégia de investimentos.

Na fase de crescimento, a organização busca acompanhar e evolução das vendas e a participação no mercado, seja através da análise do aumento de receitas por segmento ou através da análise de receita gerada por novos produtos disponibilizados no mercado. Busca-se uma otimização dos recursos investidos em ativos e é comum o acompanhamento da relação existente entre os custos e o aumento de produtividade. Como medidas financeiras, podem ser utilizadas, por exemplo, a relação entre receita e a quantidade de funcionários, o percentual de investimentos em ativos em relação ao percentual de vendas.

Na fase de sustentação, existe a preocupação com a manutenção da organização no mercado. O acompanhamento da participação no mercado é constante e é realizado através da análise do perfil dos clientes e da fatia de mercado que é atendida, além da lucratividade por cliente e por linhas de produtos. Com relação aos custos, surge a necessidade de comparar os custos de suas operações com os dos concorrentes, visando equilibrar os preços de venda dos produtos com qualidade semelhante. Com relação à utilização dos ativos, busca-se verificar se a sua capacidade total está sendo utilizada e se está gerando o retorno esperado, através da análise, por exemplo, de índices de capital de giro, de utilização dos ativos e retorno de investimentos.

Já na fase da colheita, uma vez que a organização já realizou seus investimentos e está sedimentada no mercado, o foco passa a ser a lucratividade por cliente e por linhas de produtos. Os custos são analisados unitariamente, por transação, e o foco é interno. Como os investimentos também já foram realizados, o foco passa a ser a análise do retorno do investimento em ativos produtivos.

A seguir, são apresentados métodos de avaliação de desempenho que podem ser incluídos nas medidas de desempenho financeiro no BSC.

3.2.1.1 Retorno sobre o investimento (Return on Investiment – ROI)

O ROI é um método de avaliação de desempenho do retorno do investimento realizado em uma organização ou simplesmente em um segmento.

O ROI é definido como o quociente entre o lucro operacional líquido e o valor médio dos ativos operacionais:

$$\text{ROI} = \frac{\text{Lucro Operacional Líquido}}{\text{Ativo Operacional Médio}}$$

Quanto maior é o ROI de uma organização, ou de um segmento, maior é o lucro obtido em função da aplicação em ativos operacionais.

O lucro operacional líquido utilizado é o lucro operacional obtido antes do resultado financeiro e dos impostos.

Para o cálculo dos ativos operacionais médios incluem-se as disponibilidades, contas a receber, estoques, instalações e equipamentos e todos os outros ativos utilizados na atividade operacional. Para calcular a média, utilizam-se os saldos dos ativos operacionais no início e no fim do período a ser analisado.

Terrenos mantidos para uso futuro, um investimento em outra empresa, um prédio alugado a terceiros são exemplos de ativos pertencentes a uma empresa, mas que não são mantidos para fins operacionais, portanto, deverão ser excluídos dos ativos operacionais.

Existem duas vertentes para a apuração do ROI quando existem ativos operacionais objeto de depreciação a serem considerados em seu cálculo. A argumentação é que, à medida que o bem é depreciado, reduzirá o valor do ativo operacional e o ROI, consequentemente, crescerá com o tempo, à medida que a depreciação é acumulada.

Então, se a organização utilizar os valores contábeis líquidos dos ativos operacionais para calcular o ROI, deve incluir o valor da depreciação como despesa operacional na demonstração de resultado para fins do cálculo do lucro operacional médio. Se utilizar os valores brutos dos ativos operacionais, desconsiderando o valor da depreciação, deverá considerar o lucro operacional líquido antes das despesas com depreciação, resultado financeiro e impostos.

A empresa DuPont, E. I. Du Pont de Nemours and Company, foi a pioneira no uso do ROI e reconheceu a importância em utilizar a fórmula abrindo as informações em margem e giro, pois proporciona mais subsídios para o processo de tomada de decisão.

$$\boxed{\text{ROI} = \text{Margem} \times \text{Giro}}$$

Onde:

$$\boxed{\text{Margem} = \frac{\text{Lucro Operacional Líquido}}{\text{Vendas}}}$$

e

$$\boxed{\text{Giro} = \frac{\text{Vendas}}{\text{Ativo Operacional Médio}}}$$

Para exemplificar, suponha que uma organização apresentou em seu balanço patrimonial um saldo inicial de ativos operacionais médios de R\$ 150.000 e saldo final de R\$ 210.000. Suponha que tenha apresentado na demonstração de resultado do período vendas líquidas de R\$ 80.000 e lucro operacional líquido de R\$ 20.000. O ROI é assim calculado:

$$\text{ROI} = \frac{\text{Lucro Operacional Líquido}}{\text{Vendas Ativos}} \times \frac{\textit{Vendas}}{\textit{Operacionais Médios}}$$

$$\text{ROI} = \frac{20.000}{80.000} \times \frac{80.000}{(150.000 + 210.000)/2}$$

$$\text{ROI} = 25 \times 0{,}44 = 11{,}11\%$$

Em um processo de análise para tomada de decisão, é perceptível que não basta somente aumentar as vendas para aumentar o ROI. A margem pode ser ampliada a partir do aumento das vendas e redução de custos e despesas operacionais. E o giro pressupõe a utilização ótima da capacidade produtiva dos ativos operacionais. A aplicação excessiva em ativos operacionais reduz o giro e, consequentemente, provoca uma redução no ROI.

Também devem-se observar as características intrínsecas ao investimento. Suponha que a organização possui dois segmentos que apresentam os seguintes resultados em determinado período:

	Segmento A	**Segmento B**
a) Lucro Operacional Líquido	20.000	9.000
b) Ativos Operacionais Médios	190.000	40.000
ROI (a/b)	10,53%	22,5%

Observe que o Segmento A obteve um lucro, em valor absoluto, superior ao do Segmento B. No entanto, exigiu muito mais investimentos em ativos operacionais que o Segmento B, resultando em um ROI menor. Ou seja, comparativamente, o desempenho da rentabilidade relativa do Segmento A é inferior ao do Segmento B.

O ROI pode ser comparado com o retorno esperado da organização, com retornos obtidos entre os segmentos e o esperado para cada segmento, com retornos passados dos próprios investimentos, além dos retornos de outras empresas do setor.

3.2.1.2 Lucro residual (LR)

O lucro residual (LR) é definido como o lucro operacional líquido de uma organização ou segmento obtido acima do retorno mínimo exigido sobre os seus ativos operacionais médios.

LR = Lucro Operacional Líquido – (Ativos Operacionais Médios × Taxa Mínima de Retorno)

O lucro operacional líquido corresponde ao lucro operacional antes do resultado financeiro e dos impostos e os ativos operacionais médios são somente aqueles que foram investidos na atividade operacional da organização.

A taxa mínima de retorno corresponde à taxa mínima que um projeto deverá alcançar para ser aceitável, ou seja, corresponde ao custo de oportunidade do capital investido.

Para exemplificar, serão utilizados os mesmos dados do exemplo aplicado ao ROI: saldo inicial de ativos operacionais médios de R$ 150.000 e saldo final de R$ 210.000; vendas líquidas de R$ 80.000 e lucro operacional líquido de R$ 20.000. Suponha que o investidor exija uma taxa mínima de retorno do investimento na ordem de 10%. Então, o cálculo do LR será de:

> LR = Lucro Operacional Líquido – (Ativos Operacionais Médios × Taxa Mínima de Retorno)
> LR = 20.000 – [(150.000 + 210.000)/2 × 10%]
> LR = 20.000 – 18.000 = 2.000

Este resultado indica que o investimento realizado na organização é capaz de gerar uma taxa de retorno superior à taxa mínima exigida para o investimento, que é de 10%. Com o investimento realizado, a organização deverá garantir pelo menos R$ 18.000 de retorno, e o LR acima do retorno mínimo exigido é de R$ 2.000.

Caso fosse adotado o LR como uma medida de desempenho pela organização, os gestores da alta administração seriam avaliados com base no crescimento periódico do próprio LR.

O enfoque do LR motiva os gestores da alta administração a realizarem investimentos que sejam rentáveis para a empresa como um todo, o que poderia, num primeiro momento, ser rejeitado pela avaliação através da análise do ROI.

Suponha que a organização do exemplo anterior tenha a oportunidade de implementar um novo projeto. Neste, está previsto a troca de um equipamento que custará R$ 40.000 e que deverá gerar um lucro operacional de R$ 4.200 por período. Do ponto de vista da organização, sabe-se que o retorno mínimo esperado do novo investimento é de 10,5%, que é superior à taxa mínima de retorno exigida de 10%. Observe o quadro a seguir:

Análise comparativa do LR com o ROI na avaliação de um novo projeto

	Situação atual	**Novo projeto**	**Total**
a) Ativos Operacionais Médios	180.000	40.000	220.000
b) Lucro Operacional Líquido	20.000	4.200	24.200
c) Retorno Mínimo Exigido (a × 10%)	18.000	4.000	22.000
d) Lucro Residual (b – c)	2.000	200	2.200
e) ROI (b/a)	11,11%	10,50%	11,00%

O novo projeto reduz o ROI de 11,11% para 11,00%. Este fato ocorreu porque a taxa de retorno do novo investimento em um novo equipamento é de 10,50%, que, embora esteja acima do retorno mínimo exigido de 10%, é inferior ao ROI atual da organização, que é de 11,11%. Embora seja um bom investimento como um todo para a organização, ao proporcionar aumento no lucro residual, se a gestão for avaliada pelo ROI, corre o risco do projeto não ser implementado.

O enfoque do LR não deve ser aplicado para comparar o desempenho de organizações ou segmentos de tamanhos diferentes, pois espera-se que organizações ou segmentos maiores apresentem LR maior do que as organizações ou segmentos menores em função do porte e não porque são mais bem geridas.

	Segmento A	Segmento B
a) Lucro Operacional Líquido	150.000	55.000
b) Ativos Operacionais Médios	800.000	200.000
c) Retorno mínimo exigido (12% × b)	96.000	24.000
Lucro Residual (a – c)	54.000	31.000

Observe que o Segmento A possui LR superior ao Segmento B, mas o Segmento A possui ativos operacionais médios quatro vez maiores que os do Segmento B. Na verdade, parece que o Segmento B é melhor administrado porque proporciona lucro de 28% e o Segmento B, de 19%, ambos calculados em relação aos investimentos em ativos operacionais. Mas, para chegar a conclusões precisas, também é necessário avaliar o ramo de atividade dos segmentos.

3.2.1.3 Valor econômico adicionado (Economic Value Added – EVA)

O EVA é uma medida de desempenho organizacional que foi popularizada e registrada como marca pela empresa de consultoria Stern, Stewart & Co. De forma simplificada, busca comparar o lucro obtido com o custo de oportunidade para verificar se houve agregação ou destruição de valor econômico da organização.

É calculado a partir do lucro operacional líquido ajustado (*net operating profit after tax* – NOPAT), sendo deduzido o custo de capital, assim entendido como o somatório do valor contábil da dívida, que corresponde ao valor de todas as fontes de financiamento, excluídas as fontes de curto prazo denominadas de capital de giro não oneroso, e do patrimônio líquido contábil, multiplicado pelo custo médio ponderado de capital.

$$EVA = \textit{NOPAT} - \textit{Custo de Capital}$$

O valor do lucro operacional ajustado é calculado pelo fluxo de caixa livre, ou seja, é o lucro operacional desalavancado, deduzido o valor dos impostos incidentes sobre a renda.

O custo médio ponderado de capital (*weighted average cost of capital* – WACC) é calculado através da ponderação entre o custo da dívida e o custo do capital próprio com o capital total da organização.

$$\text{WACC} = kd \times \frac{D}{(D + E)} \times (1 - A) + ke \times \frac{E}{(D + E)}$$

Onde: Kd representa o custo da dívida; D é o valor contábil da dívida; E é o valor contábil do patrimônio líquido; A representa a alíquota do imposto incidente sobre a renda; e o Ke representa o custo do capital próprio.

Para ilustrar a sua utilização, de uma forma bem simplificada, suponha que um investidor tem R$ 200.000 disponíveis, possuindo duas alternativas de investimento: poderia investir no mercado financeiro e ganhar o equivalente a 15% ao ano; ou abrir seu próprio negócio.

Suponha ainda que o investidor optou por abrir o seu próprio negócio e que, após o período de um ano, a empresa apresentou o seguinte resultado:

	R$
Lucro Operacional Líquido	90.000
(–) Impostos (34%)	(30.600)
Lucro Operacional Líquido depois dos impostos incidentes sobre a renda	59.400

O lucro obtido no período pela empresa foi de R$ 59.400. Se tivesse investido no mercado financeiro a 15%, teria um ganho de R$ 30.000 (R$ 200.000 × 15%). Comparando os resultados das duas opções, pode-se apurar o valor agregado, como segue:

	R$
Lucro Operacional Líquido depois dos impostos incidentes sobre a renda ...	59.400
(–) Custo do Capital	(30.000)
EVA	29.400

Então, o investidor ganhou R$ 29.400 a mais que a sua expectativa, pois o investimento foi capaz de agregar valor. Se o resultado fosse inferior ao custo de capital, significaria que o investimento estaria consumindo recursos e que o investidor poderia ter empregado seus recursos na primeira alternativa, enfatizando o conceito de custo de oportunidade.

O EVA também pode ser utilizado para encontrar o valor de uma empresa. Neste caso, é necessário encontrar o Valor de Mercado Agregado (*Market Value Added* – MVA), o qual reflete as expectativas de resultados futuros na forma de EVA esperado.

Suponha que uma empresa tenha um WACC de 12%, o EVA de R$ 60.000, o capital próprio de R$ 400.000 e o capital de terceiros de R$ 250.000. Qual o valor da empresa neste contexto?

Primeiro vamos calcular o MVA:

MVA = EVA/(WACC/100)

MVA = 60.000,00/(12/100)

MVA = 500.000

O valor da empresa nada mais é do que a soma do MVA com o capital já atribuído à empresa, ou seja, o capital de terceiros e o capital próprio. Neste exemplo, o valor da empresa é de R$ 1.150.000, conforme cálculo apresentado a seguir:

Valor da empresa = MVA + Capital Investido

Valor da empresa = 500.000 + (250.000 + 400.000)

Valor da empresa = 1.150.000

3.2.2 Perspectiva do cliente

No momento da definição da missão e da estratégia da empresa, ela também define qual o segmento de clientes e mercado em que pretende atuar.

A perspectiva do cliente do BSC permite que a organização alinhe suas medidas de desempenho relacionadas aos clientes, tais como: satisfação, fidelidade, retenção, captação e lucratividade, com os segmentos de clientes e mercado que esta se propõe a atender. Traduzindo, dessa forma, a missão e a estratégia organizacional em objetivos específicos baseados em segmentos de clientes e mercado.

Um segmento de mercado não apresenta clientes homogêneos. Cada cliente tem suas preferências e tende a valorizar os atributos dos produtos ou serviços de forma diferenciada. A organização deve sistematizar as preferências para não incorrer no erro de tratar todos da mesma forma.

Para formular a estratégia, o ideal é que seja realizada pesquisa de mercado para identificar os diferentes segmentos de mercado, clientes e suas preferências, bem como dimensões de qualidade, preço, funcionalidade, imagem e reputação. Uma vez identificados, torna-se possível o estabelecimento de objetivos e de indicadores específicos para análise de desempenho.

Segundo Kaplan e Norton (1997), as empresas geralmente selecionam dois conjuntos de medidas para a perspectiva dos clientes:

1. medidas essenciais dos clientes: são medidas genéricas muito utilizadas pelas organizações e incluem indicadores de participação de mercado, retenção de clientes, captação de clientes, satisfação de clientes e lucratividade de clientes;
2. conjunto "medindo as propostas de valor": contém vetores diferenciados de desempenho do resultado fornecido sob a perspectiva dos clientes. É dividido em três categorias: atributos dos produtos e/ou serviços (funcionalidade, qualidade e preço); relacionamento com os clientes (qualidade da experiência de compra e das relações pessoais); e imagem e reputação. Se esses atributos forem atendidos, proporcionarão à empresa a retenção e ampliação da organização com esses clientes específicos.

3.2.3 Perspectiva de processos internos

A perspectiva de processos internos do BSB permite a identificação dos processos mais críticos para a realização dos objetivos da organização, o que permitirá controle e melhoria dos resultados dos centros de responsabilidades existentes.

É recomendada a criação de uma cadeia de valor dos processos internos da organização, iniciando-se pelo processo de inovação, através da identificação das necessidades atuais e futuras dos clientes e do desenvolvimento de novas soluções para essas necessidades; seguida pelo processo de operação, onde devem ser identificadas as características de custos, qualidade, tempo e desempenho que permitam oferecer produtos e serviços com qualidade superior ao oferecido nas condições atuais; e pelo processo de serviço de pós-venda, que ofereça serviços que complementem o valor proporcionado aos clientes em função da disponibilização dos produtos ou serviços da organização.

Constituem exemplos de medidas de desempenho de processos internos a porcentagem de vendas com novos produtos, tempo transcorrido até o lançamento de novos produtos no mercado, custos de qualidade e tempo consumido no atendimento da reclamação de um cliente. A seguir, serão apresentadas três medidas de desempenho de processos internos.

1. Duração do ciclo de entrega: corresponde ao tempo transcorrido entre o momento em que um pedido de um cliente é recebido e o momento em que o pedido é atendido, ou seja, o objeto do pedido é enviado ao cliente.
2. Duração do ciclo de transformação: corresponde ao período necessário para converter a matéria-prima em produtos acabados. Poderá ser constituído por prazos de processamento; prazos de inspeção para a garantia da qualidade do produto; prazos de movimentação inerente ao transporte de materiais ou produtos parcialmente concluídos de uma localidade para outra; e prazo de fila, que é o período em que o produto fica aguardando para ser processado, movimentado, inspecionado e até mesmo ser enviado para entrega.
3. Eficiência do ciclo de produção – MCE: é determinado dividindo-se o prazo de processamento pelo prazo de duração do ciclo de transformação.

Consideremos os dados a seguir para análise de um exemplo: prazo de espera de 20 dias, prazo de inspeção de 1 dia, prazo de processamento de 4 dias, prazo de movimentação de 2 dias, prazo de fila de 10 dias.

a) Ciclo de transformação = prazo de processamento + prazo de inspeção + prazo de movimentação + prazo de fila

   Ciclo de transformação = 4 + 1 + 2 + 10 = <u>17 dias</u>

b) $$MCE = \frac{Prazo\ de\ Processamento}{Duração\ do\ ciclo\ de\ transformação}$$

   $$MCE = \frac{4}{17} = 0{,}24$$

   Colocada em produção, uma unidade é processada utilizando apenas 24% do tempo. Isto quer dizer que 76% do tempo é gasto com atividades que não geram valor para o produto.

b) Duração do ciclo de entrega = prazo de espera + prazo do ciclo de transformação

   Duração do ciclo de entrega = 20 + 17 = <u>37 dias</u>

   Quanto menor este tempo, melhor para a organização, pois gera vantagem competitiva no mercado.

3.2.4 Perspectiva de aprendizagem e crescimento

Na perspectiva de aprendizagem e crescimento, são desenvolvidos objetivos e medidas visando à identificação da infraestrutura necessária para gerar crescimento e melhorias no longo prazo, em conformidade com a missão e a estratégia da organização.

A ênfase desta perspectiva está voltada para investimentos futuros que proporcionarão sucesso à organização. Assim, o arcabouço desta perspectiva provém de três fontes principais: pessoas, sistemas de informações gerenciais e procedimentos organizacionais.

Parte-se do pressuposto de que o investimento em pessoas gere eficiência e eficácia do quadro de pessoal. O foco é o gerenciamento da relação dos colaboradores com a organização visando manter a satisfação entre os mesmos. Essa satisfação proporcionará retenção e redução da rotatividade dos colaboradores, aumento da qualificação profissional, motivação e *empowerment* dos colaboradores.

A educação e o treinamento dos colaboradores devem ser conduzidos pela organização de forma a promover o desenvolvimento das habilidades desejadas. Geralmente, são conduzidos de três formas: treinamento no trabalho, autodesenvolvimento e treinamento em grupo.

O treinamento no trabalho é desenvolvido na própria área de trabalho para o funcionário adquirir experiência e conhecimento no uso prático. Para se autodesenvolver, geralmente a organização desenvolve treinamentos no sentido de resolução de problemas. Através da instigação, o indivíduo desenvolve sua capacidade de percepção. Já no treinamento em grupo, o objetivo principal é o relacionamento interpessoal.

A estruturação de sistemas de informações gerenciais e de procedimentos organizacionais constitui-se também de infraestrutura necessária que possibilita a elaboração de objetivos mais audaciosos nas demais perspectivas.

Os sistemas de informações gerenciais devem proporcionar consolidação e aglutinação de todas as informações necessárias para a tomada de decisão, devendo integrar as informações de todas as áreas do sistema organizacional.

Diversos são os indicadores que podem ser utilizados nesta perspectiva, sendo necessária a análise prévia da estrutura organizacional. Dentre eles, podem-se destacar a qualidade dos colaboradores em relação a treinamento e capacitação, sugestões dos colaboradores para aumento de receitas ou redução de custos, rotatividade do pessoal, satisfação dos colaboradores, produtividade dos colaboradores.

4 Preços de transferência

Os segmentos das organizações podem fornecer produtos e serviços entre os outros segmentos da mesma organização. É importante que o segmento que produziu os produtos ou serviços reconheça-os em seus resultados, mesmo que estes tenham sido transferidos para clientes internos da organização. Caso contrário, seu esforço não será evidenciado nas suas demonstrações e, consequentemente, não serão considerados em uma avaliação de desempenho.

O preço de transferência não exerce efeito direto no resultado global da organização, uma vez que se trata de transferência interna de recursos. Por outro lado, o preço de transferência impacta a rentabilidade dos segmentos analisados individualmente.

Então, o preço de transferência corresponde ao preço que é cobrado quando um segmento da organização fornece produtos e serviços a outros segmentos da mesma organização.

A seguir, são apresentados os principais critérios para o cálculo do preço de transferência.

4.1 Custo real

Custo real é o custo obtido através da utilização de metodologias abordadas para o cálculo do custo do produto.

Transferir produtos e serviços internamente reconhecendo sua receita como o valor do custo real não proporciona nenhuma vantagem informacional ou motivacional para o segmento, pois não permite o reconhecimento da obtenção de lucro.

Dessa forma, a adoção desta abordagem não permite uma avaliação de eficiência e eficácia operacional em termos da análise do lucro.

4.2 Custo padrão

A transferência de produtos e serviços utilizando o custo padrão poderá conter risco no processo de análise, dependendo da forma com que esse custo é obtido.

A construção do custo padrão exige conhecimento especializado por parte de todas as pessoas envolvidas no processo de produção. Outro ponto importante é a base em que esse custo é constituído. Preços de operações passadas podem ser utilizados para estimar operações eficientes futuras, não devendo ser utilizados apenas como simples repetição de operações ineficientes passadas.

Há também que considerar as ineficiências do processo, definindo o custo padrão ideal, que só pode ser atingido nas melhores das circunstâncias possíveis, e o custo padrão viável, que é um custo rigoroso, no entanto é possível atingi-lo à medida que são consideradas possíveis ineficiências no processo produtivo.

O segmento transferidor dos produtos e serviços só reconhecerá resultado positivo se os custos praticados forem menores que o custo padrão estabelecido.

4.3 Preço de mercado

O preço de mercado é o mais recomendado quando o segmento não tem capacidade ociosa, pois representa o custo de oportunidade da receita perdida numa venda realizada para clientes externos.

Para utilizar este enfoque, parte-se do pressuposto de que existe um mercado externo para os mesmos produtos e serviços, e a transferência interna ocorrerá como se os produtos e serviços fossem vendidos a terceiros.

Adotando esta abordagem, do ponto de vista gerencial, o segmento "vendedor" reconhecerá a receita e o custo real, portanto, terá condições de apurar o lucro como se estivesse realizando uma operação no mercado. Por outro lado, o segmento "comprador" estaria recebendo o custo real da operação, mantendo suas condições para gerenciamento interno e competitividade no mercado.

4.4 Preço de negociação

O preço de transferência de negociação é obtido através de discussões entre segmento "vendedor" e segmento "comprador", sendo que ambos têm como objetivo o aumento de seus lucros em função da transferência.

Para equacionar esta expectativa, os gestores estabelecem faixa de preços aceitáveis que proporcionem o aumento de lucros para ambos segmentos participantes.

A faixa de preços aceitáveis pode ser estabelecida a partir da seguinte análise do ponto de vista do segmento "vendedor": o preço de transferência tem que ser igual ou maior que o somatório do custo variável por unidade com o resultado da divisão da margem de contribuição total das vendas perdidas pelo número de unidades transferidas.

Já do ponto de vista do segmento "comprador", o preço de transferência deve ser menor ou igual ao custo de aquisição de um fornecedor externo. Se não existir um fornecedor externo, o preço de transferência deverá ser menor ou igual ao lucro a ser obtido por unidade vendida (não incluindo o preço de transferência).

A utilização desta metodologia reforça a autonomia dos segmentos e é coerente com o enfoque da descentralização. Proporciona também estímulo para que os gestores dos segmentos possuam mais informações sobre os custos e benefícios potenciais da operação de transferência.

4.5 Preço arbitrado

Pode ocorrer, eventualmente, de um produto ou serviço não ter preço no mercado. Neste caso, os gestores determinam o preço de transferência, seja através do custo real, custo padrão ou custo acrescido de uma margem de lucro arbitrada.

Esta abordagem deverá ser utilizada partindo do pressuposto de que são atividades internas da organização e que não possuem referencial externo ou de mercado para valorar seus produtos e serviços.

5 Orçamento empresarial

O orçamento empresarial é uma ferramenta gerencial utilizada para detalhar um plano para o futuro de uma organização. Geralmente são fixadas metas objetivas para todas as áreas, de forma com que todas elas possam contribuir para o resultado final esperado.

Após a fixação de metas específicas de atividades como as de vendas, produção, distribuição e financiamento, são elaborados não só os orçamentos de caixa, mas também todas as demonstrações financeiras. Estes relatórios representam a quantificação dos planos da administração para o futuro da organização.

Dentre as vantagens na utilização da elaboração de um orçamento destacam-se:

a) o ato de elaborar um orçamento força os administradores a refletir sobre o futuro e a planejá-lo;
b) ajuda a identificar possíveis pontos de estrangulamento antes da sua ocorrência, possibilitando a criação de estratégias para que a organização não seja afetada por esses pontos;
c) além de direcionar a alocação eficaz de recursos às partes da organização, ajuda na coordenação das atividades possibilitando a integração dos planos para as diversas áreas, fazendo com que os membros empreguem seus esforços na mesma direção.

O sucesso de um orçamento depende basicamente de dois itens: do grau de aceitação do orçamento pela alta administração e do modo pelo qual a alta administração utiliza os dados orçamentários.

Não só a alta administração, mas todos os níveis hierárquicos deverão apoiar a sua condução (elaboração/execução). Além disso, o orçamento não pode ser utilizado para fins punitivos, pois poderá gerar hostilidade, tensão e desconfiança em detrimento de maior cooperação e produtividade entre os colaboradores da organização.

No processo de elaboração do orçamento deve-se reconhecer que os aspectos humanos são tão importantes quanto os aspectos técnicos. Por exemplo, quando um orçamento é implantado em uma organização de forma impositiva, encontrará resistência na sua execução e provavelmente será contraproducente.

Uma forma de amenizar problemas no processo orçamentário é a criação de um comitê de competência permanente tendo como componentes os representantes das diversas áreas que formam a organização. Eles deverão conjuntamente, observando a missão, o negócio e os objetivos da organização, além de avaliar os cenários externos, estabelecer metas integradas para garantir o resultado esperado.

5.1 Aspectos gerais de um orçamento empresarial

Quanto à sua amplitude, os orçamentos podem ser: operacional e de capital.

O orçamento operacional, ou de curto prazo, envolve todos os planos de operações da empresa, podendo definir, por exemplo, as receitas, as despesas e os custos que comporão os orçamentos de venda, produção e despesas operacionais.

Pode ser dividido em orçamento periódico, quando é preparado somente para um período específico, e em orçamento contínuo, quando é elaborado por um determinado período, de 12 meses, por exemplo, e é renovado a cada mês assim que o mês corrente é concluído.

O orçamento de capital, também conhecido como orçamento de investimento e orçamento estratégico, é um orçamento de longo prazo que visa analisar alternativas de investimentos de que a empresa possa vir a implantar ou expandir a sua capacidade produtiva ou de comercialização.

Com relação ao enfoque, tem-se o orçamento tradicional e orçamento base zero.

Na elaboração do orçamento tradicional, toma-se como base o orçamento do ano anterior, no qual é adicionado ou subtraído algo desse orçamento conforme necessidades previstas. Por exemplo, a redução de 5% de todas as despesas da organização no período de X1 tendo como parâmetro o orçamento do período de X0.

Já no orçamento base zero é imprescindível olhar para a capacidade da empresa de ofertar produtos/serviços e para a capacidade de absorção do mercado. Os gestores são obrigados a justificar todas as ações e não somente se justificar com base em variações ocorridas em relação ao orçamento do ano anterior. É um processo mais complexo, podendo ser a sua elaboração mais demorada e onerosa, mas poderá proporcionar informações mais úteis para o processo decisório.

Referências

ATKINSON, A. A.; BANKER, R. D.; KAPLAN, R. S.; YOUNG, S. M. **Contabilidade gerencial**. 2. ed. São Paulo: Atlas, 2008.

GARRISON, R. H.; NOREEN, E. W. **Contabilidade gerencial**. 11. ed. Rio de Janeiro: LTD, 2007.

KAPLAN, R.; NORTON, D. Using the balanced scorecard as a strategic management system. **Harvard Business Review**, p. 75-85, Jan./Feb. 1996.

______; ______. **A estratégia em ação**: balanced scorecard. Rio de Janeiro: Campus, 1997.

Exercícios

1. **(BACEN, 2010 – Analista – Área 4) Um modelo bastante difundido atualmente na formulação de estratégias é o denominado *Balanced Scorecard* ou *Escore Balanceado*, que se baseia no desdobramento da visão de futuro em torno de dimensões equilibradas, podendo essas dimensões ser alteradas para contemplar as características de organizações privadas, públicas ou do terceiro setor. O *Balanced Scorecard* inova por apresentar um(a):**
   a) sistema de indicadores de resultados e modelos de remuneração variável, associados.
   b) modelo de *accountability* alinhado à legislação Sarbanes-Oxley.
   c) estrutura de objetivos, metas e vetores de desempenho que interagem dentro de uma lógica de causa e efeito.
   d) ferramenta estratégica de coordenação e organização das expectativas dos *stakeholders*.
   e) perspectiva organizada de prestação de contas e responsabilidade socioambiental.

2. **(Exame de suficiência, CFC, 1/2013) Uma indústria apresentou R$ 77.000,00, de custos fixos totais, e R$ 176.000,00, de custos variáveis totais, tendo produzido e comercializado 1.100 unidades. Considerando que a margem de contribuição unitária é de R$ 145,00 e desconsiderando as despesas, é CORRETO afirmar que:**
   a) o preço de venda é de R$ 305,00, pois a margem de contribuição considera apenas os itens variáveis.
   b) o preço de venda é de R$ 375,00, pois a margem de contribuição é calculada após considerar todos os itens de custos.
   c) se o preço de venda for de R$ 222,00, a empresa obterá um lucro líquido de R$ 167.200,00 no período.
   d) se o preço de venda for de R$ 321,00, a empresa obterá um lucro líquido de R$ 177.100,00 no período.

3. **(Exame de suficiência, CFC, 1/2012) Uma empresa industrial estabeleceu os seguintes padrões de custos diretos por unidade:**

	Quantidade	Preço
Matéria-Prima	0,5 kg	R$ 4,00 por kg
Mão de Obra Direta	15 minutos	R$ 10,00 por hora

Em determinado período, foram produzidos 10.000 produtos, com os seguintes custos reais:

	Quantidade	Preço
Matéria-Prima	6.500 kg	R$ 4,00 por kg
Mão de Obra Direta	2.500 h	R$ 10,00 por hora

Em relação aos custos apurados no período e variações do custo real em comparação ao custo padrão, assinale a opção INCORRETA.

a) A variação no custo da matéria-prima foi de R$ 0,73 favorável.

b) A variação no custo de mão de obra é devido unicamente à variação no preço.

c) O custo padrão é de R$ 4,50, composto por R$ 2,00 relativo a custo de matéria-prima e R$ 2,50 de custo com mão de obra.

d) O custo real superou o custo padrão em R$ 1,23, e a diferença é devida às variações no custo da matéria-prima e no custo da mão de obra.

4. **(ENADE, 2009) A Indústria de Sorvetes Polo Norte avalia o desempenho de seus três negócios (Pecuária, Laticínio e Sorveteria), considerados centros de resultados. Para esse fim, utiliza o Preço de Transferência nas transações internas. Para a determinação do Preço de Transferência, a empresa considera o quanto pagaria no mercado para adquirir prontos seus produtos intermediários. Considerando-se os dados a seguir, o *controller* pretende identificar se todos os negócios da empresa são lucrativos.**

Dados	**Pecuária**	**Laticínio**	**Sorveteria**
Produto	**Leite**	**Creme**	**Sorvete**
Custos Variáveis/unid. Matéria-prima Outros	 – R$ 1,00	 Leite R$ 0,20	 Creme R$ 0,50
Custos Fixos/mês	R$ 500,00	R$ 500,00	R$ 1.000,00
Preço Mercado Quantidade	R$ 2,00 1.000 u	R$ 2,50 1.000 u	R$ 5,00 1.000 u

Outras Informações:

O produto da pecuária (Leite) não tem matéria-prima.

Os produtos da Pecuária e do Laticínio são, respectivamente, matérias-primas do Laticínio e da Sorveteria.

O produto da Sorveteria é vendido no mercado.

Após analisar os dados, o *controller* conclui que:

a) A Pecuária e a Sorveteria são negócios lucrativos.

b) A Pecuária e o Laticínio são negócios lucrativos.

c) A Pecuária, a Sorveteria e o Laticínio são lucrativos.

d) A Sorveteria é lucrativa e a Pecuária não é lucrativa.

e) O Laticínio e a Sorveteria são negócios lucrativos.

5. (Exame de suficiência, CFC 1/2013) Uma indústria fabrica um produto em série.

Os seguintes Custos Padrão foram estabelecidos no mês de fevereiro de 2013:

Item	Quantidade consumida por unidade fabricada	Preço por quantidade consumida	Custo Padrão Total
Materiais Diretos	1,50 metros por unidade	R$ 3,20 por metro	R$ 4,80 por unidade
Mão de Obra Direta	30 minutos por unidade	R$ 8,00 por hora	R$ 4,00 por unidade
Custos Indiretos de Fabricação	R$ 3,20 por unidade	R$ 3,20 por unidade	
Custo Padrão Total			**R$ 12,00 por unidade**

Os seguintes resultados efetivos foram constatados no mês de fevereiro:

Item	Quantidade consumida por unidade fabricada	Preço por quantidade consumida	Custo Efetivo Total
Materiais Diretos	1,50 metros por unidade	R$ 3,00 por metro	R$ 4,50 por unidade
Mão de Obra Direta	45 minutos por unidade	R$ 7,00 por hora	R$ 5,25 por unidade
Custos Indiretos de Fabricação	R$ 3,20 por unidade	R$ 3,20 por unidade	
Custo Efetivo Total			**R$ 12,95 por unidade**

Com base nos dados acima, julgue as afirmações como Verdadeira (V) ou Falsa (F) e, em seguida, assinale a opção CORRETA.

I. A indústria apresentou uma variação positiva de R$ 0,95, por unidade, produzida em relação ao custo padrão.

II. A indústria apresentou uma variação positiva nos materiais diretos, decorrentes da redução do custo unitário dos materiais, em relação ao custo padrão.

III. A indústria apresentou uma variação negativa na mão de obra direta, em decorrência do aumento da quantidade de tempo consumido na fabricação do produto, apesar da variação no custo da mão de obra.

A sequência CORRETA é:

a) F, F, V.

b) F, V, V.

c) V, F, F.

d) V, V, F.

6. **(CESGRANRIO/2011/TRANSPETRO/Contador Júnior/Contábil) Uma companhia está em fase de planejamento orçamentário. O lucro operacional do período orçado foi definido em R$ 258.000,00. Como a margem operacional projetada foi 7,50%, a receita projetada pela empresa, em reais, foi:**

a) 3.820.520,00.

b) 3.715.245,00.

c) 3.666.666,00.

d) 3.558.620,00.

e) 3.440.000,00.

7. **(CESGRANRIO/2011/TRANSPETRO/Contador Júnior/Contábil) Os orçamentos podem ser periódicos ou contínuos. Como característica principal do orçamento contínuo, tem-se:**

a) acréscimo de outro período orçado à medida que um mês ou um trimestre se passam.

b) revisões constantes, alterando-se os valores com novas informações.

c) alterações dos valores mês a mês.

d) prazo máximo de 3 meses, renováveis.

e) prazo máximo de 6 meses.

8. **(FUMARC/2011/PRODEMGE/Analista de Gestão Administrativa) Observe a tabela a seguir que representa o resumo do orçamento anual da Empresa Modelo.**

Produto	Unidades	Preço Unitário	Total
X	10.000	R$ 8,50	R$ 85.000,00
Y	12.000	R$ 10,00	R$ 120.000,00
TOTAL			**R$ 205.000,00**

A tabela se refere ao tipo de orçamento de:

a) Produção, por produto.
b) Receitas de vendas por produto.
c) Receitas extraoperacionais.
d) Despesas com mão de obra.

9. (Exame de suficiência, CFC, 02/2012) Uma sociedade empresária apresentou os seguintes dados:

Vendas	R$ 375.000,00.
Custo Variável	R$ 200.000,00.
Despesas Variáveis	R$ 45.000,00.
Custos Fixos Totais	R$ 100.000,00.

Com base nesses dados, a Margem de Contribuição Total é:

a) R$ 30.000,00.
b) R$ 130.000,00.
c) R$ 175.000,00.
d) R$ 230.000,00.

10. (Exame de suficiência, CFC 1/2014) Uma indústria estabeleceu os seguintes padrões de consumo de matéria-prima para cada unidade de produto fabricado:

Tipo de Matéria-Prima	Quantidade	Preço
A	2 kg	R$ 1,50 por kg
B	3 m^2	R$ 4,00 por m^2

No mês de janeiro de 2014, foram produzidas 2.000 unidades de cada produto e ocorreu o seguinte consumo de matéria-prima:

Tipo de Matéria-prima	Quantidade total consumida	Custo da matéria-prima consumida
A	4.000 kg	R$ 6.800,00
B	6.500 m^2	R$ 26.000,00

Com base nos dados fornecidos e em relação ao custo com matéria-prima:

a) o custo padrão superou o custo real em R$ 2.800,00, em decorrência de uma variação de preço desfavorável na matéria-prima A, e uma variação de quantidade desfavorável na matéria-prima B.

b) o custo padrão superou o custo real em R$ 2.800,00, em decorrência de uma variação de quantidade desfavorável na matéria-prima A, e uma variação de preço desfavorável na matéria-prima B.

c) o custo real superou o custo padrão em R$ 2.800,00, em decorrência de uma variação de preço desfavorável na matéria-prima A, e uma variação de quantidade desfavorável na matéria-prima B.

d) o custo real superou o custo padrão em R$ 2.800,00, em decorrência de uma variação de quantidade desfavorável na matéria-prima A, e uma variação de preço desfavorável na matéria-prima B.

Gabarito

1. c
2. a
3. a
4. a
5. b
6. e
7. a
8. b
9. b
10. c

Os exercícios deste capítulo encontram-se resolvidos e comentados e estão à disposição dos leitores no *site* do GEN | Atlas.

8

Análise das Demonstrações Contábeis

César Augusto Tibúrcio Silva
Fernanda Fernandes Rodrigues

Objetivos

- ⇨ Apresentar os principais indicadores econômico-financeiros
- ⇨ Explicar a aplicação dos índices numa empresa
- ⇨ Apresentar índices específicos para o setor público

Introdução

A análise de demonstrações contábeis, ou simplesmente análise de balanços, consiste na técnica de calcular quocientes e avaliar seus significados. Esta técnica permite ao analista extrair tendências, comparar desempenho com outras empresas, determinar características setoriais e regionais e, com bastante cuidado, apresentar parâmetros.

As principais ferramentas da análise de balanços são os indicadores econômico-financeiros, a análise vertical e a análise horizontal. É importante destacar que, em geral, a base da informação utilizada são as informações contábeis obtidas pela contabilidade societária. Assim, as conclusões obtidas na análise estão condicionadas à qualidade das demonstrações.

1 Indicadores econômico-financeiros

De forma geral, quando se utilizam os indicadores na análise das demonstrações contábeis, busca-se encontrar relações válidas existentes entre as diversas contas patrimoniais e de resultado.

Esses índices podem ser agregados da seguinte forma:

1.1 Liquidez (solvência)

Representa a capacidade de pagamento de obrigações a curto prazo da empresa (folga financeira). É uma posição de liquidez estática, pois são informações geradas a partir do balanço patrimonial, ou seja, quando a posição financeira da empresa muda, os indicadores também serão alterados. Os principais índices são:

1. *Liquidez corrente* – reflete quanto a empresa possui de ativo corrente para cada unidade de dívida de curto prazo.

$$\text{Liquidez Corrente} = \frac{\text{Ativo Corrente}}{\text{Passivo Corrente}}$$

Maiores valores do índice denotam maior liquidez. Assim como os demais indicadores, **não** é possível estabelecer nenhuma regra do tipo "maior, melhor", pois o nível de liquidez poderá depender de uma série de variáveis como situação da economia, setor de atuação, qualidade dos ativos.

2. *Liquidez imediata* – demonstra o quanto das dívidas de curto prazo pode ser liquidado imediatamente pela empresa, por suas disponibilidades (caixa, bancos e aplicações financeiras de curto prazo), de maneira que, quanto maior for o índice, mais recursos disponíveis a empresa possui.

$$\text{Liquidez Imediata} = \frac{\text{Disponível}}{\text{Passivo Corrente}}$$

3. *Liquidez seca* – indica o percentual das dívidas de curto prazo (PC) que pode ser pago mediante o uso de ativos de curto prazo de maior liquidez. São excluídos os estoques, por não serem tão líquidos, e as despesas antecipadas, que são pagamentos antecipados por serviços a serem executados.

$$\text{Liquidez Seca} = \frac{\text{Ativo Corrente} - \text{Estoques} - \text{Despesas Antecipadas}}{\text{Passivo Corrente}}$$

4. *Liquidez geral* – objetiva verificar a situação financeira a longo prazo da empresa e, por isso, são incluídas as contas da empresa que vencem

no longo prazo: ativo realizável a longo prazo (RLP) e exigível a longo prazo (ELP).

$$\text{Liquidez Geral} = \frac{\text{Ativo Corrente} + \text{Realizável a Longo Prazo}}{\text{Passivo Corrente} + \text{Exigível a Longo Prazo}}$$

1.2 Atividade

Tem o objetivo de mostrar a dinâmica operacional de uma empresa. Nesse sentido, envolve todas as fases operacionais típicas da empresa e visa mensurar as diversas durações de um ciclo operacional.

1. *Prazo médio de estocagem (PME)* – mensura o tempo médio necessário, em dias, para que os estoques da empresa sejam renovados. Se o índice for alto, significa que os produtos permanecem estocados muito tempo.

$$\text{Prazo de Estocagem} = \frac{\text{Estoque Médio}}{\text{Custo do Produto Vendido}} \times 360$$

Duas observações importantes, que também são válidas para os três próximos índices de atividade: (1) o estoque médio pode ser obtido somando o estoque inicial (ou o estoque final do período anterior) e o estoque final do exercício, dividindo por dois; (2) a expressão apresentada foi multiplicada por 360, pois pressupõe que os valores do custo do produto vendido são anuais (em caso de dados mensais, seria multiplicado por 30 dias; em dados semestrais, a expressão seria multiplicada por 180; e assim por diante).

2. *Prazo médio de pagamento a fornecedores (PMPF)* – indica quanto tempo, em número de dias, a empresa leva para pagar suas compras a prazo. A expressão é a seguinte:

$$PMPF = \frac{\text{Fornecedores Médio}}{\text{Compras Anuais}} \times 360$$

3. *Prazo médio de cobrança (PMC)* – indica o tempo médio que uma empresa leva para receber suas vendas a prazo.

$$PMC = \frac{\text{Valores a Receber Médios}}{\text{Vendas Anuais}} \times 360$$

4. *Ciclo operacional* – refere-se à quantidade de tempo que a empresa leva para vender e receber um estoque. É obtido pela soma do prazo de estocagem com o prazo de cobrança, sendo expresso em número de dias.

5. *Ciclo de caixa* – número de dias que a empresa necessita para financiar seu giro. É obtido pela subtração do ciclo operacional do prazo de pagamento a fornecedores. Pode ser positivo, indicando uma necessidade de recursos para giro, ou negativo, mostrando que a empresa libera recursos no seu capital de giro.

1.3 Endividamento

Os índices de endividamento analisam a estrutura de capital da empresa, mostrando as fontes de financiamento e os custos correspondentes. Os principais índices são os seguintes:

1. *Relação capital de terceiros/capital próprio* – mostra quanto a empresa tem de capital de terceiros para cada unidade monetária de capital próprio. Quanto maior o valor resultante do índice, mais endividada será a empresa.

$$\frac{\textit{Capital de Terceiros}}{\textit{Capital Próprio}} = \frac{\textit{Passivo Corrente} + \textit{Exigível a Longo Prazo}}{\textit{Patrimônio Líquido}}$$

2. *Relação capital de terceiros/passivo total* – mensura o quanto dos recursos totais da empresa é financiado por capital de terceiros. Valores mais elevados indicam maiores níveis de endividamento.

$$\frac{\textit{Capital de Terceiros}}{\textit{Passivo Total}} = \frac{\textit{Passivo Corrente} + \textit{Exigível a Longo Prazo}}{\textit{Passivo Total}}$$

3. *Composição do endividamento* – aponta qual a parcela do total de capital de terceiros é a participação do capital de terceiros de curto prazo. Valores mais elevados indicam que a empresa está usando uma maior parcela de capital de curto prazo.

$$\begin{array}{c}\textit{Composição do}\\ \textit{Endividamento}\end{array} = \frac{\textit{Passivo Corrente}}{\textit{Passivo Corrente} + \textit{Exigível a Longo Prazo}}$$

4. *Custo do endividamento* (CE) – representa a relação entre despesas financeiras e o montante médio de capital oneroso usado pela empresa. O passivo oneroso corresponde à parcela do passivo corrente e do exigível a longo prazo que incide juros, como empréstimos e financiamentos. O valor obtido deve ser comparado com as taxas de juros do mercado para verificar se a empresa está obtendo recurso num nível compatível com seu risco.

$$\textit{Custo do Endividamento (CE)} = \frac{\textit{Despesa Financeira}}{\textit{Passivo Oneroso Médio}}$$

5. *Alavancagem financeira* – corresponde à utilização de recursos de terceiros para aumentar o nível de rentabilidade dos acionistas. Quando o custo do endividamento for menor que o retorno dos ativos, haverá alavancagem, pois o uso de capital de terceiros aumenta o retorno dos acionistas. Existem diversas formas de cálculo desse índice, sendo a mais tradicional a seguinte:

$$Alavancagem\ Financeira = ROI + (ROI - CE) \times \left(\frac{Capital\ de\ Terceiros}{Capital\ Próprio}\right)$$

Sendo ROI = retorno operacional, índice que será apresentado mais adiante.

1.4 Rentabilidade

Estuda o nível de lucratividade da empresa. Os principais indicadores são os seguintes:

1. *Retorno sobre o ativo (ROA)* – mede o retorno produzido pelo ativo da empresa. Avalia quanto de lucro operacional foi gerado por cada unidade monetária de ativo.

$$ROA = \frac{Lucro\ Operacional}{Ativo\ Total\ Médio}$$

É importante salientar que o lucro operacional é aquele gerado pelos ativos, o que corresponde ao lucro após o Imposto de Renda, antes das despesas financeiras e após as receitas financeiras.

2. *Retorno sobre os investimentos (ROI)* – rentabilidade produzida pelo total dos recursos aplicados nos investimentos. A diferença do ROI para o ROA diz respeito ao denominador da expressão. Em lugar do ativo utiliza-se o conceito de investimento, que corresponde ao total do ativo menos os passivos provenientes do ciclo operacional da empresa (fornecedores, salários a pagar e impostos a pagar, principalmente):

$$ROI = \frac{Lucro\ Operacional}{Investimento\ Total\ Médio}$$

3. *Retorno sobre o patrimônio líquido (ROE)* – esse índice mensura a rentabilidade dos recursos aplicados nas empresas pelos seus proprietários (capital próprio). Avalia quanto de lucro líquido foi gerado por cada unidade monetária do patrimônio líquido.

$$ROE = \frac{Lucro\ Líquido}{Patrimônio\ Líquido\ Médio}$$

4. *Margem bruta* – mede o lucro bruto gerado por cada unidade de receita líquida. Em geral, é expressa em percentual.

$$Margem\ Bruta = \frac{Lucro\ Bruto}{Receita\ Líquida} \times 100$$

5. *Margem operacional* – evidencia a porcentagem do lucro gerado pelas operações da empresa em relação à receita líquida.

$$Margem\ Operacional = \frac{Lucro\ Operacional}{Receita\ Líquida} \times 100$$

6. *Margem líquida* – indica a porcentagem do lucro líquido em relação à receita líquida ou quanto sobra de recursos para os acionistas por cada unidade de venda realizada.

$$Margem\ Líquida = \frac{Lucro\ Líquido}{Receita\ Líquida} \times 100$$

7. *Lucro por ação* – refere-se ao lucro líquido da empresa em relação ao número de ações existentes. Informa quanto será destinado a cada ação pelo lucro do exercício:

$$Lucro\ por\ Ação = \frac{Lucro\ Líquido}{Número\ de\ Ações}$$

Como podem existir tipos diferentes de ações, com características de remuneração e direitos diferenciadas, este índice pode ter um cálculo bastante complexo. Para evitar problemas, existem pronunciamentos específicos da CVM sobre o seu cálculo.

1.5 Índices de mercado

Os índices de mercado mensuram o desempenho de uma empresa por meio do preço de suas ações. Por esse motivo, sua aplicação está limitada às companhias com ações negociadas na bolsa de valores. Os principais índices são os seguintes.

1. *Preço de mercado* – é a cotação de uma ação que os compradores e vendedores estabelecem quando negociam a ação. O valor de mercado do capital próprio de uma empresa é o preço de mercado de uma ação multiplicado pelo número de ações existentes.

2. *Índice preço/lucro* – indica o tempo que um investidor leva para recuperar o capital que aplicou:

$$\frac{P}{L} = \frac{\textit{Preço de Mercado da Ação}}{\textit{Lucro por Ação}}$$

Como o lucro por ação não necessariamente costuma ser totalmente distribuído, o índice pode não revelar efetivamente o número de períodos necessários que o usuário levará para recuperar o capital investido. Uma alternativa seria dividir o preço de mercado da ação pelos dividendos distribuídos, e assim obter o fluxo de rendimentos financeiros.

3. *EBITDA* – sigla inglesa de *earning before interest, taxes, depreciation and amortization,* ou, em português LAJIDA, lucro antes dos juros, impostos (sobre o lucro), depreciação e amortizações.

   É uma forma de medir o desempenho de uma empresa em termos que se aproximam, mas não correspondem, ao fluxo de caixa operacional, antes do Imposto de Renda. Revelaria, *a priori*, a capacidade de geração de recursos dos ativos da entidade. Da mesma forma que o lucro por ação, existem controvérsias na forma de obtenção do EBITDA e, por esse motivo, a CVM já fez um pronunciamento específico esclarecendo a forma de cálculo desse índice.

4. *EV* – corresponde ao valor do empreendimento. Representa o montante que um investidor deveria possuir para comprar uma empresa e pagar suas dívidas. É obtido através da seguinte expressão:

   EV = Patrimônio Líquido a valores de Mercado + Capital Oneroso – Disponibilidades

5. *EVA* – corresponde ao valor econômico agregado pela empresa. É obtido subtraindo do lucro operacional a remuneração do capital investido na empresa, incluindo o capital próprio. Ou:

   EVA = Lucro Operacional – Despesa Financeira – Remuneração do Capital Próprio × Patrimônio líquido

Se o índice for positivo, significa que a empresa agregou valor no exercício.

1.6 *Fluxos de caixa*[1]

Os índices de fluxos de caixa utilizam desta demonstração para verificar como está sendo o processo de geração de caixa na empresa. A base é a demonstração

[1] Baseado em Assaf Neto e Silva, 2002.

dos fluxos de caixa, sendo que o fluxo gerado das atividades operacionais merece especial destaque nos índices. Os principais índices são os seguintes:

1. *Cobertura de dívidas* – relaciona a geração de caixa das atividades operacionais pelo montante de dívida. Verifica se a empresa possui condições de pagar suas dívidas com o caixa operacional:

$$\text{Cobertura de Dívidas} = \frac{\text{Fluxo de Caixa das Operações}}{\text{Passivo Total}}$$

2. *Cobertura dos investimentos* – verifica se o caixa operacional é suficiente para cobrir as necessidades de investimento da empresa:

$$\text{Cobertura de Investimento} = \frac{\text{Fluxo de Caixa das Operações}}{\text{Fluxo de Caixa de Investimentos}}$$

Observe que o denominador está em módulo. Esse índice faz sentido quando o denominador é negativo e o numerador é positivo.

3. *Retorno de vendas* – corresponde ao caixa gerado para cada unidade de vendas da empresa:

$$\text{Retorno de Vendas} = \frac{\text{Fluxo de Caixa das Operações}}{\text{Receita Líquida}}$$

4. *Fluxo sobre lucro* – apresenta a relação entre o fluxo de caixa das operações e o lucro líquido. No longo prazo, esta relação deveria ser próxima à unidade, indicando que o resultado pelo regime de competência aproxima-se do caixa gerado nas operações.

No curto e médio prazo podem existir períodos em que o índice afasta-se da unidade, denotando uma geração de caixa superior ao resultado pelo regime de competência, quando superior à unidade, ou uma ausência de geração de caixa, mesmo numa situação de lucratividade, quando o índice for inferior à unidade. Sua expressão é a seguinte:

$$\text{Fluxo sobre Lucro} = \frac{\text{Fluxo de Caixa das Operações}}{\text{Lucro Líquido}}$$

5. *Taxa de queima* – índice relevante nas situações em que a empresa não consegue gerar caixa com as operações. Mede em quantos exercícios o capital de giro poderá suportar uma situação de insuficiência de geração de caixa. É medido da seguinte forma:

$$Taxa\ de\ Queima = \frac{Fluxo\ de\ Caixa\ das\ Operações}{Ativo\ Corrente - Passivo\ Corrente}$$

Sendo o numerador menor que zero.

2 Análise horizontal e vertical

Além dos indicadores citados, é possível fazer análises da evolução das contas, de resultado ou patrimonial. Essa técnica é simples e importante no que se refere às informações geradas para a avaliação do desempenho de uma empresa. Ela permite que sejam feitas comparações de valores absolutos através do tempo (análise de suas evoluções) e, entre si, relacionáveis na mesma demonstração.

A ***análise vertical*** identifica a participação de cada elemento em relação a outro da mesma demonstração. De maneira geral, utiliza-se a receita operacional líquida como parâmetro de comparação para as contas de resultado e o ativo total para as contas patrimoniais.

Considere uma empresa com estoques de $ 10 mil e um ativo total de $ 100.000. A análise vertical irá verificar a participação dos estoques no total do ativo, através da divisão de um pelo outro. Neste caso, $ 10.000/$ 100.000 = 10%.

Outra situação é uma empresa com despesa de pessoal de $ 7.000 para vendas de $ 140.000. A análise vertical compara a participação de cada item do resultado em relação à receita gerada. Nesse caso, a despesa de pessoal representa 5% das vendas ou $ 7.000/$ 140.000.

A ***análise horizontal*** identifica a evolução percentual dos vários itens da demonstração financeira de um período para outro, mostrando se houve crescimento ou não do item analisado.

Para mostrar como funciona a análise horizontal, considere os financiamentos de uma empresa, que evoluíram de $ 40.000 para $ 50.000 e $ 60.000, nos exercícios seguintes.

Existem duas possibilidades de cálculo. A primeira é usar a *base fixa*. Nesse caso, escolhe-se geralmente o exercício inicial como base e os valores irão corresponder a 100. Para achar os valores da análise horizontal para os dois exercícios seguintes, basta fazer uma regra de três: $ 40 mil correspondem a 100 e $ 50 mil irão corresponder a qual valor? Neste caso, 125 ou $ 50.000/$ 40.000. No exercício seguinte, seria 150 ou $ 60.000/$ 40.000. Isto significa dizer que as dívidas cresceram 25% (ou 125% – 100%) no segundo ano e 50% (ou 150% – 100%) no terceiro ano, sempre em relação à base fixa do primeiro ano.

A segunda forma é através da *base móvel*. Aqui, o cálculo é feito em relação ao período imediatamente anterior. Do segundo para o terceiro exercício as dívidas aumentaram de $ 50.000 para $ 60.000. Isso corresponde a um valor, na base móvel, de 120 ou $ 60.000/$ 50.000. Ou um aumento de 20% (ou 120% – 100%). Assim, a taxa de crescimento das dívidas da empresa diminuiu de 25% para 20%.

3 Indicadores de análise no setor público

As principais técnicas de análise também podem ser aplicadas nas informações contábeis da área pública como são o caso da análise vertical e análise horizontal. Este item cobre aspectos específicos da análise na contabilidade pública.

Em geral, o foco da análise pode estar nos valores de receitas e despesas que foram executados ou na comparação entre os valores orçados e executados. Os principais indicadores[2] são os seguintes

1. *Quociente de execução da receita (QER)*

Relação entre a receita executada (Re) e a receita prevista (Rp). Se o valor do índice for maior que a unidade, significa um excesso de arrecadação.

De maneira geral, seria de se esperar que no longo prazo a média desse índice fosse igual à unidade, existindo uns exercícios em que ocorreria uma arrecadação inferior ao previsto e outros em que a arrecadação seria superior. Caso isso não ocorra, provavelmente existe uma subestimação orçamentária da receita, o que é ruim, já que aumentaria a discricionariedade do gasto público.

2. *Quociente do equilíbrio orçamentário (QEO)*

Relação entre despesa fixada (Df) e receita prevista (Rp). Quando a relação é inferior à unidade, indica que a lei orçamentária foi aprovada com superávit. Isso geralmente ocorre quando a economia encontra-se em expansão.

3. *Quociente de execução da despesa (QED)*

Relaciona a despesa executada (De) com a despesa fixada (Df). Quando o valor é maior que a unidade, tem-se uma situação em que existe dotação sem autorização legal. Espera-se que no longo prazo o resultado desse índice seja inferior à unidade.

4. *Quociente do resultado orçamentário (QRO)*

Mede a relação entre a receita executada (Re) e a despesa executada (De). Permite verificar se ocorreu superávit na execução, quando o índice é superior à unidade, ou déficit, quando menor que 1. Formalmente, tem-se:

---

[2] Os indicadores propostos foram retirados de Lima e Castro (2007, p. 194 ss). A análise desdobrada do QRO e do QRP foi acrescentada pelos autores do capítulo.

$$QRO = \frac{Re}{De} = \frac{Re}{De} \times \frac{Df}{Df} \times \frac{Rp}{Rp} = \frac{Re}{Rp} \times \frac{Df}{De} \times \frac{Rp}{Df} = \frac{\frac{Re}{Rp}}{\frac{De}{Df} \times \frac{Df}{Rp}}$$

$$QRO = \frac{QER}{QED \times QEO}$$

A expressão obtida permite relacionar os quatro índices citados. Considere, a título de exemplo, uma esfera de governo que previu receitas de $ 80 mil e despesas de $ 75 mil. Na execução, as receitas arrecadadas foram de $ 90 mil e as despesas executadas foram de $ 82 mil. Os indicadores calculados seriam:

QER = 1,125; QEO = 0,9375; QED ≅ 1,093; QRO ≅ 1,098.

Nesse caso, a esfera de governo subestimou sua receita (QER maior que um). Ao longo do exercício, com o maior volume de recursos, abriram-se créditos adicionais, o que resultou num aumento da despesa.

Analisando os dados, é possível verificar que a receita arrecadada foi 12,5% maior que a prevista ($ 90 mil/$ 80 mil – 1) e que a despesa executada foi 9,3% acima da despesa prevista (82.000/75.000 – 1). Isso mostra que o erro na estimativa da receita não comprometeu o esforço superavitário da esfera de governo. Uma forma alternativa de fazer essa análise é multiplicar o QRO pelo QEO. Se o resultado for superior à unidade – no exemplo, foi de 1,03 –, isso indica um comprometimento com o superávit.

5. *Quociente de situação financeira (SF)*

Mede a relação entre o ativo de curto prazo (AC) e o passivo de curto prazo (PC). Se for maior que a unidade, indica superávit financeiro. Nesta situação, os recursos podem ser usados para cobrir os créditos adicionais. No sentido inverso, quando menor que a unidade, mais haverá déficit financeiro.

6. *Quociente da situação permanente (QSP)*

Relaciona os ativos de longo prazo (ALP), que incluem realizável e permanente, com os passivos de longo prazo ou passivo permanente (PP), incluindo os resultados de exercícios futuros. O ideal seria um resultado superior à unidade.

7. *Quociente do resultado patrimonial (QRP)*

Representa a relação entre o ativo real e o passivo real. O adequado seria um resultado maior que a unidade, indicando uma situação patrimonial positiva. Assim como o quociente de resultado orçamentário, este índice é uma síntese de indicadores. Com efeito:

$$QRP = \frac{AR}{PR} = \frac{AC + ALP}{PR} = \frac{AC}{PR} + \frac{ALP}{PR} = \frac{AC}{PR} \times \frac{PC}{PC} + \frac{ALP}{PR} \times \frac{PP}{PP}$$

$$QRP = SF \times \%PC + QSP \times PP$$

Suponha um órgão público com ativo circulante de $ 10.000, ativo permanente de $ 50.000, passivo circulante de $ 8.000 e passivo permanente de $ 30.000. Com isso, a situação financeira será de 1,25 e o quociente da situação permanente será de 1,67. Além disso, o passivo circulante representa 21,05% do passivo real e, o passivo permanente, 78,95%. Substituindo na expressão:

$$QRP = 1{,}25 \times 21{,}05\% + 1{,}67 \times 78{,}95\% \cong 1{,}58$$

O resultado patrimonial deveu-se em especial ao quociente da situação permanente maior que a unidade.

8. Quociente das variações patrimoniais

Relaciona as variações ativas orçamentárias com as variações passivas. Quando o resultado aproxima-se da unidade, mostra equilíbrio na execução orçamentária das variações orçamentárias.

9. Quociente do resultado das mutações patrimoniais

Este índice estuda a existência de equilíbrio, ou não, nas mutações patrimoniais. Relaciona a mutação patrimonial ativa com a mutação passiva.

10. Quociente do resultado da execução orçamentária

Relaciona a execução orçamentária ativa com a execução orçamentária passiva. Quando o valor tende à unidade, há equilíbrio.

11. Quociente do resultado das variações patrimoniais

Relaciona as variações ativas totais com as variações passivas. Se for maior que a unidade, haverá superávit; sendo menor que a unidade, tem-se um déficit.

Além desses indicadores, existem indicadores relacionados ao dispêndio público, entre os quais se destacam os seguintes:

a) *participação da despesa de pessoal* – este índice relaciona o volume de gastos com pessoal no total da despesa e tornou-se relevante com a Lei de Responsabilidade Fiscal, que determina a existência de um montante máximo;
b) *participação da despesa de capital* – índice relevante pelos efeitos macroeconômicos. Geralmente, é medido em relação à despesa total. Em

geral, quanto maior o volume de despesas de capital, maior os efeitos sobre a economia, pelo caráter multiplicador desse dispêndio.

Referências

ASSAF NETO, Alexandre; SILVA, César Augusto Tibúrcio. **Administração do capital de giro**. 3. ed. São Paulo: Atlas, 2002.

LIMA, Diana Vaz de; CASTRO, Róbison Gonçalves de. **Contabilidade pública**: integrando União, Estados e Municípios (Siafi e Siafem). 3. ed. São Paulo: Atlas, 2007.

Exercícios

1. **(Analista do CNMP 2015) Determinada empresa apresenta os seguintes índices obtidos a partir de suas demonstrações contábeis de 31.12.2013: índice de liquidez corrente = 3,00; índice de participação de capitais de terceiros em relação aos recursos totais (grau de endividamento) = 60%; e índice de composição do endividamento = 40%. Com base nestas informações e sabendo que o Patrimônio Líquido da empresa era R$ 3.000,00, o valor do seu ativo circulante era, em reais,**
   a) 5.400,00.
   b) 4.500,00.
   c) 2.700,00.
   d) 1.800,00.
   e) 3.000,00.

2. **(Exame de suficiência CFC 1/2014) Uma sociedade empresária apresentava a seguinte evolução dos Índices de Liquidez, Endividamento e Imobilização para os anos de 2011 a 2013:**

	2011	2012	2013
Liquidez Geral	1,25	0,90	0,82
Liquidez Corrente	1,25	1,50	1,75
Endividamento	50%	89%	110%
Imobilização	0,88	1,09	1,20

Com base nos índices informados, é INCORRETO afirmar que ao longo do período de 2011 a 2013 ocorreu uma:

a) melhora no índice de Imobilização.
b) melhora no índice de Liquidez Corrente.
c) piora no índice de Endividamento.
d) piora no índice de Liquidez Geral.

3. **(Exame de suficiência CFC 1/2014) Uma sociedade empresária apresentou os seguintes dados do Balanço Patrimonial, em 31.12.2013.**

ATIVO	R$ 196.000,00	PASSIVO	R$ 196.000,00
Ativo Circulante	R$ 96.800,00	Passivo Circulante	R$ 67.000,00
Ativo Não Circulante	R$ 99.200,00	Passivo Não Circulante	R$ 82.000,00
Realizável a Longo Prazo	R$ 35.000,00	Patrimônio Líquido	R$ 47.000,00
Investimentos	R$ 4.300,00		
Imobilizado	R$ 59.100,00		
Intangível	R$ 800,00		

Considerando os dados do Balanço Patrimonial acima, o valor do Capital Circulante Líquido – CCL da empresa, em 31.12.2013:

a) corresponde a R$ 17.200,00 decorrente da diferença entre o Ativo Não Circulante e o Passivo Não Circulante.
b) corresponde a R$ 29.800,00 decorrente da diferença entre o Ativo Circulante e o Passivo Circulante.
c) corresponde a R$ 47.000,00, pois CCL corresponde aos Recursos Próprios do Patrimônio Líquido.
d) corresponde a R$ 96.800,00, pois CCL é disponível no Ativo Circulante.

4. **(Exame de suficiência CFC 2/2013) A fórmula que calcula o índice de Liquidez Geral é:**

a) $\dfrac{\textit{Ativo Circulante} + \textit{Ativo Realizável a Longo Prazo}}{\textit{Passivo Circulante} + \textit{Passivo não Circulante}}$

b) $\dfrac{\textit{Ativo Circulante}}{\textit{Passivo Circulante}}$

c) $\dfrac{Ativo\ Circulante - Estoques}{Passivo\ Circulante}$

d) $\dfrac{Disponibilidades}{Passivo\ Circulante}$

5. **(Exame de suficiência CFC 1/2013) Uma sociedade empresária apresentou o Balanço Patrimonial dos anos de 2011 e 2012.**

	2012	AV	2011	AV
ATIVO	**R$ 128.400,00**	**100,00%**	**R$ 113.000,00**	**100,00%**
ATIVO CIRCULANTE	**R$ 65.400,00**	**50,93%**	**R$ 47.000,00**	**41,59%**
Caixa	R$ 14.500,00	11,29%	R$ 15.000,00	13,27%
Duplicatas a Receber	R$ 42.900,00	33,41%	R$ 12.000,00	10,62%
Estoques	R$ 8.000,00	6,23%	R$ 20.000,00	17,70%
ATIVO NÃO CIRCULANTE	**R$ 63.000,00**	**49,08%**	**R$ 66.000,00**	**58,41%**
Investimentos	R$ 30.000,00	23,36%	R$ 30.000,00	26,55%
Imobilizado	R$ 36.700,00	28,58%	R$ 40.000,00	35,40%
(-) Depreciação Acumulada	(R$ 3.700,00)	(2,88%)	(R$ 4.000,00)	(3,54%)
	2012	**AV**	**2011**	**AV**
PASSIVO	**R$ 128.400,00**	**100,00%**	**R$ 113.000,00**	**100,00%**
PASSIVO CIRCULANTE	**R$ 26.900,00**	**20,95%**	**R$ 23.000,00**	**20,35%**
Duplicatas a Pagar	R$ 18.900,00	14,72%	R$ 11.000,00	9,73%
Impostos a Recolher	R$ 8.000,00	6,23%	R$ 12.000,00	10,62%
PASSIVO NÃO CIRCULANTE	**R$ 7.000,00**	**5,45%**	**R$ 15.000,00**	**13,28%**
Títulos a Pagar	R$ 7.000,00	5,45%	R$ 15.000,00	13,28%
PATRIMÔNIO LÍQUIDO	**R$ 94.500,00**	**73,60%**	**R$ 75.000,00**	**66,37%**
Capital	R$ 71.000,00	55,30%	R$ 57.000,00	50,44%
Reserva de Lucros	R$ 23.500,00	18,30%	R$ 18.000,00	15,93%

Com base nos percentuais das análises verticais apresentados no Balanço Patrimonial acima, assinale a afirmativa CORRETA:

a) ocorreu um aumento de 9,33 pontos percentuais, na participação relativa do Ativo Não Circulante sobre o Ativo Total do ano de 2011, para 2012.

b) ocorreu um aumento de 9,34 pontos percentuais, na participação relativa do Ativo Circulante sobre o Ativo Total do ano de 2011, para 2012.

c) ocorreu uma diminuição de 0,60 pontos percentuais, na participação relativa do Passivo Circulante sobre o Passivo Total do ano de 2011, para 2012.

d) ocorreu uma diminuição de 7,23 pontos percentuais, na participação relativa do Patrimônio Líquido sobre o Passivo Total do ano de 2011, para 2012.

6. **(Petrobras, 2015) Considere as informações a seguir para responder à questão.**

Na análise das demonstrações contábeis da companhia G, exercício findo em 31.12.2013, o analista anotou o seguinte:

Dados retirados do Balanço Patrimonial: Ativo Circulante: R$ 1.755.000,00; Ativo Não Circulante: R$ 2.245.000,00 incluindo o Ativo Realizável a Longo Prazo de R$ 520.000,00.

Informações levantadas pelo analista, na análise do Balanço Patrimonial da companhia G: Composição do endividamento = 65%; Participação do capital próprio na estrutura de capitais = 37,50%.

Considerando somente as informações e os dados recebidos, aliados aos procedimentos de análise das demonstrações contábeis, verifica-se que o Índice de Liquidez Corrente da companhia G é:

a) 0,70

b) 0,91

c) 1,08

d) 1,40

e) 2,00

7. **(Agerio 2015) Uma empresa de violões, inicialmente com um indicador de liquidez corrente igual a 1, fez caixa adiando os pagamentos aos fornecedores. Sua dívida de curto prazo aumentou de R$ 70.000,00, e seu caixa aumentou também de R$ 70.000,00. O novo valor do indicador de liquidez corrente é:**

a) 0,95

b) 1,00

c) 1,05

d) 1,10

e) 1,50

8. **(TRT – MG, 2015) Na análise das demonstrações contábeis, um índice de:**

a) liquidez seca de 1,10 indica que a empresa, em uma determinada data, possui ativos que já são dinheiro ou se transformarão em dinheiro no curto e longo prazos suficientes para cobrir a sua dívida total.

b) rentabilidade do ativo de 20% significa que a cada R$ 100,00 investidos em ativos não circulantes, a empresa obtém R$ 20,00 de lucro bruto por período.

c) margem líquida de 14% significa que a cada R$ 100,00 investidos no Patrimônio Líquido, a empresa obtém R$ 14,00 de lucro líquido por período.

d) liquidez imediata de 0,15 indica que a empresa, em uma determinada data, possui R$ 0,15 para cada R$ 1,00 de despesas operacionais incorridas durante o exercício.

e) liquidez corrente de 1,05 indica que, em uma determinada data, para cada R$ 1,00 de dívida com vencimento no curto prazo, a empresa possui R$ 1,05 de ativos que já são dinheiro ou se transformarão em dinheiro no curto prazo.

9. **(TRE AC, 2015) No que se refere aos quocientes de endividamento, considerando a seguinte situação:**

Ativo	202.500,00
Passivo Circulante	18.000,00
Passivo Não Circulante	72.000,00
Patrimônio Líquido	112.500,00

Assinale a alternativa correta.

a) O índice de endividamento em relação ao capital próprio é de 0,80. Isso representa um elevado grau de endividamento, isto é, os ativos da empresa estão muito mais vinculados a capitais de terceiros do que a capitais próprios.

b) O índice de endividamento, em relação ao ativo total, é de 0,44. Isso significa que 44% do investimento total do ativo está financiado por capitais próprios.

c) O índice de endividamento, em relação ao ativo total, é de 0,56. Isso significa que 56% do investimento total do ativo está financiado por capitais de terceiros.

d) Na composição do endividamento, 20% do capital são dívidas de curto prazo e 80% são dívidas de longo prazo.

e) Na composição do endividamento, 80% do capital são dívidas de curto prazo e 20% são dívidas de longo prazo.

10. **(UEG, 2015) Se o quociente de capital de terceiros sobre capital próprio for expresso por 500/0, conclui-se que:**

a) o ativo está totalmente comprometido com as obrigações com terceiros.

b) todas as obrigações da entidade são exigíveis a curto prazo.

c) a entidade não tem como pagar suas obrigações.

d) as obrigações correspondem a cinco vezes o patrimônio líquido.

e) a entidade está iniciando suas operações.

11. **(RFB/Auditor, 2009) Assinale abaixo a opção que indica uma afirmativa verdadeira.**

a) A análise financeira é utilizada para mensurar a lucratividade, a rentabilidade do capital próprio, o lucro líquido por ação e o retorno de investimentos operacionais.

b) A análise contábil subdivide-se em análise de estrutura; análise por quocientes; e análise por diferenças absolutas.

c) A análise econômica é a tradicionalmente efetuada por meio de indicadores para análise global e a curto, médio e longo prazos da velocidade do giro dos recursos.

d) A análise da alavancagem financeira é utilizada para medir o grau de utilização do capital de terceiros e seus efeitos na formação da taxa de retorno do capital próprio.

e) A verdadeira análise das demonstrações contábeis se restringe à avaliação de ativos e passivos utilizando-se dos princípios e demais regras constantes, das Normas Brasileiras de Contabilidade, da Lei das S.A. e do regulamento do Imposto de Renda.

12. **(ENADE, 2006) A empresa Giro Alto Ltda. pretende aumentar suas vendas a prazo para manter suas vendas totais de 2005, iguais às de 2004. Em 2004, o valor total das vendas foi de R$ 1.800.000,00, considerando um ano comercial de 360 dias e que a empresa operou com um prazo médio de recebimento de vendas de 30 dias.**

Para alcançar esse objetivo, a empresa terá que ampliar para 32 dias o prazo médio de recebimento de vendas. Desse modo, o valor das Duplicatas a Receber, em 30 de dezembro de 2005, deve ser:

a) R$ 56.250,00.

b) R$ 60.000,00.

c) R$ 116.250,00.

d) R$ 150.000,00.

e) R$ 160.000,00.

13. (ENADE, 2009) Os indicadores de rentabilidade e de prazos médios da empresa ABC S.A., referentes aos exercícios de X1 e X2, foram os seguintes:

INDICADORES		X1	X2
Rentabilidade	Giro do Ativo	0,6	0,6
	Margem Líquida	15,2%	19,1%
	Rentabilidade do Ativo	9,1%	11,5%
	Rentabilidade do PL	18,4%	21,7%
Prazos Médios	Prazo Médio de Renovação de Estoques	74	85
	Prazo Médio de Recebimento de Vendas	60	54
	Prazo Médio de Pagamento de Compras	18	19
	Ciclo Operacional	134	139
	Ciclo Financeiro	116	120

Com base nessas informações, é CORRETO afirmar que:

a) A capacidade de pagamento melhorou devido ao aumento do ciclo financeiro.

b) A empresa ganhou R$ 15,20 para cada R$ 100,00 investidos no ativo em X1.

c) A empresa passou a conceder, em média, um prazo maior em suas vendas a prazo.

d) A remuneração do capital próprio reduziu durante o período sob análise.

e) A rentabilidade do ativo aumentou em X2 devido ao aumento da margem líquida.

14. (Exame CFC 2016.1) Uma Sociedade Empresária apresentou os seguintes índices, calculados a partir dos dados de suas demonstrações contábeis, para os anos de 2014 e 2015:

Índice	Fórmula de Cálculo	2014	2015
Rentabilidade do Ativo	Lucro Líquido / Ativo Total	18,75%	18,76%
Rentabilidade do Patrimônio Líquido	Lucro Líquido / Patrimônio Líquido	26,79%	28,13%
Endividamento	Capital de Terceiros / Patrimônio Líquido	42,90%	50,00%
Giro do Ativo	Vendas Líquidas / Ativo Total	1,25	1,55
Margem Líquida	Lucro Líquido / Vendas Líquidas	15,00%	12,10%
Liquidez Corrente	Ativo Circulante / Passivo Circulante	1,43	1,22

Considerando-se os índices apresentados, conforme fórmula de cálculo expressa no quadro anterior, é CORRETO afirmar que:

a) a redução na Liquidez Corrente em conjunto com o aumento na Rentabilidade do Patrimônio Líquido explicam a redução na Margem Líquida.

b) a redução na Margem Líquida de 2015, em relação ao ano anterior, foi compensada pelo aumento no Giro do Ativo, o que manteve a Rentabilidade do Ativo aproximadamente a mesma.

c) o aumento no Endividamento de 2015, em relação ao ano anterior, foi compensado pela redução na Liquidez Corrente, o que manteve a Rentabilidade do Ativo aproximadamente a mesma.

d) o aumento no Giro do Ativo em conjunto com o aumento na Rentabilidade do Patrimônio Líquido explicam a redução na Margem Líquida.

15. (Exame CFC 2016.1) Uma Sociedade Empresária apresentou, em 31.12.2015, os seguintes dados do Balanço Patrimonial.

Balanço Patrimonial em 31.12.2015

ATIVO		PASSIVO	
Ativo Circulante	**R$ 65.000,00**	**Passivo Circulante**	**R$ 33.000,00**
Caixa	R$ 9.000,00	Duplicatas a Pagar	R$ 8.000,00
Bancos Conta Movimento	R$ 15.000,00	Títulos a Pagar	R$ 7.000,00
Duplicatas a Receber	R$ 18.000,00	Financiamentos Bancários	R$ 18.000,00
Mercadorias para Revenda	R$ 23.000,00	**Passivo Não Circulante**	**R$ 12.000,00**
Ativo Não Circulante	**R$ 30.000,00**	Financiamentos Bancários	R$ 12.000,00
Ativo Realizável a Longo Prazo	R$ 10.000,00	**Patrimônio Líquido**	**R$ 50.000,00**
Imobilizado	R$ 20.000,00	Capital Subscrito	R$ 40.000,00
		Reserva Legal	R$ 1.000,00
		Reserva para Contingências	R$ 9.000,00
TOTAL DO ATIVO	R$ 95.000,00	TOTAL DO PASSIVO	R$ 95.000,00

A partir desse Balanço Patrimonial, é CORRETO afirmar que:

a) a Liquidez Corrente é, aproximadamente, de 1,67.

b) a Liquidez Geral é, aproximadamente, de 0,73.

c) a Liquidez Imediata é, aproximadamente, de 1,97.

d) a Liquidez Seca é, aproximadamente, de 1,27.

Gabarito

1. a
2. a
3. b
4. a
5. b
6. c
7. b
8. e
9. d
10. a
11. d
12. e
13. a
14. b
15. d

Os exercícios deste capítulo encontram-se resolvidos e comentados e estão à disposição dos leitores no *site* do GEN | Atlas.

9

Auditoria Contábil

Jorge Katsumi Niyama
Paulo César de Melo Mendes

Objetivos

- ⇨ Estudar a origem e história da auditoria
- ⇨ Examinar conceito e objetivo da auditoria interna e externa
- ⇨ Verificar a importância da avaliação dos controles internos
- ⇨ Apresentar técnicas da auditoria: planejamento, papéis de trabalho e programa de auditoria
- ⇨ Observar os procedimentos de auditoria e suas limitações (erro e fraude)
- ⇨ Contextualizar auditoria de valor justo
- ⇨ Verificar a relevância e risco de auditoria
- ⇨ Demonstrar o relatório dos auditores independentes

Introdução

Auditoria independente é um conjunto de procedimentos técnicos com fins específicos que busca expressar opinião sobre as demonstrações contábeis mediante um parecer e um relatório de auditoria.

O capítulo apresenta um breve relato sobre o surgimento da auditoria; o objetivo da auditoria; a importância da avaliação do controle interno; as técnicas de auditoria como o planejamento de auditoria, os papéis de trabalho e o programa de auditoria; os procedimentos em determinados setores; a forma de apuração do risco de auditoria e, finalmente, os tipos de pareceres de auditoria.

1 Origem e história da auditoria

Numa *abordagem histórica*, a origem da auditoria tem como principais causas os seguintes fatos:

a) desenvolvimento econômico, crescimento das empresas e surgimento das grandes corporações movimentando vultosos recursos. O proprietário é substituído, muitas vezes, por administradores profissionais e isso requer um acompanhamento mais cuidadoso sobre a movimentação de recursos financeiros, por terceiros;

b) surgimento da legislação tributária, em especial, a de taxação dos lucros;

c) investidores interessados em obter informações econômico-financeiras que possibilitem avaliar com segurança a posição de liquidez e rentabilidade das entidades.

Numa *abordagem recente*, as principais causas da origem da auditoria são as seguintes:

a) empresas controladas, com subsidiárias em outros países, requerem consolidação de demonstrações contábeis e o auditor tem papel relevante nesse processo;

b) desenvolvimento do mercado de capitais e procura por investimentos em ações, em que o auditor expressa opinião sobre a adequação das demonstrações contábeis;

c) exigência de maior credibilidade para demonstrações contábeis de entidades que desenvolvem atividades de prestação de serviços de utilidade pública (água, luz, telefone) ou que captam recursos do público mediante títulos ou outros instrumentos de apelo popular (bancos e instituições financeiras, no caso de depósitos, e companhias abertas, no caso de ações e debêntures). Essas empresas necessitam que suas demonstrações contábeis sejam expressas com transparência e tenham opinião de um especialista com reconhecida capacidade técnica;

d) com a Lei Sarbanes-Oxley, foi também fortalecida a figura do comitê de auditoria como órgão de apoio ao conselho de administração e principal interlocutor junto às auditorias internas e externas das entidades.

No Brasil, instituições financeiras de grande porte e companhias abertas estão sujeitas a essa exigência.

2 Conceitos e objetivos da auditoria

Segundo a NBCT 11 do Conselho Federal de Contabilidade (CFC), a auditoria das demonstrações contábeis representa o conjunto de procedimentos técnicos que têm por objetivo a emissão de parecer sobre a sua adequação consoante as práticas contábeis no Brasil e, no que for pertinente, à legislação específica.

Entendem-se como procedimentos técnicos o exame de livros, documentos e registros, informações internas e externas obtidas por meio de inspeções, verificações, exames *in loco*, conferências de cálculos e testes de auditoria.

No Brasil, o parecer do auditor expressa uma opinião (e não uma certificação ou garantia de viabilidade futura da entidade ou atestado de eficácia da administração) sobre a adequação da posição patrimonial, econômica e financeira, tendo como parâmetro as "práticas contábeis adotadas no Brasil". Outros países privilegiam e têm como parâmetro os princípios contábeis.

Salvo declaração expressa em contrário constante do parecer, o auditor considera as informações divulgadas nas demonstrações contábeis adequadas e suficientes, para o entendimento dos usuários, tanto em termos de conteúdo como de forma. O parecer é de exclusiva responsabilidade dos contadores com registro nos Conselhos Regionais de Contabilidade.

2.1 Auditoria interna e externa

O trabalho de auditoria pode ser classificado em dois grandes grupos: a auditoria interna e a auditoria externa.

1. A *auditoria interna* tem como principais objetivos:
   a) revisar e avaliar os controles internos da entidade;
   b) acompanhar e monitorar o cumprimento das diretrizes estabelecidas pela administração superior;
   c) verificar se as informações fornecidas à administração superior são corretas, completas e oportunas;
   d) verificar e revisar os principais ciclos operacionais da empresa;
   e) controlar e proteger o patrimônio da entidade.

   As principais características da auditoria interna são:

   a) o auditor é funcionário da empresa auditada;
   b) há um grau menor de independência nos trabalhos do auditor;
   c) o auditor desenvolve atividade de auditoria contábil/operacional e realiza maior volume de testes;
   d) o grau de vinculação com as demonstrações contábeis é proporcionalmente menor que o do auditor externo.

2. A *auditoria externa* tem como principais objetivos:

   a) expressar uma opinião sobre as demonstrações contábeis da empresa quanto à adequada posição financeira, adequado resultado das operações, observância às práticas contábeis adotadas no Brasil;

   b) desenvolver serviços especiais como auditoria para avaliação patrimonial com vistas à combinação de negócios, auditoria para atender demanda específica de acionistas como fraudes ou erros, orientação fisco-contábil.

   As principais características da auditoria externa são:

   a) o auditor não tem vínculo empregatício com a empresa auditada;

   b) maior grau de independência;

   c) o auditor desenvolve auditoria contábil e realiza menor volume de testes;

   d) o grau de vinculação com as demonstrações contábeis é proporcionalmente maior que o da auditoria interna.

Por que contratar um auditor externo? As principais razões/justificativas para se contratar um auditor externo podem ser assim destacadas:

a) obrigação legal ou regulamentar;

b) medida de controle dos acionistas ou proprietários;

c) exigência estatutária ou contratual;

d) a empresa é beneficiária de recursos governamentais ou de incentivo fiscal;

e) exigência de bancos/instituições financeiras para concessão de crédito;

f) combinação de empresas (fusão, incorporação, cisão, transformação).

3 Controle interno

Conceito de controle interno – compreende o plano de organização e todos os métodos e medidas adotados na empresa para salvaguardar seus ativos, verificar a exatidão e fidelidade dos dados contábeis, desenvolver a eficiência das operações e estimular o seguimento das políticas.

Os controles internos são classificados em dois grandes grupos: os administrativos e os contábeis.

1. *Controles administrativos* – compreendem o plano de organização e todos os métodos e procedimentos utilizados que têm ligação direta com a eficiência das operações e com a política de negócios da empresa.

2. *Controles contábeis* – compreendem o plano de organização e todos os métodos e procedimentos que têm ligação direta com a proteção do patrimônio da empresa e exatidão e integridade dos registros contábeis.

Os objetivos básicos do controle interno podem ser assim resumidos:

a) comprovar a veracidade dos informes e relatórios contábeis, financeiros e operacionais;
b) prevenir fraudes e possibilitar descobri-las, mais rapidamente, em caso de ocorrência;
c) localizar erros e desperdícios, promovendo ao mesmo tempo a uniformidade e a correção ao registrarem-se as operações;
d) estimular a eficiência do pessoal, mediante vigilância através de relatórios;
e) salvaguardar os ativos e obter um controle eficiente sobre todos os aspectos vitais do negócio.

3.1 Avaliação do controle interno

O auditor independente, para fins de emissão de seu parecer, avalia o sistema de controle interno da empresa, com os seguintes objetivos:

a) determinar se os procedimentos de controle interno, operacionais e contábeis, adotados pela instituição, são satisfatórios de modo a permitir o adequado processamento das operações e gerar dados confiáveis para o registro contábil em seu devido tempo;
b) determinar o grau de confiança que se possa definir em relação aos saldos apresentados nas demonstrações financeiras, de forma a permitir o estabelecimento dos procedimentos de auditoria a serem aplicados na extensão e profundidade necessárias;
c) atentar para a avaliação do controle interno de áreas mais importantes ou de maior risco, concentrando maior atenção na avaliação do controle interno de áreas ou ciclos operacionais de maior influência ou risco na atividade global da entidade.

3.2 Princípios de controle interno

O auditor independente deve conhecer e observar, no desenvolvimento de seu trabalho, os seguintes princípios:

a) sistema de autorizações – assegurar à administração que todas as transações se realizam de acordo com sua vontade;
b) sistema de registro de transações – assegurar que as transações são registradas pelos valores certos, no momento certo e contas apropriadas;
c) plano de organização – estabelecimento de responsabilidade a pessoas na execução de funções que lhes são delegadas;
d) segregação de funções – assegurar que as pessoas não tenham, ao mesmo tempo, funções de escrituração, operacionais e de custódia de valores;
e) sistema de proteção de ativos – assegurar que o acesso aos ativos é permitido somente para o pessoal autorizado e que o seu uso se limite a finalidades autorizadas pela administração;
f) pessoal qualificado e treinado – assegurar o êxito do empreendimento empresarial; a capacidade do funcionário aliada a eficiente e adequado treinamento, a revisão e avaliação de desempenho.

4 Papéis de trabalho

O auditor independente, ao emitir seu parecer sobre a adequação das demonstrações contábeis, fundamenta sua opinião nos elementos comprobatórios obtidos e no exame dos registros contábeis da empresa auditada.

Assim, o auditor documenta suas descobertas e o trabalho desenvolvido por meio de evidências colhidas nos seus papéis de trabalho.

4.1 Conceitos e objetivos dos papéis de trabalho

Papéis de trabalho representam o conjunto de formulários e documentos que contém as informações e apontamentos obtidos pelo auditor durante o exame, provas e descrição destas realizações, as quais constituem a evidência do trabalho executado e o fundamento de sua opinião.

Os principais objetivos dos papéis de trabalho são:

a) atender ao requisito de que o auditor deve ter "zelo profissional" e cuidado na elaboração do parecer, ou seja, que a opinião seja corretamente documentada nos papéis de trabalho;
b) documentar os elementos comprobatórios do trabalho desenvolvido, inclusive de revisar o trabalho feito pela equipe de auditores;
c) possibilitar comparabilidade de um exercício para outro, contribuindo para melhorar sua eficiência;
d) servir como prova documental no caso de questionamento judicial ou eventual demanda dos organismos reguladores.

4.2 Propriedade e utilidade dos papéis de trabalho

Os papéis básicos de trabalho são de propriedade exclusiva e confidencial do auditor. O acesso a esses papéis de trabalho pode ser requerido quando de uma representação na Justiça por ação movida contra o auditor independente.

A principal utilidade dos papéis de trabalho é o registro e a comprovação do trabalho do auditor.

Alguns pontos essenciais que devem ser obrigatoriamente documentados nos papéis de trabalho do auditor são:

a) revisão do controle interno – o auditor deve documentar os principais aspectos de controle interno em cada área auditada, identificando os pontos fortes e fracos que devem ser levados em consideração na definição dos procedimentos a serem executados;

b) determinação do escopo do trabalho – o auditor deve observar o conceito de materialidade quanto aos procedimentos e relevância da informação e deve ter "senso crítico" e "julgamento" para direcionar seu trabalho. Embora não padronizado, 5% do Patrimônio Líquido ou 10% do Ativo podem ser considerados como limite de "materialidade";

c) objetivo do exame – o auditor deve documentar o que vai se determinar, provar, conseguir ou alcançar, para que ao final possa avaliar se o objetivo foi atingido. Caso não tenha sido, ele deve adotar medidas alternativas corretivas;

d) planejamento do trabalho – o auditor deve ter conhecimento a respeito da natureza da conta ou área ser analisada e documentar seu planejamento, de modo a comparar com o trabalho executado ao seu final;

e) julgamento profissional – o auditor deve ser capaz de avaliar de que forma vai efetuar o exame que conduza à obtenção de conclusão satisfatória e objetiva, de modo a fundamentar seu parecer;

f) informações e fatos relevantes – o auditor deve documentar após analisada a relevância, extensão e profundidade dos fatos e informações a serem evidenciados.

5 Planejamento dos trabalhos de auditoria

O objetivo do planejamento de auditoria é o de possibilitar a execução de uma auditoria de maneira completa, eficiente e tempestiva. Para alcançar esse objetivo, o auditor deve elaborar o seu planejamento levando em conta:

a) os planos devem basear-se no conhecimento das atividades do cliente;
b) os planos devem ser elaborados de modo a abranger:
   - o conhecimento do sistema contábil adotado pela empresa e a natureza das operações;
   - o conhecimento dos procedimentos de controle interno utilizados pela empresa;
   - o conhecimento das diretrizes administrativas da empresa;
   - o estabelecimento do grau de confiança no controle interno;
   - a determinação e a programação da natureza, do momento e extensão dos procedimentos de auditoria a serem aplicados;
   - a coordenação dos trabalhos de auditoria a serem executados;
c) os planos devem ser revisados durante a fase da execução dos trabalhos e adaptados consoante as circunstâncias apresentadas;
d) o planejamento pode ter (ou não) maior concentração dos trabalhos nas auditorias preliminares, dependendo da qualidade do sistema de controle interno.

6 Programa de auditoria

O auditor, para fundamentar seu parecer, desenvolve uma série de procedimentos para colher evidências ao longo da execução do serviço de auditoria que permitam formar um "juízo" (julgamento profissional) sobre a área auditada e concluir sobre sua adequação.

São eles: exame físico, confirmação (circularização), exame dos documentos originais, conferência de cálculos, exame da escrituração, investigação minuciosa, inquérito, cruzamento de informações, teste de flutuação.

1. ***Exame físico*** – cujos objetivos são:

a) verificar a existência física do ativo e a sua real quantidade disponível;
b) identificar o bem através do exame visual;
c) verificar o estado de uso do bem, em especial a qualidade e conservação, para avaliar a potencialidade de gerar benefícios;
d) verificar se os valores registrados na contabilidade são adequados à qualidade dos itens examinados.

Exemplos de procedimentos relacionados a exame físico: contagem física dos itens do ativo imobilizado, estoques de mercadorias; contagem de títulos e valores mobiliários; contagem de caixa.

Exemplos de papéis de trabalho: termo de conferência de caixa; termo de conferência de títulos e valores mobiliários; teste de existência física dos bens do ativo imobilizado.

2. ***Confirmação (Circularização)*** – o objetivo da circularização é o de obter informações formais e isentas de pessoas independentes à empresa auditada. Para que a circularização possa ter sucesso, devem ser observadas as seguintes condições:

a) os pedidos de confirmação devem ser de pleno conhecimento da administração da empresa auditada;

b) as solicitações de informações junto a terceiros devem ser assinadas pelos responsáveis pela instituição;

c) o despacho ou envio das cartas circulares deve ser efetuado pelo próprio auditor (sua equipe);

d) as respostas às cartas circulares devem ser dirigidas ao escritório do auditor;

e) o auditor deve manter uma cópia da carta circular para *follow-up* e procedimentos alternativos;

f) as informações solicitadas nas cartas circulares devem ser precisas no que se refere a datas, valores, assuntos e a quem estão sendo dirigidas;

g) o auditor deve revisar as cartas circulares antes do envio, evitando erros ou omissões que possam prejudicar o recebimento das respostas;

h) o auditor deve manter o controle e o despacho/recebimento das confirmações;

i) as cartas circulares devem ser envelopadas pelo auditor, junto ao "envelope-resposta" com porte pago;

j) respostas não recebidas devem sofrer nova circularização e procedimentos alternativos (envio de 2ª carta, confirmação pessoal e outros);

k) a seleção de amostra deve ser preparada pelo auditor e não deve ser de conhecimento da instituição o critério utilizado;

l) no tocante aos tipos de confirmação, podem ser do tipo "positivo" ou "negativo". Do tipo positivo, ocorre quando é necessária a manifestação da pessoa consultada, encaminhando formalmente a carta-resposta. Do tipo negativo, ocorre quando a resposta da pessoa consultada for necessária somente em caso de discordância.

Com a ausência de manifestação da pessoa, entende-se a concordância com os valores indicados na carta (pode ser utilizada quando há grande número de contas com pequenos saldos e também quando o controle interno for excelente).

Alguns exemplos de procedimentos de "circularização": confirmação de contas a receber; confirmação de contas a pagar/fornecedores; confirmação de saldos bancários; confirmação de estoques em poder de terceiros.

3. ***Exame dos documentos originais*** – cujos objetivos consistem em:

a) verificar a veracidade dos valores registrados;
b) verificar a normalidade/regularidade da transação em função das atividades da empresa auditada;
c) verificar a autenticidade dos documentos;
d) verificar a aprovação por pessoas adequadas e com competência estatutária para isso.

Exemplos de procedimentos relacionados a exame de documentos originais: documentos de compra e venda de títulos e valores mobiliários (fonte externa); documentos de prestação de serviços (recibos, faturas, contratos etc.) (fonte externa); documentos de empréstimos obtidos (fonte externa); documentos relacionados à subscrição de acionistas (fonte externa).

4. ***Conferência de cálculos*** – cujo objetivo é o de constatar a adequação numérica das operações.

Como exemplos de procedimentos e conferência de cálculos, destacam-se: cálculo das depreciações acumuladas; cálculo da provisão para devedores duvidosos; cálculo da equivalência patrimonial; cálculo dos juros sobre empréstimos;

5. ***Exame da escrituração*** – que tem como objetivo constatar a veracidade dos números e fatos registrados pela contabilidade.

Exemplos de procedimentos de exame de escrituração: conciliações bancárias; composição da carteira de títulos e valores mobiliários; análise dos créditos de curso anormal/créditos vencidos.

6. ***Investigação minuciosa*** – cujo objetivo consiste em examinar com profundidade a matéria auditada, ou área sob maior risco de auditoria.

Exemplos de procedimentos: exame minucioso das escrituras de bens recebidos em dação em pagamento; exame minucioso da razoabilidade da provisão para devedores duvidosos; exame detalhado da documentação relativa a fusões ou incorporações; exame detalhado dos testes de *impairment*.

7. ***Inquérito*** – cujo objetivo consiste em obter informações de modo mais rápido ou de obter esclarecimentos sobre assuntos controvertidos, importantes e necessários para direção dos procedimentos a serem efetuados pelo auditor, bem

como obter informações sobre aspectos de controle interno ou de esclarecimentos sobre créditos em curso anormal, entre outros.

Exemplos de procedimentos de inquérito: aplicação de perguntas previamente estabelecidas em "questionários de controle interno"; inquérito sobre procedimentos de "marcação a mercado" ou de *fair value* em instrumentos financeiros; inquérito sobre a política de taxas de aplicação e captação em operações financeiras.

8. ***Referências cruzadas*** – cujo objetivo é a correlação das informações obtidas pelo auditor com outras áreas do balanço ou do resultado.

Exemplos de procedimentos de referências cruzadas:

- cálculo das apropriações de créditos oriundos de vendas a prazo e sua correlação com a conta específica de resultado;
- cálculo dos lucros apurados nas negociações com títulos e valores mobiliários e sua correlação com a conta específica de resultado ou patrimônio líquido conforme o caso;
- baixa de bens do imobilizado e sua correlação com o resultado reconhecido no exercício;
- cálculo das depreciações do imobilizado e sua correlação com as contas específicas de resultado do exercício e com a conta de depreciações acumuladas;
- cálculo da equivalência patrimonial sobre investimentos permanentes e a sua correlação com conta específica de resultado;
- cálculo do teste de *impairment* sobre ativos imobilizados e a sua correlação com conta específica de resultado.

7 Auditoria de demonstrações contábeis

A auditoria de balanço (ou de demonstrações contábeis) consiste no estabelecimento dos objetivos inerentes às áreas específicas sob auditoria, evidenciando os aspectos mais relevantes de controle interno e, finalmente, quais os procedimentos de auditoria usualmente adotados. Selecionamos algumas áreas para servir de exemplo, como segue.

7.1 Auditoria em disponibilidades

Os objetivos de auditoria da auditoria em disponibilidades são:

a) verificar se a disponibilidade registrada existe, isto é, se encontra em poder da empresa ou nos bancos;

b) verificar se a disponibilidade de propriedade da empresa está integralmente incluída no balanço e a de terceiros, excluída do mesmo;
c) verificar se a disponibilidade está contabilizada de acordo com os princípios de contabilidade ou práticas contábeis adotadas no Brasil, aplicados uniformemente em relação ao exercício anterior;
d) verificar se a disponibilidade está livre de restrições de uso, penhora ou vinculações em garantia;
e) verificar se a disponibilidade está corretamente descrita e classificada no balanço. As divulgações cabíveis foram feitas no próprio balanço ou em suas notas explicativas.

Os principais aspectos de controle interno da área de disponibilidades são:

a) segregação de funções entre caixa, contabilidade, contas a receber/pagar, ou seja, quem tem o controle físico não pode ter o controle contábil;
b) os documentos não são cancelados após o pagamento, que pode acarretar a reapresentação e novo pagamento;
c) elaboração de conciliações mensais, preparadas pela contabilidade, revisadas e aprovadas (em auditoria é importante que alguém "faça" e outro "confira");
d) emissão de cheques pela tesouraria, sendo necessárias as assinaturas de duas pessoas independentes, tais como um diretor e um procurador (a fim de evitar ou minimizar conluio);
e) não é utilizado o sistema de fundo fixo, podendo gerar pendências ou atrasos na prestação de contas;
f) os cheques são ou não são emitidos nominalmente (probabilidade maior de fraude);
g) as pessoas autorizadas a assinar são aprovadas por procurações lavradas em cartório e renováveis anualmente (ou seja, com competência para assinar);
h) os cheques recebidos são cruzados, sejam nominativos ou não. Os cheques "ao portador" são carimbados com a razão social da companhia, tornando-os nominativos (evitar que sejam depositados em contas diversas da empresa).

Os procedimentos usuais de auditoria de disponibilidade no caixa são:

a) avaliar o controle interno;
b) efetuar a contagem do fundo de caixa, por ocasião da abertura no dia;
c) depois de efetuada a contagem, deve-se colher, do responsável, a declaração de que os valores lhe foram intactamente devolvidos;

d) efetuar o *follow-up* da contagem de caixa;
e) conferir os valores a depositar com o depósito bancário;
f) liquidar os vales pendentes, solicitando esclarecimentos, se for o caso;
g) confrontar o saldo apurado pela contagem com o saldo da razão. Alternativamente, comparar o saldo apurado com o saldo constante no último boletim de caixa;
h) efetuar as referências cruzadas;
i) analisar possíveis saldos credores em qualquer data, examinando as causas, justificativas e procedimentos adotados para a sua retificação;
j) confirmar se os recebimentos estão sendo depositados diariamente, em sua totalidade;
k) efetuar os ajustes e reclassificações necessários para fins de relatório.

7.2 Auditoria em bancos com movimento

No que diz respeito a procedimentos de auditoria de bancos conta com movimento, destacam-se:

a) avaliação do controle interno;
b) relacionar todos os bancos com os quais a auditada mantém transação (conta corrente, desconto, caução etc.) e obter confirmação de saldos de contas correntes e as informações a seguir, na data do balanço:
    - saldos devedores ou credores;
    - cópias dos extratos; detalhes sobre as garantias;
    - relação de letras, duplicatas ou quaisquer outros valores em caução, desconto e cobrança;
    - títulos e valores em custódia; procuradores – prática individual ou em conjunto dos diversos atos junto aos bancos;
c) obter cópia do extrato bancário para o período de (x) dias após a data de balanço:
    - anotar o número do último cheque emitido contra cada banco até a data de encerramento do balanço e determinar se foram contabilizados antes daquela data; determinar se os cheques subsequentes foram contabilizados após aquela data;
    - examinar as reconciliações bancárias atentando para: pendências antigas de meses anteriores não solucionadas; proceder aos ajustes necessários, se for o caso;

d) acompanhar as pendências apuradas até a sua solução subsequente em períodos seguintes;

e) apurar as origens das pendências relevantes – efetuar os ajustes e reclassificações necessárias para fins de relatório.

7.3 Auditoria em contas a receber

Os objetivos das contas a receber são os seguintes:

a) verificar a existência e propriedade do crédito representado por vendas a prazo;

b) verificar se representa direitos efetivos contra os devedores, ou seja, se não é "frio" ou fictício;

c) verificar observância, quanto à sua mensuração, aos princípios de contabilidade ou práticas contábeis adotadas no Brasil, e aplicação de forma uniforme em relação ao exercício anterior;

d) verificar a inexistência de restrições ou divulgações cabíveis que deveriam ter sido feitas (por exemplo, se estão cedidas a terceiros);

e) verificar a possibilidade de fazer recomendações objetivando o aprimoramento dos controles internos da companhia na área de disponibilidades.

Os principais aspectos de controle interno da área de contas a receber são:

a) segregação de funções entre contas a receber (controle físico, recebimentos, baixas), contabilidade e caixa, ou seja, quem tem o controle físico não pode ter o controle contábil;

b) autorização para baixas de créditos incobráveis e devoluções que não por recebimento, que pode acarretar um "caixa dois" ou desvio para o funcionário;

c) conciliação periódica entre contabilidade/contas a receber, de modo a manter atualizado o controle físico/contábil;

d) mapa de idade dos títulos, que representa o detalhamento dos títulos vencidos por antiguidade (práticas de cobrança devem ser distintas dependendo do prazo de "vencido" o título).

Em relação aos procedimentos de auditoria em contas a receber, destacam-se:

a) avaliação do controle interno;

b) confirmação de saldos com fonte externa (circularização);

c) escolha da data base;

d) formas: positiva ou negativa;

e) seleção de amostra;

f) número de cópias;

g) preparação de papéis de trabalho para documentar o controle das circulares e demais exames;

h) preparação de cartas pelo pessoal da auditada, através de impressos padronizados;

i) conferência das cartas a serem expedidas;

j) envelopamento e despacho das cartas;

k) verificação das respostas recebidas e remessas de segundo pedido;

l) necessidade de confirmação pessoal;

m) exames alternativos de circulares positivas que não foram recebidas;

n) *follow-up* das respostas recebidas;

o) estatística de confirmação – resultados e conclusão;

p) desenvolvimento, se necessário, ou possível, de procedimentos adicionais: data base das confirmações diferente da data do encerramento do exercício ou da data em que está se opinando (se o controle interno for forte e confiável);

q) estudo da idade dos títulos e análise dos possíveis recebimentos, verificando a adequabilidade das provisões constituídas;

r) exame das cartas de advogados ou escritórios de cobrança acerca da posição de créditos duvidosos;

s) obtenção de informações do gerente de crédito e cobrança sobre aspectos de controle interno ou de dúvidas identificadas;

t) exame das garantias, se elas são suficientes à cobertura de eventual inadimplência;

u) análise da liquidação subsequente, ou seja, se houve o recebimento posterior do crédito (quando possível em função da data);

v) exame referente ao corte das operações (*cut-off*), ou seja, se as transações celebradas até a data do balanço foram efetivamente reconhecidas e registradas no balanço;

w) contas a receber de entidades ligadas (coligadas ou controladas), que podem ter eventualmente flexibilidade na cobrança;

x) teste do cálculo dos juros e a sua adequada apropriação.

7.4 *Auditoria em estoque*

Os objetivos de auditoria na área de estoques são:

a) determinar se os estoques pertencem à companhia, ou seja, se são de sua legítima propriedade;
b) determinar se estão avaliados conforme os princípios de contabilidade, práticas contábeis adotadas no Brasil, em bases uniformes no tempo;
c) determinar se os itens obsoletos e defeituosos estão ajustados ao seu valor líquido de realização, mediante a constituição de provisão específica;
d) determinar se existem ônus, penhor ou outras restrições de uso sobre os estoques e, na sua ocorrência, se estão adequadamente evidenciados em notas explicativas ou nas próprias contas do balanço;
e) determinar se os estoques finais do período foram apurados quanto à quantidade, preços e cálculos, em bases consistentes com os estoques do ano anterior.

Os principais aspectos de controle interno na área de estoques são:

a) existência de um sistema de registro de entradas e saídas dos estoques por meio de registros permanentes (proporciona maior credibilidade);
b) realização de inventário físico periódico, por funcionários independentes à área e supervisionado pela auditoria interna;
c) segregação de funções entre os setores de compras, almoxarifes, contas a pagar e contabilidade, ou seja, quem tem o controle físico não pode ter o controle contábil e financeiro;
d) existência de sistema de autorização para compras de estoques, incluindo políticas e limites de alçada;
e) existência de sistema de autorização para baixas de estoques obsoletos/defeituosos (pode ocasionar um "caixa dois" ou desvio para funcionário).

No que diz respeito aos procedimentos de auditoria de estoque, destacam-se:

a) avaliação do controle interno;
b) realização de inventário físico para verificação *in loco* das mercadorias;
c) *cut-off* (corte) dos estoques, de modo que todas as entradas e saídas ocorridas até a data do balanço tenham sido efetivamente incluídas e excluídas do balanço;

d) teste de avaliação ao valor de mercado, para ajuste, se necessário para atendimento das disposições legais;
e) teste dos registros permanentes dos estoques, por intermédio da reconciliação global de quantidade;
f) teste do sistema de custeio da produção, incluindo testes de rateio dos custos fixos aos produtos;
g) ajustes e reclassificações para fins de relatório.

7.5 Auditoria no ativo imobilizado

Os objetivos de auditoria do ativo imobilizado são os seguintes:

a) verificar a existência e propriedade do ativo imobilizado;
b) verificar se a avaliação foi realizada conforme os princípios contábeis ou práticas contábeis adotadas no Brasil;
c) verificar a existência de ônus ou gravames sobre os bens e, na sua ocorrência, se estão adequadamente evidenciados em notas explicativas ou no próprio balanço;
d) verificar a efetiva utilização dos bens nos negócios da companhia ou se há eventual desvio na sua utilização;
e) verificar a correta classificação nas demonstrações financeiras e sua adequação às legislações em vigor;
f) verificar se as adições do período são de fato itens ativáveis, ou se referem-se a gastos que deveriam ter sido levados a resultado;
g) verificar se as baixas do período foram adequadamente refletidas no resultado.

Os principais aspectos de controle interno na área de ativo imobilizado são:

a) identificação física através de plaquetas, de códigos de barras;
b) realização de inventário físico permanente, de forma sistemática, por funcionário independente à área e supervisionado pela auditoria interna;
c) controle analítico por bem e sua localização;
d) cadastro individual por bem, com características identificadoras que permitam adequada conciliação;
e) política de imobilizações, de acordo com o manual da empresa, identificando limites e alçadas;

f) política de baixas, de forma manualizada, identificando limites e alçadas;
g) política de manutenção e reparos, no que diz respeito à capitalização ou reconhecimento em resultado;
h) política de seguros, de forma manualizada, de modo a identificar limites e riscos;
i) política de teste de *impairment*.

No que diz respeito aos procedimentos de auditoria do ativo imobilizado, destacam-se:

a) avaliação do controle interno;
b) inventário físico dos bens, confrontando-os com os controles da companhia;
c) verificação das adições e baixas do período, contemplando o exame do suporte documental, a aprovação das baixas e o exame dos pagamentos e recebimentos;
d) examinar os laudos de reavaliação, se ainda houver, e a política de baixa adotada;
e) teste global das depreciações do período e o reflexo no resultado;
f) examinar as transferências relevantes constatadas no imobilizado (ex.: obras em andamento etc.);
g) examinar as contas de manutenção e reparos e avaliar sua razoabilidade;
h) examinar apólices de seguros dos bens e avaliar o nível de cobertura dos riscos;
i) examinar os testes de *impairment*, se eles refletem a efetiva perda de substância do ativo;
j) exame dos ônus, referenciando-os com a área do passivo circulante a longo prazo.

7.6 Auditoria no passivo circulante

Os objetivos de auditoria, no passivo circulante, são os seguintes:

a) verificar se todos os passivos estão registrados e demonstrados de acordo com os princípios de contabilidade ou práticas contábeis adotadas no Brasil;
b) verificar se os valores registrados como exigibilidade representam efetivamente passivos reais contra terceiros;

c) verificar se todos os encargos, acessórios ao principal, estão adequadamente registrados;
d) verificar se os passivos garantidos por vinculações de ativos estão identificados e, quando for o caso, evidenciados em notas explicativas;
e) verificar a correta classificação nas demonstrações financeiras, em termos de prazo e natureza.

Destacam-se como principais aspectos de controle interno do passivo circulante:

a) adequada segregação entre o setor de contas a pagar, contabilidade e compras, ou seja, quem tem o controle físico não pode ter o controle contábil e financeiro;
b) realização de conciliação periódica contabilidade/contas a pagar, de modo a manter atualizado o controle físico/contábil;
c) aprovação prévia de todas as compras/despesas, por pessoas autorizadas conforme manual interno, respeitando-se limites e alçadas;
d) política de cancelamento dos documentos após o pagamento, evitando-se eventual reapresentação e novo pagamento;
e) política adequada de descontos em obediência aos manuais internos e respeitados os limites alçados;
f) emissão de cheques nominais aos fornecedores ou crédito em conta corrente, minimizando a ocorrência de possíveis desvios;
g) arquivo dos documentos após o pagamento;
h) arquivo dos documentos antes do pagamento;
i) controle analítico de todos os credores, por natureza, vencimento e tipo de moeda/garantias.

No que diz respeito aos procedimentos de auditoria no passivo circulante, destacam-se:

a) avaliação do controle interno;
b) confirmação de saldos com fonte externa, na circularização;
c) adoção de procedimento alternativo: por exemplo, circularização em data intermediária, quando os controles internos são fortes e confiáveis;
d) exame referente ao corte das operações (*cut-off*), ou seja, se as transações ocorridas antes do balanço foram efetivamente incluídas no mesmo exercício social;
e) exame da idade dos saldos, por vencimento, e sua compatibilização com o fluxo de caixa;

f) exame das liquidações subsequentes;
g) exame da adequação das garantias para cobertura dos passivos;
h) exame das contas a pagar de entidades ligadas, para verificar possível flexibilidade na sua liquidação;
i) teste do cálculo dos juros e sua adequada apropriação;
j) ajustes e reclassificações necessárias para fins de relatório.

7.7 Auditoria no passivo não corrente (exigível a longo prazo)

Os principais objetivos de auditoria, no passivo não corrente (exigível a longo prazo), são os seguintes:

a) determinar se os passivos são genuínos e se estão corretamente quantificados conforme os princípios contábeis ou práticas contábeis adotadas no Brasil;
b) determinar se os valores registrados como exigibilidades representam passivos reais;
c) determinar se todos os encargos, acessórios ao principal, estão adequadamente registrados;
d) determinar se os passivos garantidos por vinculação de ativos estão identificados e com adequada evidenciação em notas explicativas;
e) determinar a correta classificação nas demonstrações financeiras.

Os principais aspectos de controle interno na área de passivo não corrente (exigível a longo prazo):

a) segregação de funções, de modo que quem tem o controle físico não tenha controle contábil e financeiro;
b) conciliação periódica entre a contabilidade e financiamentos, de modo a manter posição atualizada do controle físico/contábil;
c) aprovação prévia dos financiamentos, de acordo com o manual interno, respeitados os limites e alçadas;
d) controle analítico dos financiamentos, com detalhamento da natureza, credor, prazos e tipo de moeda;
e) mapas de controle e apropriação dos encargos.

No que diz respeito aos procedimentos de auditoria no passivo não corrente (exigível a longo prazo), destacam-se:

a) avaliação do controle interno;
b) confirmação de fonte externa via circularização;
c) seleção dos contratos para análise;
d) teste do cálculo e apropriação dos encargos;
e) teste da atualização monetária;
f) exame da classificação curto/longo prazo dos contratos;
g) exame do suporte documental, ou seja, contratos, garantias etc.;
h) exame das transações com entidades ligadas para verificar possível flexibilidade nos pagamentos;
i) exame da efetiva liberação dos empréstimos/financiamentos;
j) ajustes e reclassificação necessários.

7.8 Auditoria no patrimônio líquido

Os principais objetivos de auditoria na área do patrimônio líquido são os seguintes:

a) determinar se as transações ocorridas no período representam deliberações dos acionistas em conformidade com os estatutos ou imposições legais;
b) determinar a correta avaliação conforme os princípios contábeis ou práticas contábeis adotadas no Brasil;
c) determinar a correta classificação nas demonstrações financeiras (por exemplo: adiantamento de acionistas para futuro aumento de capital);
d) determinar a existência de ônus ou gravames sobre as ações da auditada;
e) determinar a existência de eventos subsequentes relevantes, a serem objeto de divulgação em notas explicativas.

Os principais aspectos de controle interno no patrimônio líquido são:

a) segregação de funções entre os serviços de registro de controle de acionistas e os serviços contábeis;
b) conciliação periódica entre contabilidade e registros de acionistas de modo a manter posição atualizada do controle físico/contábil;
c) política de dividendos segundo disposições legais e estatutárias;
d) custódia de ações virgens, quando for o caso;
e) ações em tesouraria quanto à classificação, limites, alçada.

Os principais procedimentos de auditoria do patrimônio líquido são:

a) avaliação do controle interno;
b) exame das "mutações do patrimônio líquido", atentando para os seguintes fatos:
   - aumento de capital: exame documental e do efetivo ingresso;
   - distribuição de dividendos;
   - estatutos, teste dos cálculos e destinações do lucro: disposições legais e estatutárias;
c) teste dos "ajustes de avaliação patrimonial": avaliação a mercado dos títulos classificados como disponíveis para venda;
d) ajustes e reclassificação necessários para fins de relatório.

7.9 Auditoria de Fair Value

Os principais objetivos de auditoria, aspectos de controle interno e procedimentos de auditoria podem ser definidos observando-se os pontos abaixo mencionados:

Estimativa contábil é a aproximação de um valor monetário na ausência de um meio de mensuração preciso. Este termo é usado para um valor mensurado do valor justo quando existe incerteza de estimativa, bem como para outros valores que requerem estimativas.

Para estimativas contábeis que envolvem mensuração do valor justo, é usado o termo "estimativas contábeis do valor justo".

Alguns itens das demonstrações contábeis não podem ser mensurados com precisão, como é o caso de:

a) instrumentos financeiros complexos que não são negociados em mercado ativo e pagamento baseados em ações;
b) imobilizado destinado à venda;
c) ativos ou passivos adquiridos em combinação de negócio, incluindo ágio; e
d) ativos intangíveis e transações envolvendo permuta de ativos ou passivos entre as partes independentes, sem pagamento em dinheiro.

A mensuração a valor justo pode ser relativamente simples para certos ativos ou passivos, como, por exemplo, os investimentos que são comercializados em mercados ativos que fornecem informações prontamente disponíveis e confiáveis sobre os preços ocorridos.

No entanto, a mensuração do valor justo para outros ativos ou passivos adquiridos pode ser mais complexa. Alguns intangíveis e outros ativos podem não possuir um mercado com preços observáveis ou possuir tais características que se tornam necessárias para gestão, para estimar o seu valor justo, com base na melhor informação disponível.

Essas estimativas de valor justo são inerentemente imprecisas. Isso porque, entre outras coisas, podem ser baseadas em suposições sobre as condições futuras, transações ou eventos cujo resultado é incerto e será, portanto, sujeito às mudanças ao longo do tempo.

Assim, podemos conceituar auditoria de *fair value* como o conjunto de procedimentos aplicáveis a um processo de verificação de mensuração de estimativas contábeis com o objetivo de melhorar a relevância e confiabilidade das demonstrações financeiras de uma entidade e a comparabilidade dessas demonstrações financeiras, ao longo do tempo, com as demonstrações financeiras de outras entidades.

Os métodos de abordagem para determinar o *fair value* são três, segundo a norma: Abordagem de Mercado; Abordagem de Receita; Abordagem de Custo.

Abordagem de Mercado: usa preços e outras informações relevantes por meio do mercado de transações, envolvendo um ativo ou passivo idêntico ou um comparável;

Abordagem de Renda: usa uma técnica de avaliação para converter valores futuros, como fluxo de caixa ou ganhos, ou para valor presente descontado;

Abordagem de Custo: é baseada no valor corrente que seria exigido na troca de um ativo com a mesma capacidade de serviços e benefícios.

8 Limitações inerentes à auditoria – fraude e erro

Considerando que os testes de auditoria são efetuados com base em amostragem e com base nas informações disponibilizadas pela Administração, existe risco inevitável de que distorções relevantes de fraude e, em menor grau, de erro possam deixar de ser detectadas pelo auditor no curso de seu trabalho.

Nesse contexto, quando da existência de erro ou fraude não detectada, o auditor não pode ser responsabilizado, desde que se comprove o cumprimento das normas de auditoria e seus reflexos no parecer.

As ocorrências de fraude e erro estão usualmente relacionadas a conluio de empregados ou da alta administração. É mais fácil de identificar/detectar fraudes e erros cometidos pelos empregados num processo rotineiro de auditoria do que os praticados pela alta administração.

8.1 *Efeitos da ocorrência de fraude ou erro*

Quando ocorre erro ou fraude, o parecer do auditor, via de regra, é emitido com ressalvas, ou até do tipo adverso. Se o auditor não puder determinar se houve fraude ou erro devido às limitações impostas pelas circunstâncias, e não pela entidade, deve avaliar que tipo de parecer deve emitir.

Quando caracterizada a ocorrência de fraude e erro, o auditor deve comunicar o fato imediatamente à administração. Tal fato, inclusive, é obrigatório, por exemplo, no caso de auditoria de instituições financeiras, quando há exigência estabelecida, nesse sentido, pelo Banco Central e, no caso de companhias abertas, pela Comissão de Valores Mobiliários (CVM).

8.2 *Fraude e erro conforme interpretação técnica NBC T 11*

Fraude, segundo a NBCT 11 refere-se a ato intencional de omissão ou manipulação de transações, adulterações de documentos, registros e demonstrações contábeis. A fraude pode ser caracterizada por:

a) manipulação, falsificação ou alteração de registros e documentos, de modo a modificar os registros ativos, passivos e resultados (ex.: avaliação de estoques a maior, com efeito no resultado);
b) apropriação indébita de ativos (ex.: desvio pelo empregado do produto de cobrança);
c) supressão ou omissão de transações nos registros contábeis (ex.: "caixa 2");
d) registro de transações sem comprovação (ex.: vendas fictícias);
e) aplicação de práticas contábeis indevidas (à luz dos princípios contábeis/normas legais – ex.: no passado, costumava-se utilizar a reavaliação para compensar o efeito da proibição de corrigir balanços).

Erro, segundo a NBCT 11, refere-se a ato não intencional na elaboração de registros e demonstrações contábeis que resulte em incorreções deles; consiste em:

a) erros aritméticos ou de cálculo na escrituração contábil ou nas demonstrações contábeis (ex.: cálculo da provisão para férias, depreciação);
b) aplicação incorreta das normas contábeis; às vezes, é difícil caracterizar, nesses casos, erro ou fraude (ex.: norma sobre instrumentos financeiros que é extremamente complexa e confusa);
c) interpretação errada das variações patrimoniais (ex.: apropriação de custos fixos pode acarretar a sua capitalização como ativo na conta de estoques ou ter seu efeito levado com reconhecimento em resultado).

8.3 *Responsabilidade do auditor*

O auditor não é responsável nem pode ser responsabilizado pela prevenção de fraudes ou erros. Entretanto, ele deve planejar seu trabalho avaliando o risco dessa ocorrência, de forma a ter grande probabilidade de detectar aqueles erros ou fraudes que impliquem efeitos relevantes nas demonstrações contábeis (essa é a opinião dos auditores).

Ao planejar o trabalho de auditoria, o auditor deve indagar à administração sobre qualquer fraude ou erro que tenha sido detectado (o problema maior ocorre quando cometido pela própria administração e não pelos empregados).

O auditor deve comunicar à administração da entidade auditada (geralmente, à escola superior hierárquica) e sugerir medidas corretivas informando sobre possíveis efeitos no parecer.

9 Relevância de auditoria

Responsabilidade do auditor – a relevância é primordial para o desenvolvimento dos trabalhos do auditor independente.

Relevância e o plano da auditoria – a relevância deve ser considerada pelo auditor quando:

a) determinar a natureza (que procedimentos serão adotados), oportunidade (em que momento serão aplicados os exames) e a extensão (qual a amostra a ser adotada) dos procedimentos de auditoria;
b) avaliar o efeito das distorções sobre os saldos, movimentação e classificação de contas (temos exemplos de distorções legalmente admitidas, como foi o efeito da maxidesvalorização, como ativo diferido, no passado);
c) determinar a adequação da apresentação e divulgação da informação contábil (importante lembrar que as notas explicativas integram o conjunto de demonstrações contábeis e são responsabilidades da administração. Caso o auditor entenda ser necessário, pode incluir um parágrafo adicional com informações não divulgadas nas notas explicativas).

Portanto, o auditor, ao projetar o seu plano de auditoria, deve estabelecer um nível aceitável de relevância, de modo a detectar distorções quantitativamente relevantes.

Relevância da informação – informações são relevantes se sua omissão ou distorção puderem influir nas decisões econômicas dos usuários, tomadas com base nas demonstrações contábeis, relevância dependente do porte do item ou erro julgado nas circunstâncias particulares de sua omissão ou distorção para o auditor.

Desse modo, a relevância proporciona um limite ou ponto de corte em vez de ser uma característica qualitativa primária que as informações precisam ter para que sejam úteis para o usuário (IASB).

Exemplos de algumas distorções em que demonstrações contábeis não representam quantitativamente a real posição econômica financeira:

- levar um ativo para despesa ou vice-versa;
- reconhecer como receita a contrapartida de ativo que não tenha potencialidade de obtenção de benefícios futuros (ex.: reconhecer, como receita, juros/encargos de títulos que provavelmente não serão honrados);
- classificar obrigações vencidas e não quitadas como passivo não corrente de longo prazo por existir "expectativa" de renegociação.

A relevância e as distorções não corrigidas pela administração:

a) distorções específicas identificadas pelo auditor, incluindo o efeito líquido de distorções não corrigidas identificadas durante a auditoria. Por exemplo, se o auditor identificar a existência de vendas faturadas, porém não embarcadas, que tenham sido contabilizadas como receita do exercício, o auditor deverá considerar esse efeito em relação aos ativos, efeitos tributários e similar distorção no resultado;

b) melhor estimativa feita pelo auditor com respeito a outras distorções que não podem ser especificamente identificadas (erros projetados). Em se tratando de contingências, por exemplo, há, na maioria dos casos, um julgamento pela administração quanto à expectativa de ganho ou de perda da ação. Porém, a administração decide não provisionar nem divulgar essa expectativa, em nota explicativa. O auditor não concorda e, nesse caso, deverá fazer a melhor estimativa possível;

c) o auditor precisa levar em consideração se o agregado de distorções não corrigidas é relevante. Em caso positivo, deve solicitar à administração que as demonstrações contábeis sejam ajustadas (ou refeitas). Se a administração se recusar a ajustar (ou refazer) as distorções relevantes, o auditor precisa levar o fato em consideração quando da emissão de seu parecer;

d) quando o agregado de distorções não corrigidas, que o auditor tiver identificado, não for solucionado pela administração, o auditor deve considerar a existência de distorções não detectadas (isso equivale a dizer que há probabilidade de outras distorções ainda não identificadas).

10 Risco de auditoria

De acordo com a NBC T 11, risco de auditoria é a possibilidade de o auditor vir a emitir uma opinião tecnicamente inadequada sobre as demonstrações contábeis significativamente incorretas, por algum motivo alheio a sua vontade.

O risco de auditoria para fins de análise divide-se em três componentes: risco inerente, risco de controle e risco de detecção.

Risco inerente – é o risco que está relacionado com as atividades operacionais da empresa. Normalmente, esse risco já existe, é intrínseco à natureza das ações e negócios da empresa. Ex.: o caixa é mais suscetível de roubo que uma conta do permanente.

Conforme o American Institute of Certified Public Accountant (AICPA) e corroborado pelo Instituto Brasileiro de Contadores (IBRACON), alguns fatores estão relacionados à estimativa do risco inerente pelo auditor:

a) decisões financeiras e operacionais dominadas por uma única pessoa;
b) alta rotação de executivos e administradores;
c) má reputação da gerência;
d) problemas contábeis de alta dificuldade;
e) dificuldades significativas para a auditoria;
f) transações problemáticas com empresas correlacionadas;
g) erros de consideração detectados na auditoria do ano anterior.

Risco de controle ocorre com a probabilidade de um erro ou uma fraude não ser detectada pelo sistema de controle interno. Houve uma falha na prevenção e correção do sistema de controle interno, tornando-o falho.

O risco pode ser relevante individualmente ou em conjunto com outras distorções; o nível desse risco é função da efetividade dos procedimentos de controle interno da empresa auditada

Risco de detecção – é a possibilidade do saldo de uma conta ou de uma informação estar errada e não ser detectada ou ainda levar o auditor a concluir pela sua inexistência em função de um erro de avaliação próprio ou da sua equipe ou ainda, do auditor ter selecionado procedimento inadequado de auditoria.

O modelo do risco de auditoria é ilustrado da seguinte forma:

$$\textit{Risco de Auditoria} = \textit{Risco Inerente} \times \textit{Risco de Controle} \times \textit{Risco de Detecção}$$

Para ilustrar a utilização desse modelo, atribui-se para cada risco uma variação de 0 a 100%.

Risco de Auditoria = 10%

Risco Inerente = 75%

Risco de Controle = 30%

Pode-se determinar o risco de detecção da seguinte forma:

$$Risco\ de\ Detecção = \frac{Risco\ de\ Auditoria}{Risco\ Inerente \times Risco\ de\ Controle} = \frac{0,10}{0,75 \times 0,30} = 44\%$$

O risco de detecção é considerado bastante elevado, com 44% do exame. Isso significa que o auditor possui uma margem de 44% dos testes substantivos não detectarem erros ou classificações indevidas materiais.

Nesse caso, o auditor tem que rever o seu planejamento e aumentar seus testes para que esses erros sejam diminuídos a uma margem que ele considerar satisfatória. Nos trabalhos de auditoria, o risco de auditoria de 5% é um risco dentro do limite aceitável.

A avaliação do risco de auditoria busca permitir que o auditor identifique:

a) os aspectos do risco inerente com probabilidade alta de ocasionarem erros importantes, indicando maior atenção nos objetivos da auditoria;
b) as contas às quais possam ser aplicados procedimentos de auditoria limitados face ao seu baixo risco;
c) os controles internos contábeis e administrativos que reduzem o risco de erros e permitam que o auditor limite suas provas substantivas.

Depois de uma avaliação adequada de todo o planejamento e todo o controle interno, o auditor deverá mapear as áreas de maior risco de auditoria e deverá aplicar seus testes de acordo com a seguinte identificação do risco de auditoria que, em linhas gerais, é assim classificado:

- risco mínimo – volume mínimo de testes ou revisão;
- risco baixo – fazer uma revisão analítica, com testes limitados de comprovação de saldos e transações; testes de cumprimento de normas internas;
- risco intermediário – testes de várias fontes de evidência de auditoria, apoiando-se preferencialmente em testes de comprovação de saldos e transações;
- risco alto – maior profundidade nos testes, a fim de conseguir embasamento para comprovação das transações.

11 Relatório dos auditores independentes

Com as mudanças das Normas Contábeis, o Parecer de Auditoria Independente passou a Relatório dos Auditores Independentes, conforme NBC TA 700. Não é simplesmente uma mudança de nomes, mas de consistência. O relatório de auditoria fica mais detalhado e expressa a opinião do auditor em pontos mais significativos.

Sua estrutura é modificada e com maior abrangência de normativos implícitos no relatório. Para sua emissão, o auditor deve observar todas as outras normas, lógico, mas especialmente as NBC TA 200 (Objetivos Gerais do Auditor Independente), a NBC TA 705 (Modificações na Opinião do Auditor), a NBC TA 706 (Parágrafo de ênfase), NBC TA 800 (Auditoria de Demonstrações Contábeis com Propósitos Especiais), conforme recomenda NASI.

Seu objetivo é formar opinião sobre as demonstrações contábeis com base na avaliação das conclusões atingidas pela evidência de auditoria obtida e expressar essa opinião por meio do relatório do auditor independente.

A opinião contida nesse relatório pode ser uma opinião não modificada, também conhecida como "opinião limpa", ou uma opinião modificada que corresponde à opinião com ressalva, adversa ou abstenção de opinião.

11.1 Características do relatório dos auditores independentes

Atenção deve ser dada ao Alcance e Data da Vigência. A norma trata da responsabilidade do auditor independente para formar uma opinião sobre as demonstrações contábeis e da forma e do conteúdo do relatório do auditor.

Tem o alcance para a emissão do relatório do auditor independente sem modificações (nova denominação para as ressalvas) na opinião do auditor e sem parágrafos de ênfase (continua o mesmo conceito), ou seja, o Relatório (anteriormente Parecer) do Auditor Independente limpo. A vigência da norma é a partir de 1o de janeiro de 2010.

11.1.1 Objetivo

Na realidade, os objetivos são dois:

a) formar opinião sobre as demonstrações contábeis com base na avaliação das conclusões atingidas pela evidência de auditoria obtida;
b) expressar essa opinião por meio do relatório do auditor independente, nos termos desta norma.

11.1.2 Definições

A norma cria uma série de definições para os tipos de estruturas das demonstrações contábeis a serem auditadas e estrutura de relatório financeiro:

a) demonstrações contábeis para fins gerais são aquelas elaboradas de acordo com uma estrutura de relatório financeiro (conceito do IFRS) que tem informações financeiras suficientes para atender a uma ampla gama de usuários;

b) a estrutura de relatório financeiro pode ter uma "estrutura de apresentação adequada" ou uma "estrutura de conformidade".

O termo "estrutura de apresentação adequada" é usado para se referir a uma estrutura de relatório financeiro que deve adotar conformidade com as exigências dessa estrutura. Pode ocorrer que a administração forneça outras informações ou divulgações além das especificamente exigidas pela estrutura. No caso do Brasil, sendo uma companhia aberta, a empresa tem um nível de estrutura de relatório financeiro diferente de uma companhia de capital fechado, embora ambas atendam aos seus usuários com informações gerais adequadas. Segundo a norma, pode ocorrer ainda que a administração se desvie de uma exigência de estrutura de relatório financeiro para conseguir apresentar as demonstrações contábeis de forma adequada. A norma trata estes desvios como uma exceção, devendo ser usada em circunstâncias "extremamente raras", enfatiza a norma.

O termo "estrutura de conformidade" é usado para se referir a uma estrutura de relatório financeiro que requer conformidade com as exigências dessa estrutura (normas brasileiras e internacionais de auditoria).

A opinião "não modificada" ou "sem modificações" é a opinião expressa pelo auditor quando ele conclui que as demonstrações contábeis foram elaboradas, em todos os aspectos relevantes, de acordo com a estrutura de relatório financeiro aplicável à empresa.

Quando faz referência às "demonstrações contábeis", a Norma entende que se trata de um conjunto formado pelo balanço patrimonial, e as demonstrações do resultado do exercício, das mutações do patrimônio líquido, dos fluxos de caixa, do valor adicionado (quando aplicável), e notas explicativas, essas compreendendo o resumo das principais práticas contábeis e demais notas necessárias ao bom entendimento das demonstrações contábeis.

11.1.3 Requisitos

"Os requisitos estão distribuídos em quatro subitens: Formação da opinião sobre as demonstrações contábeis; Forma da opinião; Relatório do auditor independente; e Informações suplementares apresentadas com as demonstrações contábeis."

A formação de uma opinião sobre as demonstrações contábeis deve conter pelo menos os seguintes requisitos:

a) que as demonstrações contábeis são elaboradas, em todos os aspectos relevantes, de acordo com a estrutura de relatório financeiro aplicável;
b) que o auditor obteve segurança razoável sobre se as demonstrações contábeis tomadas em conjunto não apresentam distorções relevantes, independentemente se causadas por fraude ou erro, obtidas por evidência de auditoria apropriada e suficiente, existência de distorções relevantes não corrigidas;
c) avaliar aspectos qualitativos das práticas contábeis da entidade;
d) avaliar indicadores de possível tendenciosidade nos julgamentos da administração;
e) avaliar se as demonstrações contábeis divulgam adequadamente as práticas contábeis selecionadas e aplicadas;
f) avaliar se as práticas contábeis selecionadas e aplicadas são consistentes com a estrutura de relatório financeiro;
g) avaliar se as estimativas contábeis feitas pela administração são adequadas;
h) avaliar se as informações apresentadas nas demonstrações contábeis são relevantes, confiáveis, comparáveis e compreensíveis;
i) avaliar se as demonstrações contábeis fornecem divulgações adequadas aos usuários, em especial sobre transações e eventos relevantes;
j) avaliar se a terminologia adotada nas demonstrações contábeis (título das contas) é apropriada;
k) avaliar se a apresentação geral, a estrutura e o conteúdo das demonstrações contábeis, incluindo o conjunto de notas explicativas, estão adequadas.

Cabe observar que estes requisitos não são diferentes daqueles que se vinha praticando nos trabalhos de auditoria independente para a formação de uma opinião sobre as demonstrações contábeis até dezembro de 2009. Embora não especificados desta forma nas normas sobre o Parecer dos Auditores, na prática todos estes requisitos eram avaliados para propiciar a formação de uma opinião sobre as demonstrações contábeis.

11.1.4 Forma da Opinião

"Se o auditor emitir um relatório com uma opinião não modificada (sem ressalvas), deve seguir nesta norma."

Se emitir um relatório com modificação de opinião (com ressalvas), deve considerar os termos da Norma NBC TA 705: se concluir que as demonstrações contábeis apresentam distorções relevantes ou não conseguir evidência de auditoria apropriada e suficiente para formar uma opinião.

Quando não ocorrer uma apresentação adequada, o auditor deve discutir com a administração para definir se emite um relatório com modificação de opinião (com ressalvas) ou a administração muda o relatório financeiro e o auditor emite um relatório sem modificações (parecer limpo).

Quando as demonstrações contábeis são elaboradas de acordo com a estrutura de conformidade o auditor não precisa avaliar se as demonstrações contábeis atingem uma apresentação adequada, visto que a administração está dependente de uma regulação própria ou padrões específicos de conformidade, na qual não tem ingerência para mudar a forma de apresentação das demonstrações contábeis. Todavia, se o auditor concluir que essas demonstrações contábeis são enganosas, deve discutir este aspecto com a administração e, dependendo da solução, deve incluir esta informação no seu relatório.

11.2 Relatório do auditor independente

"Até 2009, o Parecer dos Auditores tinha três parágrafos (identificação da entidade e demonstrações contábeis auditadas, extensão dos exames e opinião do auditor). Agora passa a ter cinco parágrafos, além dos itens como título, destinatário, assinatura, data do relatório e localidade em que o relatório foi emitido, todos já constantes nas normas vigentes até 2009."

11.2.1 Responsabilidade da administração sobre as demonstrações contábeis

A Norma tem quatro itens (24 a 27), onde aborda a necessidade de o auditor independente incluir uma seção no seu relatório com o título "Responsabilidade da administração pelas demonstrações contábeis".

11.2.3 Opinião

Parte do relatório onde expressa a opinião do auditor é a seguinte:

"Em nossa opinião, as demonstrações contábeis acima referidas apresentam adequadamente, em todos os aspectos relevantes, a posição patrimonial e financeira da empresa xxxx em 31 de dezembro de 20X1, o desempenho de suas operações e os seus fluxos de caixa para o exercício findo naquela data, de acordo com as práticas contábeis adotadas no Brasil."

Modelo de Relatório dos Auditores Independentes

RELATÓRIO DO AUDITOR INDEPENDENTE SOBRE AS DEMONSTRAÇÕES CONTÁBEIS

Ilmos. Srs.

(Conselheiros, Diretores, Sócios-Quotistas)

(nome da empresa)

(local da sede e estado)

Examinamos as demonstrações contábeis da ____________________, que compreendem o balanço patrimonial em 31 de dezembro de 2016 e as respectivas demonstrações do resultado, das mutações do patrimônio líquido e dos fluxos de caixa para o exercício findo naquela data, em conjunto com as notas explicativas que fazem parte das referidas demonstrações.

A administração da empresa é responsável pela elaboração e adequada apresentação dessas demonstrações contábeis de acordo com as práticas contábeis adotadas no Brasil e pelos controles internos que ela determinou como necessários para permitir a elaboração de demonstrações contábeis livres de distorção relevante, independentemente se causada por fraude ou erro.

Nossa responsabilidade é a de expressar uma opinião sobre essas demonstrações contábeis com base em nossa auditoria, conduzida de acordo com as normas internacionais de auditoria. Essas normas requerem o cumprimento de exigências éticas pelos auditores e que a auditoria seja planejada e executada com o objetivo de obter segurança razoável de que as demonstrações contábeis estão livres de distorção relevante.

Uma auditoria envolve a execução de procedimentos selecionados para obtenção de evidência a respeito dos valores e divulgações apresentados nas demonstrações contábeis. Os procedimentos selecionados dependem do julgamento do auditor, incluindo a avaliação dos riscos de distorção relevante nas demonstrações contábeis, independentemente se causada por fraude ou erro. Nessa avaliação de riscos, o auditor considera o sistema de controles internos para a elaboração e adequada apresentação das demonstrações contábeis da empresa para planejar os procedimentos de auditoria que são apropriados nas circunstâncias, mas não para fins de expressar uma opinião sobre a eficácia desses controles internos da empresa. Uma auditoria inclui, também, a avaliação da adequação das práticas contábeis utilizadas e a razoabilidade das estimativas contábeis feitas pela administração, bem como a avaliação da apresentação das demonstrações contábeis tomadas em conjunto.

Consideramos que a evidência de auditoria obtida nos exames realizados é suficiente e apropriada para fundamentar nossa opinião.

Em nossa opinião, as demonstrações contábeis acima referidas apresentam adequadamente, em todos os aspectos relevantes, a posição patrimonial e financeira da _______________ em 31 de dezembro de 2016, o resultado de suas operações, as mutações no seu patrimônio líquido e os seus fluxos de caixa para o exercício findo naquela data, de acordo com as práticas contábeis adotadas no Brasil.

As demonstrações contábeis encerradas em 31 de dezembro de 2015, apresentadas de forma comparativa, foram por nós examinadas conforme parecer emitido em ___ de _______ de 2016 sem ressalvas.

Brasília-DF, _______ de _____________ de 2017.

MENDES E NIYAMA – AUDITORES INDEPENDENTES S/S

CRCDF No 007 – CVM No 123988800

(nome do responsável técnico)

(sócio ou contador responsável)

Contador CRCDF nº ___________

Referências

ALMEIDA, Marcelo Cavalcanti. **Auditoria**: um curso moderno e completo. 7. ed. São Paulo: Atlas, 2010.

ATTIE, William. **Auditoria**: conceitos e aplicações. 3. ed. São Paulo: Atlas, 2000.

BOYNTON, William C.; JOHNSON, Raymond N.; KELL, Walter G. **Auditoria**. São Paulo: Atlas, 2002.

BRASIL. Lei nº 11.638, de 28 de dezembro de 2007. Altera e revoga dispositivos da Lei nº 6.404, de 15 de dezembro de 1976, e da Lei nº 6.385, de 7 de dezembro de 1976, e estende às sociedades de grande porte disposições relativas à elaboração e divulgação de demonstrações financeiras. **Diário Oficial da União**, Brasília, 28 dez. 2007.

COMISSÃO DE VALORES MOBILIÁRIOS (CVM). Disponível em: <http://www.cvm.gov.br>. Acesso em: 15 mar. 2010.

COMITÊ DE PRONUNCIAMENTOS CONTÁBEIS. Disponível em: <http://www.cpc.org.br>.

CONSELHO FEDERAL DE CONTABILIDADE. Resolução CFC nº 820/97. Aprova a NBC T 11 – Normas de Auditoria Independente das Demonstrações Contábeis com alterações e dá outras providências. **Diário Oficial da União,** Brasília, 17 dez. 1997.

CONSELHO FEDERAL DE CONTABILIDADE. Resolução CFC nº 1.203/2009. Aprova a NBC TA 200 – Objetivos Gerais do Auditor Independente e a Condução da Auditoria em Conformidade com Normas de Auditoria. **Diário Oficial da União, Brasília**, 3 dez. 2009.

CONSELHO FEDERAL DE CONTABILIDADE. Resolução CFC nº 1.231/2009. Aprova a NBC TA 700 – Formação da Opinião e Emissão do Relatório do Auditor Independente sobre as Demonstrações Contábeis.

CONSELHO FEDERAL DE CONTABILIDADE. Resolução CFC nº 1.232/2009. Aprova a NBC TA 705 – Modificações na Opinião do Auditor Independente.

CONSELHO FEDERAL DE CONTABILIDADE. Resolução CFC nº 1.233/2009. Aprova a NBC TA 706 – Parágrafos de Ênfase e Parágrafos de Outros Assuntos no Relatório do Auditor Independente.

CONSELHO FEDERAL DE CONTABILIDADE. Resolução CFC nº 1.236/2009. Aprova a NBC TA 800 – Considerações Especiais – Auditorias de Demonstrações Contábeis Elaboradas de Acordo com Estruturas Conceituais de Contabilidade para Propósitos Especiais.

INTERNATIONAL ACCOUNTING STANDARDS BOARD. **International Accouting Standards Committee Foundation Revised Constitution**. Londres: IASB, Feb. 2009. Disponível em: <http://www.iasb.org>. Acesso em: 15 mar. 2010.

MARRA, Ernesto; FRANCO, Hilário. **Auditoria contábil**. São Paulo: Atlas, 2001.

PEREZ-JUNIOR, José Hernandez. **Auditoria de demonstrações contábeis**. São Paulo: Atlas, 2004.

SILVA, César Augusto Tibúrcio; NIYAMA, Jorge Katsumi. **Teoria da contabilidade**. São Paulo: Atlas, 2010.

SOUZA, Benedito Felipe de; PEREIRA, Anísio Candido. **Auditoria contábil**. São Paulo: Atlas, 2004.

Exercícios

1. **(Exame de suficiência CFC 2/2015) De acordo com a NBC TA 200 – Objetivos Gerais do Auditor Independente e a Condução da Auditoria em Conformidade com Normas de Auditoria, Risco de Detecção é:**

   a) o risco de que o auditor expresse uma opinião de auditoria inadequada quando as demonstrações contábeis contiverem distorção relevante.

   b) o risco de que os procedimentos executados pelo auditor, para reduzir o risco de auditoria a um nível aceitavelmente baixo, não detectem uma distorção existente que possa ser relevante, individualmente ou em conjunto com outras distorções.

   c) o risco inerente à suscetibilidade de uma afirmação a respeito de uma transação, saldo contábil ou divulgação, a uma distorção que possa ser relevante, individualmente ou em conjunto com outras distorções, antes da consideração de quaisquer controles relacionados.

   d) o risco que uma distorção pode causar em uma afirmação sobre uma classe de transação, saldo contábil ou divulgação, e que possa ser relevante, individualmente ou em conjunto com outras distorções.

2. **(Exame de suficiência CFC 2/2015) De acordo com a NBC TA 210 – Concordância com os Termos do Trabalho de Auditoria, analise os requisitos apresentados nos itens abaixo, quanto à obrigatoriedade de sua inclusão na carta de contratação de auditoria, e, em seguida, assinale a opção CORRETA.**

   I. Objetivo e alcance da auditoria das demonstrações contábeis.

   II. Identificação da estrutura de relatório financeiro aplicável para a elaboração das demonstrações contábeis.

   III. Referência à forma e ao conteúdo esperados de quaisquer relatórios a serem emitidos pelo auditor, e uma declaração de que existem circunstâncias em que um relatório pode ter forma e conteúdo diferentes do esperado.

   IV. As responsabilidades do auditor e as responsabilidades da administração, quanto ao trabalho de auditoria.

   Devem ser incluídos na carta de contratação de auditoria os requisitos apresentados nos itens:

   a) I e II, apenas.

   b) I, II, III e IV.

   c) II e III, apenas.

   d) III e IV, apenas.

3. **(Exame de suficiência CFC 2/2015) De acordo com a NBC TA 240 – Responsabilidade do Auditor em Relação a Fraude no Contexto da Auditoria de Demonstrações Contábeis, NÃO constitui aspecto do qual decorre informação contábil fraudulenta:**
   a) a aplicação incorreta intencional dos princípios contábeis relativos a valores, classificação, forma de apresentação ou divulgação.
   b) a manipulação, falsificação ou alteração de registros contábeis que serviram de base à elaboração de demonstrações contábeis.
   c) a mentira ou omissão intencional nas demonstrações contábeis de eventos, operações ou outras informações significativas.
   d) a utilização não intencional de processos matemáticos imprecisos para a realização de estimativas relacionadas a ajustes contábeis.

4. **(Exame de suficiência CFC 1/2015) Um auditor, tendo obtido evidência de auditoria apropriada e suficiente, conclui que as distorções, individualmente ou em conjunto, são relevantes e generalizadas para as demonstrações contábeis.**

   Diante dessas circunstâncias, deve o auditor:
   a) abster-se de expressar uma opinião.
   b) expressar uma opinião adversa.
   c) declarar-se impedido de expressar uma opinião.
   d) expressar uma opinião com ressalva.

5. **(Exame de suficiência CFC 1/2015) De acordo com o que estabelece a NBC TA 530 – Amostragem em Auditoria, assinale a opção INCORRETA.**
   a) Ao considerar as características da população da qual a amostra será extraída, o auditor pode determinar que a estratificação ou a seleção com base em valores é apropriada.
   b) Ao definir uma amostra, o auditor determina a distorção tolerável, para avaliar o risco de que o conjunto de distorções individualmente irrelevantes possa fazer com que as demonstrações contábeis apresentem distorções relevantes e forneça margem para possíveis distorções não detectadas.
   c) O tamanho da amostra é diretamente proporcional ao risco que o auditor está disposto a aceitar, ou seja, quanto menor o risco desejado, menor deve ser o tamanho da amostra.
   d) O tamanho da amostra pode ser determinado mediante aplicação de fórmula com base em estatística ou por meio do exercício do julgamento profissional.

6. **(Exame de suficiência CFC 1/2015) De acordo com o que estabelece a NBC TA 200 – Objetivos Gerais do Auditor Independente Auditoria de Demonstrações Contábeis e a Condução da Auditoria, julgue os itens abaixo, como Verdadeiros (V) ou Falsos (F) e, em seguida, assinale a opção CORRETA.**

   I. O objetivo da auditoria é aumentar o grau de confiança nas demonstrações contábeis por parte dos usuários, mediante a expressão de uma opinião pelo auditor sobre se as demonstrações contábeis foram elaboradas, em todos os aspectos relevantes, em conformidade com uma estrutura de relatório financeiro aplicável.

   II. As demonstrações contábeis sujeitas à auditoria são as da entidade, elaboradas pela sua administração, com supervisão geral dos responsáveis pela governança. A auditoria das demonstrações contábeis não exime dessas responsabilidades a administração ou os responsáveis pela governança.

   III. O conceito de materialidade é aplicado pelo auditor no planejamento e na execução da auditoria; e na avaliação do efeito de distorções identificadas sobre a auditoria, e de distorções não corrigidas, se houver, sobre as demonstrações contábeis.

   A sequência CORRETA é:

   a) F, V, F.

   b) F, V, V.

   c) V, F, V.

   d) V, V, V.

7. **(Exame de suficiência CFC 1/2014) De acordo com a NBC TA 240 – Responsabilidade do Auditor em Relação à Fraude no Contexto da Auditoria de Demonstrações Contábeis, julgue os itens abaixo e, em seguida, assinale a opção CORRETA.**

   I. É objetivo do auditor identificar e avaliar os riscos de distorção relevantes nas demonstrações contábeis decorrentes de fraudes.

   II. É objetivo do auditor obter evidências de auditoria suficientes e apropriadas sobre os riscos identificados de distorção relevante decorrente de fraude, por meio da definição e implantação de respostas apropriadas.

   III. É objetivo do auditor responder adequadamente face à fraude ou à suspeita de fraudes identificada durante a auditoria.

   Estão certos os itens:

   a) I, II e III.

   b) I e II, apenas.

c) I e III, apenas.

d) II e III, apenas.

8. **(Exame de suficiência CFC 1/2014) De acordo com a NBC TA 705 – Modificações na Opinião do Auditor Independente, o auditor deve emitir uma Opinião Adversa quando:**

a) ele não consegue obter evidência apropriada e suficiente de auditoria para suportar sua opinião, mas ele conclui que os possíveis efeitos de distorções não detectadas, se houver, sobre as demonstrações contábeis poderiam ser relevantes, mas não generalizados.

b) em circunstâncias extremamente raras, envolvendo diversas incertezas, conclui que, independentemente de ter obtido evidência de auditoria apropriada e suficiente sobre cada uma das incertezas, não é possível expressar uma opinião sobre as demonstrações contábeis devido à possível interação das incertezas e seu possível efeito cumulativo sobre essas demonstrações contábeis.

c) não consegue obter evidência de auditoria apropriada e suficiente para suportar sua opinião e ele conclui que os possíveis efeitos de distorções não detectadas, se houver, sobre as demonstrações contábeis poderiam ser relevantes e generalizadas.

d) tendo obtido evidência de auditoria apropriada e suficiente, conclui que as distorções, individualmente ou em conjunto, são relevantes e generalizadas para as demonstrações contábeis.

9. **(Exame de suficiência CFC 1/2014) Considerando os procedimentos de confirmação externa para obtenção de evidências de auditoria, julgue os itens abaixo e, em seguida, assinale a opção CORRETA.**

I. Diante da falta de resposta para um pedido de confirmação positiva, a auditoria deverá executar procedimentos alternativos para obter evidências de auditoria relevante e confiável.

II. Os resultados obtidos com o procedimento de confirmação externa de evidência de auditoria deverão ser avaliados, podendo existir a possibilidade de as respostas serem consideradas não confiáveis.

III. A recusa da administração em permitir o envio de solicitações de confirmação de uma informação que permita a validação de um saldo contábil será desconsiderada em qualquer hipótese.

Estão certos os itens:

a) I, II e III.

b) I e II, apenas.

c) I e III, apenas.

d) II e III, apenas.

10. **(Exame de suficiência CFC 2/2013) Ao examinar as demonstrações contábeis do ano de 2012 da Companhia "A", os auditores verificaram que não foram observadas as determinações e orientações das seguintes normas:**

_ NBC TG 01 – Redução ao Valor Recuperável de Ativos;

_ NBC TG 06 – Operações de Arrendamento Mercantil;

_ NBC TG 16 – Estoques; e

_ NBC TG 30 – Receitas.

Ao obterem evidência de auditoria apropriada e suficiente, concluíram que as distorções, quando consideradas em conjunto, são relevantes e generalizadas.

Assinale a opção que apresenta o parágrafo de opinião apropriado para a situação descrita.

a) Em nossa opinião, devido à importância do assunto discutido no parágrafo Base para Opinião Adversa, as demonstrações contábeis não apresentam, adequadamente, a posição patrimonial e financeira da Companhia "A", em 31 de dezembro de 2012, o desempenho de suas operações e os seus fluxos de caixa para o exercício findo naquela data, de acordo com as práticas contábeis adotadas no Brasil.

b) Em nossa opinião, devido à relevância do assunto descrito no parágrafo Base para Abstenção de Opinião, não nos foi possível fundamentar nossa opinião de auditoria. Consequentemente, não expressamos uma opinião sobre as demonstrações contábeis acima referidas.

c) Em nossa opinião, exceto pelos efeitos do assunto descrito no parágrafo Base para Opinião com Ressalva, as demonstrações contábeis acima referidas apresentam, adequadamente, em todos os aspectos relevantes, a posição patrimonial e financeira da Companhia "A", em 31 de dezembro de 2012, o desempenho de suas operações e os seus fluxos de caixa para o exercício findo naquela data, de acordo com as práticas contábeis adotadas no Brasil.

d) Em nossa opinião, exceto pelos efeitos do assunto descrito no parágrafo de Ênfase, as demonstrações contábeis acima referidas apresentam, adequadamente, a posição patrimonial e financeira da Companhia "A", em 31 de dezembro de 2012, o desempenho de suas operações e os seus fluxos de caixa para o exercício findo naquela data, de acordo com as práticas contábeis adotadas no Brasil.

11. **(Exame de suficiência CFC 2/2013) Uma sociedade empresária, com filiais em todo o território brasileiro, contratou uma auditoria externa para levantamento de seus produtos entre as filiais. O procedimento que garante confirmar a quantidade dos produtos existentes em suas filiais será:**

    a) Circularização.

    b) Indagação.

    c) Inventário físico.

    d) Revisão analítica.

12. **(Exame de suficiência CFC 1/2013) O Relatório dos Auditores Independentes sobre as Demonstrações Financeiras de uma empresa apresentou o seguinte parágrafo:**

    Conforme descrito na nota explicativa 2.1, as demonstrações financeiras individuais foram elaboradas de acordo com as práticas contábeis adotadas no Brasil. No caso da Empresa, essas práticas diferem das IFRS, aplicáveis às demonstrações financeiras separadas, somente no que se refere à avaliação dos investimentos em controladas e associadas pelo método de equivalência patrimonial, enquanto que para fins de IFRS seria custo ou valor justo. Nossa opinião não está ressalvada em função desse assunto.

    O texto apresentado pode ser identificado, de acordo com as Normas Brasileiras de Contabilidade aplicadas à Auditoria, como parágrafo de:

    a) Ênfase.

    b) Opinião com ressalva.

    c) Opinião.

    d) Outros assuntos.

13. **(Exame de suficiência CFC 1/2013) O auditor, ao planejar a auditoria, exerce julgamento sobre a magnitude das distorções que são consideradas relevantes.**

    Assinale a opção que NÃO constitui fator relevante nesse julgamento:

    a) Analisar a uniformidade dos procedimentos contábeis.

    b) Determinar a natureza, a época e a extensão de procedimentos adicionais.

    c) Determinar a natureza, a época e a extensão dos procedimentos de avaliação do risco.

    d) Identificar e avaliar os riscos de distorções relevantes.

14. (Exame de suficiência CFC 1/2013) Relacione as atividades da auditoria interna apresentados na primeira coluna com as suas funções descritas na segunda coluna e, em seguida, assinale a opção CORRETA.

(1) Monitoramento do controle interno	( ) A função de auditoria interna pode ajudar a organização mediante a identificação e avaliação das exposições significativas a riscos, e a contribuição para a melhoria da gestão de risco e dos sistemas de controles.
(2) Exame das informações contábeis e operacionais	( ) A função de auditoria interna pode ser responsável por revisar a economia, eficiência e eficácia das atividades operacionais, incluindo as atividades não financeiras de uma entidade.
(3) Revisão das atividades operacionais	( ) A função de auditoria interna pode receber responsabilidades específicas de revisão dos controles, monitoramento de sua operação e recomendação de melhoria nos mesmos.
(4) Gestão de risco	( ) A função de auditoria interna pode ser responsável por revisar os meios usados para identificar, mensurar, classificar e reportar informações contábeis e operacionais e fazer indagações específicas sobre itens individuais, incluindo o teste detalhado de transações, saldos e procedimentos.

A sequência CORRETA é:

a) 1, 2, 3, 4.

b) 2, 1, 4, 3.

c) 3, 4, 2, 1.

d) 4, 3, 1, 2.

15. (Exame CFC 2016.1) Com base nas Normas Brasileiras de Auditoria, em relação à concordância com os termos de trabalho de Auditoria e as condições prévias para uma auditoria, julgue os itens abaixo e, em seguida, assinale a opção CORRETA.

I. O auditor independente deve determinar se a estrutura de relatório financeiro a ser aplicada na elaboração das demonstrações contábeis é aceitável.

II. O auditor independente deve obter a concordância da administração de que ela reconhece e entende sua responsabilidade pela elaboração das demonstrações contábeis de acordo com a estrutura de relatório financeiro aplicável, incluindo, quando relevante, sua adequada apresentação.

III. O auditor independente deve obter a concordância da administração de que ela reconhece e entende sua responsabilidade pelo controle interno que a administração determinou como necessário para permitir a elaboração de demonstrações contábeis livres de distorções relevantes, independentemente se causadas por fraude ou erro.

Está(ão) CORRETO(S) o(s) item(ns):

a) II e III, apenas.

b) I, apenas.

c) I e II, apenas.

d) I, II e III.

16. (Exame CFC 2016.1) De acordo com a NBC TA 530 – Amostragem em Auditoria, quanto à definição da amostra, tamanho e seleção dos itens para teste, julgue os itens abaixo como Verdadeiros (V) ou Falsos (F) e, em seguida, assinale a opção CORRETA.

I. Em auditoria, é permitida somente a amostragem de proporção estatística ou censo.

II. A consideração da natureza da evidência de auditoria desejada e as eventuais condições de desvio ou distorção ou outras características relacionadas a essa evidência de auditoria ajudam o auditor a definir o que constitui desvio ou distorção e qual população usar para a amostragem.

III. O nível de risco de amostragem que o auditor está disposto a aceitar afeta o tamanho da amostra exigido.

A sequência CORRETA é:

a) F, V, F.

b) F, V, V.

c) V, F, V.

d) V, V, V.

17. (Exame CFC 2016.1) De acordo com a NBC TA 500 – Evidência de Auditoria, assinale a afirmação INCORRETA.

a) A suficiência e a adequação da evidência de auditoria não estão inter-relacionadas. No entanto, a obtenção de mais evidência de auditoria compensa a sua má qualidade.

b) Adequação é a medida da qualidade da evidência de auditoria, isto é, sua relevância e sua confiabilidade para fornecer suporte às conclusões em que se fundamenta a opinião do auditor. A confiabilidade da evidência é influenciada pela sua fonte e pela sua natureza e depende das circunstâncias individuais em que é obtida.

c) Evidência de auditoria compreende as informações utilizadas pelo auditor para chegar às conclusões em que se fundamentam a sua opinião. A evidência de auditoria inclui as informações contidas nos registros contábeis que suportam as demonstrações contábeis e outras informações.

d) Uma confirmação externa representa evidência de auditoria obtida pelo auditor como resposta escrita de terceiro ao auditor, em forma escrita, eletrônica ou em outra mídia.

Gabarito

1. b
2. b
3. d
4. b
5. c
6. d
7. a
8. d
9. b
10. a
11. c
12. a
13. a
14. d
15. d
16. b
17. a

Os exercícios deste capítulo encontram-se resolvidos e comentados e estão à disposição dos leitores no *site* do GEN | Atlas.

10

Perícia Contábil

Paulo César de Melo Mendes

Objetivos

- ⇨ Conceito de perícia contábil
- ⇨ Semelhanças e diferenças entre perícia e auditoria
- ⇨ Demonstrar os tipos de perícia existentes
- ⇨ Noções e estrutura de um laudo pericial
- ⇨ Aspectos relativos à profissão de perito contador

Introdução

Este capítulo trata dos conhecimentos básicos de Perícia Contábil e seus aspectos mais relevantes. Demonstra as semelhanças e diferenças entre perícia e auditoria. Apresenta, de forma sucinta e objetiva, os tipos de perícia existentes. Comenta sobre as características de um laudo pericial e os aspectos relativos à profissão de Perito Contador.

1 Perícia e auditoria: conceitos, aspectos comuns e diferenças

A perícia surge para auxiliar os processos litigantes entre as partes, oferecendo prova para dirimir dúvidas e controvérsias, que por si só emanam paradoxos, visões e interpretações que necessitem de uma opinião técnica consistente.

Ela surge, também, pela necessidade de auxiliar o magistrado sobre dúvidas inerentes ao processo em que a matéria de direito traz divergência.

Perícia Contábil é um processo de verificação de fatos que se utiliza de exames, vistorias, indagações, investigações, avaliações e demais procedimentos necessários para um levantamento consistente de opinião sobre ocorrências arroladas em um processo.

Lopes de Sá (2009, p. 2) diferencia tecnologia de técnica e classifica a perícia dentro da tecnologia, por ela possuir um contexto científico. O autor alega que técnicas contábeis provêm do exercício milenar da profissão contábil, do empirismo, e não da parte científica contábil; e acrescenta: "A perícia contábil é uma tecnologia porque é aplicação dos conhecimentos científicos da contabilidade".

Palombo Alberto (2012) conceitua perícia como um instrumento de constatação, prova ou demonstração científica ou técnica, da veracidade de situações, coisas ou fatos.

A Norma Brasileira de Contabilidade TP 01 define a perícia contábil como sendo:

> o conjunto de procedimentos técnicos e científicos destinados a levar à instância decisória elementos de prova necessários a subsidiar a justa solução do litígio, mediante laudo pericial contábil e/ou parecer pericial contábil, em conformidade com as normas jurídicas e profissionais, e a legislação específica no que for pertinente.

A contabilidade vem no auxílio desses conflitos de interesses, mais precisamente nas matérias trabalhistas, tributárias, financeiras, econômicas, falências e concordatas. Assim, como definido no Código de Processo Civil (CPC), Lei 5.869/73, a prova do fato depende de conhecimento técnico ou científico. O juiz será assistido por perito segundo o artigo 421 do referido código: "O juiz nomeará o perito, fixando de imediato o prazo para entrega do laudo." (Lei nº 8.455, de 24.8.1992).

Palombo Alberto (2012) atribui à perícia características gerais e específicas que se fundamentam no ordenamento lógico das observações e das experiências adquiridas no exercício profissional, como sendo:

Aspectos Gerais:

- surge do conflito que se quer esclarecer;
- identifica, esclarece, constata, ou demonstra a veracidade de alguma situação, coisa ou fato;
- fundamenta-se em requisitos técnicos, científicos, legais, psicológicos, sociais e profissionais; e

– materializa, segundo forma especial, à instância decisória, a transmissão da opinião técnica ou científica sobre a verdade fática, de modo que a verdade jurídica corresponda àquela.

Aspectos Específicos:

– objetividade da matéria sobre a qual recai;
– a iniciativa técnica, ou seja, a absoluta independência técnica nos processos, métodos e análises que leva a efeito;
– a limitação à matéria examinada;
– o conhecimento técnico e científico da matéria.

Contudo, mesmo possuindo características próprias, muitas dúvidas suscitam em relação às semelhanças existentes entre auditoria e perícia. As duas podem ser consideradas como tecnologias da contabilidade, conforme Lopes de Sá (2009), mas sua matéria diverge em muitos pontos.

A auditoria é um processo sistemático de obtenção e avaliação objetivas de evidências sobre afirmações a respeito de ações e eventos econômicos, para aquilatação do grau de correspondência entre as afirmações e critérios estabelecidos, e de comunicação dos resultados a usuários interessados (*Accounting Review*, v. 47 *apud* BOYNTON, 2002).

O trabalho da perícia terá como objeto a prova pericial, o laudo pericial, os documentos e livros pertinentes ao litígio; enquanto a auditoria buscará o exame dos documentos, livros e registros, confirmações internas e externas de fatos substanciais que possam corroborar a emissão de um relatório de auditoria e do parecer de auditoria.

O laudo pericial decorre das provas e constatações junto às arguições ou quesitos do objeto da perícia. O relatório de auditoria decorre de fatos na busca de verificar a situação patrimonial e financeira da empresa espelhada pelas demonstrações contábeis.

A finalidade da perícia é produzir um laudo que contenha explicações ou respostas consistentes, elucidando, assim, os quesitos formulados, objeto de discussão das partes envolvidas num litígio.

Esses quesitos são formulados com intuito de esclarecer as dúvidas apresentadas no processo. Ao formular os quesitos, o juiz e as partes envolvidas encaminham ao perito que busca, assim, produzir provas periciais, a fim de orientar a decisão do juiz.

O auditor busca a avaliação constante dos controles internos de forma que possa assegurar e dar maior segurança ao seu trabalho. Com base na avaliação dos controles internos da empresa é que o auditor avaliará o grau de extensão e profundidade dos testes de confirmação.

Já o perito busca – por intermédio de exames dos documentos, de levantamento de dados e informações e de verificação dos fatos com base na legislação – fazer um exame imparcial, formular indagações necessárias ao laudo, e assim obter, com segurança, respostas às questões formuladas.

O trabalho do auditor pode ser considerado permanente e contínuo, enquanto que o do perito é pontual.

A auditoria das demonstrações contábeis é um processo abrangente de aplicação de testes e procedimentos de auditoria sobre os fatos que deram origem aos registros contábeis e é precedida de testes de amostragem.

O trabalho do perito é realizado de forma individual. Geralmente, seu levantamento é feito de forma total do universo, ele não obtém amostras, como se faz na auditoria, devido à extensão do trabalho a ser realizado.

O planejamento, tanto da auditoria como da perícia, deve ser consistente e traçado de tal forma que se possa determinar o tempo necessário ao desenvolvimento do trabalho e a metodologia a ser utilizada.

Outro ponto bem semelhante entre perícia e auditoria são os livros contábeis a serem utilizados, tais como: diário, livro-caixa, razão, conta-corrente; pois deles são extraídas as evidências que subsidiarão os trabalhos do perito e do auditor.

Como pontos diferentes no escopo do trabalho, pode ser citado: o perito segue os quesitos para formulação do seu laudo pericial; em auditoria, o escopo engloba as provas a serem obtidas para emissão do relatório e o parecer de auditoria.

Em relação à duração do trabalho, geralmente em perícia ele é pontual a fim de se obterem informações necessárias para emissão do laudo pericial; na auditoria, ele é contínuo e definido com base em resoluções de órgãos fiscalizadores como é o caso da Comissão de Valores Mobiliários (CVM), que exige relatório trimestral financeiro das empresas de capital aberto; e parecer anual, no caso das auditorias das demonstrações financeiras.

No trabalho, o perito se relaciona de forma direta com o juiz, as partes e os peritos assistentes; o auditor se relaciona com a equipe do auditado.

Quadro comparativo entre Perícia e Auditoria

Perícia	**Auditoria**
Nomeado pelo juiz	Nomeado pela empresa auditada
Objetivo: emissão de um laudo pericial	Objetivo: emissão de um parecer
Escopo: visa elucidação dos quesitos propostos pelas partes e pelo magistrado	Escopo: visa analisar se as demonstrações contábeis refletem adequadamente, em seus aspectos mais relevantes, a posição patrimonial e financeira da empresa
Trabalho específico e pontual	Trabalho periódico e abrangente
Analisa questão por inteiro, não permitindo amostras	Analisa e investiga as partes, trabalhando com amostragens que representem o resultado estatisticamente adequado
Trabalho individual	Trabalho coletivo
Tecnologia e ciência	Tecnologia e ciência
Qualificação contador	Qualificação contador
Segue as Normas Brasileiras de Contabilidade	Segue as Normas Brasileiras de Contabilidade e as normas vigentes no país

Como se pode observar, as diferenças são significativas entre as duas matérias, cada uma delas com suas características e objetos distintos.

2 Classificações

2.1 Perícia judicial

Palombo Alberto (2012) comenta que a perícia judicial é aquela realizada dentro dos procedimentos processuais do Poder Judiciário, por determinação, requerimento ou necessidade de seus agentes ativos, e se processa segundo regras legais específicas.

Em litígios judiciais com matéria envolvendo aspectos patrimoniais, levantamento de perdas e danos, avaliação de haveres na dissolução de sociedades, revisão de encargos financeiros, é mais comum a presença desse tipo de perícia.

Assim como mencionado na Lei 11.232/2005, a perícia judicial surge da necessidade da liquidação por sentença por arbitramento, quando o magistrado nomeia o perito contábil, para elucidação de dúvidas, fixando prazo para entrega do laudo pericial.

Na perícia judicial, o perito é nomeado por um juiz para analisar e ajudar na elucidação de certas dúvidas provindas do processo. Depois da análise efetuada, o perito emitirá um laudo pericial contendo informações necessárias ao esclarecimento das questões solicitadas pelo juiz.

A perícia, quando solicitada pelo juiz, denomina-se perícia de ofício; quando solicitada pelas partes, nomeia-se perícia requerida. Tanto na perícia de ofício como na requerida, o perito é denominado perito do juiz, oficial ou judicial e, geralmente, ele conta com a assistência de outros peritos nomeados pelas partes, denominados peritos assistentes.

Essa forma de perícia, em sua maioria, é a mais onerosa, pois, além de arcar com o ônus do perito do juiz e do perito assistente, a parte perdedora pode arcar, também, com as custas do perito assistente da parte vencedora.

Palombo Alberto (2012) apresenta ainda a perícia semijudicial, que é realizada dentro do aparato institucional do Estado, porém fora do Poder Judiciário, e possui como finalidade principal apresentar-se como meio de prova nos ordenamentos institucionais usuários. Segundo o autor, classificam-se nessa categoria as autoridades policiais, parlamentares ou administrativas que possuem algum poder jurisdicional, ainda que relativo, mas não com a expressão e extensão do Poder Judiciário, mas que se assemelham por estarem sujeitas às regras legais e regimentais às judiciais.

2.2 Perícia extrajudicial

Diferentemente da perícia judicial, a extrajudicial não possui um magistrado. O perito não é nomeado pelo juiz e não há litígio propriamente dito.

O perito é nomeado diretamente pelas partes de comum acordo quando existe credibilidade das partes envolvidas em relação ao profissional que executará, de forma imparcial e consistente, o seu trabalho.

Geralmente, o trabalho do perito extrajudicial é isolado, ele não possui assistente, o que torna menos onerosa a sua nomeação.

Sua escolha é consensual e há certa comunhão em aceitar os resultados apresentados, tendo em vista que, nos casos em que esse profissional atua, as dúvidas são mais administrativas ou relacionadas à elucidação de fatos mais simples, como identificação de caixa a descoberto ou de estoques sem giro; haveres de heranças; sinistros; reorganização societária, dentre outros.

Palombo Alberto (2012) subdivide esse tipo de perícia, segundo as finalidades intrínsecas para as quais foram designadas em demonstrativas, discriminativas e comprobatórias.

2.3 *Perícia arbitral*

Processo arbitral é aquele em que os conflitos civis podem ser elucidados pelas partes envolvidas, por via da mediação e arbitragem, simplificando, assim, a esfera jurídica de processos com participação direta do Estado.

Dessa forma, conclui-se que a perícia arbitral é aquela em que as partes elegem diretamente um perito para dirimir, esclarecer, analisar e relatar uma posição sobre determinado assuntos em conflito.

A Lei 9.307/96 estabelece a figura da arbitragem em litígios, em que é nomeado um árbitro independentemente de ato formal, respeitando a ordem pública e os bons costumes. Assim sendo, nomeado o árbitro, este se torna o juiz de fato e de direito, e a sentença que proferir não ficará sujeita a recurso ou a homologação pelo Poder Judiciário.

Quando necessário, serão nomeados vários árbitros, formando assim o tribunal arbitral. Após sua formação será escolhido, por maioria, o presidente do tribunal arbitral, que designará, caso haja necessidade, um secretário e encaminhará os procedimentos de arbitragem.

É submetida a esse tipo de perícia uma parcela ainda pequena de litígios, em relação à perícia judicial, por falta de regulamentação da própria lei e por falta de conhecimento geral.

Sobre a égide dessa perícia arbitral recaem assuntos que envolvem direitos patrimoniais, transportes, questões trabalhistas, colisão de veículos e demais casos em que não contam com a participação do Ministério Público ou de processos falimentares de incapazes.

O perito arbitral, tomando conhecimento do processo, reportará diretamente ao árbitro ou ao tribunal arbitral que é a autoridade designada para propor a solução do conflito. Outra característica desse tipo de perícia é a contratação do perito, que é efetivada pelo árbitro nomeado ou pelo tribunal arbitral.

2.4 *Perito judicial e perito assistencial*

O exercício da profissão de perito contábil, tanto judicial como extrajudicial, é exercido por Contador devidamente registrado no Conselho Regional de Contabilidade (CRC) e com obediência à Norma Brasileira de Contabilidade aplicáveis aos Trabalhos de Perícia NBC TP 01 sob o título de Normas Técnicas de Perícia Contábil, e que detenha profundo conhecimento e experiência sobre a matéria.

Essa norma tem como objetivo conceituar o profissional, qualificar o seu objeto e identificar os procedimentos que devem ser praticados pelo perito contador, nomeado pelo juiz ou contratado pelas partes para a perícia extrajudicial;

pelo perito escolhido na arbitragem; e, ainda, pelo perito contador assistente indicado ou contratado pelas partes.

Observa-se que a norma é abrangente a todos os profissionais envolvidos na elucidação da prova objeto da lide: o perito contador nomeado pelo juiz, os peritos assistentes que podem auxiliar o perito contador, escolhidos pelas partes, e demais profissionais que o processo assim o exigir (perícia interprofissional, segundo as definições contidas da Resolução CFC 560/83).

Essa Norma NBC TP 01 determina que, de posse do processo e/ou dos documentos a serem examinados, os peritos (judicial e assistencial), devem zelar pela sua guarda e segurança.

O perito contador assistente pode, tão logo tenha conhecimento da perícia, manter contato com o perito contador, pondo-se à disposição para o planejamento e a execução conjunta da perícia. Uma vez aceita a participação, o perito contador deve permitir o acesso do assistente aos trabalhos, de forma que os resultados apontem de forma esclarecedora para os fatos.

Aos peritos assistentes, escolhidos pelas partes, caberá auxiliar o perito contador nomeado pelo juiz, ajudando em seu planejamento e demonstrando fatos que foram ou não observados pelo perito contador. Ambos profissionais devem lembrar-se dos requisitos oficiais como o termo de diligência, relação dos livros, dos documentos e dos dados de que necessitem.

Caso obtenham recusa no atendimento das diligências, os peritos deverão comunicar, com a devida comprovação ou justificativa, ao juízo, em se tratando de perícia judicial, ou à parte contratante, no caso de perícia extrajudicial ou arbitral.

O perito contador e o perito contador assistente devem documentar, mediante papéis de trabalho, os elementos relevantes que serviram de suporte à conclusão formalizada no laudo pericial contábil e no parecer pericial contábil.

Importante observar que o perito contador assistente, ao assinar em conjunto com o perito contador em laudo pericial contábil, não deve emitir parecer pericial contábil diferente desse laudo.

2.5 *Laudo pericial contábil*

Segundo a NBC TP 01, item 58, sob o título de Laudo Pericial Contábil, o perito deve emitir um laudo pericial contábil, que será a peça escrita na qual o perito contador deverá visualizar, de forma abrangente, o conteúdo da perícia e particularizar os aspectos e as minudências que envolvam a demanda.

Define a Norma que o perito contador deve registrar no laudo pericial contábil os estudos, as pesquisas, as diligências ou as buscas de elementos de provas necessárias para a conclusão dos trabalhos. É obrigatória a conclusão do perito contador, de forma simples, clara e concisa.

Lopes de Sá (2009, p. 42) define laudo como "o julgamento ou pronunciamento, baseado nos conhecimentos que tem o profissional da contabilidade, em face de eventos ou fatos que são submetidos a sua apreciação".

O laudo apresentado deve ser uma peça técnica elaborada de forma objetiva, clara, precisa, concisa e completa, e de forma sequencial lógica para que o trabalho do perito contador seja reconhecido, também, pela padronização estrutural.

O laudo pericial contábil não deve conter elementos e/ou informações que conduzam à dúbia interpretação, para não induzir o juiz ao erro e para, também, não haver risco de responsabilização técnica decorrente de informações ambíguas.

1. *Características do laudo pericial*

O laudo deve conter uma redação, clara e minuciosa, cautelosa e detalhada em relação aos procedimentos e aos resultados. Deve ser sucinto, contendo aspectos da nomeação ou da contratação do perito contador.

Devem ser relatados, no laudo, as diligências ocorridas, os procedimentos adotados e a metodologia utilizada no trabalho. Deve contar, também, com a explicação da forma técnica com a qual os fatos foram concluídos e, ainda, em sua finalização, com a opinião do perito, podendo, ser for o caso, reportar-se a demonstrativos e documentos auxiliares.

2. *Estrutura do laudo pericial*

Segundo Ornelas (2011), o laudo pericial deve ser dividido em duas grandes partes. A primeira expositiva, a segunda conclusiva; em síntese: um relatório e um parecer. A Norma estruturou o laudo nas seguintes seções:

a) identificação do processo e das partes;
b) síntese do objeto da perícia;
c) metodologia adotada para os trabalhos periciais;
d) identificação das diligências realizadas;
e) transcrição dos quesitos;
f) respostas aos quesitos;
g) conclusão;
h) outras informações, a critério do perito contador, entendidas como importantes para esclarecer ou apresentar o laudo pericial;
i) rubrica e assinatura do perito contador, com a categoria profissional de contador e o registro no Conselho Regional de Contabilidade.

Ornelas (2011) apresenta a seguinte estrutura para o laudo pericial:

1. **Das considerações preliminares**
   a) Aspectos gerais dos autos
   b) Diligências
   c) Procedimentos técnicos adotados
   d) Responsabilidade profissional
2. **Dos quesitos**
   a) Do magistrado
   b) Do autor
   c) Do réu
3. **Das considerações finais**
4. **Do encerramento**
   Anexos
   Documentos

Exemplo de laudo simplificado:

Exmo. Sr. Doutor
Juiz de Direito da .... Vara .... da Comarca de ......

Paulo Mendes, perito nomeado e compromissado nos autos do Processo de nº ..... em que são partes, como autores, FULANO ACACIO e como réu BELTRANO JOSÉ, requer a juntada de seu laudo pericial contábil, concluído tempestivamente, cujo teor é o seguinte:

QUESITOS DOS AUTORES

1º O valor atribuído ao Patrimônio Líquido para efeito de determinar a fusão da sociedade ..... está correto?
Resposta do Perito: Conforme demonstrado no anexo nº 01, que fica fazendo parte integrante deste laudo, o valor atribuído do Patrimônio Líquido é de R$ ...., ou seja, pelos réus não está correto.

2º No entender do perito, qual o valor a ser atribuído ao Patrimônio Líquido da empresa ......?
Resposta do Perito: Com base nos anexos nºs 2 e 3, o entendimento desse perito é que o valor do Patrimônio Líquido está superavaliado devido aos itens não contabilizados conforme relação constante. O total apurado foi de ......, não sendo apurado no resultado. Com isso a apuração do resultado impactando o lucro foi maior que o apresentado, aumentando assim o Patrimônio Líquido.

QUESITOS DOS RÉUS

1º O valor do Resultado foi apurado corretamente sendo reconhecido o Princípio da Competência, e o lucro foi devidamente reconhecido?
Resposta do Perito: Não, com base no anexo 3, pode-se observar a exclusão de vários fornecedores, sendo identificado o passivo a descoberto da empresa, o que não foi observado o Princípio da Competência. Com isso, o lucro foi apurado a maior, superavaliando o Patrimônio Líquido em R$ 2.987.800,00.

CONCLUSÃO

Concluímos o processo com base nos anexos 01, 02 e 03, demonstrando assim que o Patrimônio Líquido da empresa .... está superavaliado no valor de R$ 2.987.800,00 sendo indevido o valor cobrado de R$ .... para fusão da empresa ....

Brasília, ...

Paulo Mendes, Contador CRC nº ....

3 Aspectos da norma profissional de perito contida na Resolução CFC 1.244/09, que aprovou a NBC PP 01 – perito contábil

A Norma contempla em um primeiro momento a qualificação de um profissional perito, enfatizando a busca pela capacitação técnica através de programas devidamente reconhecidos e que estejam de acordo com essa norma, na busca incessante por um profissional com profundo conhecimento sobre a matéria pericial. Como segundo aspecto, a ênfase na habilitação profissional através de habilitação própria criada pelo Conselho, colocando a responsabilidade de nomeação sobre o profissional que realmente esteja capaz de realizar tal trabalho.

O perito deve observar os fatos e estudar o processo com total imparcialidade na busca da verdade e do auxílio processual às questões formuladas, observando as condições de suspeição e/ou impedimentos ao processo.

Elenca os motivos por que o perito contador deve alegar impedimento processual, assim como o juiz, ou qualquer outra pessoa que participe do processo e tenha interesse ou afinidade direta com o processo. O perito deve estar isolado de todas essas questões de impedimento.

Qualifica melhor os cuidados que o profissional precisa ter, possuir em seus papéis de trabalho e na condução de seus apontamentos.

Os honorários do perito contador devem estabelecer a relação direta de prestação de serviços e a qualidade desses serviços, devendo considerar a relevância, o vulto, o risco, a complexidade, a quantidade de horas, o pessoal técnico, o prazo estabelecido, a forma de recebimento e os laudos interprofissionais, entre outros fatores.

O perito deve cumprir, por uma questão de ética, o sigilo total do processo e seus comentários devem se restringir única e exclusivamente ao laudo pericial com o objetivo de responder aos quesitos.

O profissional deve fazer um planejamento adequado dos *workpapers*, de modo que os mesmos espelhem todo o trabalho realizado e, quando questionado sobre tal ponto, o perito deve possuir os papéis com a devida clareza e organização. Essa norma, de certa forma, ajuda o planejamento do trabalho do profissional pois delimita os pontos básicos que devem ser observados dentro do planejamento do trabalho, na execução e no comportamento do profissional perito.

4 Normas brasileiras de contabilidade

NBC PP 01 – PERITO CONTÁBIL

OBJETIVO

1. *Esta Norma estabelece procedimentos inerentes à atuação do contador na condição de perito.*

CONCEITO

2. *Perito é o contador regularmente registrado em Conselho Regional de Contabilidade, que exerce a atividade pericial de forma pessoal, devendo ser profundo conhecedor, por suas qualidades e experiências, da matéria periciada.*
3. *Perito-contador nomeado é o designado pelo juiz em perícia contábil judicial; contratado é o que atua em perícia contábil extrajudicial; e escolhido é o que exerce sua função em perícia contábil arbitral.*
4. *Perito-contador assistente é o contratado e indicado pela parte em perícias contábeis, em processos judiciais e extrajudiciais, inclusive arbitral.*

COMPETÊNCIA PROFISSIONAL

5. *Competência técnico-científica pressupõe ao perito manter adequado nível de conhecimento da ciência contábil, das Normas Brasileiras de Contabilidade, das técnicas contábeis, da legislação relativa à profissão contábil e aquelas aplicáveis à atividade pericial, atualizando-se, permanentemente, mediante programas de capacitação, treinamento, educação continuada e especialização. Para tanto, deve demonstrar capacidade para:*

   (a) pesquisar, examinar, analisar, sintetizar e fundamentar a prova no laudo pericial contábil e no parecer pericial contábil;

   (b) realizar seus trabalhos com a observância da equidade significa que o perito-contador e o perito contador assistente devem atuar com igualdade de direitos, adotando os preceitos legais, inerentes à profissão contábil.
6. *O espírito de solidariedade do perito não induz nem justifica a participação ou a conivência com erros ou atos infringentes às normas profissionais, técnicas e éticas que regem o exercício da profissão, devendo estar vinculado à busca da verdade fática, a fim de esclarecer o objeto da perícia de forma técnica-científica e o perito contador assistente para subsidiar na defesa da parte que o indicou.*

HABILITAÇÃO PROFISSIONAL

7. *O perito deve comprovar sua habilitação profissional por intermédio da Declaração de Habilitação Profissional – DHP, de que trata a Resolução CFC nº 871/00. É permitida a utilização da certificação digital, em consonância com a legislação vigente e as normas estabelecidas pela Infraestrutura de Chaves Públicas Brasileiras – ICP-Brasil.*

8. *A DHP deve ser afixada abaixo da assinatura do perito contador ou do perito contador assistente, e no caso da DHP-Eletrônica, deve ser colocada na primeira folha após a assinatura de cada profissional, no laudo pericial contábil ou no parecer pericial contábil.*

9. *A nomeação, a contratação e a escolha do perito contador para o exercício da função pericial contábil, em processo judicial, extrajudicial e arbitral devem ser consideradas como distinção e reconhecimento da capacidade e honorabilidade do contador, devendo este escusar-se do encargo sempre que reconhecer não ter competência técnica ou não dispor de estrutura profissional para desenvolvê-lo, podendo utilizar o serviço de especialistas de outras áreas, quando parte do objeto da perícia assim o requerer.*

10. *A indicação ou a contratação para o exercício da atribuição de perito-contador assistente, em processo extrajudicial, devem ser consideradas como distinção e reconhecimento da capacidade e da honorabilidade do contador, devendo este recusar os serviços sempre que reconhecer não estar capacitado a desenvolvê-los, contemplada a utilização de serviços de especialistas de outras áreas, quando parte do objeto do seu trabalho assim o requerer.*

11. *A utilização de serviços de especialista de outras áreas, quando parte do objeto da perícia assim o requerer, não implica presunção de incapacidade do perito, devendo tal fato ser, formalmente, relatado no laudo pericial contábil ou no parecer pericial contábil para conhecimento do julgador, das partes ou dos contratantes.*

12. *A indicação ou a contratação de perito-contador assistente ocorre quando a parte ou contratante desejar ser assistida por um contador, ou comprovar algo que dependa de conhecimento técnico-científico, razão pela qual o profissional só deve aceitar o encargo se reconhecer estar capacitado com conhecimento suficiente, discernimento e irrestrita independência para a realização do trabalho.*

13. *Para efeito de controle técnico dos laudos periciais e pareceres periciais contábeis, os Conselhos Regionais de Contabilidade devem manter relatórios atualizados contendo, no mínimo, identificação do número do processo e local de sua tramitação, para os quais foram utilizados a DHP. Tratando-se de perícia extrajudicial, inclusive arbitral, devem ser indicadas as partes para as quais foram utilizadas tais declarações.*

EDUCAÇÃO CONTINUADA

14. O perito, no exercício de suas atividades, deve comprovar a participação em programa de educação continuada, na forma a ser regulamentada pelo Conselho Federal de Contabilidade.

INDEPENDÊNCIA

15. O perito deve evitar qualquer interferência que possa constrangê-lo em seu trabalho, não admitindo, em nenhuma hipótese, subordinar sua apreciação a qualquer fato, pessoa, situação ou efeito que possa comprometer sua independência, denunciando a quem de direito a eventual ocorrência da situação descrita.

IMPEDIMENTO E SUSPEIÇÃO

16. São situações fáticas ou circunstanciais que impossibilitam o perito de exercer, regularmente, suas funções ou realizar atividade pericial em processo judicial ou extrajudicial, inclusive arbitral. Os itens previstos nesta Norma explicitam os conflitos de interesse motivadores dos impedimentos e das suspeições a que está sujeito o perito nos termos da legislação vigente e do Código de Ética Profissional do Contabilista.

17. Para que o perito possa exercer suas atividades com isenção, é fator determinante que ele se declare impedido, após, nomeado, contratado, escolhido ou indicado quando ocorrerem as situações previstas nesta Norma, nos itens abaixo.

18. Quando nomeado em juízo, o perito deve dirigir petição, no prazo legal, justificando a escusa ou o motivo do impedimento.

19. Quando indicado pela parte e não aceitando o encargo, o perito-contador assistente deve comunicar a ela sua recusa, devidamente justificada por escrito, com cópia ao juízo.

Impedimento legal

20. O perito contador nomeado ou escolhido deve se declarar impedido quando não puder exercer suas atividades com imparcialidade e sem qualquer interferência de terceiros, ou ocorrendo pelo menos uma das seguintes situações:

(a) for parte do processo;

(b) tiver atuado como perito contador contratado ou prestado depoimento como testemunha no processo;

(c) *tiver mantido, nos últimos dois anos, ou mantenha com alguma das partes ou seus procuradores, relação de trabalho como empregado, administrador ou colaborador assalariado;*

(d) *tiver cônjuge ou parente, consanguíneo ou afim, em linha reta ou em linha colateral até o terceiro grau, postulando no processo ou entidades da qual esses façam parte de seu quadro societário ou de direção;*

(e) *tiver interesse, direto ou indireto, mediato ou imediato, por si, por seu cônjuge ou parente, consanguíneo ou afim, em linha reta ou em linha colateral até o terceiro grau, no resultado do trabalho pericial;*

(f) *exercer cargo ou função incompatível com a atividade de perito contador, em função de impedimentos legais ou estatutários;*

(g) *receber dádivas de interessados no processo;*

(h) *subministrar meios para atender às despesas do litígio; e*

(i) *receber quaisquer valores e benefícios, bens ou coisas sem autorização ou conhecimento do juiz ou árbitro.*

Impedimento técnico-científico

21. O impedimento por motivos técnico-científicos a ser declarado pelo perito decorre da autonomia, estrutura profissional e da independência que devem possuir para ter condições de desenvolver de forma isenta o seu trabalho. São motivos de impedimento técnico-científico:

(a) *a matéria em litígio não ser de sua especialidade;*

(b) *a constatação de que os recursos humanos e materiais de sua estrutura profissional não permitem assumir o encargo; cumprir os prazos nos trabalhos em que o perito contador for nomeado, contratado ou escolhido; ou em que o perito contador assistente for indicado;*

(c) *ter o perito contador da parte atuado para a outra parte litigante na condição de consultor técnico ou contador responsável, direto ou indireto em atividade contábil ou em processo no qual o objeto de perícia seja semelhante àquele da discussão, sem previamente comunicar ao contratante.*

Suspeição

22. O perito-contador nomeado ou escolhido deve declarar-se suspeito quando, após, nomeado, contratado ou escolhido verificar a ocorrência de situações que venha suscitar suspeição em função da sua imparcialidade ou independência e, desta maneira, comprometer o resultado do seu trabalho em relação à decisão.

23. *Os casos de suspeição aos quais estão sujeitos o perito-contador são os seguintes:*
    (a) *ser amigo íntimo de qualquer das partes;*
    (b) *ser inimigo capital de qualquer das partes;*
    (c) *ser devedor ou credor em mora de qualquer das partes, dos seus cônjuges, de parentes destes em linha reta ou em linha colateral até o terceiro grau ou entidades das quais esses façam parte de seu quadro societário ou de direção;*
    (d) *ser herdeiro presuntivo ou donatário de alguma das partes ou dos seus cônjuges;*
    (e) *ser parceiro, empregador ou empregado de alguma das partes;*
    (f) *aconselhar, de alguma forma, parte envolvida no litígio acerca do objeto da discussão; e*
    (g) *houver qualquer interesse no julgamento da causa em favor de alguma das partes.*
24. *O perito pode ainda declarar-se suspeito por motivo íntimo.*

SIGILO

25. *O perito, em obediência ao Código de Ética Profissional do Contabilista, deve respeitar e assegurar o sigilo das informações a que teve acesso, proibida a sua divulgação, salvo quando houver obrigação legal de fazê-lo.*
26. *O dever de sigilo subsiste mesmo na hipótese de o profissional se desligar do trabalho antes de tê-lo concluído.*
27. *Os empregados designados pelo Conselho Federal de Contabilidade e Conselhos Regionais de Contabilidade, para efetuarem a fiscalização do exercício profissional devem ter competência legal similar à requerida do perito para o trabalho por ele realizado, e assumem compromisso de sigilo profissional semelhante.*

RESPONSABILIDADE

28. *O perito deve conhecer as responsabilidades sociais, éticas, profissionais e legais, às quais está sujeito no momento em que aceita o encargo para a execução de perícias contábeis judiciais e extrajudiciais, inclusive arbitral.*
29. *O termo "responsabilidade" refere-se à obrigação do perito em respeitar os princípios da moral, da ética e do direito, atuando com lealdade, idoneidade e honestidade no desempenho de suas atividades, sob pena de responder civil, criminal, ética e profissionalmente por seus atos.*

Responsabilidade e ética

30. A responsabilidade do perito decorre da relevância que o resultado de sua atuação pode produzir para solução da lide.

31. A responsabilidade ética do perito decorre da necessidade do cumprimento dos princípios éticos, em especial, os estabelecidos no Código de Ética Profissional do Contabilista e nesta Norma.

32. Ciente do livre exercício profissional deve o perito contador, sempre que possível e não houver prejuízo aos seus compromissos profissionais e suas finanças pessoais, em colaboração com o Poder Judiciário, aceitar o encargo confiado, na condição de perito contador do juízo, ou escusar-se do encargo, no prazo legal, apresentando suas razões.

33. Cumpre ao perito contador no exercício de seu ofício atuar com independência.

34. O perito contador no desempenho de suas funções deve propugnar pela imparcialidade, dispensando igualdade de tratamento às partes e especialmente aos perito contadores assistentes. Não se considera parcialidade, entre outros, os seguintes:

(a) atender a uma das partes ou perito contadores assistentes, desde que se assegure igualdade de oportunidade à outra parte, quando solicitado;

(b) trabalho técnico-científico anteriormente publicado pelo perito contador que verse sobre o tema objeto da perícia.

Responsabilidade civil e penal

35. A legislação civil determina responsabilidades e penalidades para o profissional que exerce a função de perito contador, as quais consistem em multa, indenização e inabilitação.

36. A legislação penal estabelece penas de multa, detenção e reclusão para os profissionais que exercem a atividade pericial que vierem a descumprir as normas legais.

ZELO PROFISSIONAL

37. O termo "zelo" para o perito refere-se ao cuidado que o mesmo deve dispensar na execução de suas tarefas, em relação à sua conduta, documentos, prazos, tratamento dispensado às autoridades, aos integrantes da lide e aos demais profissionais, de forma que sua pessoa seja respeitada, seu trabalho levado a bom termo e, consequentemente, o laudo pericial contábil e o parecer pericial contábil dignos de fé pública.

38. *O zelo profissional do perito na realização dos trabalhos periciais compreende:*

   (a) *cumprir os prazos fixados pelo juiz em perícia judicial e nos termos contratados em perícia extrajudicial, inclusive arbitral;*

   (b) *assumir a responsabilidade pessoal por todas as informações prestadas, quesitos respondidos, procedimentos adotados, diligências realizadas, valores apurados e conclusões apresentadas no Laudo Pericial Contábil e no Parecer Pericial Contábil;*

   (c) *prestar os esclarecimentos determinados pelo juiz ou pelo árbitro, respeitados os prazos legais ou contratuais;*

   (d) *propugnar pela celeridade processual, valendo-se dos meios que garantam eficiência, segurança, publicidade dos atos periciais, economicidade, o contraditório e a ampla defesa;*

   (e) *ser prudente, no limite dos aspectos técnico-científicos, e atento às consequências advindas dos seus atos;*

   (f) *ser receptivo aos argumentos e críticas, podendo ratificar ou retificar o posicionamento anterior.*

39. *A transparência e o respeito recíproco entre o perito-contador e o perito-contador assistente pressupõem tratamento impessoal, restringindo os trabalhos, exclusivamente, ao conteúdo técnico-científico.*

40. *O perito é responsável pelo trabalho de sua equipe técnica, a qual compreende os auxiliares para execução do trabalho complementar do laudo pericial contábil e/ou parecer pericial contábil, tais como: digitação, pesquisas e análises contábeis, cálculos e pesquisas pertinentes.*

41. *O perito ao contratar os serviços de profissionais de outras profissões regulamentadas, deve certificar-se de que eles se encontram em situação regular perante o seu conselho profissional. São exemplos de laudos interprofissionais para subsidiar a perícia contábil:*

   (a) *avaliação de engenharia;*

   (b) *de medicina para subsidiar a perícia contábil em cálculo de indenização de perdas e danos, para apuração de danos emergentes ou lucros cessantes;*

   (c) *de perito criminal em documentos, cópia e grafotecnia para reconhecer a autenticidade ou a falsidade de documentos.*

42. *Sempre que não for possível concluir o laudo pericial contábil no prazo fixado pelo juiz, deve o perito-contador requerer a sua dilação antes de vencido aquele, apresentando os motivos que ensejaram a solicitação.*

43. Na perícia extrajudicial, o perito deve estipular, de comum acordo com o contratante, os prazos necessários para a execução dos trabalhos, junto com a proposta de honorários e com a descrição dos serviços a executar.

44. A realização de diligências para busca de provas, quando necessária, é de responsabilidade exclusiva do perito, podendo mediante delegação expressa autorizar terceiros, na arrecadação de elementos de prova.

ESCLARECIMENTOS

45. Em defesa de sua conduta técnica profissional, o perito deve prestar esclarecimentos sobre o conteúdo do laudo pericial contábil ou do parecer pericial contábil, em atendimento a determinação do juiz ou árbitro que preside o feito ou a pedido das partes.

UTILIZAÇÃO DE TRABALHO DE ESPECIALISTA

46. O perito pode valer-se de especialistas de outras áreas para a realização do trabalho, desde que parte da matéria-objeto da perícia assim o requeira. Tal obrigação assumida pelo perito perante o julgador ou contratante não exime o especialista contratado da responsabilidade pelo trabalho executado. São exemplos de trabalho de especialista: analista de sistema, atuário, tecnólogo, geólogo, especialista em obras de artes e outros avaliadores. Neste caso, o especialista nomeado pelo juiz deve protocolizar o seu laudo em juízo e o perito contador, ou perito contador assistente, pode valer-se das apurações e conclusões ali constantes.

HONORÁRIOS

47. Na elaboração da proposta de honorários, o perito dever considerar os seguintes fatores: a relevância, o vulto, o risco, a complexidade, a quantidade de horas, o pessoal técnico, o prazo estabelecido, a forma de recebimento e os laudos interprofissionais, entre outros fatores.

48. A relevância é entendida como a importância da perícia no contexto social e sua essencialidade para dirimir as dúvidas de caráter técnico-científico contábil, suscitadas em demanda judicial ou extrajudicial.

49. O vulto está relacionado ao valor da causa no que se refere ao objeto da perícia; à dimensão determinada pelo volume de trabalho; e à abrangência pelas áreas de conhecimento envolvidas.

50. O risco compreende a possibilidade do honorário pericial não ser integralmente recebido, o tempo necessário ao recebimento, bem como a antecipação das despesas necessárias à execução do trabalho. Igualmente, devem ser levadas em consideração as implicações cíveis, penais, profissionais e outras de caráter específico a que poder estar sujeito o perito.

51. *A complexidade está relacionada à dificuldade técnica para a realização do trabalho pericial em decorrência do grau de especialização exigido; à dificuldade em obter os elementos necessários para a fundamentação do laudo pericial contábil; e ao tempo transcorrido entre o fato a ser periciado e a realização da perícia. Deve ser considerado também o ineditismo da matéria periciada.*

52. *As horas estimadas para a realização de cada fase do trabalho é o tempo despendido para a realização da perícia, mensurado em horas trabalhadas pelo perito contador, quando aplicável.*

53. *O pessoal técnico é formado pelos auxiliares que integram a equipe de trabalho do perito, estando os mesmos sob sua orientação direta e inteira responsabilidade.*

54. *O prazo determinado nas perícias judiciais ou contratado nas extrajudiciais deve ser levado em conta nas propostas de honorários, considerando-se eventual exiguidade do tempo que requeira dedicação exclusiva do perito e da sua equipe para a consecução do trabalho.*

55. *O prazo médio habitual de liquidação compreende o tempo necessário para recebimento dos honorários.*

56. *Os laudos interprofissionais e outros inerentes ao trabalho são peças técnicas executadas por perito qualificado e habilitado na forma definida no Código de Processo Civil e de acordo com o conselho profissional ao qual estiver vinculado.*

Elaboração de proposta

57. *O perito deve elaborar a proposta de honorários estimando, quando possível, o número de horas para a realização do trabalho, por etapa e por qualificação dos profissionais (auxiliares, assistentes, seniores etc.) considerando os trabalhos a seguir especificados:*

    (a) *retirada e entrega dos autos;*

    (b) *leitura e interpretação do processo;*

    (c) *elaboração de termos de diligências para arrecadação de provas e comunicações às partes, terceiros e peritos contadores assistentes;*

    (d) *realização de diligências;*

    (e) *pesquisa documental e exame de livros contábeis, fiscais e societários;*

    (f) *realização de planilhas de cálculos, quadros, gráficos, simulações e análises de resultados;*

(g) laudos interprofissionais;

(h) elaboração do laudo;

(i) reuniões com peritos contadores assistentes, quando for o caso;

(j) revisão final;

(k) despesas com viagens, hospedagens, transporte, alimentação etc.;

(l) outros trabalhos com despesas supervenientes.

58. O perito deve considerar, na proposta de honorários, os seguintes itens:

(a) relevância e valor da causa;

(b) prazos para execução da perícia;

(c) local da coleta de provas e realização da perícia.

Quesitos suplementares

59. O perito deve ressaltar, em sua proposta de honorários, que esta não contempla os honorários relativos a quesitos suplementares e, se estes forem formulados pelo juiz e/ou pelas partes, pode haver incidência de honorários suplementares a serem requeridos, observando os mesmos critérios adotados para elaboração da proposta anterior.

Quesitos de esclarecimentos

60. O oferecimento de respostas aos quesitos de esclarecimentos formulados pelo juiz e/ou pelas partes podem não ensejar novos honorários periciais, se forem apresentados para obtenção de detalhes do trabalho realizado.

61. O perito contador deve analisar com zelo os quesitos de esclarecimentos, uma vez que as partes podem formulá-los com essa denominação, mas serem quesitos suplementares, situação em que o trabalho deve ser remunerado na forma prevista no item 63. Para tanto, o perito contador poderá requerer honorários suplementares, justificando o pleito, pela caracterização de quesito suplementar.

Apresentação de proposta dos honorários

62. O perito-contador deve apresentar sua proposta de honorários, devidamente fundamentada, ao juízo ou contratante, podendo conter o orçamento ou este constituir-se em um documento anexo.

63. O perito contador assistente deve explicitar a sua proposta no contrato que, obrigatoriamente, celebrará com o seu cliente, observando as normas estabelecidas pelo Conselho Federal de Contabilidade.

64. *O perito-contador assistente deve estabelecer, mediante "Contrato Particular de Prestação de Serviços Profissionais de Perícia Contábil", o objeto, as obrigações das partes e os honorários profissionais, podendo, para tanto, utilizar-se dos parâmetros estabelecidos nesta Norma com relação aos honorários do perito contador. O perito contador assistente deve adotar, no mínimo, o modelo constante nesta Norma referente ao seu contrato de prestação de serviços.*

Levantamento dos honorários

65. *O perito contador deve requerer o levantamento dos honorários periciais, previamente depositados, na mesma petição em que requer a juntada do laudo pericial aos autos.*
66. *O perito contador pode requerer a liberação parcial dos honorários quando julgar necessário para o custeio de despesas durante a realização dos trabalhos.*

Execução de honorários periciais

67. *Quando os honorários periciais forem fixados por decisão judicial, estes podem ser executados, judicialmente, pelo perito contador, em conformidade com os dispositivos do Código de Processo Civil.*

Despesas supervenientes na execução da perícia

68. *Nos casos em que houver necessidade de desembolso para despesas supervenientes, tais como viagens e estadas, para a realização de outras diligências, o perito deve requerer ao juízo ou solicitar ao contratante o pagamento das despesas, apresentando a respectiva comprovação, desde que não estejam contempladas ou quantificadas na proposta inicial de honorários.*

Referências

BOYNTON, William C.; JOHNSON, Raymond N.; KELL, Walter G. **Auditoria**. São Paulo: Atlas, 2002.

BRASIL. Decreto-lei 9.295, de 27 de maio de 1946. Cria o Conselho Federal de Contabilidade, define as atribuições do Contador e do Guarda-livros, e dá outras providências. **Diário Oficial da União**, Brasília, 28 maio 1946.

______. Lei nº 11.232, de 22 de dezembro de 2005. Altera a Lei 5.869, de 11 de janeiro de 1973 – Código de Processo Civil, para estabelecer a fase de cumprimento das sentenças no processo de conhecimento e revogar dispositivos relativos à execução fundada em título judicial, e dá outras providências. **Diário Oficial da União**, Brasília, 23 dez. 2005.

BRASIL. Lei nº 5.869/73, de 11 de janeiro de 1973. Institui o Código de Processo Civil. **Diário Oficial da União**, Brasília, 17 jan. 1973.

______. Lei nº 9.307/96, de 23 de setembro de 1996. Dispõe sobre a arbitragem. **Diário Oficial da União**, Brasília, 24 set. 1996.

CONSELHO FEDERAL DE CONTABILIDADE. Normas Profissionais do Perito nº 01. Resolução nº 1.243/09.

CONSELHO FEDERAL DE CONTABILIDADE. Normas Profissionais do Perito nº 01. Resolução nº 1.244/09.

CONSELHO FEDERAL DE CONTABILIDADE. Resolução CFC nº 1.328 de 18 março de 2011. Dispõe sobre a Estrutura das Normas Brasileiras de Contabilidade.

LOPES DE SÁ, Antonio. **Perícia contábil**. 9. ed. São Paulo: Atlas, 2009.

ORNELAS, Martinho Maurício Gomes de. **Perícia contábil**. 5. ed. São Paulo: Atlas, 2011.

PALOMBO ALBERTO, Valder Luiz. **Perícia contábil**. 5. ed. São Paulo: Atlas, 2012.

Exercícios

1. **(Exame de suficiência CFC 2/2015) Os Sócios "A", "C" e "D" de uma Sociedade Empresária decidiram excluir o Sócio "B" da sociedade.**

   Para esse fim, solicitaram que o contador da empresa apresentasse o Balanço Patrimonial Especial em 31 de agosto de 2015, visando demonstrar ao Sócio "B" a sua parte nos haveres.

   O quadro de participação societária era assim constituído:

   Sócio "A" 23,00%

   Sócio "B" 12,00%

   Sócio "C" 25,00%

   Sócio "D" 40,00%

   Após os ajustes, foi apresentado o Balanço Patrimonial Especial. O Patrimônio Líquido ficou assim representado:

   - Capital Subscrito R$ 220.000,00
   - Reservas de Lucro R$ 50.000,00
   - Prejuízos Acumulados (R$ 40.000,00)
   - Lucro apurado até 31.8.2015 R$ 80.500,00

   Com base nos dados acima, em uma Perícia Contábil de Apuração de Haveres, o valor apurado para ser pago ao Sócio "B" é de:

a) R$ 9.660,00.

b) R$ 31.260,00.

c) R$ 37.260,00.

d) R$ 42.060,00.

2. **(Exame de suficiência CFC 2/2015) Uma Sociedade Empresária foi citada para apresentar os cálculos periciais referentes a um processo trabalhista.**

   A sentença proferida em 1º grau, às folhas 59 a 67 dos autos, condenou a reclamada a pagar ao reclamante:

   - Horas extras diurnas, com 50% de acréscimo, 35 horas em outubro/2013, com integração no Repouso Semanal Remunerado – RSR.
   - Atualização monetária pelo índice fixo de 27%, abrangendo todo o período da verba reclamada até a data do laudo.
   - Juros de mora a contar da propositura da ação, que ocorreu em 1º de abril de 2015.

   Informações Adicionais:

   - A jornada de trabalho do reclamante era de 220 horas mensais.
   - A propositura da ação ocorreu em 1º de abril de 2015.
   - O laudo foi finalizado em 31 de julho de 2015.
   - Os Juros de Mora sobre o valor atualizado serão de 1% ao mês, regime de capitalização simples.
   - O salário, a quantidade de dias úteis e os domingos e feriados estão apresentados no quadro abaixo:

Mês/Ano	Salário Base	Dias Úteis/ Domingos e Feriados
Out/2013	R$ 1.250,00	25 dias úteis e 6 domingos/feriados.

De acordo com os dados apresentados, o valor total devido ao reclamante é de:

a) R$ 369,89.

b) R$ 393,99.

c) R$ 469,76.

d) R$ 488,55.

3. **(Exame de suficiência CFC 1/2015) De acordo com o Código de Processo Civil – CPC, julgue os itens abaixo e, em seguida, assinale a opção CORRETA.**

   a) Compete aos assistentes técnicos das partes indeferir quesitos impertinentes e formular os que entender necessários ao esclarecimento da causa.

   b) Compete aos advogados das partes indeferir quesitos impertinentes e formular os que entender necessários ao esclarecimento da causa.

   c) Compete ao perito-contador indeferir quesitos impertinentes e formular os que entender necessários ao esclarecimento da causa.

   d) Compete ao juiz indeferir quesitos impertinentes e formular os que entender necessários ao esclarecimento da causa.

4. **(Exame de suficiência CFC 1/2014) De acordo com a NBC PP 01 – Perito Contábil, relacione os tipos de impedimentos apresentados na primeira coluna com as situações descritas na segunda coluna e, em seguida, assinale a opção CORRETA.**

(1) Impedimento legal	( ) Ser herdeiro presuntivo ou donatário de alguma das partes ou dos seus cônjuges.
(2) Impedimento técnico-científico	( ) Tiver mantido, nos últimos dois anos, ou mantenha com alguma das partes ou seus procuradores, relação de trabalho como empregado.
(3) Suspeição	( ) A matéria em litígio não ser de sua especialidade.

   A sequência CORRETA é:

   a) 3, 2, 1.

   b) 2, 3, 1.

   c) 3, 1, 2.

   d) 1, 3, 2.

5. **(Exame de suficiência CFC 1/2014) De acordo com a NBC TP 01 – Perícia Contábil, a execução da perícia, quando incluir a utilização de equipe técnica, deve ser realizada sob a orientação e supervisão do:**

   a) Advogado, que indica o assistente técnico e assume a responsabilidade pelos trabalhos, devendo assegurar-se de que as pessoas contratadas estejam profissionalmente capacitadas à execução.

b) Juiz, que nomeia o perito e assume a responsabilidade pelos trabalhos, devendo assegurar-se que as pessoas contratadas estejam profissionalmente capacitadas à execução.
c) Ministério Público, que assume a responsabilidade pelos trabalhos, devendo assegurar-se de que as pessoas contratadas estejam profissionalmente capacitadas à execução.
d) Perito, que assume a responsabilidade pelos trabalhos, devendo assegurar-se de que as pessoas contratadas estejam profissionalmente capacitadas à execução.

6. **(Exame de suficiência CFC 2/2013) De acordo com a NBC TP 01 – Perícia Contábil, o Termo Diligência é:**
a) O instrumento por meio do qual o perito apresenta o seu trabalho pericial através do laudo pericial, que poderá conter anexos, apêndices e documentos que o profissional julgar necessário.
b) O instrumento por meio do qual o perito apresenta sua proposta de honorários, devidamente fundamentada, ao juízo, podendo conter o orçamento ou este constituir-se em um documento anexo.
c) O instrumento por meio do qual o perito requerer a liberação parcial dos honorários quando julgar necessário para o custeio de despesas durante a realização dos trabalhos.
d) O instrumento por meio do qual o perito solicita documentos, coisas, dados, bem como quaisquer informações necessárias à elaboração do laudo pericial contábil.

7. **(Exame de suficiência CFC 1/2013) De acordo a NBC TP 01 - Perícia Contábil, o laudo pericial contábil é uma:**
a) indagação e busca de informações, mediante conhecimento do objeto da perícia, solicitada nos autos.
b) investigação e pesquisa sobre o que está oculto por quaisquer circunstâncias nos autos.
c) peça escrita, na qual o perito contador assistente deve registrar, de forma abrangente, o conteúdo da perícia e generalizar os aspectos e as minudências que envolvam a demanda.
d) peça escrita, na qual o perito contador deve registrar, de forma abrangente, o conteúdo da perícia e particularizar os aspectos e as minudências que envolvam a demanda.

8. **(Exame de suficiência CFC 1/2013) O profissional X, contador habilitado, responsável pela contabilidade da empresa Z por vários anos, tendo rescindido seu contrato de trabalho, em dezembro de 2005, vem realizando, após esta data, perícias contábeis judiciais.**

   Em fevereiro de 2012, foi nomeado para trabalhar como perito contador em um processo judicial em que figura, em uma das partes, a empresa Z. Os trabalhos, a serem executados, correspondem ao ano de 2009 e referem-se à apuração de haveres.

   Diante deste fato e tratando-se exclusivamente do impedimento legal, ele deve:

   a) Encaminhar ao juízo competente, petição no prazo legal, concordando com sua nomeação, não havendo impedimento legal, uma vez que já se passaram mais de 2 anos da rescisão contratual.
   b) Encaminhar ao juízo competente, petição no prazo legal, declinando sua indicação por ter sido funcionário da empresa Z, julgando-se suspeito para execução do trabalho a que foi nomeado.
   c) Encaminhar ao juízo competente, petição no prazo legal, justificando seu impedimento legal, por ter exercido cargo ou função incompatível com a atividade de perito contador.
   d) Encaminhar ao juízo competente, petição no prazo legal, justificando seu impedimento legal, pelo motivo de a matéria em litígio não ser de sua especialidade.

9. **(Exame CFC 2016.1) De acordo com a Resolução CFC nº 803/96 – Código de Ética do Profissional do Contador, é dever do profissional quando atuar como perito, assistente técnico, auditor ou árbitro:**

   a) assinar documentos ou peças contábeis elaborados por outrem, alheios à sua orientação, supervisão e fiscalização.
   b) considerar com imparcialidade o pensamento exposto em laudo submetido à sua apreciação.
   c) reter abusivamente livros, papéis ou documentos, comprovadamente confiados à sua guarda.
   d) solicitar ou receber do cliente ou empregador qualquer vantagem que saiba para aplicação ilícita.

10. **(Exame CFC 2016.1) Com base na NBC TP 01 – Perícia Contábil, julgue as afirmativas abaixo como Verdadeiras (V) ou Falsas (F) e, em seguida, assinale a opção CORRETA.**

    I. O perito, enquanto estiver de posse do processo ou de documentos, deve zelar por sua guarda e segurança e ser diligente.
    II. Para a execução da perícia contábil, o perito deve ater-se ao objeto e ao lapso temporal da perícia a ser realizada.

III. Mediante termo de diligência, o perito deve solicitar por escrito todos os documentos e informações relacionados ao objeto da perícia, fixando o prazo para entrega.

IV. A eventual recusa no atendimento a diligências solicitadas ou qualquer dificuldade na execução do trabalho pericial deve ser comunicada, com a devida comprovação ou justificativa, ao juízo, quando se tratar de perícia judicial; ou à parte contratante, no caso de perícia extrajudicial.

Estão CORRETOS os itens:

a) III e IV, apenas.

b) II e III, apenas.

c) I, II, III e IV.

d) I, II e IV, apenas.

11. (Exame CFC 2016.1) Com base na NBC TP 01 – Perícia Contábil, especificamente em relação aos procedimentos técnico-científicos aplicados na atividade de Perícia Contábil, julgue os itens abaixo como Verdadeiros (V) ou Falsos (F) e, em seguida, assinale a opção CORRETA.

I. O exame é a análise de livros, registros das transações e documentos.

II. A vistoria é a diligência que objetiva a verificação e a constatação de situação, coisa ou fato, de forma circunstancial.

III. O arbitramento é a determinação de valores ou a solução de controvérsia por critério técnico-científico.

IV. A avaliação é o ato de estabelecer o valor de coisas, bens, direitos, obrigações, despesas e receitas.

Estão CORRETOS os itens:

a) III e IV, apenas.

b) II e III, apenas.

c) I, II e IV, apenas.

d) I, II, III e IV.

Gabarito

1. c	4. c	7. d	10. c
2. d	5. d	8. a	11. d
3. d	6. d	9. b	

Os exercícios deste capítulo encontram-se resolvidos e comentados e estão à disposição dos leitores no *site* do GEN | Atlas.

11

Legislação e Ética Profissional

Ducineli Régis Botelho

Objetivos

⇨ Identificar o objeto de estudo, bem como objetivos e campo de aplicação da ética profissional

⇨ Descrever as fontes fundamentais de regras éticas

⇨ Determinar os deveres e as virtudes básicas para o exercício da profissão

⇨ Conhecer as principais regulamentações relativas ao exercício da profissão contábil

⇨ Estudar o código de ética da profissão contábil

Introdução

Atualmente, a contabilidade no Brasil se apresenta em profunda modificação diante do processo de convergência das normas internacionais de contabilidade, as *International Financial Reporting Standards* (IFRS) com as normas brasileiras; está se construindo uma contabilidade brasileira com características próprias, analisando-se ainda os erros e acertos desse processo de mudança.

Nesse contexto, os novos profissionais contábeis e os já atuantes são de suma importância para o desenvolvimento, aprimoramento e aplicação dessas mudanças, por meio de uma conduta ética capaz de enaltecer a profissão e solucionar os novos desafios que se apresentam.

Finalmente, o estudo da legislação e ética profissional se torna necessário para uma conduta ética satisfatória no exercício da profissão.

1 Ética profissional contábil

1.1 Conceito de ética

A palavra *ética* vem do grego *ethos* e significa caráter ou modo de ser de um indivíduo. O dicionário Aurélio (FERREIRA, 2004) define ética como "o estudo dos juízos de apreciação referentes à conduta humana, do ponto de vista do bem e do mal ou o conjunto de normas e princípios que norteiam a boa conduta do ser humano".

A ética como ciência estuda o comportamento moral dos homens em sociedade, ou seja, suas condutas e costumes. E os costumes são passados de geração em geração quando da formação do ser humano, sendo que alguns costumes podem ser considerados normais numa determinada cultura ou época e noutras não.

Portanto, "a ética ou moralidade das pessoas ou grupos não consiste meramente no que elas fazem costumeiramente, mas no que elas pensam que é correto fazer, ou são obrigadas a isso" (FIPECAFI, 1997).

Nesse contexto, a ética profissional diz respeito à conduta do profissional em meio a um conjunto de normas alinhadas aos objetivos profissionais, quer sejam médicas, contábeis, de engenharia etc. Esse conjunto de normas, geralmente, é ditado pela organização de classe; no caso da contabilidade, pelo Conselho Federal de Contabilidade (CFC), ou seja, o Código de Ética Profissional do Contador (CEPC).

1.2 Objeto, objetivo, aplicação da ética profissional

O objeto de estudo da ética é o comportamento humano, quer seja como indivíduo, quer seja como profissional dentro de uma sociedade. Já o objetivo do estudo da ética é entender os conflitos existentes no comportamento do homem em sociedade quando do relacionamento entre os indivíduos, tentando minimizá-los e buscando uma convivência harmoniosa.

Nesse sentido, o estudo da ética profissional objetiva explicar a conduta profissional, permitindo avaliar os resultados diretos de suas crenças e valores, por meio de suas ações, e aprimorá-los.

Contudo, quando do exercício da profissão, o contador se depara com inúmeros dilemas éticos, referentes ao dever (relacionado ao direito de alguém); direito (contraposição do dever); justiça (relacionada com o justo, o necessário, o que é de direito); responsabilidade (direitos e deveres do exercício da profissão); consciência (regra moral ou juiz interior); e vocação (tendência de cada indivíduo).[1]

1.3 Fontes das regras éticas

A ética, ao estudar o comportamento do homem em sociedade, busca entender a origem desse comportamento, por meio das normas éticas, ou seja, as fontes das regras éticas.

São cinco fontes as das regras éticas (FIPECAFI, 1997). A primeira fonte está relacionada com a natureza humana verdadeira, na qual as ações são baseadas na ideia do correto, do bem, do justo, do íntegro.

A segunda fonte das regras éticas é a norma de caráter diverso, em que as ações são comuns e baseadas em princípios válidos.

A terceira fonte é baseada no entendimento racional do comportamento humano por meio das ações dos indivíduos.

A quarta fonte das regras éticas é a legislação do país, Estado, empresa ou o código de ética profissional.

Finalmente, a quinta fonte das regras éticas está expressa nos costumes, que influenciam o comportamento humano dos indivíduos em sociedade.

1.4 Deveres, virtudes e atuação profissionais

Os profissionais de contabilidade devem seguir padrões de conduta ética, baseados no grau de competência, confidencialidade ou sigilo, integridade e objetividade, descritos no código de ética do *Institute of Certified Management Accountants* e do *Institute of Management Accountants* (FIPECAFI, 1997; CFC, 2003).

O Quadro 11.1 descreve as virtudes básicas para atuação profissional.

---

1 Para maiores detalhes, ver Capítulo 8 da obra **Ética geral e profissional em contabilidade**, da FIPECAFI. Direção geral de Eliseu Martins; coordenador Lázaro Plácido Lisboa. 2. ed. São Paulo: Atlas, 1997.

Quadro 11.1 *Virtudes básicas do profissional contábil.*

Competência	– Manter um nível adequado de competência profissional por meio do desenvolvimento contínuo de seus conhecimentos e habilidades. – Realizar suas obrigações profissionais em consonância com as leis, regulamentações, padrões técnicos e código de ética da profissão. – Elaborar demonstrativos completos e transparentes e, após as devidas análises, fazer recomendações.
Confidencialidade ou Sigilo	– Privar-se de evidenciar informações confidenciais obtidas ao longo de seus trabalhos, exceto quando autorizadas, ou quando for legalmente obrigado a tal. – Informar os subordinados com os devidos cuidados a respeito da confidencialidade da informação obtida na execução dos trabalhos e monitorar suas atividades a fim de assegurar o sigilo da informação. – Privar-se de utilizar informações confidenciais (*insider information)* para obter vantagens ilicitamente, sejam elas de interesse pessoal ou de terceiros.
Integridade	– Evitar conflitos de interesses e aconselhar as devidas partes quanto a qualquer possível conflito. – Privar-se de ingressar em qualquer atividade que prejudique o cumprimento de suas obrigações éticas. – Recusar qualquer presente, favor ou hospitalidade que influencie ou venha a influenciar suas decisões. – Privar-se de corromper os verdadeiros objetivos da organização e da ética. – Reconhecer e comunicar as limitações profissionais. – Comunicar informações favoráveis, bem como as desfavoráveis, e suas opiniões como profissional.
Objetividade	– Comunicar a informação de forma clara e objetiva. – Evidenciar aos usuários toda informação relevante que, provavelmente, interferiria na compreensão dos demonstrativos, notas explicativas e recomendações apresentadas.

Fonte: FIPECAFI (1997) e CFC (2003).

2 Legislação da profissão contábil sobre ética

2.1 Resoluções e instruções normativas aplicadas à profissão

A legislação da profissão contábil, regulamentada pelo Conselho Federal de Contabilidade (CFC), possui várias normas, incluindo resoluções, súmulas e instruções normativas aplicadas ao exercício da profissão. Dentre as diversas normas, cita-se como principal, para o exercício da atividade e ética profissional, a Resolução CFC 803/96, que aprovou o Código de Ética Profissional do Contabilista (CEPC), sendo que seus dispositivos foram alterados pela Resolução CFC nº 1.307/10, de 9-12-2010, como a nova redação aprovada para Código de Ética Profissional do Contador (CEPC).

O Quadro 11.2 descreve as principais normas que compõem a legislação sobre ética aplicada à profissão contábil. E no próximo item, apresenta-se, na íntegra, o Código de Ética Profissional do Contador (CEPC), por se tratar de uma legislação que todo profissional de contabilidade deve conhecer para ter um conhecimento mais aprofundado do que são seus deveres e obrigações.

Quadro 11.2 *Legislação sobre ética aplicada à profissão contábil.*[2]

LEGISLAÇÃO	DESCRIÇÃO
Decreto-lei 9.295/46	Cria o Conselho Federal de Contabilidade, define as atribuições do Contador e do Guarda-livros e dá outras providências.
Resolução CFC 803/96	Aprova o Código de Ética Profissional do Contabilista (CEPC).
Ofício-Circular CJU/CFC 2.226/97	Exposição de motivos da Resolução CFC, que institui o recurso *ex officio* nos processos éticos quando da aplicabilidade da pena de censura pública pelo tribunal regional de ética.
Resolução CFC 819/97	Restabelece o instituto do recurso *ex officio* na área do Processo Ético. Altera o § 2º do art. 13 do CEPC. Revoga a Resolução CFC 677/90 e dá outras providências.
Resolução CFC 905/01	Dispõe sobre aplicação de penalidade à Organização Contábil e dá outras providências.
Resolução CFC 942/02	Altera o Código de Ética Profissional do Contabilista e dá outras providências.
Resolução CFC 950/02	Altera o art. 13 do Código de Ética Profissional do Contabilista, aprovado pela Resolução CFC 803/96, e o art. 3º da Resolução CFC 819/97, e dá outras providências.
Resolução CFC 972/03	Regulamenta o instituto do desagravo público e dá outras providências.
Instrução Normativa 7/07	Deve ser uma só a penalidade ética quando a autuação contemplar mais de uma infração dessa natureza.
Lei 12.249/10	Altera os Decretos-leis 9.295, de 27 de maio de 1946, 1.040, de 21 de outubro de 1969.
Resolução CFC 1.307/10	Altera dispositivos da Resolução CFC nº 803/96, que aprova o Código de Ética Profissional do Contabilista.

Fonte: Disponível em: <http://www.cfc.org.br>. Acesso em: out. 2012.

---

2 Para mais detalhes da legislação profissional contábil, ver **Legislação da profissão contábil**. 3. ed. rev. e ampl. Brasília: CFC, 2008. Disponível em: < http://www.cfc.org.br/uparq/legislacao.pdf>.

3 Código de ética da profissão contábil

RESOLUÇÃO CFC Nº 1.307/10

Altera dispositivos da Resolução CFC nº 803/96, que aprova o Código de Ética Profissional do Contabilista.

O **CONSELHO FEDERAL DE CONTABILIDADE**, no exercício de suas atribuições legais e regimentais,

CONSIDERANDO que com a Lei nº 12.249/10, que alterou o Decreto-lei nº 9.295/46, faz-se necessário uma adequação em diversos normativos que compõem a Legislação da Profissão Contábil;

RESOLVE:

Art. 1º O Código de Ética Profissional do Contabilista – CEPC passa a se chamar Código de Ética Profissional do Contador – CEPC.

Art. 2º O art. 1º da Resolução CFC nº 803/1996 passa a vigorar com a seguinte redação:

"Art. 1º Este Código de Ética Profissional tem por objetivo fixar a forma pela qual se devem conduzir os Profissionais da Contabilidade, quando no exercício profissional e nos assuntos relacionados à profissão e à classe."

Art. 3º O *caput* do art. 2º da Resolução CFC nº 803/1996 passa a vigorar com a seguinte redação:

"Art. 2º São deveres do Profissional da Contabilidade."

Art. 4º O inciso I do art. 2º da Resolução CFC nº 803/1996 passa a vigorar com a seguinte redação:

"I – exercer a profissão com zelo, diligência, honestidade e capacidade técnica, observada toda a legislação vigente, em especial aos Princípios de Contabilidade e às Normas Brasileiras de Contabilidade, e resguardados os interesses de seus clientes e/ou empregadores, sem prejuízo da dignidade e independência profissionais."

Art. 5º Fica criado o inciso X do art. 2º da Resolução CFC nº 803/1996 que passa a vigorar com a seguinte redação:

"X – cumprir os Programas Obrigatórios de Educação Continuada estabelecidos pelo CFC."

Art. 6º Fica criado o inciso XI do art. 2º da Resolução CFC nº 803/1996 que passa a vigorar com a seguinte redação:

"XI – comunicar, ao CRC, a mudança de seu domicílio ou endereço e da organização contábil de sua responsabilidade, bem como a ocorrência de outros fatos necessários ao controle e fiscalização profissional."

Art. 7º Fica criado o inciso XII do art. 2º da Resolução CFC nº 803/1996 que passa a vigorar com a seguinte redação:

"XII – auxiliar a fiscalização do exercício profissional."

Art. 8º O *caput* do art. 3º da Resolução CFC nº 803/1996 passa a vigorar com a seguinte redação:

"Art. 3º No desempenho de suas funções, é vedado ao Profissional da Contabilidade."

Art. 9º O inciso I do art. 3º da Resolução CFC nº 803/1996 passa a vigorar com a seguinte redação:

"I – anunciar, em qualquer modalidade ou veículo de comunicação, conteúdo que resulte na diminuição do colega, da Organização Contábil ou da classe, em detrimento aos demais, sendo sempre admitida a indicação de títulos, especializações, serviços oferecidos, trabalhos realizados e relação de clientes."

Art. 10. O inciso XIII do art. 3º da Resolução CFC nº 803/1996 passa a vigorar com a seguinte redação:

"XIII – aconselhar o cliente ou o empregador contra disposições expressas em lei ou contra os Princípios de Contabilidade e as Normas Brasileiras de Contabilidade editadas pelo Conselho Federal de Contabilidade."

Art. 11. O inciso XX do art. 3º da Resolução CFC nº 803/1996 passa a vigorar com a seguinte redação:

"XX – executar trabalhos técnicos contábeis sem observância dos Princípios de Contabilidade e das Normas Brasileiras de Contabilidade editadas pelo Conselho Federal de Contabilidade."

Art. 12. Fica criado o inciso XXIII do art. 3º da Resolução CFC nº 803/1996 que passa a vigorar com a seguinte redação:

"XXIII – Apropriar-se indevidamente de valores confiados a sua guarda."

Art. 13. Fica criado o inciso XXIV do art. 3º da Resolução CFC nº 803/1996 que passa a vigorar com a seguinte redação:

"XXIV – Exercer a profissão demonstrando comprovada incapacidade técnica."

Art. 14. Fica criado o inciso XXV do art. 3º da Resolução CFC nº 803/1996 que passa a vigorar com a seguinte redação:

"XXV – Deixar de apresentar documentos e informações quando solicitado pela fiscalização dos Conselhos Regionais."

Art. 15. O *caput* do art. 4º da Resolução CFC nº 803/1996 passa a vigorar com a seguinte redação:

"**Art. 4º** O Profissional da Contabilidade poderá publicar relatório, parecer ou trabalho técnico-profissional, assinado e sob sua responsabilidade."

Art. 16. O inciso VII do art. 5º da Resolução CFC nº 803/1996 passa a vigorar com a seguinte redação:

"VII – assinalar equívocos ou divergências que encontrar no que concerne à aplicação dos Princípios de Contabilidade e Normas Brasileiras de Contabilidade editadas pelo CFC."

Art. 17. O *caput* do art. 6º da Resolução CFC nº 803/1996 passa a vigorar com a seguinte redação:

"**Art. 6º** O Profissional da Contabilidade deve fixar previamente o valor dos serviços, por contrato escrito, considerados os elementos seguintes:"

Art. 18. O art. 7º da Resolução CFC nº 803/1996 passa a vigorar com a seguinte redação:

"**Art. 7º** O Profissional da Contabilidade poderá transferir o contrato de serviços a seu cargo a outro profissional, com a anuência do cliente, sempre por escrito, de acordo com as normas expedidas pelo Conselho Federal de Contabilidade."

Art. 19. O parágrafo único do art. 7º da Resolução CFC nº 803/1996 passa a vigorar com a seguinte redação:

"Parágrafo único. O Profissional da Contabilidade poderá transferir parcialmente a execução dos serviços a seu cargo a outro profissional, mantendo sempre como sua a responsabilidade técnica."

Art. 20. O *caput* do art. 8º da Resolução CFC nº 803/1996 passa a vigorar com a seguinte redação:

"**Art. 8º** É vedado ao Profissional da Contabilidade oferecer ou disputar serviços profissionais mediante aviltamento de honorários ou em concorrência desleal."

Art. 21. O *caput* do art. 9º da Resolução CFC nº 803/1996 passa a vigorar com a seguinte redação:

"**Art. 9º** A conduta do Profissional da Contabilidade com relação aos colegas deve ser pautada nos princípios de consideração, respeito, apreço e solidariedade, em consonância com os postulados de harmonia da classe."

Art. 22. O *caput* do art. 10 da Resolução CFC nº 803/1996 passa a vigorar com a seguinte redação:

"**Art. 10.** O Profissional da Contabilidade deve, em relação aos colegas, observar as seguintes normas de conduta."

Art. 23. O *caput* do art. 11 da Resolução CFC nº 803/1996 passa a vigorar com a seguinte redação:

"**Art. 11.** O Profissional da Contabilidade deve, com relação à classe, observar as seguintes normas de conduta."

Art. 24. O parágrafo único, incisos I, II e III do art. 12 passa a ser o § 1º e incisos I, II e III e passa a vigorar com a seguinte redação:

"**§ 1º** Na aplicação das sanções éticas, podem ser consideradas como atenuantes:

I – ação desenvolvida em defesa de prerrogativa profissional;

II – ausência de punição ética anterior;

III – prestação de relevantes serviços à Contabilidade."

Art. 25. Ficam criados o § 2º e incisos I e II do art. 12:

"**§ 2º** Na aplicação das sanções éticas, podem ser consideradas como agravantes:

I – Ação cometida que resulte em ato que denigra publicamente a imagem do Profissional da Contabilidade;

II – punição ética anterior transitada em julgado."

Art. 26. O *caput* do art. 14 da Resolução CFC nº 803/1996 passa a vigorar com a seguinte redação:

"**Art. 14.** O Profissional da Contabilidade poderá requerer desagravo público ao Conselho Regional de Contabilidade, quando atingido, pública e injustamente, no exercício de sua profissão."

Art. 27. Fica criado o Capítulo VI – Das Disposições Gerais.

Art. 28. Fica criado o art. 15 com a seguinte redação:

"**Art. 15.** Este Código de Ética Profissional se aplica aos Contadores e Técnicos em Contabilidade regidos pelo Decreto-lei nº 9.295/46, alterado pela Lei nº 12.249/10."

Art. 29. A presente Resolução entra em vigor na data de sua aprovação.

Brasília, 9 de dezembro de 2010.

Contador **JUAREZ DOMINGUES CARNEIRO**
Presidente

4 Código de ética da profissão contábil

RESOLUÇÃO CFC 803/96

Aprova o Código de Ética Profissional do Contador – CEPC.

O **CONSELHO FEDERAL DE CONTABILIDADE**, no exercício de suas atribuições legais e regimentais,

CONSIDERANDO que o Código de Ética Profissional do Profissional da Contabilidade, aprovado em 1970, representou o alcance de uma meta que se tornou marcante no campo do exercício profissional;

CONSIDERANDO que, decorridos 26 (vinte e seis) anos de vigência do Código de Ética Profissional do Profissional da Contabilidade, a intensificação do relacionamento do Profissional da Contabilidade com a sociedade e com o próprio grupo profissional exige uma atualização dos conceitos éticos na área da atividade contábil;

CONSIDERANDO que, nos últimos 5 (cinco) anos, o Conselho Federal de Contabilidade vem colhendo sugestões dos diversos segmentos da comunidade contábil a fim de aprimorar os princípios do Código de Ética Profissional do Profissional da Contabilidade – CEPC;

CONSIDERANDO que os integrantes da Câmara de Ética do Conselho Federal de Contabilidade, após um profundo estudo de todas as sugestões remetidas ao órgão federal, apresentou uma redação final,

RESOLVE:

Art. 1º Fica aprovado o anexo **Código de Ética Profissional do Contador**.

Art. 2º Fica revogada a Resolução CFC nº 290/70.

Art. 3º A presente Resolução entra em vigor na data de sua aprovação.

Brasília, 10 de outubro de 1996.

Contador **JOSÉ MARIA MARTINS MENDES**

Presidente

CÓDIGO DE ÉTICA PROFISSIONAL DO CONTADOR

Capítulo I
Do Objetivo

Art. 1º Este Código de Ética Profissional tem por objetivo fixar a forma pela qual se devem conduzir os Profissionais da Contabilidade, quando no exercício profissional e nos assuntos relacionados à profissão e à classe. (*Redação alterada pela Resolução CFC nº 1.307/10, de 9-12-2010*)

Capítulo II
Dos Deveres e das Proibições

Art. 2º São deveres do Profissional da Contabilidade: (*Redação alterada pela Resolução CFC nº 1.307/10, de 9-12-2010*)

I – exercer a profissão com zelo, diligência, honestidade e capacidade técnica, observada toda a legislação vigente, em especial aos Princípios de Contabilidade e as Normas Brasileiras de Contabilidade, e resguardados os interesses de seus clientes e/ou empregadores, sem prejuízo da dignidade e independência profissionais; (*Redação alterada pela Resolução CFC nº 1.307/10, de 9-12-2010*)

II – guardar sigilo sobre o que souber em razão do exercício profissional lícito, inclusive no âmbito do serviço público, ressalvados os casos previstos em lei ou quando solicitado por autoridades competentes, entre estas os Conselhos Regionais de Contabilidade;

III – zelar pela sua competência exclusiva na orientação técnica dos serviços a seu cargo;

IV – comunicar, desde logo, ao cliente ou empregador, em documento reservado, eventual circunstância adversa que possa influir na decisão daquele que lhe formular consulta ou lhe confiar trabalho, estendendo-se a obrigação a sócios e executores;

V – inteirar-se de todas as circunstâncias, antes de emitir opinião sobre qualquer caso;

VI – renunciar às funções que exerce, logo que se positive falta de confiança por parte do cliente ou empregador, a quem deverá notificar com trinta dias de antecedência, zelando, contudo, para que os interesses dos mesmos não sejam prejudicados, evitando declarações públicas sobre os motivos da renúncia;

VII – se substituído em suas funções, informar ao substituto sobre fatos que devam chegar ao conhecimento desse, a fim de habilitá-lo para o bom desempenho das funções a serem exercidas;

VIII – manifestar, a qualquer tempo, a existência de impedimento para o exercício da profissão;

IX – ser solidário com os movimentos de defesa da dignidade profissional, seja propugnando por remuneração condigna, seja zelando por condições de trabalho compatíveis com o exercício ético-profissional da Contabilidade e seu aprimoramento técnico.

X – cumprir os Programas Obrigatórios de Educação Continuada estabelecidos pelo CFC; (*Criado pelo art. 5º, da Resolução CFC nº 1.307/10, de 9-12-2010*)

XI – comunicar, ao CRC, a mudança de seu domicílio ou endereço e da organização contábil de sua responsabilidade, bem como a ocorrência de outros fatos necessários ao controle e fiscalização profissional. (*Criado pelo art. 6º, da Resolução CFC nº 1.307/10, de 9-12-2010*)

XII – auxiliar a fiscalização do exercício profissional. (*Criado pelo art. 7º, da Resolução CFC nº 1.307/10, de 9-12-2010*)

Art. 3º No desempenho de suas funções, é vedado ao Profissional da Contabilidade: (*Redação alterada pela Resolução CFC nº 1.307/10, de 9-12-2010*)

I – anunciar, em qualquer modalidade ou veículo de comunicação, conteúdo que resulte na diminuição do colega, da Organização Contábil ou da classe, em detrimento aos demais, sendo sempre admitida a indicação de títulos, especializações, serviços oferecidos, trabalhos realizados e relação de clientes; (*Redação alterada pela Resolução CFC nº 1.307/10, de 9-12-2010*)

II – assumir, direta ou indiretamente, serviços de qualquer natureza, com prejuízo moral ou desprestígio para a classe;

III – auferir qualquer provento em função do exercício profissional que não decorra exclusivamente de sua prática lícita;

IV – assinar documentos ou peças contábeis elaborados por outrem, alheio à sua orientação, supervisão e fiscalização;

V – exercer a profissão, quando impedido, ou facilitar, por qualquer meio, o seu exercício aos não habilitados ou impedidos;

VI – manter Organização Contábil sob forma não autorizada pela legislação pertinente;

VII – valer-se de agenciador de serviços, mediante participação desse nos honorários a receber;

VIII – concorrer para a realização de ato contrário à legislação ou destinado a fraudá-la ou praticar, no exercício da profissão, ato definido como crime ou contravenção;

IX – solicitar ou receber do cliente ou empregador qualquer vantagem que saiba para aplicação ilícita;

X – prejudicar, culposa ou dolosamente, interesse confiado a sua responsabilidade profissional;

XI – recusar-se a prestar contas de quantias que lhe forem, comprovadamente, confiadas;

XII – reter abusivamente livros, papéis ou documentos, comprovadamente confiados à sua guarda;

XIII – aconselhar o cliente ou o empregador contra disposições expressas em lei ou contra os Princípios de Contabilidade e as Normas Brasileiras de Contabilidade editadas pelo Conselho Federal de Contabilidade; (*Redação alterada pela Resolução CFC nº 1.307/10, de 9-12-2010*)

XIV – exercer atividade ou ligar o seu nome a empreendimentos com finalidades ilícitas;

XV – revelar negociação confidenciada pelo cliente ou empregador para acordo ou transação que, comprovadamente, tenha tido conhecimento;

XVI – emitir referência que identifique o cliente ou empregador, com quebra de sigilo profissional, em publicação em que haja menção a trabalho que tenha realizado ou orientado, salvo quando autorizado por eles;

XVII – iludir ou tentar iludir a boa-fé de cliente, empregador ou de terceiros, alterando ou deturpando o exato teor de documentos, bem como fornecendo falsas informações ou elaborando peças contábeis inidôneas;

XVIII – não cumprir, no prazo estabelecido, determinação dos Conselhos Regionais de Contabilidade, depois de regularmente notificado;

XIX – intitular-se com categoria profissional que não possua, na profissão contábil;

XX – executar trabalhos técnicos contábeis sem observância dos Princípios de Contabilidade e das Normas Brasileiras de Contabilidade editadas pelo Conselho Federal de Contabilidade; (*Redação alterada pela Resolução CFC nº 1.307/10, de 9-12-2010*)

XXI – renunciar à liberdade profissional, devendo evitar quaisquer restrições ou imposições que possam prejudicar a eficácia e correção de seu trabalho;

XXII – publicar ou distribuir, em seu nome, trabalho científico ou técnico do qual não tenha participado;

XXIII – apropriar-se indevidamente de valores confiados a sua guarda; (*Criado pelo art. 12, da Resolução CFC nº 1.307/10, de 9-12-2010*)

XXIV – Exercer a profissão demonstrando comprovada incapacidade técnica. (*Criado pelo art. 13, da Resolução CFC nº 1.307/10, de 9-12-2010*)

XXV – Deixar de apresentar documentos e informações quando solicitado pela fiscalização dos Conselhos Regionais. (*Criado pelo art. 14, da Resolução CFC nº 1.307/10, de 9-12-2010*)

Art. 4º O Profissional da Contabilidade poderá publicar relatório, parecer ou trabalho técnico-profissional, assinado e sob sua responsabilidade. (*Redação alterada pela Resolução CFC nº 1.307/10, de 9-12-2010*)

Art. 5º O Contador, quando perito, assistente técnico, auditor ou árbitro, deverá:

I – recusar sua indicação quando reconheça não se achar capacitado em face da especialização requerida;

II – abster-se de interpretações tendenciosas sobre a matéria que constitui objeto de perícia, mantendo absoluta independência moral e técnica na elaboração do respectivo laudo;

III – abster-se de expender argumentos ou dar a conhecer sua convicção pessoal sobre os direitos de quaisquer das partes interessadas, ou da justiça da causa em que estiver servindo, mantendo seu laudo no âmbito técnico e limitado aos quesitos propostos;

IV – considerar com imparcialidade o pensamento exposto em laudo submetido à sua apreciação;

V – mencionar obrigatoriamente fatos que conheça e repute em condições de exercer efeito sobre peças contábeis objeto de seu trabalho, respeitado o disposto no inciso II do art. 2º;

VI – abster-se de dar parecer ou emitir opinião sem estar suficientemente informado e munido de documentos;

VII – assinalar equívocos ou divergências que encontrar no que concerne à aplicação dos Princípios de Contabilidade e Normas Brasileiras de Contabilidade editadas pelo CFC; (*Redação alterada pela Resolução CFC nº 1.307/10, de 9-12-2010*)

VIII – considerar-se impedido para emitir parecer ou elaborar laudos sobre peças contábeis, observando as restrições contidas nas Normas Brasileiras de Contabilidade editadas pelo Conselho Federal de Contabilidade;

IX – atender à Fiscalização dos Conselhos Regionais de Contabilidade e Conselho Federal de Contabilidade no sentido de colocar à disposição desses, sempre que solicitado, papéis de trabalho, relatórios e outros documentos que deram origem e orientaram a execução do seu trabalho.

Capítulo III
Do Valor dos Serviços Profissionais

Art. 6º O Profissional da Contabilidade deve fixar previamente o valor dos serviços, por contrato escrito, considerados os elementos seguintes: (*Redação alterada pela Resolução CFC nº 1.307/10, de 9-12-2010*)

I – a relevância, o vulto, a complexidade e a dificuldade do serviço a executar;

II – o tempo que será consumido para a realização do trabalho;

III – a possibilidade de ficar impedido da realização de outros serviços;

IV – o resultado lícito favorável que para o contratante advirá com o serviço prestado;

V – a peculiaridade de tratar-se de cliente eventual, habitual ou permanente;

VI – o local em que o serviço será prestado.

Art. 7º O Profissional da Contabilidade poderá transferir o contrato de serviços a seu cargo a outro profissional, com a anuência do cliente, sempre por escrito, de acordo com as normas expedidas pelo Conselho Federal de Contabilidade. (*Redação alterada pela Resolução CFC nº 1.307/10, de 9-12-2010*)

Parágrafo único. O Profissional da Contabilidade poderá transferir parcialmente a execução dos serviços a seu cargo a outro profissional, mantendo sempre como sua a responsabilidade técnica. (*Redação alterada pela Resolução CFC nº 1.307/10, de 9-12-2010*)

Art. 8º É vedado ao Profissional da Contabilidade oferecer ou disputar serviços profissionais mediante aviltamento de honorários ou em concorrência desleal. (*Redação alterada pela Resolução CFC nº 1.307/10, de 9-12-2010*)

Capítulo IV
Dos Deveres em Relação aos Colegas e à Classe

Art. 9º A conduta do Profissional da Contabilidade com relação aos colegas deve ser pautada nos princípios de consideração, respeito, apreço e solidariedade, em consonância com os postulados de harmonia da classe. (*Redação alterada pela Resolução CFC nº 1.307/10, de 9-12-2010*)

Parágrafo único. O espírito de solidariedade, mesmo na condição de empregado, não induz nem justifica a participação ou conivência com o erro ou com os atos infringentes de normas éticas ou legais que regem o exercício da profissão.

Art. 10. O Profissional da Contabilidade deve, em relação aos colegas, observar as seguintes normas de conduta: (*Redação alterada pela Resolução CFC nº 1.307/10, de 9-12-2010*)

I – abster-se de fazer referências prejudiciais ou de qualquer modo desabonadoras;

II – abster-se da aceitação de encargo profissional em substituição a colega que dele tenha desistido para preservar a dignidade ou os interesses da profissão ou da classe, desde que permaneçam as mesmas condições que ditaram o referido procedimento;

III – jamais apropriar-se de trabalhos, iniciativas ou de soluções encontradas por colegas, que deles não tenha participado, apresentando-os como próprios;

IV – evitar desentendimentos com o colega a que vier a substituir no exercício profissional.

Art. 11. O Profissional da Contabilidade deve, com relação à classe, observar as seguintes normas de conduta: (*Redação alterada pela Resolução CFC nº 1.307/10, de 9-12-2010*)

I – prestar seu concurso moral, intelectual e material, salvo circunstâncias especiais que justifiquem a sua recusa;

II – zelar pelo prestígio da classe, pela dignidade profissional e pelo aperfeiçoamento de suas instituições;

III – aceitar o desempenho de cargo de dirigente nas entidades de classe, admitindo-se a justa recusa;

IV – acatar as resoluções votadas pela classe contábil, inclusive quanto a honorários profissionais;

V – zelar pelo cumprimento deste Código;

VI – não formular juízos depreciativos sobre a classe contábil;

VII – representar perante os órgãos competentes sobre irregularidades comprovadamente ocorridas na administração de entidade da classe contábil;

VIII – jamais utilizar-se de posição ocupada na direção de entidades de classe em benefício próprio ou para proveito pessoal.

Capítulo V
Das Penalidades

Art. 12. A transgressão de preceito deste Código constitui infração ética, sancionada, segundo a gravidade, com a aplicação de uma das seguintes penalidades:

I – advertência reservada;

II – censura reservada;

III – censura pública.

§ 1º Na aplicação das sanções éticas, podem ser consideradas como atenuantes: (*Redação alterada pela Resolução CFC nº 1.307/10, de 9-12-2010*)

I – ação desenvolvida em defesa de prerrogativa profissional; (*Redação alterada pela Resolução CFC nº 1.307/10, de 9-12-2010*)

II – ausência de punição ética anterior; (*Redação alterada pela Resolução CFC nº 1.307/10, de 9-12-2010*)

III – prestação de relevantes serviços à Contabilidade. (*Redação alterada pela Resolução CFC nº 1.307/10, de 9-12-2010*)

§ 2º Na aplicação das sanções éticas, podem ser consideradas como agravantes: (*Criado pelo art. 25, da Resolução CFC nº 1.307/10, de 9-12-2010*)

I – ação cometida que resulte em ato que denigra publicamente a imagem do Profissional da Contabilidade; (*Criado pelo art. 25, da Resolução CFC nº 1.307/10, de 9-12-2010*)

II – punição ética anterior transitada em julgado. (*Criado pelo art. 25, da Resolução CFC nº 1.307/10, de 9-12-2010*)

Art. 13. O julgamento das questões relacionadas à transgressão de preceitos do Código de Ética incumbe, originariamente, aos Conselhos Regionais de

Contabilidade, que funcionarão como Tribunais Regionais de Ética e Disciplina, facultado recurso dotado de efeito suspensivo, interposto no prazo de quinze dias para o Conselho Federal de Contabilidade em sua condição de Tribunal Superior de Ética e Disciplina. (*Redação alterada pela Resolução CFC nº 950, de 29 de novembro de 2002*)

§ 1º O recurso voluntário somente será encaminhado ao Tribunal Superior de Ética e Disciplina se o Tribunal Regional de Ética e Disciplina respectivo mantiver ou reformar parcialmente a decisão. (*Redação alterada pela Resolução CFC nº 950, de 29 de novembro de 2002*)

§ 2º Na hipótese do inciso III do art. 12, o Tribunal Regional de Ética e Disciplina deverá recorrer *ex officio* de sua própria decisão (aplicação de pena de Censura Pública). (*Redação alterada pela Resolução CFC nº 950, de 29 de novembro de 2002*)

§ 3º Quando se tratar de denúncia, o Conselho Regional de Contabilidade comunicará ao denunciante a instauração do processo até trinta dias após esgotado o prazo de defesa. (*Renumerado pela Resolução CFC nº 819, de 20 de novembro de 1997*)

Art. 14. O Profissional da Contabilidade poderá requerer desagravo público ao Conselho Regional de Contabilidade, quando atingido, pública e injustamente, no exercício de sua profissão. (*Redação alterada pela Resolução CFC nº 1.307/10, de 9-12-2010*)

Capítulo VI
Das Disposições Gerais

(*Criado pelo art. 27, da Resolução CFC nº 1.307/10, de 9-12-2010*)

Art. 15. Este Código de Ética Profissional se aplica aos Contadores e Técnicos em Contabilidade regidos pelo Decreto-lei nº 9.295/46, alterado pela Lei nº 12.249/10. (*Criado pelo art. 28, da Resolução CFC nº 1.307/10, de 9-12-2010*)

Referências

ANTONOVZ, Tatiane. **Legislação e ética profissional para o Exame de Suficiência**. São Paulo: Edipro, 2011.

CONSELHO FEDERAL DE CONTABILIDADE. Disponível em: <http://www.cfc.org.br>. Acesso em: 25 out. 2012.

______. **Abordagens éticas para o profissional contábil**. Brasília: CFC, 2003. Disponível em: <http://www.cfc.org.br>. Acesso em: 25 out. 2012.

______. **Legislação da profissão contábil**. 3. ed. rev. e ampl. Brasília: CFC, 2008. Disponível em: <http://www.cfc.org.br/uparq/legislacao.pdf>. Acesso em: 25 out. 2012.

FERREIRA, Aurélio Buarque de Holanda. **Novo dicionário aurélio da língua portuguesa**. 3. ed. São Paulo: Positivo, 2004.

FUNDAÇÃO INSTITUTO DE PESQUISAS CONTÁBEIS, ATUARIAIS E FINANCEIRAS (FIPECAFI). **Ética geral e profissional em contabilidade**. Direção geral: Eliseu Martins; coordenador: Lázaro Plácido Lisboa. 2. ed. São Paulo: Atlas, 1997.

VIEIRA, Maria das Graças. **Ética na profissão contábil**. São Paulo: IOB Thomson, 2006.

Exercícios

1. **(Exame de suficiência CFC 1/2016) Um profissional de contabilidade A foi contratado por uma empresa para a execução de um trabalho contábil especializado. Por tratar-se de um trabalho extenso, repassou, com a anuência por escrito do cliente, a maior parte dos serviços a um colega de profissão B, de reconhecida competência naquela especialidade.**

   No ano seguinte, em virtude de um problema relevante ocorrido no trabalho realizado, o cliente cobrou a responsabilidade técnica do profissional A por ele contratado, o qual negou sua responsabilidade, alegando que os trabalhos foram realizados pelo seu colega B, conforme documentos elaborados e assinados pelo profissional terceirizado.

   De acordo com o Código de Ética Profissional do Contador, a atitude do contador contatado pela empresa foi:

   a) correta, pois a maior parte do trabalho foi realizada por outro profissional.

   b) correta, pois há documentos que comprovam que o trabalho foi realizado por outro profissional.

   c) incorreta, pois ele não poderia repassar os serviços para outro profissional.

   d) incorreta, pois mesmo repassando o trabalho, a responsabilidade técnica continua sendo sua.

2. **(Exame de suficiência CFC 1/2016) De acordo com o Código de Ética Profissional do Contador – CEPC e as Normas Brasileiras de Contabilidade, julgue os procedimentos hipotéticos a seguir e, em seguida, assinale a opção CORRETA.**

   I. As demonstrações contábeis da Sociedade Empresária foram elaboradas de acordo com o que foi definido entre o profissional de contabilidade e os gestores da sociedade. Assim, em decorrência dessas definições, as receitas foram reconhecidas quando recebidas e as despesas, quando pagas. Para efeito da elaboração do Balanço Patrimonial de 31.12.2014, o custo das mercadorias vendidas e entregues, provenientes das receitas não recebidas, foram transferidas da conta de estoque para contas a receber.

II. Um Contador identificou e apresentou em seu relatório de auditoria, dirigido aos gestores de uma Sociedade Empresária objeto desta auditoria, diversos equívocos cometidos por um colega Contador na aplicação das Normas Brasileiras de Contabilidade editadas pelo Conselho Federal de Contabilidade, na elaboração das demonstrações contábeis.

III. Um profissional de contabilidade foi contratado para dar parecer sobre o procedimento contábil a ser adotado no reconhecimento de um determinado ativo. Reconhecendo que o parecer poderia ser útil para outros profissionais, o Contador resolveu publicá-lo em revista técnica, em seu nome, omitindo no relatório qualquer dado que remetesse à consulente.

Está(ão) CORRETO(S) o(s) procedimento(s):

a) I e II, apenas.
b) I, II e III.
c) II e III, apenas.
d) II, apenas.

3. (Exame de suficiência CFC 2/2015) Considerando-se o Código de Ética Profissional do Contador, julgue os itens abaixo e, em seguida, assinale a opção CORRETA.

I. No desempenho de suas funções, é vedado ao profissional da contabilidade exercer a profissão quando impedido ou facilitar, por qualquer meio, o seu exercício aos não habilitados ou impedidos.

II. No desempenho de suas funções, é vedado ao profissional da contabilidade manter organização contábil sob forma não autorizada pela legislação pertinente.

III. No desempenho de suas funções, é permitido ao profissional da contabilidade valer-se de agenciador de serviços, mediante participação desse nos honorários a receber.

Estão CORRETOS os itens:

a) I e II, apenas.
b) I e III, apenas.
c) I, II e III.
d) II e III, apenas.

4. **(Exame de suficiência CFC 2/2015) Em relação ao Código de Ética Profissional do Contador, assinale a opção CORRETA.**

   a) A transgressão aos preceitos do Código de Ética Profissional do Contador será julgada, originariamente, e em única instância, pelo Conselho Federal de Contabilidade, na condição de Tribunal Superior de Ética.

   b) Na aplicação dos diversos tipos de sanções éticas, a ação desenvolvida em defesa de prerrogativa profissional poderá ser considerada como agravante, o que implicará o aumento da pena a ser aplicada ao profissional.

   c) O Código de Ética Profissional do Contador é a norma de conduta que dá suporte ao exercício dos profissionais da contabilidade no exercício de sua função.

   d) O recebimento de denúncia de infração ao Código de Ética Profissional do Contador, pelo Conselho Federal de Contabilidade, suceder-se-á de comunicação ao denunciante, no prazo de 90 dias.

5. **(Exame de suficiência CFC 2/2015) Na busca da expansão de seu escritório contábil, um contador divulgou, em jornal especializado, que possui qualificação técnica para avaliação de empresas e de haveres, bem como apresentou, com a devida autorização, a lista de seus principais clientes.**

   Considerando-se o que está estabelecido no Código de Ética Profissional do Contador, é CORRETO afirmar que a atitude do contador:

   a) está em conformidade com o Código de Ética Profissional do Contador, pois é permitido divulgar lista que contenha o nome de seus clientes, se por estes autorizado, e fazer referências à qualificação técnica e conhecimentos específicos.

   b) está, parcialmente, em conformidade com o Código de Ética Profissional do Contador, pois, em nenhuma hipótese, é permitido divulgar a lista com o nome de seus clientes.

   c) está, parcialmente, em conformidade com o Código de Ética Profissional do Contador, pois, em nenhuma hipótese, é permitido fazer referências à qualificação técnica e conhecimentos específicos.

   d) não está em conformidade com o Código de Ética Profissional do Contador, pois não é permitido divulgar a lista com o nome de seus clientes nem fazer referências à qualificação técnica e conhecimentos específicos.

6. **(Exame de suficiência CFC 1/2015) De acordo com o disposto no Código de Ética Profissional do Contador, aprovado pela Resolução CFC nº**

803/96 e alterações posteriores, julgue os itens abaixo como Verdadeiros (V) ou Falsos (F) e, em seguida, assinale a opção CORRETA.

I. O profissional da contabilidade poderá transferir, parcialmente, a execução dos serviços a seu cargo a outro profissional, mantendo sempre como sua a responsabilidade técnica.

II. O espírito de solidariedade, mesmo na condição de empregado, não induz nem justifica a participação ou conivência com o erro ou com os atos infringentes de normas éticas ou legais que regem o exercício da profissão.

III. Caso um profissional da contabilidade desista de determinado trabalho para preservar a dignidade ou os interesses da profissão ou da classe, é facultado a outro profissional da contabilidade aceitar esse mesmo trabalho, ainda que permaneçam as mesmas condições que ditaram o referido procedimento.

A sequência CORRETA é:

a) V, V, F.

b) V, F, V.

c) F, V, F.

d) F, F, V.

7. **(Exame de suficiência CFC 1/2015) Com base na NBC PG 100 – Aplicação Geral aos Profissionais da Contabilidade, relacione os princípios éticos elencados na primeira coluna às respectivas descrições na segunda coluna e, em seguida, assinale a opção CORRETA.**

(1) Integridade	( ) Obrigação de ser direto e honesto em todos os relacionamentos profissionais e comerciais.
(2) Objetividade	( ) Obrigação de não comprometer seu julgamento profissional ou do negócio em decorrência de comportamento tendencioso.
(3) Comportamento profissional	( ) Obrigação de cumprir as leis e os regulamentos pertinentes e evitar qualquer ação que o profissional da contabilidade sabe ou deveria saber possa desacreditar a profissão.

A sequência CORRETA é:

a) 1, 2, 3.
b) 2, 1, 3.
c) 2, 3, 1.
d) 3, 2, 1.

8. **(Exame de suficiência CFC 1/2015) De acordo com o Código de Ética Profissional do Contador, no que se refere à aplicação das sanções éticas, NÃO pode ser considerado(a) como atenuante o(a):**
a) ação desenvolvida em defesa de prerrogativa profissional.
b) ausência de punição ética anterior.
c) exercício profissional por um prazo inferior a um ano.
d) prestação de relevantes serviços à Contabilidade.

9. **(Exame de suficiência CFC 2/2014) Com base da NBC PG 100 - Aplicação Geral aos Profissionais de Contabilidade, relacione as nomenclaturas dos princípios éticos que o profissional da Contabilidade deve cumprir, apresentadas na primeira coluna, com as situações descritas na segunda coluna e, em seguida, assinale a opção CORRETA**

(1) Integridade	( ) Cumprir as leis e os regulamentos pertinentes e evitar qualquer ação que desacredite a profissão
(2) Objetividade	( ) Ser franco e honesto em todos os relacionamentos profissionais e comerciais
(3) Comportamento profissional	( ) Não permitir que comportamento tendencioso, conflito de interesse ou influência indevida de outros afetem o julgamento profissional ou de negócio

A sequência CORRETA é:

a) 1, 2, 3
b) 2, 1, 3
c) 3, 1, 2
d) 3, 2, 1

10. **(Exame de suficiência CFC 2/2014) De acordo com o que determina a NBC PG 100 - Aplicação Geral aos Profissionais da Contabilidade, a res-**

peito do sigilo profissional, julgue os itens abaixo e, em seguida, assinale a opção CORRETA.

I. A necessidade de se cumprir o princípio do sigilo profissional encerra-se após cinco anos, contados a partir do término das relações entre o profissional da Contabilidade e seu cliente empregador.

II. O profissional da Contabilidade deve tomar as providências adequadas para assegurar que o pessoal da sua equipe de trabalho respeite o dever de sigilo do profissional da Contabilidade.

III. O profissional da Contabilidade deve manter sigilo das informações obtidas no exercício profissional, inclusive no ambiente social, e permanecer alerta à possibilidade de divulgação involuntária de informações sigilosas de seus clientes e familiares.

Está(ão) certo(s) o(s) item(ns):

a) I e II, apenas
b) I, II e III
c) II e III, apenas
d) III, apenas

11. (Exame de suficiência CFC 2/2014) De acordo com a Resolução CFC nº 1.370/11 - Regulamento Geral dos Conselhos de Contabilidade, compete aos Conselhos Regionais de Contabilidade:

a) elaborar, aprovar e alterar as Normas Brasileiras de Contabilidade de Natureza Técnica e Profissional e os princípios que as fundamentam.
b) exercer a função normativa superior e baixar os atos necessários à interpretação e execução deste Regulamento e à disciplina e fiscalização do exercício profissional.
c) processar, conceder, organizar, manter, baixar, revigorar e cancelar os registros de contador, técnico em contabilidade e organização contábil.
d) representar, com exclusividade, os profissionais da Contabilidade brasileiros nos órgãos internacionais e coordenar a representação nos eventos internacionais de Contabilidade.

12. (Exame de suficiência CFC 1/2014) Com base na conduta do profissional da Contabilidade estabelecida no Código de Ética Profissional do Contador – CEPC, julgue as situações apresentadas nos itens a seguir e, em seguida, assinale a opção CORRETA.

Situações	Descrição
I	Em 15.4.2013, o contador foi contratado para assumir a contabilidade de um grupo empresarial. O contador contratado exigiu que, na publicação das demonstrações contábeis do exercício de 2012, elaboradas, supervisionadas, fiscalizadas e assinadas pelo contador anterior, apresentadas em 20.4.2013, fosse divulgado o seu nome como responsável técnico.
II	Uma empresa de serviços contábeis colocou como cláusula de seus contratos de prestação de serviços contábeis o seguinte: "Cláusula 5ª. Na hipótese de inadimplência, a contratada se reserva no direito de não devolver a documentação da contratante até que o débito esteja totalmente quitado." Com base nesta cláusula, o contador estabeleceu que toda a documentação dos clientes inadimplentes deve permanecer retida no escritório, aguardando o pagamento das parcelas do serviço em aberto.
III	Um contador se recusou a assinar uma demonstração contábil, pois foi efetuado registro contábil, autorizado pela administração, que implicava a produção de uma informação em desacordo com as Normas Brasileiras de Contabilidade.

Infrige(m) o Código de Ética Profissional do Contador – CEPC a(s) situações descrita(s) no(s) item(ne):

a) I, II e III.

b) II, apenas.

c) III, apenas.

d) I e II, apenas.

13. **(Exame de suficiência CFC 1/2014) Conforme estabelecido no Regulamento Geral dos Conselhos de Contabilidade, aprovado pela Resolução CFC N 1370/2011, julgue os itens abaixo como Verdadeiros (V) ou Falsos (F) e, em seguida, assinale a opção CORRETA.**

I. Qualquer que seja a forma de sua organização, a pessoa jurídica somente poderá explorar serviços contábeis, próprios ou de terceiros, depois que provar no CRC de sua jurisdição que os responsáveis pela parte técnica e os que executam trabalhos técnicos, no respectivo setor ou serviço, são profissionais em situação ativa e regular perante o CRC de seu registro.

II. É dispensado do registro profissional perante o CRC o profissional que ocupe, nos órgãos da administração pública, direta ou indireta e fundacional e nas empresas públicas, cargo ou função que envolva atividades que constituem prerrogativas dos contadores e dos técnicos em contabilidade.

III. Em relação à aplicação de penalidades por infrações cometidas, os sócios respondem solidariamente pelos atos relacionados ao exercício da profissão contábil praticados por profissionais ou por leigos em nome da organização contábil.

A sequência CORRETA é:

a) F, V, F.
b) F, V, V.
c) V, F, F.
d) V, F, V.

14. (Exame de suficiência CFC 2/2013) De acordo com a Resolução CFC nº 803/96 – Código de Ética Profissional do Contador e suas alterações, NÃO é norma de conduta a ser observada, obrigatoriamente, pelo profissional da Contabilidade, com relação à classe:

a) acatar as resoluções votadas pela classe contábil, inclusive quanto a honorários profissionais.
b) prestar seu concurso moral, intelectual e material, salvo circunstâncias especiais que justifiquem a sua recusa.
c) valer-se de agenciador de serviços, mediante participação desse nos honorários a receber.
d) zelar pelo prestígio da classe, pela dignidade profissional e pelo aperfeiçoamento de suas instituições.

15. (Exame de suficiência CFC 2/2013) De acordo com o que determina o Código de Ética Profissional do Contador, julgue as situações hipotéticas abaixo e, em seguida, assinale a opção CORRETA.

I. Um contador adota como estratégia de *marketing* publicar anúncios em jornal. Nos anúncios, ele faz indicação de títulos, especializações, serviços oferecidos, trabalhos realizados, além da relação dos clientes que autorizaram a publicação de seu nome.

II. Um auditor, atento ao programa de educação continuada, mantém-se atualizado, participando de cursos de extensão, seminários e outros eventos.

III. Um profissional da Contabilidade que atua como consultor tributário orienta os seus clientes a manterem escrituração contábil regular, independentemente do regime tributário escolhido.

Os profissionais citados nas situações acima agiram em conformidade com o que determina o Código de Ética Profissional do Contador nos itens:

a) I e II, apenas.
b) I e III, apenas.
c) I, II e III.
d) II e III, apenas.

16. (Exame de suficiência CFC 2/2013) De acordo com o que determina o Código de Ética Profissional do Contador, julgue as situações hipotéticas abaixo e, em seguida, assinale a opção CORRETA.

I. Um contador assinou as demonstrações contábeis preparadas por seu primo, recém-formado e ainda não registrado no CRC local por não ter sido aprovado no Exame de Suficiência, cujo trabalho não orientou nem supervisionou.

II. Um perito contador, indicado para atuar em um caso de apuração de haveres, recusou sua indicação por não se achar capacitado para a tarefa requerida.

III. Um técnico em contabilidade, cursando o último ano da graduação em Ciências Contábeis, apresenta-se como contador, e já fez constar esta informação também no seu cartão de visitas e no site da empresa prestadora de serviços contábeis do qual é proprietário.

Agiram em desacordo com o que determina o Código de Ética Profissional do Contador, os profissionais citados nas situações:

a) I e II.
b) I e III.
c) I, II e III.
d) II e III.

17. (Exame de suficiência CFC 1/2013) Em uma ação judicial sobre lucros cessantes, o Perito Contador, nomeado pelo Juiz, ateve-se ao âmbito técnico e limitou-se aos quesitos propostos, ao elaborar o laudo pericial. Apesar de estar pessoalmente convicto de que deveria ser dado ganho de causa à parte reclamante, não expôs sua opinião no documento que elaborou e assinou.

Em relação à situação descrita, é CORRETO afirmar que o Perito:

a) agiu de acordo com o Código de Ética Profissional do Contador, pois o citado código afirma que o contador, quando perito, deve abster-se de expender argumentos ou dar a conhecer sua convicção pessoal sobre os direitos de quaisquer das partes interessadas.

b) comportou-se de forma ética, limitando-se ao que foi contratado para fazer, porém não em consequência de disposição expressa no Código de Ética Profissional do Contador, pois o citado código não trata do assunto.

c) descumpriu o Código de Ética Profissional do Contador, pois o citado código afirma que o contador deve exercer a profissão com zelo, diligência, honestidade e capacidade técnica, considerando os interesses dos clientes, sem prejuízo da dignidade e independência profissionais.

d) desperdiçou a oportunidade de posicionar-se como um bom profissional e demonstrar que sua capacidade ia além do serviço contratado, porém não descumpriu disposição expressa no Código de Ética Profissional do Contador, pois o citado código não trata do assunto.

18. **(Exame de suficiência CFC 1/2013) Determinada empresa atua em dois segmentos de negócio: retificadora de motores e revenda de peças para automóveis. O faturamento da empresa está crescendo e ameaça extrapolar o limite de receita bruta da modalidade tributária Lucro Presumido. Para manter o enquadramento tributário, nos exercícios seguintes, o contador sugeriu ao proprietário, em dezembro, que desmembrasse a empresa em duas, sendo uma retificadora de motores e outra revenda de peças.**

Considerando o estabelecido no Código de Ética Profissional do Contador, a atitude do profissional citado:

a) infringiu o código de ética ao aconselhar o cliente contra disposições expressas nos Princípios de Contabilidade e nas Normas Brasileiras de Contabilidade.

b) infringiu o código de ética ao propor ato contrário à legislação tributária e societária.

c) não infringiu o código de ética, mas agiu contra o empresário ao aumentar a complexidade das atividades administrativas.

d) não infringiu o referido código ética, pois a atitude do contador pode ser considerada como planejamento tributário.

19. **(Exame de suficiência CFC 1/2013) Assinale, dentre os itens a seguir, aquele que representa um comportamento que NÃO infringe o Código de Ética Profissional do Contador.**

a) Evitar conceder declarações públicas sobre os motivos da renúncia às suas funções, motivada por falta de confiança por parte do cliente.
b) Exercer suas atividades profissionais demonstrando comprovada incapacidade técnica.
c) Oferecer ou disputar serviços profissionais com redução excessiva no valor dos honorários.
d) Valer-se de agenciador de serviços, mediante a participação desse nos honorários a receber.

Gabarito

1. d
2. c
3. a
4. c
5. a
6. a
7. a
8. c
9. c
10. c
11. c
12. d
13. d
14. c
15. c
16. b
17. a
18. d
19. a

Os exercícios deste capítulo encontram-se resolvidos e comentados e estão à disposição dos leitores no *site* do GEN | Atlas.

12

Contabilidade Pública

Diana Vaz de Lima

Objetivos

- ⇨ Entender o ambiente da Contabilidade Pública
- ⇨ Conhecer os procedimentos contábeis antes do processo de convergência
- ⇨ Entender as mudanças no processo de convergência
- ⇨ Conhecer as normas nacionais e internacionais aplicadas à contabilidade pública

Introdução

Este capítulo tem como objetivo apresentar o ambiente da Contabilidade Pública, entender os procedimentos contábeis aplicáveis ao Setor Público e as mudanças que devem ser incorporadas em função do processo de convergência aos padrões contábeis internacionais.

1 Do ambiente da contabilidade pública

1.1 Conceito e campo de atuação

Segundo o disposto nas Normas Brasileiras de Contabilidade Aplicadas ao Setor Público (NBCASP), emanadas do Conselho Federal de Contabilidade (CFC), a Contabilidade Pública é o ramo da ciência contábil que aplica, no processo gerador de informações, as normas contábeis direcionadas ao controle patrimonial das entidades do Setor Público.

Seu campo de atuação abrange as entidades do Setor Público, representadas pelos órgãos, fundos e pessoas jurídicas de direito público, ou que, possuindo personalidade jurídica de direito privado, recebam, guardem, movimentem, gerenciem ou apliquem dinheiros, bens e valores públicos, na execução de suas atividades, inclusive as pessoas físicas que recebam subvenção, benefício ou incentivo, fiscal ou creditício de órgão público.

1.2 Objeto e objetivos

O objeto da Contabilidade Pública é o patrimônio público, destacando-se, dentre seus objetivos:

a) fornecer informações sobre os resultados alcançados e os aspectos de natureza orçamentária, econômica, financeira e física do patrimônio da entidade do setor público e suas mutações;
b) contribuir tempestivamente para o processo de tomada de decisão;
c) promover a adequada prestação de contas e o necessário suporte para a instrumentalização do controle social.

1.3 Fundamento legal

O modelo contábil atual está alicerçado na **Lei 4.320/64**, que trouxe regras para elaboração e controle dos orçamentos e balanços da União, dos Estados, dos Municípios e do Distrito Federal. Em 2000, foi publicada a **Lei Complementar 101**, intitulada Lei de Responsabilidade Fiscal, que estabeleceu normas de finanças públicas voltadas para a responsabilidade na gestão fiscal e representou um grande avanço no controle das contas públicas.

Em 2008, foram publicadas pelo CFC as dez primeiras **Normas Brasileiras de Contabilidade Aplicadas ao Setor Público.**[1] A edição das NBCASP teve como objetivo construir um referencial teórico em bases científicas para a Contabilidade Pública brasileira, procurando diferenciar a Ciência Contábil da legislação vigente. Em 2011, foi publicada a NBC T 16.11, estabelecendo a conceituação, o objeto, os objetivos e as regras básicas para mensuração e evidenciação dos custos no setor público.

---

[1] O assunto será tratado com mais propriedade no item 4.1.

Entendendo a necessidade de reunir conceitos, regras e procedimentos relacionados aos atos e fatos orçamentários e seu relacionamento com a Contabilidade, a Secretaria do Tesouro Nacional (STN) vem publicando desde 2008 o **Manual de Contabilidade Aplicada ao Setor Público – MCASP.**[2]

Em essência, os volumes contemplados no MCASP buscam migrar a cultura contábil orçamentária existente no Setor Público brasileiro para a cultura contábil patrimonial e contribuir para o processo de convergência aos padrões internacionais de Contabilidade.

Encontra-se em tramitação avançada no Poder Legislativo federal o Projeto de Lei do Senado – PLP nº 295/2016, que tem como objetivo estabelecer normas gerais sobre planejamento, orçamento, fundos, contabilidade, controle e avaliação na administração pública, o PLP 295 preserva os fundamentos orçamentários contemplados na Lei 4.320/64, trazendo quase que literalmente seus artigos, mas evolui ao incorporar os procedimentos contábeis patrimoniais contemplados nos padrões contábeis internacionais aplicados ao setor público, como a adoção do regime de competência integral e o registro da integralidade dos ativos e passivos públicos. Na proposição do projeto, a nova lei entrará em vigor a partir do exercício financeiro seguinte ao da data de sua publicação, revogando a Lei 4.320 e demais disposições em contrário.

2 Dos procedimentos contábeis antes do processo de convergência

2.1 Das receitas públicas e das despesas públicas

Uma das diferenças mais importantes entre a Contabilidade Pública e a Contabilidade Geral está relacionada ao tratamento contábil das receitas e das despesas, uma vez que, na Administração Pública, os conceitos atuais estão atrelados ao aspecto orçamentário. Para não haver confusão com os termos adotados na área privada, esses valores passaram a ser denominados "receitas orçamentárias" e "despesas orçamentárias":

a) **receitas orçamentárias**: são recursos previstos na lei orçamentária, que ingressam nos cofres públicos, não são passíveis de devolução e destinam-se à cobertura de despesas públicas. São classificadas economicamente em receitas correntes (quando derivadas do poder de tributar ou resultantes da venda de produtos e serviços colocados à disposição dos usuários) e em receitas de capital (quando derivadas da

[2] Os volumes do MCASP são periodicamente atualizados e podem ser encontrados na página da STN: <www.stn.fazenda.gov.br>, no *link* Contabilidade Pública: MCASP.

obtenção de recursos mediante a constituição de dívidas, amortização de empréstimos e financiamentos e alienação de componentes do ativo permanente);

b) **despesas orçamentárias**: são recursos autorizados na lei orçamentária para a execução de despesas destinadas ao funcionamento dos serviços públicos, com expectativa de saída de recursos do erário. São classificadas em despesas correntes (quando respondem pela manutenção das atividades da entidade governamental, como as despesas de pessoal) e em despesas de capital (quando contribuem diretamente para formação ou aquisição de um bem de capital, como obras e aquisição de bens permanentes).

2.2 Etapas da receita orçamentária e da despesa orçamentária

De acordo com o MCASP, as etapas da receita orçamentária podem ser resumidas em: previsão, lançamento, arrecadação e recolhimento.

A etapa do planejamento da receita orçamentária compreende a *previsão* de arrecadação da receita orçamentária constante da Lei Orçamentária Anual, resultante de metodologias de projeção usualmente adotadas, observada as disposições constantes na Lei de Responsabilidade Fiscal.

A etapa da previsão implica planejar e estimar a arrecadação das receitas orçamentárias que constarão na proposta orçamentária, em conformidade com as normas técnicas e legais, em especial com a Lei de Responsabilidade Fiscal.

A etapa do lançamento representa o ato da repartição competente que verifica a procedência do crédito fiscal e a pessoa que lhe é devedora e inscreve o débito desta. Na etapa da arrecadação, ocorre a entrega dos recursos devidos ao Tesouro pelos contribuintes ou devedores, por meio de agentes arrecadadores ou instituições financeiras autorizadas pelo ente. Finalmente, na etapa do recolhimento se dá a transferência dos valores arrecadados à conta específica do Tesouro, responsável pela administração e controle da arrecadação e programação financeira.

A despesa orçamentária é acompanhada por duas etapas (planejamento e execução). A etapa do planejamento da despesa orçamentária abrange toda a análise para a formulação do plano e ações governamentais que servirão de base para a fixação da despesa orçamentária, a descentralização/movimentação de créditos, a programação orçamentária e financeira e o processo de licitação e contratação (estágios).

A Lei 4.320/64 estabelece como estágios da execução da despesa orçamentária o *empenho* (ato emanado de autoridade competente que cria para o Estado obrigação de pagamento, pendente ou não de implemento de condição), a *liquidação* (verificação do direito adquirido pelo credor tendo por base os títulos e documentos comprobatórios do respectivo crédito) e o *pagamento* (entrega de numerário ao credor após a regular liquidação da despesa).

2.3 Regime contábil e de execução financeira

O artigo 35 da Lei 4.320/64 estabelece que pertencem ao exercício financeiro as receitas nele arrecadadas e as despesas nele legalmente empenhadas. Na prática, nas últimas décadas, a interpretação desse artigo é que o regime contábil aplicado ao setor público é misto, considerando-se regime de caixa para a receita e regime de competência para a despesa.

Contudo, uma leitura mais recente por parte do Órgão Central de Contabilidade da União observou que, na verdade, o artigo 35 refere-se ao regime de execução financeira, relativo à execução das receitas orçamentárias e das despesas orçamentárias, cujos registros continuam sendo mantidos desta forma. Ou seja, a realização da receita pública só será registrada na contabilidade quando houver o efetivo ingresso de recursos. Quanto à despesa pública, a mesma será executada orçamentariamente apenas quando houver o seu efetivo empenho.

2.4 Plano de contas

Para atender ao disposto na Lei 4.320/64, o Plano de Contas do Setor Público brasileiro antes do processo de convergência estava estruturado em seis classes de contas, sendo duas patrimoniais (Ativo e Passivo) e quatro classes de resultado (Despesa, Receita, Resultado Diminutivo do Exercício e Resultado Aumentativo do Exercício) (Quadro 12.1):

Quadro 12.1 *Estrutura do plano de contas antes do processo de convergência.*[3]

Contas Patrimoniais

1 Ativo
1.1 Circulante 1.2 Realizável a Longo Prazo 1.4 Permanente 1.9 Compensado

2 Passivo
2.1 Circulante 2.2 Exigível a Longo Prazo **2.4 Patrimônio Líquido** 2.9 Compensado

Contas de Resultado

3 Despesa
3.3 Despesas Correntes 3.4 Despesas de Capital
5 Resultado Diminutivo do Exercício
5.1 Orçamentárias 5.2 Extraorçamentárias

4 Receita
4.1 Receitas Correntes 4.2 Receitas de Capital
6 Resultado Aumentativo do Exercício
6.1 Orçamentárias 6.2 Extraorçamentárias

As **contas patrimoniais** são acumuladas ano após ano, e as **contas de resultado** são encerradas ao final de cada exercício financeiro, cujo resultado passa a integrar o saldo patrimonial acumulado no Balanço Patrimonial, conforme os fundamentos da doutrina contábil.

Com relação às contas patrimoniais, observam-se duas classes de contas: **Ativo** (correspondem aos bens e direitos de propriedade da entidade, demonstrando a aplicação de recursos, e estão dispostas em ordem crescente dos prazos esperados de realização) e **Passivo** (correspondem às obrigações e evidenciam as origens dos recursos aplicados no Ativo, estando dispostas em ordem crescente dos prazos de exigibilidade, estabelecidos ou esperados), muito próximas dos conceitos aplicados na iniciativa privada. O diferencial antes do processo de convergência estava em seus subgrupos de contas, mais especificamente nas contas de Ativo Compensado e de Passivo Compensado, utilizadas para o registro da execução orçamentária e para o controle dos atos potenciais.

Com relação à estrutura das contas de resultado, diferentemente do disposto na doutrina contábil, que estabelece que só as receitas efetivas e as despesas efetivas (fatos modificativos) devem passar pelo resultado, antes do processo de convergência no Setor Público tanto os fatos modificativos como os fatos permutativos (receitas e despesas não efetivas) eram levados para a apuração do resultado do exercício, daí a necessidade de contemplar quatro classes de contas:

[3] A estrutura do plano de contas com seis classes de contas tem sido mantida até que o ente público adote o novo plano de contas aplicado ao setor público (PCASP). Contudo, a Portaria STN nº 634, de 19 de novembro de 2013, estabeleceu o término do exercício de 2014 como prazo de adoção do PCASP, cuja estrutura com oito classes de contas será apresentada no item 3.3.

Despesas, Receitas, Resultado Diminutivo do Exercício e Resultado Aumentativo do Exercício.

Assim, entre as **Despesas** estavam tanto os valores relativos ao consumo de bens e serviços (despesas correntes) como aqueles decorrentes da compra de bens e realização de obras (despesas de capital).

O mesmo entendimento era dado às **Receitas**, que, além de decorrerem dos ganhos resultantes com a venda de bens, arrecadação de impostos e serviços prestados (receitas correntes), ainda contemplavam o ingresso de recursos relativos a recebimento de dívidas e contratação de empréstimos (receitas de capital).

A conta de **Resultado Diminutivo do Exercício** contemplava as variações que decorriam da diminuição dos valores do Ativo ou do aumento dos valores do Passivo, e traziam como resultado a diminuição (decréscimos patrimoniais) ou não (mutações passivas) da situação líquida patrimonial.

Finalmente, a conta de **Resultado Aumentativo do Exercício** compreendia as variações que decorriam do aumento dos valores do Ativo ou da diminuição dos valores do Passivo, e traziam como resultado o aumento (acréscimos patrimoniais) ou não (mutações ativas) da situação líquida patrimonial.

2.5 Sistemas de contas

A lógica contábil antes do processo de convergência estava estruturada em quatro sistemas de contas: orçamentário (SO), financeiro (SF), patrimonial (SP) e de compensação (SC), possibilitando que os lançamentos contábeis proporcionassem o acompanhamento da execução orçamentária, o conhecimento da composição patrimonial e a interpretação dos resultados econômicos e financeiros.

No sistema de Contas Orçamentário (SO) eram classificadas as contas que tinham interferência direta no controle do detalhamento da execução orçamentária da receita e da despesa. Nele eram registrados, por exemplo, a lei orçamentária anual aprovada (previsão da receita e fixação da despesa), a realização da receita e o empenho e a liquidação da despesa.

No sistema de Contas Financeiro (SF) estavam contempladas as contas que impactavam os recursos financeiros disponíveis, sendo sua fonte alimentadora o caixa e eventos financeiros correlacionados. Nele eram registrados, por exemplo, o ingresso e a saída de recursos financeiros e as apropriações de direitos e obrigações de curto prazo.

No sistema de Contas Patrimonial (SP), estavam as contas pertencentes ao Ativo e Passivo e as contas de variações ativas e passivas de natureza patrimonial. Nele eram registrados, por exemplo, os eventos relacionados aos ingressos e saídas de bens e as incorporações e desincorporações de direitos e obrigações de longo prazo.

Finalmente, no sistema de Contas de Compensação (SC), estavam classificadas as contas com função precípua de controle. Nele eram contemplados, por exemplo, os registros e baixas de contratos, garantias e contragarantias de valores, e outros atos que podiam afetar a situação líquida patrimonial.

Nesse modelo, cada conta pertencia a um determinado sistema de contas, previamente definido no Plano de Contas, onde eram realizados lançamentos apenas entre as contas pertencentes àquele determinado sistema; havendo, portanto, uma correspondência entre as contrapartidas e seus respectivos sistemas de contas.

Os registros nos sistemas de contas e seus relacionamentos com os atos e fatos eram até então assim apresentados (Figura 12.1):

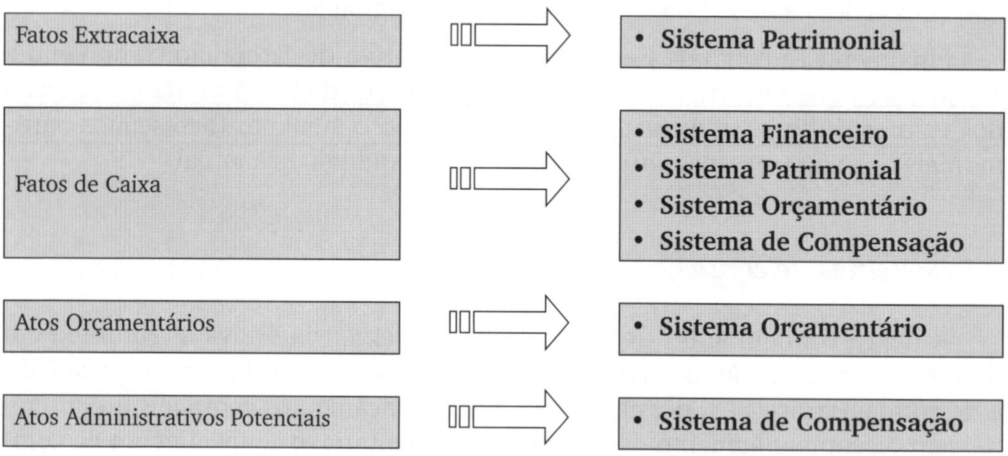

Figura 12.1 *Registros nos sistemas de contas antes do processo de convergência.*

2.6 Lançamentos no livro Diário antes do processo de convergência

Para entender como os registros da Contabilidade Pública encontravam-se estruturados antes do processo de convergência, serão contabilizados seis eventos com seus respectivos reflexos nos sistemas de contas.

1. **Aprovação da lei orçamentária anual no valor de R$ 100.000,00, sendo 50% na categoria econômica corrente e 50% na categoria econômica de capital**

Registro da previsão da receita	(SO)	D – 1.9 Receita a Realizar	100.000,00
		C – 2.9 Previsão Inicial da Receita	100.000,00

Registro da fixação da despesa	(SO)	D – 1.9 Crédito Inicial	100.000,00
		C – 2.9 Crédito Disponível	100.000,00

Observe que os lançamentos relativos à aprovação da lei orçamentária anual eram registrados em contas de ativo compensado e de passivo compensado no sistema de contas orçamentário (SO).

2. Arrecadação de impostos no valor de R$ 40.000,00

Registro do fato gerador da receita	(SP)	Não há registro segundo as práticas contábeis antes do processo de convergência.	
Registro da realização da receita	(SO)	D – 1.9 Receita Realizada	40.000,00
		C – 1.9 Receita a Realizar	40.000,00
Registro do ingresso do recurso financeiro	(SF)	D – 1.1 Bancos Conta Movimento	40.000,00
		C – 4.1 Receita de Impostos	40.000,00

Observe que não havia o lançamento da receita de impostos no momento do fato gerador, sendo seu registro efetuado somente quando do ingresso do recurso, em razão da interpretação do art. 35 da Lei nº 4.320/64.

3. Contratação de operação de crédito no valor de R$ 30.000,00

Registro da realização da receita	(SO)	D – 1.9 Receita Realizada	30.000,00
		C – 1.9 Receita a Realizar	30.000,00
Registro do ingresso do recurso financeiro	(SF)	D – 1.1 Bancos Conta Movimento	30.000,00
		C – 4.2 Receita de Capital – Op. de Crédito	30.000,00
Registro da incorporação da obrigação	(SP)	D – 5.1 Incorporação de Passivo	30.000,00
		C – 2.2 Operação de Crédito	30.000,00

Observe que apesar de não representar uma receita efetiva, o ingresso de recurso decorrente de operação de crédito era contabilizado em contas de resultado (receita de capital), concomitantemente com o registro da respectiva mutação passiva (incorporação de passivo) para que seu efeito no resultado fosse nulo.

A realização da receita orçamentária se dava em contas de Ativo Compensado e de Passivo Compensado no sistema de contas orçamentário (SO).

4. Aquisição de veículo a vista no valor de R$ 18.000,00, com recebimento do bem no ato da transação, com depreciação no mês de R$ 300,00.

Registro do empenho da despesa orçamentária	(SO)	D – 2.9 Crédito Disponível	18.000,00
		C – 2.9 Crédito Empenhado a Liquidar	18.000,00
Registro da liquidação da despesa orçamentária	(SO)	D – 2.9 Crédito Empenhado a Liquidar	18.000,00
		C – 2.9 Crédito Empenhado a Liquidado	18.000,00
Registro do reconhecimento da despesa orçamentária	(SF)	D – 3.4 Despesa de Capital – Veículos	18.000,00
		C – 2.1 Contas a Pagar	18.000,00
Registro do pagamento da obrigação	(SF)	D – 2.1 Contas a Pagar	18.000,00
		C – 1.1 Bancos Conta Movimento	18.000,00
Registro da incorporação do bem	(SF)	D – 1.4 Veículos	18.000,00
		C – 6.1 Incorporação de Ativos	18.000,00
Registro da depreciação	(SP)	Não era usual o registro da depreciação antes do processo de convergência.	

Observe que, apesar de não representar uma despesa efetiva, a compra do bem era contabilizada em contas de resultado (despesa de capital), concomitantemente com o registro da respectiva mutação passiva (incorporação de ativo) para que seu efeito no resultado também fosse nulo. Antes do processo de convergência, não era usual o registro da depreciação de bens.

Os estágios da despesa orçamentária também eram contabilizados em contas de Ativo Compensado e de Passivo Compensado no sistema de contas orçamentário (SO).

5. Celebração e execução de convênio para construção de estrada (bem de uso comum), no valor de R$ 50.000,00.

Registro do convênio firmado	(SC)	D – 1.9 Convênios Firmados	50.000,00
		C – 2.9 Convênios a Executar	50.000,00

Registro do empenho da despesa orçamentária	(SO)	D – 2.9 Crédito Disponível	50.000,00
		C – 2.9 Crédito Empenhado a Liquidar	50.000,00
Registro da liquidação da despesa orçamentária	(SO)	D – 2.9 Crédito Empenhado a Liquidar	50.000,00
		C – 2.9 Crédito Empenhado Liquidado	50.000,00
Registro do reconhecimento da obrigação	(SF)	D – 3.4 Despesa de Capital – Obras	50.000,00
		C – 2.1 Contas a Pagar	50.000,00
Registro do reconhecimento do direito até a prestação de contas	(SP)	Não há registro segundo as práticas contábeis antes do processo de convergência.	
Registro do pagamento da obrigação	(SF)	D – 2.1 Contas a Pagar	50.000,00
		C – 1.1 Bancos Conta Movimento	50.000,00
Registro da baixa do convênio	(SC)	D – 2.9 Convênios a Executar	50.000,00
		C – 2.9 Convênios Executados	50.000,00
Registro da incorporação de bem de uso comum	(SP)	Não havia registro segundo as práticas contábeis antes do processo de convergência.	

Antes do processo de convergência, diferentemente de outros bens permanentes do Setor Público, os bens de uso comum eram registrados como despesas de capital sem o correspondente registro de sua incorporação (mutação patrimonial ativa), apesar de apenas representar um fato permutativo (troca de dinheiro por bem). Assim, seu registro afetava negativamente o resultado do exercício sem a correspondente incorporação do bem ao patrimônio, gerando inconsistências quando da análise dos balanços públicos.

6. Recebimento de imóvel em doação no valor de R$ 60.000,00. Reavaliação posterior em R$ 70.000,00.

Registro da incorporação do bem	(SP)	D – 1.4 Imóveis	60.000,00
		C – 6.2 Incorporação de Ativo	60.000,00
Registro da reavaliação em R$ 10.000,00.	(SP)	Não havia registro segundo as práticas contábeis antes do processo de convergência.	

Como representa um acréscimo patrimonial, o recebimento do bem em doação era registrado em contas de resultado aumentativo do exercício, normalmente pelo seu valor histórico, e não era usual a aplicação dos demais procedimentos contábeis patrimoniais (depreciação, reavaliação e ajuste de *impairment*) visando manter seu valor original.

2.6 Lançamentos no livro Razão antes do processo de convergência

Conta: 1.1 Bancos Conta Movimento					
Lança-mento	**Histórico da Operação**	**Débito**	**Crédito**	**Saldo**	**Natureza**
2	Arrec. de Impostos	40.000,00	0,00	40.000,00	Devedora
3	Operação de Crédito	30.000,00	0,00	70.000,00	Devedora
4	Aquisição de Veículo	0,00	18.000,00	52.000,00	Devedora
5	Pagamento de Convênio	0,00	50.000,00	2.000,00	Devedora
Total do Movimento		70.000,00	68.000,00	2.000,00	Devedora

Conta: 1.4 Veículos					
Lança-mento	**Histórico da Operação**	**Débito**	**Crédito**	**Saldo**	**Natureza**
4	Aquisição de Veículos	18.000,00	0,00	18.000,00	Devedora
Total do Movimento		18.000,00	0,00	18.000,00	Devedora

Conta: 1.4 Imóveis					
Lança-mento	**Histórico da Operação**	**Débito**	**Crédito**	**Saldo**	**Natureza**
6	Receb. em Doação	60.000,00	0,00	60.000,00	Devedora
Total do Movimento		60.000,00	0,00	60.000,00	Devedora

Conta: 1.9 Receita a Realizar					
Lança-mento	**Histórico da Operação**	**Débito**	**Crédito**	**Saldo**	**Natureza**
1	Aprovação da LOA	100.000,00	0,00	100.000,00	Devedora
2	Arrec. de Impostos	0,00	40.000,00	60.000,00	Devedora
3	Operação de Crédito	0,00	30.000,00	30.000,00	Devedora
Total do Movimento		100.000,00	70.000,00	30.000,00	Devedora

Conta: 1.9 Receita Realizada					
Lança-mento	**Histórico da Operação**	**Débito**	**Crédito**	**Saldo**	**Natureza**

2	Arrec. de Impostos	40.000,00	0,00	40.000,00	Devedora
3	Operação de Crédito	30.000,00	0,00	70.000,00	Devedora
Total do Movimento		70.000,00	0,00	70.000,00	Devedora

Conta: 1.9 Crédito Inicial					
Lança-mento	**Histórico da Operação**	**Débito**	**Crédito**	**Saldo**	**Natureza**
1	Aprovação da LOA	100.000,00	0,00	100.000,00	Devedora
Total do Movimento		100.000,00	0,00	100.000,00	Devedora

Conta: 1.9 Convênios Firmados					
Lança-mento	**Histórico da Operação**	**Débito**	**Crédito**	**Saldo**	**Natureza**
5	Registro do Convênio	50.000,00	0,00	50.000,00	Devedora
Total do Movimento		50.000,00	0,00	50.000,00	Devedora

Conta: 2.1 Contas a Pagar					
Lança-mento	**Histórico da Operação**	**Débito**	**Crédito**	**Saldo**	**Natureza**
4	Aquisição de Veículo	0,00	18.000,00	18.000,00	Credora
4	Pagamento de Veículo	18.000,00	0,00	0,00	–
5	Celebração de Convênio	0,00	50.000,00	50.000,00	Credora
5	Pagamento de Convênio	50.000,00	0,00	0,00	–
Total do Movimento		68.000,00	68.000,00	0,00	–

Conta: 2.2 Operação de Crédito					
Lança-mento	**Histórico da Operação**	**Débito**	**Crédito**	**Saldo**	**Natureza**
3	Realização Op. Créd.	0,00	30.000,00	30.000,00	Credora
Total do Movimento		0,00	30.000,00	30.000,00	Credora

Conta: 2.9 Previsão Inicial da Receita

Lançamento	Histórico da Operação	Débito	Crédito	Saldo	Natureza
1	Aprovação LOA	0,00	100.000,00	100.000,00	Credora
Total do Movimento		0,00	100.000,00	100.000,00	Credora

Conta: 2.9 Crédito Disponível					
Lançamento	**Histórico da Operação**	**Débito**	**Crédito**	**Saldo**	**Natureza**
1	Aprovação LOA	0,00	100.000,00	100.000,00	Credora
4	Aquisição Veículo	18.000,00	0,00	82.000,00	Credora
5	Convênio	50.000,00	0,00	32.000,00	Credora
Total do Movimento		68.000,00	100.000,00	32.000,00	Credora

Conta: 2.9 Crédito Empenhado a Liquidar					
Lançamento	**Histórico da Operação**	**Débito**	**Crédito**	**Saldo**	**Natureza**
4	Aquisição Veículo	0,00	18.000,00	18.000,00	Credora
4	Liquidação aquisição	18.000,00	0,00	0,00	–
5	Convênio	0,00	50.000,00	50.000,00	Credora
5	Liquidação convênio	50.000,00	0,00	0,00	–
Total do Movimento		68.000,00	68.000,00	0,00	–

Conta: 2.9 Crédito Empenhado Liquidado					
Lançamento	**Histórico da Operação**	**Débito**	**Crédito**	**Saldo**	**Natureza**
4	Aquisição Veículo	0,00	18.000,00	18.000,00	Credora
5	Convênio	0,00	50.000,00	68.000,00	Credora
Total do Movimento		0,00	68.000,00	68.000,00	Credora

Conta: 2.9 Convênios a Executar					
Lançamento	**Histórico da Operação**	**Débito**	**Crédito**	**Saldo**	**Natureza**
5	Convênio	0,00	50.000,00	50.000,00	Credora
5	Execução Convênio	50.000,00	0,00	0,00	–
Total do Movimento		50.000,00	50.000,00	0,00	–

Conta: 2.9 Convênios Executados					
Lançamento	**Histórico da Operação**	**Débito**	**Crédito**	**Saldo**	**Natureza**
5	Convênio	0,00	50.000,00	50.000,00	Credora
Total do Movimento		0,00	50.000,00	50.000,00	Credora

Conta: 3.4 Despesa Veículos					
Lançamento	**Histórico da Operação**	**Débito**	**Crédito**	**Saldo**	**Natureza**
4	Aquisição Veículo	18.000,00	0,00	18.000,00	Devedora
Total do Movimento		18.000,00	0,00	18.000,00	Devedora

Conta: 3.4 Despesa Obras					
Lançamento	**Histórico da Operação**	**Débito**	**Crédito**	**Saldo**	**Natureza**
5	Realização obras	50.000,00	0,00	50.000,00	Devedora
Total do Movimento		50.000,00	0,00	50.000,00	Devedora

Conta: 4.1 Impostos					
Lançamento	**Histórico da Operação**	**Débito**	**Crédito**	**Saldo**	**Natureza**
2	Arrecadação	0,00	40.000,00	40.000,00	Credora
Total do Movimento		0,00	40.000,00	40.000,00	Credora

Conta: 4.2 Operação de Crédito					
Lançamento	**Histórico da Operação**	**Débito**	**Crédito**	**Saldo**	**Natureza**
3	Contratação OP	0,00	30.000,00	30.000,00	Credora
Total do Movimento		0,00	30.000,00	30.000,00	Credora

Conta: 5.1 Incorporação de Passivos					
Lançamento	**Histórico da Operação**	**Débito**	**Crédito**	**Saldo**	**Natureza**
3	Op. de Crédito	30.000,00	0,00	30.000,00	Devedora
Total do Movimento		30.000,00	0,00	30.000,00	Devedora

Conta: 6.1 Incorporação de Ativos					
Lança-mento	**Histórico da Operação**	**Débito**	**Crédito**	**Saldo**	**Natureza**
4	Veículos	0,00	18.000,00	18.000,00	Credora
Total do Movimento		0,00	18.000,00	18.000,00	Credora

Conta: 6.2 Incorporação de Ativos					
Lança-mento	**Histórico da Operação**	**Débito**	**Crédito**	**Saldo**	**Natureza**
6	Doação Imóveis	0,00	60.000,00	60.000,00	Credora
Total do Movimento		0,00	60.000,00	60.000,00	Credora

2.7 Levantamento do balancete de verificação

Código	**Conta**	**Movimento**		**Saldo**	
		Débito	**Crédito**	**Devedor**	**Credor**
1.1	Banco Conta Movimento	70.000,00	68.000,00	2.000,00	0,00
1.4	Veículo	18.000,00	0,00	18.000,00	0,00
1.4	Imóveis	60.000,00	0,00	60.000,00	0,00
1.9	Receita a Realizar	100.000,00	70.000,00	30.000,00	0,00
1.9	Receita Realizada	70.000,00	0,00	70.000,00	0,00
1.9	Crédito Inicial	100.000,00	0,00	100.000,00	0,00
1.9	Convênios Firmados	50.000,00	0,00	50.000,00	0,00
2.1	Contas a Pagar	68.000,00	68.000,00	0,00	0,00
2.2	Obrigação Op. Crédito	0,00	30.000,00	0,00	30.000,00
2.9	Prev. Inicial Receita	0,00	100.000,00	0,00	100.000,00
2.9	Crédito Disponível	68.000,00	100.000,00	0,00	32.000,00
2.9	Crédito Empenhado a Liq.	68.000,00	68.000,00	0,00	0,00
2.9	Crédito Liquidado	0,00	68.000,00	0,00	68.000,00
2.9	Convênios a Executar	50.000,00	50.000,00	0,00	0,00

Código	Conta	Movimento		Saldo	
		Débito	Crédito	Devedor	Credor
2.9	Convênios Executados	0,00	50.000,00	0,00	50.000,00
3.4	Despesa Veículos	18.000,00	0,00	18.000,00	0,00
3.4	Despesa Obras	50.000,00	0,00	50.000,00	0,00
4.1	Impostos	0,00	40.000,00	0,00	40.000,00
4.2	Op. de Crédito	0,00	30.000,00	0,00	30.000,00
5.1	Incorporação de Passivos	30.000,00	0,00	30.000,00	0,00
6.1	Incorporação de Ativos	0,00	18.000,00	0,00	18.000,00
6.2	Incorporação de Ativos	0,00	60.000,00	0,00	60.000,00
TOTAL		820.000,00	820.000,00	428.000,00	428.000,00

2.8 Estrutura e fechamento de balanços públicos

A Lei 4.320/64 estabelece em seu artigo 101 que os resultados gerais do exercício serão apresentados por meio das seguintes demonstrações contábeis:

a) Balanço Orçamentário;
b) Balanço Financeiro;
c) Demonstração das Variações Patrimoniais;
d) Balanço Patrimonial.

Para entender a estrutura e a lógica de fechamento de cada balanço público, serão utilizados os dados apresentados no Balancete de Verificação gerado no item 2.7.

a) Balanço Orçamentário

O Balanço Orçamentário está previsto no artigo 102 da Lei 4.320/64 e tem como papel demonstrar as receitas previstas e as despesas autorizadas em confronto com as receitas e despesas realizadas, objetivando avaliar o grau de planejamento e o desempenho da arrecadação em determinado período. Traz apenas os valores relativos à execução orçamentária (contemplados e executados segundo a Lei Orçamentária Anual – LOA).

Art. 102 da Lei 4.320/64.

Em R$

<Esfera de Governo> <Período de Referência>			BALANÇO ORÇAMENTÁRIO				
RECEITAS				DESPESAS			
TÍTULOS	PREVISÃO	EXECUÇÃO	DIFERENÇA	TÍTULOS	FIXAÇÃO	EXECUÇÃO	DIFERENÇA
Receitas Correntes	50.000,00	40.000,00	10.000,00	Créditos Orçamentários	100.000,00	68.000,00	32.000,00
Receitas de Capital	50.000,00	30.000,00	20.000,00				
SOMA	100.000,00	70.000,00	30.000,00	SOMA	100.000,00	68.000,00	32.000,00
DÉFICIT	0,00	0,00	0,00	SUPERÁVIT	0,00	2.000,00	– 2.000,00
TOTAL	100.000,00	70.000,00	30.000,00	TOTAL	100.000,00	70.000,00	30.000,00

Entendem-se por receita prevista as receitas que se espera arrecadar no exercício segundo dados extraídos da LOA (R$ 100.000,00) e, por receita executada, as efetivamente arrecadadas (R$ 70.000,00). A diferença do lado da receita se dará pela subtração entre a receita prevista e a receita executada.

A despesa fixada refere-se aos gastos que cada entidade (órgão) está autorizada a realizar segundo dados da LOA (R$ 100.000,00). A despesa executada é relativa aos gastos empenhados (R$ 68.000,00). A diferença do lado da despesa será apurada subtraindo a despesa fixada da despesa executada.

O Resultado Orçamentário do Exercício (ROE), cujo resultado pode apresentar-se deficitário, superavitário ou nulo, é apurado confrontando-se a coluna da receita executada (R$ 70.000,00) com a coluna da despesa executada (R$ 68.000,00). No exemplo, o ROE apresentou superávit no valor de R$ 2.000,00.

b) Balanço Financeiro

O Balanço Financeiro está previsto no artigo 103 da Lei 4.320/64 e tem como papel demonstrar o fluxo de caixa da entidade, evidenciando todos os ingressos e dispêndios de recursos no exercício (orçamentários e extraorçamentários), conjugados com os saldos de disponibilidades do exercício anterior e aqueles que passarão para o exercício seguinte.

Art. 103 da Lei 4.320/64.

Em R$

<Esfera de Governo> <Período de Referência>	BALANÇO FINANCEIRO		
RECEITA		DESPESA	
TÍTULOS	R$	TÍTULOS	R$
ORÇAMENTÁRIOS Receitas	70.000,00	ORÇAMENTÁRIOS Despesas	68.000,00
EXTRAORÇAMENTÁRIOS Direitos Obrigações	 0,00 0,00	EXTRAORÇAMENTÁRIOS Direitos Obrigações	 0,00 0,00
SOMA	70.000,00	SOMA	68.000,00
DISPONIBILIDADE DO EXERCÍCIO ANTERIOR	0,00	DISPONIBILIDADE PARA O EXERCÍCIO SEGUINTE	2.000,00
TOTAL	70.000,00	TOTAL	70.000,00

Em função de o Balanço Financeiro trazer o resultado da execução segundo o regime de execução financeira misto (receita arrecadada e despesa empenhada), os valores não pagos no exercício (restos a pagar) são computados entre as receitas extraorçamentárias para compensar a sua inclusão entre as despesas orçamentárias (Lei 4.320/64, art. 103, parágrafo único).

Essa técnica permite que seja feito o levantamento do fluxo de caixa sem alterar o resultado financeiro do exercício (RFE), cujo resultado pode apresentar-se deficitário, superavitário ou nulo. No exemplo, confrontando-se a soma das receitas (R$ 70.000,00) e a soma das despesas (R$ 68.000,00), o RFE apresentou superávit no valor de R$ 2.000,00.

c) Demonstração das Variações Patrimoniais

A Demonstração das Variações Patrimoniais (DVP) está prevista no artigo 104 da Lei 4.320/64, e seu papel é evidenciar as alterações verificadas no patrimônio e apurar o resultado patrimonial do exercício (RPE), que pode apresentar-se superavitário, deficitário ou nulo.

Art. 104 da Lei 4.320/64.

Em R$

<Esfera de Governo>

DEMONSTRAÇÃO DAS VARIAÇÕES PATRIMONIAIS

<Período de Referência>

VARIAÇÕES ATIVAS	R$	VARIAÇÕES PASSIVAS	R$
ORÇAMENTÁRIAS	88.000,00	ORÇAMENTÁRIAS	98.000,00
Receitas	70.000,00	Despesas	68.000,00
Interferências Ativas	0,00	Interferências Passivas	0,00
Mutações Ativas	18.000,00	Mutações Passivas	30.000,00
RESULTADO EXTRAORÇAMENTÁRIO	60.000,00	RESULTADO EXTRAORÇAMENTÁRIO	0,00
Receitas Extraorçamentárias	0,00	Despesas Extraorçamentárias	0,00
Interferências Ativas	0,00	Interferências Passivas	0,00
Acréscimos Patrimoniais	60.000,00	Decréscimos Patrimoniais	0,00
SOMA	148.000,00	SOMA	98.000,00
RESULTADO PATRIMONIAL (DÉFICIT)	0,00	RESULTADO PATRIMONIAL (SUPERÁVIT)	50.000,00
TOTAL	148.000,00	TOTAL	148.000,00

Como visto anteriormente, além de contemplar os valores que afetam quantitativamente o patrimônio (receitas correntes, despesas correntes, acréscimos patrimoniais e decréscimos patrimoniais), a DVP também contempla os valores que o afetam qualitativamente (receitas de capital, despesas de capital, mutações ativas e mutações passivas).

Contudo, os valores qualitativos não afetam o resultado patrimonial apurado, por representarem apenas fatos permutativos: na prática, as receitas de capital e as despesas de capital têm seus efeitos anulados pelas mutações passivas e pelas mutações ativas, respectivamente.

d) Balanço Patrimonial

O Balanço Patrimonial (BP) está contemplado no artigo 105 da Lei 4.320/64 e tem como papel evidenciar a situação estática dos bens, direitos e obrigações. Na Contabilidade Pública, as contas do BP encontram-se classificadas em função de dependerem de autorização legislativa (ativo permanente e passivo permanente) ou não (ativo financeiro e passivo financeiro).

O Ativo e Passivo Compensados representam os valores que não integram o patrimônio, mas que refletem transações contábeis oriundas de atos administrativos que possam afetá-lo em algum momento, a exemplo de contratos firmados.

Art. 105 da Lei 4.320/64.

Em R$

<Esfera de Governo> <Período de Referência>	BALANÇO PATRIMONIAL		
ATIVO	**R$**	**PASSIVO**	**R$**
FINANCEIRO	2.000,00	FINANCEIRO	0,00
PERMANENTE (NÃO FINANCEIRO)	78.000,00	PERMANENTE (NÃO FINANCEIRO)	30.000,00
ATIVO REAL	80.000,00	PASSIVO REAL	30.000,00
		PATRIMÔNIO LÍQUIDO	50.000,00
COMPENSADO	250.000,00	COMPENSADO	250.000,00
TOTAL	330.000,00	TOTAL	330.000,00

Como ocorre na Contabilidade Geral, o resultado patrimonial do exercício (apurado na DVP) é acumulado no Patrimônio Líquido, que representa o saldo patrimonial da entidade, que pode ser superavitário (Ativo maior que Passivo), deficitário (Ativo menor que Passivo) ou nulo (Ativo igual a Passivo).

3 Processo de convergência e adoção de novos procedimentos

O Conselho Federal de Contabilidade (CFC) recebeu, mediante convênio celebrado com a Federação Internacional de Contadores (IFAC, em inglês), o título de "tradutor oficial no Brasil" das Normas Internacionais de Contabilidade Aplicadas ao Setor Público (IPSAS, em inglês) e, juntamente com a Secretaria do Tesouro Nacional (STN), tem construído os pilares do processo de convergência da Contabilidade do Setor Público brasileiro. O primeiro passo foi dado no ano de 2008 com a publicação pelo CFC das Normas Brasileiras de Contabilidade Aplicadas ao Setor Público (NBCASP). Neste mesmo ano, foi publicada pelo Ministério da Fazenda a Portaria 184, dispondo sobre as diretrizes a serem observadas no Setor Público quanto aos procedimentos, práticas, elaboração e divulgação das demonstrações contábeis, de forma a torná-las convergentes com as IPSAS. Desde então, a STN passou a publicar o Manual de Contabilidade Aplicada ao Setor Público (MCASP), atualizando-o periodicamente, trazendo esclarecimentos sobre a operacionalização dos novos procedimentos contábeis. O próximo passo no processo de convergência é estabelecer uma nova cultura patrimonial no Setor Público brasileiro para que os demais fundamentos sejam incorporados.

3.1 Adoção de novos procedimentos patrimoniais

Entre as mudanças contempladas nas NBCASP e no MCASP, destacam-se:

- adoção do regime contábil de competência integral;
- adoção de plano de contas único nacional;
- implantação de novos procedimentos contábeis patrimoniais, tais como depreciação, amortização, exaustão, provisões, reavaliações, entre outros;
- alteração e inclusão de novas demonstrações contábeis;
- implantação de sistema de custos.

A maior parte dos procedimentos deve ser contabilizada mensalmente, porque, em Contabilidade, as informações devem ser registradas com base em sua competência (*accrual basis)*. A periodicidade mensal se dá em razão da necessidade de geração de balancetes de verificação para analisar se não há inconsistências contábeis.

Os registros mensais também alimentam o sistema de custos que, em breve, será exigido no Setor Público, cujas informações podem contribuir para o adequado processo decisório e para fomentar o controle social.

3.2 Regime contábil de competência integral

Desde a publicação da Lei 4.320/64, as receitas públicas têm sido contabilizadas no momento da arrecadação e as despesas públicas no momento do empenho, em atendimento ao artigo 35, conhecido como "regime misto". Como visto anteriormente, ao longo dos anos, esse "regime de execução financeira" acabou permeando os registros da contabilidade pública.

O entendimento atual é que o regime misto seja apenas relacionado às receitas orçamentárias e despesas orçamentárias (regime de execução financeira), devendo os direitos e as obrigações serem registrados no momento de seus respectivos fatos geradores (regime contábil de competência integral).

Mesmo aplicado ao orçamento, a adoção do regime misto é discutível, pois a Contabilidade deve ser a base para o planejamento e não o contrário. Há discussões internacionais sobre a adoção do orçamento por competência, inclusive o assunto já está contemplado na IPSAS 24 – *Presentation of Budget Information in Financial Statements*.

Portanto, do ponto de vista da execução orçamentária e financeira, em atendimento ao art. 35 da Lei 4.320/64, a receita orçamentária será registrada apenas no momento da sua arrecadação, e a despesa orçamentária será registrada apenas no momento do seu empenho.

Do ponto de vista patrimonial, contudo, as receitas efetivas e as despesas efetivas (variações patrimoniais) devem ser reconhecidas no momento do fato gerador, independentemente do seu recebimento ou pagamento, em atendimento ao regime contábil de competência.

3.3 Plano de contas único nacional e natureza da informação

Com o objetivo de uniformizar as práticas contábeis em âmbito nacional, a STN,[4] em conjunto com o Grupo Técnico de Procedimentos Contábeis (GTCON), elaborou o Plano de Contas Aplicado ao Setor Público (PCASP), adequando-o aos dispositivos legais vigentes, aos padrões internacionais de Contabilidade do Setor Público e às regras e procedimentos de Estatísticas de Finanças Públicas reconhecidas por organismos internacionais.

Também conhecido como plano de contas único, uma vez que a partir de sua obrigatoriedade será adotado por todos os entes da Federação e seus Poderes, fundos, órgãos, autarquias, inclusive especiais, e fundações instituídas e mantidas pelo Poder Público, o PCASP é formado por uma relação padronizada de contas, uma tabela de atributos contábeis e por lançamentos típicos padronizados, visando à consolidação das Contas Públicas Nacionais, conforme determinação da Lei de Responsabilidade Fiscal.

Cada ente da Federação utilizará a estrutura padronizada do PCASP para elaborar o seu Plano de Contas, tendo a flexibilidade para detalhar os níveis inferiores. Para as empresas estatais[5] dependentes, a utilização será facultativa.

O PCASP é estruturado em oito classes de contas, sendo duas patrimoniais (Ativo e Passivo), duas de resultado (Variação Patrimonial Diminutiva e Variação Patrimonial Aumentativa), duas de controle orçamentário (Planejamento e Execução) e duas de controle de atos potenciais (Controles Devedores e Controles Credores) (Quadro 12.2):

---

4 <http://www.stn.fazenda.gov.br/contabilidade_governamental/plano_contas.asp>.

5 Trata-se de empresa controlada que receba do ente controlador recursos financeiros para pagamento de despesas com pessoal ou de custeio em geral ou de capital, excluídos, no último caso, aqueles provenientes de aumento de participação acionária (art. 2º, inciso III, da Lei Complementar 101/2000).

Quadro 12.2 *Estrutura do plano de contas nacional.*[6]

Contas Patrimoniais

1 ATIVO	2 PASSIVO E PATRIMÔNIO LÍQUIDO
1.1 Ativo Circulante 1.2 Ativo Não Circulante	2.1 Passivo Circulante 2.2 Passivo Não Circulante 2.3 Patrimônio Líquido

Contas de Resultado

3 Variação Patrimonial Diminutiva	**4 Variação Patrimonial Aumentativa**
3.1 Pessoal e Encargos 3.2 Benefícios Previdenciários e Assistenciais 3.3 Uso de Bens, Serviços e Consumo de Capital Fixo 3.4 Variações Patrimoniais Diminutivas Financeiras 3.5 Transferências Concedidas 3.6 Desvalorização e Perdas de Ativos 3.7 Tributárias 3.8 Desvalorização e Perda de Ativos 3.9 Outras Variações Patrimoniais Diminutivas	4.1 Impostos, Taxas e Contribuições de Melhoria 4.2 Contribuições 4.3 Exploração e Venda de Bens, Serviços e Direitos 4.4 Variações Patrimoniais Aumentativas Financeiras 4.5 Transferências Recebidas 4.6 Valorização e Ganhos com Ativos 4.9 Outras Variações Patrimoniais Aumentativas

Contas de Controle Orçamentário

5 Controles da Aprovação do Planejamento e Orçamento	**6 Controles da Execução do Planejamento e Orçamento**
5.1 Planejamento Aprovado 5.2 Orçamento Aprovado 5.3 Inscrição de Restos a Pagar	6.1 Execução do Planejamento 6.2 Execução do Orçamento 6.3 Execução de Restos a Pagar

[6] Como ainda está em processo de discussão, é importante acompanhar periodicamente as atualizações na estrutura do plano de contas na página da STN: <www.stn.fazenda.gov.br>, no *link* Legislação. Mais informações podem ser conferidas no Manual de Contabilidade Aplicada ao Setor Público, volume IV – Plano de Contas Aplicado ao Setor Público.

Contas de Controle de Atos Potenciais

7 Controles Devedores	8 Controles Credores
7.1 Atos Potenciais	8.1 Execução dos Atos Potenciais
7.2 Administração Financeira	8.2 Execução da Administração Financeira
7.3 Dívida Ativa	8.3 Execução da Dívida Ativa
7.4 Riscos Fiscais	8.4 Execução dos Riscos Fiscais
7.8 Custos	8.8 Apuração de Custos
7.9 Outros Controles	8.9 Outros Controles

Comparativamente ao Plano de Contas até então vigente, a mudança mais significativa trazida pela estrutura do PCASP está nas contas de resultado, que passam a registrar apenas os fatos modificativos, mais adequados aos fundamentos da doutrina contábil.

Os controles orçamentários, antes registrados no Ativo Compensado e no Passivo Compensado, também foram preservados, ganhando classes de contas próprias (Classes 5 e 6: Controles da Aprovação do Planejamento e Orçamento e Controles da Execução do Planejamento e Orçamento). Os controles de atos potenciais também foram preservados, agora com classes específicas (Classes 7 e 8: Controles Devedores e Controles Credores).

Entre os controles de atos potenciais, a nova contabilidade traz como exigência que seja efetuado o controle de fonte/destinação de recursos, que tem como objetivo identificar as fontes de financiamento dos gastos públicos. O controle de disponibilidade deverá ser feito desde a elaboração do orçamento até a sua execução, incluindo o ingresso (arrecadação da receita), o comprometimento (empenho e liquidação da despesa) e a saída de recursos orçamentários (pagamento da despesa).

Quanto à frequência de movimentação, determinadas contas terão movimentação em apenas algum momento no exercício financeiro (contas estáticas) e outras serão movimentadas todo o tempo (contas dinâmicas). Também, dependendo da necessidade de desdobramento, as contas podem ser sintéticas (não recebem lançamentos contábeis, apenas agregam valores) ou analíticas (recebem escrituração).

Outro fator importante está na mudança da lógica contábil, que deixa de ser por sistema de contas e passa a ser por natureza de informação:

- natureza patrimonial (NIP): evidenciada pelas Classes 1, 2, 3 e 4, cujo papel é informar a situação do patrimônio da entidade pública;
- natureza orçamentária(NIO): contempla as Classes 5 e 6, que têm como papel efetuar os controles do planejamento e do orçamento, desde a aprovação até a execução;
- natureza de controle (NIC): refere-se às Classes 7 e 8, efetuando os registros dos atos potenciais e demais controles.

Assim, pela nova sistemática, as contas passaram a pertencer a uma determinada natureza da informação, sendo realizados lançamentos apenas entre as contas pertencentes àquela determinada natureza, preservando a lógica contábil das partidas dobradas. O relacionamento entre a natureza de informação e o registro dos atos e fatos pode ser assim sintetizado (Figura 12.2):

Fatos Caixa e Extracaixa	→	Natureza Patrimonial (NIP)
Controle do Planejamento e Orçamento	→	Natureza Orçamentária (NIO)
Atos Administrativos Potenciais	→	Natureza de Controle (NIC)

Figura 12.2 *Registros segundo a natureza da informação.*

3.4 Lançamentos no livro Diário segundo as novas regras

Para entender os efeitos das novas regras nos registros da Contabilidade Pública, serão usados os mesmos eventos já contabilizados no item 2.5, contemplando agora a nova estrutura do plano de contas único e a natureza da informação de suas contas.

1. **Aprovação da lei orçamentária anual no valor de R$ 100.000,00, sendo 50% na categoria econômica corrente e 50% na categoria econômica de capital**

Previsão da receita orçamentária				
	Título da Conta	**Código**	**Natureza da Informação**	**Valor (R$)**
D	Orçamento Aprovado – Previsão Inicial da Receita Orçamentária	5.2	NIO	100.000,00
C	Execução do Orçamento – Receita Orçamentária a Realizar	6.2		

Fixação da despesa orçamentária				
	Título da Conta	**Código**	**Natureza da Informação**	**Valor (R$)**

D	Orçamento Aprovado – Dotação Orçamentária Inicial	5.2	NIO	100.000,00
C	Execução do Orçamento – Crédito Orçamentário Disponível	6.2		

Observe que os registros contábeis relativos à aprovação da lei orçamentária anual pelas novas regras passam a ser feitos nas Classes 5 e 6, na natureza de informação orçamentária (NIO). O efeito contábil é basicamente o mesmo da regra anterior, pois houve apenas uma mudança quanto à forma de registro.

2. Arrecadação de impostos no valor de R$ 40.000,00

Reconhecimento do fato gerador

	Título da Conta	Código	Natureza da Informação	Valor (R$)
D	Ativo Circulante – Tributo a Receber	1.1	NIP	40.000,00
C	Impostos, Taxas e Contribuições de Melhoria – VPA	4.1		

Realização da receita orçamentária

	Título da Conta	Código	Natureza da Informação	Valor (R$)
D	Execução do Orçamento – Receita a Realizar	6.2	NIO	40.000,00
C	Execução do Orçamento – Receita Orçamentária Realizada	6.2		

Arrecadação do tributo

	Título da Conta	Código	Natureza da Informação	Valor (R$)
D	Ativo Circulante – Disponível	1.1	NIP	40.000,00
C	Ativo Circulante – Tributo a Receber	1.1		

Controle de Disponibilidade

	Título da Conta	Código	Natureza da Informação	Valor (R$)
D	Administração Financeira – Controle de Disponibilidade	7.2	NIC	40.000,00
C	Execução da Administração Financeira – Disponibilidade por Destinação de Recursos	8.2		

Observe que o registro do direito passa a ser feito no momento do lançamento do imposto (neste ato caracterizado como fato gerador), já impactando o resultado do exercício em conta de natureza de informação patrimonial (NIP). A realização da receita orçamentária continua observando o disposto no art. 35 da Lei nº 4.320/64, registrada apenas quando do ingresso do recurso. Pelas novas regras, passa também a ser efetuado o controle da disponibilidade de recursos, na natureza de informação de controle (NIC).

3. Contratação de operação de crédito no valor de R$ 30.000,00

Ingresso do recurso				
	Título da Conta	**Código**	**Natureza da Informação**	**Valor (R$)**
D	Ativo Circulante – Disponível	1.1	NIP	30.000,00
C	Passivo Circulante – Empréstimos a Curto Prazo	2.1		

Realização da receita orçamentária				
	Título da Conta	**Código**	**Natureza da Informação**	**Valor (R$)**
D	Execução do Orçamento – Receita a Realizar	6.2	NIO	30.000,00
C	Execução do Orçamento – Receita Orçamentária Realizada	6.2		

Controle de disponibilidade				
	Título da Conta	**Código**	**Natureza da Informação**	**Valor (R$)**
D	Administração Financeira – Controle de Disponibilidade	7.2	NIC	30.000,00
C	Execução da Administração Financeira – Disponibilidade por Destinação de Recursos	8.2		

Observe que como se trata apenas de um fato permutativo (entrada de dinheiro concomitantemente com a entrada de uma dívida), o registro da operação de crédito não passa mais pela apuração do resultado do exercício. A receita orçamentária continua sendo registrada no momento do ingresso do recurso, acompanhada do respectivo controle de disponibilidade.

4. Aquisição de veículo a vista no valor de R$ 18.000,00, com recebimento do bem no ato da transação, com depreciação no mês de R$ 300,00

Registro do empenho da despesa orçamentária				
	Título da Conta	**Código**	**Natureza da Informação**	**Valor (R$)**
D	Execução do Orçamento – Crédito Orçamentário Disponível	6.2	NIO	18.000,00
C	Execução do Orçamento – Crédito Empenhado a Liquidar	6.2		

Comprometimento da disponibilidade por empenho				
	Título da Conta	**Código**	**Natureza da Informação**	**Valor (R$)**
D	Execução da Administração Financeira – Disponibilidade por Destinação de Recursos	8.2	NIC	18.000,00
C	Execução da Administração Financeira – Disponibilidade por Destinação de Recursos Comprometida por Empenho	8.2		

Registro da liquidação da despesa orçamentária				
	Título da Conta	**Código**	**Natureza da Informação**	**Valor (R$)**
D	Execução do Orçamento – Crédito Empenhado a Liquidar	6.2	NIO	18.000,00
C	Execução do Orçamento – Crédito Empenhado Liquidado	6.2		

Registro da entrada do bem e reconhecimento da exigibilidade				
	Título da Conta	**Código**	**Natureza da Informação**	**Valor (R$)**
D	Ativo Não Circulante – Imobilizado – Veículos	1.2	NIP	18.000,00
C	Passivo Circulante – Contas a Pagar a Curto Prazo	2.1		

<table>
<tr><td colspan="5">Comprometimento da disponibilidade por liquidação</td></tr>
<tr><th></th><th>Título da Conta</th><th>Código</th><th>Natureza da Informação</th><th>Valor (R$)</th></tr>
<tr><td>D</td><td>Execução da Administração Financeira – Disponibilidade por Destinação de Recursos Comprometida por Empenho</td><td>8.2</td><td rowspan="2">NIC</td><td rowspan="2">18.000,00</td></tr>
<tr><td>C</td><td>Execução da Administração Financeira – Disponibilidade por Destinação de Recursos Comprometida por Liquidação</td><td>8.2</td></tr>
</table>

<table>
<tr><td colspan="5">Registro do pagamento da obrigação</td></tr>
<tr><th></th><th>Título da Conta</th><th>Código</th><th>Natureza da Informação</th><th>Valor (R$)</th></tr>
<tr><td>D</td><td>Passivo Circulante – Contas a Pagar a Curto Prazo</td><td>2.1</td><td rowspan="2">NIP</td><td rowspan="2">18.000,00</td></tr>
<tr><td>C</td><td>Ativo Circulante – Disponível</td><td>1.1</td></tr>
</table>

<table>
<tr><td colspan="5">Utilização da disponibilidade</td></tr>
<tr><th></th><th>Título da Conta</th><th>Código</th><th>Natureza da Informação</th><th>Valor (R$)</th></tr>
<tr><td>D</td><td>Execução da Administração Financeira – Disponibilidade por Destinação de Recursos Comprometida por Liquidação</td><td>8.2</td><td rowspan="2">NIC</td><td rowspan="2">18.000,00</td></tr>
<tr><td>C</td><td>Execução da Administração Financeira – Disponibilidade por Destinação de Recursos Utilizada</td><td>8.2</td></tr>
</table>

<table>
<tr><td colspan="5">Registro do reconhecimento do primeiro mês de depreciação</td></tr>
<tr><th></th><th>Título da Conta</th><th>Código</th><th>Natureza da Informação</th><th>Valor (R$)</th></tr>
<tr><td>D</td><td>Uso de Bens, Serviços e Consumo de Capital Fixo – Depreciação</td><td>3.3</td><td rowspan="2">NIP</td><td rowspan="2">300,00</td></tr>
<tr><td>C</td><td>Ativo Não Circulante – Imobilizado – Depreciação Acumulada</td><td>1.2</td></tr>
</table>

Observe que como também se trata apenas de um fato permutativo (entrada de bem concomitantemente com a saída de dinheiro), o registro da compra de veículo à vista não passa mais pela apuração do resultado do exercício. Todo o registro da execução da despesa orçamentária é feita nas Classes 5 e 6, e em cada etapa é efetuado o controle de disponibilidade na natureza de informação de controle (NIC). O procedimento contábil da depreciação também passa a ser obrigatório, na natureza de informação patrimonial (NIP).

5. Celebração e execução de convênio para construção de estrada (bem de uso comum), no valor de R$ 50.000,00

Registro do empenho da despesa orçamentária

	Título da Conta	Código	Natureza da Informação	Valor (R$)
D	Execução do Orçamento – Crédito Orçamentário Disponível	6.2	NIO	50.000,00
C	Execução do Orçamento – Crédito Empenhado a Liquidar	6.2		

Comprometimento da disponibilidade por empenho

	Título da Conta	Código	Natureza da Informação	Valor (R$)
D	Execução da Administração Financeira – Disponibilidade por Destinação de Recursos	8.2	NIC	50.000,00
C	Execução da Administração Financeira – Disponibilidade por Destinação de Recursos Comprometida por Empenho	8.2		

Assinatura do convênio

	Título da Conta	Código	Natureza da Informação	Valor (R$)
D	Atos Potenciais – Direitos Conveniados	7.1	NIC	50.000,00
C	Execução de Atos Potenciais – Execução de Direitos Conveniados – Convênios a Receber	8.1		

Registro da liquidação da despesa orçamentária

	Título da Conta	Código	Natureza da Informação	Valor (R$)

D	Execução do Orçamento – Crédito Empenhado a Liquidar	6.2	NIO	50.000,00
C	Execução do Orçamento – Crédito Empenhado Liquidado	6.2		

Registro da transferência do recurso ao convenente

	Título da Conta	Código	Natureza da Informação	Valor (R$)
D	Ativo Circulante – Valores de Curto Prazo a Receber	1.1	NIP	50.000,00
C	Passivo Circulante – Contas a Pagar a Curto Prazo	2.1		

Comprometimento da disponibilidade por liquidação

	Título da Conta	Código	Natureza da Informação	Valor (R$)
D	Execução da Administração Financeira – Disponibilidade por Destinação de Recursos Comprometida por Empenho	8.2	NIC	50.000,00
C	Execução da Administração Financeira – Disponibilidade por Destinação de Recursos Comprometida por Liquidação	8.2		

Registro da saída do recurso

	Título da Conta	Código	Natureza da Informação	Valor (R$)
D	Passivo Circulante – Contas a Pagar a Curto Prazo	2.1	NIP	50.000,00
C	Ativo Circulante – Disponível	1.1		

Prestação de contas de convênio

	Título da Conta	Código	Natureza da Informação	Valor (R$)
D	Execução de Atos Potenciais – Execução de Direitos Conveniados – Convênios a Receber	8.1	NIC	50.000,00
C	Execução de Atos Potenciais – Execução de Direitos Conveniados – Convênios a Comprovar	8.1		

Utilização da disponibilidade				
	Título da Conta	**Código**	**Natureza da Informação**	**Valor (R$)**
D	Execução da Administração Financeira – Disponibilidade por Destinação de Recursos Comprometida por Liquidação	8.2	NIC	50.000,00
C	Execução da Administração Financeira – Disponibilidade por Destinação de Recursos Utilizada	8.2		

Registro da incorporação do bem de uso comum				
	Título da Conta	**Código**	**Natureza da Informação**	**Valor (R$)**
D	Ativo Não Circulante – Bem de Uso Comum – Estrada	1.2	NIP	50.000,00
C	Ativo Circulante – Valores de Curto Prazo a Receber	1.1		

Registro da comprovação da prestação de contas				
	Título da Conta	**Código**	**Natureza da Informação**	**Valor (R$)**
D	Execução de Atos Potenciais – Execução de Direitos Conveniados – Convênios a Comprovar	8.1	NIC	50.000,00
C	Execução de Atos Potenciais – Execução de Direitos Conveniados – Convênios a Aprovar	8.1		

Registro da aprovação da prestação de contas				
	Título da Conta	**Código**	**Natureza da Informação**	**Valor (R$)**
D	Execução de Atos Potenciais – Execução de Direitos Conveniados – Convênios a Aprovar	8.1	NIC	50.000,00
C	Execução de Atos Potenciais – Execução de Direitos Conveniados – Convênios Aprovados	8.1		

O registro do controle do convênio passa a ser efetuado nas Classes 7 e 8, e o bem de uso comum passa a ser incorporado no patrimônio da entidade em contas de natureza de informação patrimonial (NIP).

6. Recebimento de imóvel em doação no valor de R$ 60.000,00. Reavaliação posterior em R$ 70.000,00

Registro da incorporação do bem ao patrimônio				
	Título da Conta	**Código**	**Natureza da Informação**	**Valor (R$)**
D	Ativo Não Circulante – Imobilizado – Imóveis	1.2	NIP	60.000,00
C	VPA – Transferências Recebidas	4.5		

Registro da reavaliação em R$ 10.000,00				
	Título da Conta	**Código**	**Natureza da Informação**	**Valor (R$)**
D	Ativo Não Circulante – Imobilizado – Imóveis	1.2	NIP	10.000,00
C	VPA – Valorização e Ganhos com Ativos	4.9		

O registro da doação continua afetando o resultado do exercício, por se tratar de um acréscimo patrimonial, mas passa a ser efetuado na Classe 4, que representa as variações patrimoniais aumentativas (VPA). O registro dos procedimentos patrimoniais passam a ser obrigatórios, a exemplo da reavaliação, na natureza de informação patrimonial (NIP).

3.5 Lançamentos no livro Razão segundo as novas regras

Conta: 1.1 Ativo Circulante – Disponível					
Lançamento	**Histórico da Operação**	**Débito**	**Crédito**	**Saldo**	**Natureza**
2	Arrec. de Impostos	40.000,00	0,00	40.000,00	Devedora
3	Operação de Crédito	30.000,00	0,00	70.000,00	Devedora
4	Aquisição de Veículo	0,00	18.000,00	52.000,00	Devedora
5	Pagamento de Convênio	0,00	50.000,00	2.000,00	Devedora
Total do Movimento		70.000,00	68.000,00	2.000,00	Devedora

Conta: 1.1 Ativo Circulante – Tributos a Receber					
Lança-mento	**Histórico da Operação**	**Débito**	**Crédito**	**Saldo**	**Natureza**
2	Arrec. de Impostos	40.000,00	0,00	40.000,00	Devedora
2	Impostos Arrecadados	0,00	40.000,00	0,00	–
Total do Movimento		40.000,00	40.000,00	0,00	–

Conta: 1.1 – Ativo Circulante – Valores de Curto Prazo a Receber					
Lança-mento	**Histórico da Operação**	**Débito**	**Crédito**	**Saldo**	**Natureza**
5	Direito Convênio	50.000,00	0,00	50.000,00	Devedora
5	Baixa de Direito	0,00	50.000,00	0,00	–
Total do Movimento		50.000,00	50.000,00	0,00	–

Conta: 1.2 Ativo Não Circulante – Imobilizado – Veículos					
Lança-mento	**Histórico da Operação**	**Débito**	**Crédito**	**Saldo**	**Natureza**
4	Aquisição de Veículos	18.000,00	0,00	18.000,00	Devedora
Total do Movimento		18.000,00	0,00	18.000,00	Devedora

Conta: 1.2 Ativo Não Circulante – Imobilizado – Imóveis					
Lança-mento	**Histórico da Operação**	**Débito**	**Crédito**	**Saldo**	**Natureza**
6	Receb. em Doação	60.000,00	0,00	60.000,00	Devedora
6	Reavaliação do Bem	10.000,00	0,00	70.000,00	Devedora
Total do Movimento		70.000,00	0,00	70.000,00	Devedora

Conta: 1.2 Ativo Não Circulante – Bem de Uso Comum – Estrada					
Lança-mento	**Histórico da Operação**	**Débito**	**Crédito**	**Saldo**	**Natureza**
5	Convênio Construção Estrada	50.000,00	0,00	50.000,00	Devedora
Total do Movimento		50.000,00	0,00	50.000,00	Devedora

Conta: 1.2 Ativo Não Circulante – Imobilizado – Depreciação Acumulada Veículos					
Lançamento	**Histórico da Operação**	**Débito**	**Crédito**	**Saldo**	**Natureza**
4	Depreciação Veículo	0,00	300,00	300,00	Credora
Total do Movimento		0,00	300,00	300,00	Credora

Conta: 2.1 – Passivo Circulante – Empréstimos a Curto Prazo					
Lançamento	**Histórico da Operação**	**Débito**	**Crédito**	**Saldo**	**Natureza**
3	Operação de Crédito	0,00	30.000,00	30.000,00	Credora
Total do Movimento		0,00	30.000,00	30.000,00	Credora

Conta: 2.1 – Passivo Circulante – Contas a Pagar a Curto Prazo					
Lançamento	**Histórico da Operação**	**Débito**	**Crédito**	**Saldo**	**Natureza**
4	Aquisição de veículo	0,00	18.000,00	18.000,00	Credora
4	Aquisição de veículo	18.000,00	0,00	0,00	–
5	Convênio	0,00	50.000,00	50.000,00	Credora
5	Convênio	50.000,00	0,00	0,00	–
Total do Movimento		68.000,00	68.000,00	0,00	–

Conta: 3.3 – Uso de Bens, Serviços e Consumo de Capital Fixo – Depreciação					
Lançamento	**Histórico da Operação**	**Débito**	**Crédito**	**Saldo**	**Natureza**
4	Depreciação Veículo	300,00	0,00	300,00	Devedora
Total do Movimento		300,00	0,00	300,00	Devedora

Conta: 4.1 Impostos, Taxas e Contribuições de Melhoria – VPA					
Lançamento	**Histórico da Operação**	**Débito**	**Crédito**	**Saldo**	**Natureza**
2	Arrecadação Impostos	0,00	40.000,00	40.000,00	Credora
Total do Movimento		0,00	40.000,00	40.000,00	Credora

Conta: 4.5 VPA – Transferências Recebidas					
Lançamento	**Histórico da Operação**	**Débito**	**Crédito**	**Saldo**	**Natureza**
6	Doação Imóvel	0,00	60.000,00	60.000,00	Credora
Total do Movimento		0,00	60.000,00	60.000,00	Credora

Conta: 4.6 – VPA – Valorização e Ganhos com Ativos					
Lançamento	**Histórico da Operação**	**Débito**	**Crédito**	**Saldo**	**Natureza**
6	Reavaliação Imóvel	0,00	10.000,00	10.000,00	Credora
Total do Movimento		0,00	10.000,00	10.000,00	Credora

Conta: 5.2 Orçamento Aprovado – Previsão Inicial da Receita					
Lançamento	**Histórico da Operação**	**Débito**	**Crédito**	**Saldo**	**Natureza**
1	Aprovação da LOA	100.000,00	0,00	100.000,00	Devedora
Total do Movimento		100.000,00	0,00	100.000,00	Devedora

Conta: 5.2 Orçamento Aprovado – Dotação Orçamentária Inicial					
Lançamento	**Histórico da Operação**	**Débito**	**Crédito**	**Saldo**	**Natureza**
1	Aprovação da LOA	100.000,00	0,00	100.000,00	Devedora
Total do Movimento		100.000,00	0,00	100.000,00	Devedora

Conta: 6.2 Execução do Orçamento – Crédito Orçamentário Disponível					
Lançamento	**Histórico da Operação**	**Débito**	**Crédito**	**Saldo**	**Natureza**
1	Aprovação da LOA	0,00	100.000,00	100.000,00	Credora
4	Aquisição de Veículo	18.000,00	0,00	82.000,00	Credora
5	Convênio	50.000,00	0,00	32.000,00	Credora
Total do Movimento		68.000,00	100.000,00	32.000,00	Credora

Conta: 6.2 Execução do Orçamento – Receita Orçamentária a Realizar					
Lança-mento	**Histórico da Operação**	**Débito**	**Crédito**	**Saldo**	**Natureza**
1	Aprovação da LOA	0,00	100.000,00	100.000,00	Credora
2	Arrec. de Impostos	40.000,00	0,00	60.000,00	Credora
3	Operação de Crédito	30.000,00	0,00	30.000,00	Credora
Total do Movimento		70.000,00	100.000,00	30.000,00	Credora

Conta: 6.2 Execução do Orçamento – Receita Orçamentária Realizada					
Lança-mento	**Histórico da Operação**	**Débito**	**Crédito**	**Saldo**	**Natureza**
2	Arrec. de Impostos	0,00	40.000,00	40.000,00	Credora
3	Operação de Crédito	0,00	30.000,00	70.000,00	Credora
Total do Movimento		0,00	70.000,00	70.000,00	Credora

Conta: 6.2 Execução do Orçamento – Crédito Empenhado a Liquidar					
Lança-mento	**Histórico da Operação**	**Débito**	**Crédito**	**Saldo**	**Natureza**
4	Aquisição de Veículo	0,00	18.000,00	18.000,00	Credora
4	Aquisição de Veículo	18.000,00	0,00	0,00	–
5	Convênio	0,00	50.000,00	50.000,00	Credora
5	Convênio	50.000,00	0,00	0,00	–
Total do Movimento		68.000,00	68.000,00	0,00	–

Conta: 6.2 Execução do Orçamento – Crédito Empenhado Liquidado					
Lança-mento	**Histórico da Operação**	**Débito**	**Crédito**	**Saldo**	**Natureza**
4	Aquisição de Veículo	0,00	18.000,00	18.000,00	Credora
5	Convênio	0,00	50.000,00	68.000,00	Credora
Total do Movimento		0,00	68.000,00	68.000,00	Credora

Conta: 7.1 Atos Potenciais – Convênios Firmados					
Lança-mento	**Histórico da Operação**	**Débito**	**Crédito**	**Saldo**	**Natureza**
5	Convênio	50.000,00	0,00	50.000,00	Devedora
Total do Movimento		50.000,00	0,00	50.000,00	Devedora

Conta: 7.2 – Administração Financeira – Controle de Disponibilidade					
Lança-mento	**Histórico da Operação**	**Débito**	**Crédito**	**Saldo**	**Natureza**
2	Arrecadação de impostos	40.000,00	0,00	40.000,00	Devedora
3	Operação de Crédito	30.000,00	0,00	70.000,00	Devedora
Total do Movimento		70.000,00	0,00	70.000,00	Devedora

Conta: 8.1 – Execução de Atos Potenciais – Execução de Direitos Conveniados – Convênios a Receber					
Lança-mento	**Histórico da Operação**	**Débito**	**Crédito**	**Saldo**	**Natureza**
5	Convênio	0,00	50.000,00	50.000,00	Credora
5	Convênio	50.000,00	0,00	0,00	–
Total do Movimento		50.000,00	50.000,00	0,00	–

Conta: 8.1 – Execução de Atos Potenciais – Execução de Direitos Conveniados – Convênios a Comprovar					
Lança-mento	**Histórico da Operação**	**Débito**	**Crédito**	**Saldo**	**Natureza**
5	Convênio	0,00	50.000,00	50.000,00	Credora
5	Convênio	50.000,00	0,00	0,00	–
Total do Movimento		50.000,00	50.000,00	0,00	–

Conta: 8.1 – Execução de Atos Potenciais – Execução de Direitos Conveniados – Convênios a Aprovar					
Lança-mento	**Histórico da Operação**	**Débito**	**Crédito**	**Saldo**	**Natureza**
5	Convênio	0,00	50.000,00	50.000,00	Credora
5	Convênio	50.000,00	0,00	0,00	–
Total do Movimento		50.000,00	50.000,00	0,00	–

Conta: 8.1 – Execução de Atos Potenciais – Execução de Direitos Conveniados – Convênios Aprovados					
Lançamento	**Histórico da Operação**	**Débito**	**Crédito**	**Saldo**	**Natureza**
5	Convênio	0,00	50.000,00	50.000,00	Credora
Total do Movimento		0,00	50.000,00	50.000,00	Credora

Conta: 8.2 – Execução da Administração Financeira – Disponibilidade por Destinação de Recursos					
Lançamento	**Histórico da Operação**	**Débito**	**Crédito**	**Saldo**	**Natureza**
2	Arrecadação de impostos	0,00	40.000,00	40.000,00	Credora
3	Operação de crédito	0,00	30.000,00	70.000,00	Credora
4	Aquisição de veículo	18.000,00	0,00	52.000,00	Credora
5	Execução de convênio	50.000,00	0,00	2.000,00	Credora
Total do Movimento		68.000,00	70.000,00	2.000,00	Credora

Conta: 8.2 – Execução da Administração Financeira – Disponibilidade por Destinação de Recursos Comprometida por Empenho					
Lançamento	**Histórico da Operação**	**Débito**	**Crédito**	**Saldo**	**Natureza**
4	Aquisição de veículo	0,00	18.000,00	18.000,00	Credora
4	Aquisição de veículo	18.000,00	0,00	0,00	–
5	Execução de convênio	0,00	50.000,00	50.000,00	Credora
5	Execução de convênio	50.000,00	0,00	0,00	–
Total do Movimento		68.000,00	68.000,00	0,00	–

Conta: 8.2 – Execução da Administração Financeira – Disponibilidade por Destinação de Recursos Comprometida por Liquidação					
Lançamento	**Histórico da Operação**	**Débito**	**Crédito**	**Saldo**	**Natureza**
4	Aquisição de veículo	0,00	18.000,00	18.000,00	Credora
4	Aquisição de veículo	18.000,00	0,00	0,00	–
5	Execução de convênio	0,00	50.000,00	50.000,00	Credora
5	Execução de convênio	50.000,00	0,00	0,00	–
Total do Movimento		68.000,00	68.000,00	0,00	–

Conta: 8.2 – Execução da Administração Financeira – Disponibilidade por Destinação de Recursos Utilizada					
Lança-mento	**Histórico da Operação**	**Débito**	**Crédito**	**Saldo**	**Natureza**
4	Aquisição de veículo	0,00	18.000,00	18.000,00	Credora
5	Execução de convênio	0,00	50.000,00	68.000,00	Credora
Total do Movimento		0,00	68.000,00	68.000,00	Credora

3.6 *Levantamento do balancete de verificação*

Código	**Conta**	**Movimento**		**Saldo**	
		Débito	**Crédito**	**Devedor**	**Credor**
1.1	Ativo Circulante – Disponível	70.000,00	68.000,00	2.000,00	0,00
1.1	Ativo Circulante – Tributos a Receber	40.000,00	40.000,00	0,00	0,00
1.1	Ativo Circulante – Valores de Curto Prazo a Receber	50.000,00	50.000,00	0,00	0,00
1.2	Ativo Não Circulante – Imobilizado – Veículos	18.000,00	0,00	18.000,00	0,00
1.2	Ativo Não Circulante – Imobilizado – Imóveis	70.000,00	0,00	70.000,00	0,00
1.2	Ativo Não Circulante – Bem de Uso Comum – Estrada	50.000,00	0,00	50.000,00	0,00
1.2	Ativo Não Circulante – Imobilizado – Depreciação Acumulada	0,00	300,00	0,00	300,00
2.1	Passivo Circulante – Empréstimos a Curto Prazo	0,00	30.000,00	0,00	30.000,00
2.1	Obrigações em Circulação	68.000,00	68.000,00	0,00	0,00
3.3	Uso de Bens, Serviços e Consumo de Capital Fixo – Depreciação	300,00	0,00	300,00	0,00
4.1	Impostos, Taxas e Contribuições de Melhoria – VPA	0,00	40.000,00	0,00	40.000,00
4.5	VPA – Transferências Recebidas	0,00	60.000,00	0,00	60.000,00
4.6	VPA – Valorização e Ganhos com Ativos	0,00	10.000,00	0,00	10.000,00
5.2	Orçamento Aprovado – Previsão Inicial da Receita Orçamentária	100.000,00	0,00	100.000,00	0,00
5.2	Orçamento Aprovado – Dotação Orçamentária Inicial	100.000,00	0,00	100.000,00	0,00

Código	Conta	Movimento		Saldo	
		Débito	Crédito	Devedor	Credor
6.2	Execução do Orçamento – Crédito Orçamentário Disponível	68.000,00	100.000,00	0,00	32.000,00
6.2	Execução do Orçamento – Receita Orçamentária a Realizar	70.000,00	100.000,00	0,00	30.000,00
6.2	Execução do Orçamento – Receita Orçamentária Realizada	0,00	70.000,00	0,00	70.000,00
6.2	Execução do Orçamento – Crédito Empenhado a Liquidar	68.000,00	68.000,00	0,00	0,00
6.2	Execução do Orçamento – Crédito Empenhado Liquidado	0,00	68.000,00	0,00	68.000,00
8.1	Convênios a Executar	50.000,00	50.000,00	0,00	0,00
7.1	Atos Potenciais – Direitos Conveniados	50.000,00	0,00	50.000,00	0,00
7.2	Administração Financeira – Controle de Disponibilidade	70.000,00	0,00	70.000,00	0,00
8.1	Execução de Atos Potenciais – Execução de Direitos Conveniados – Convênios a Receber	50.000,00	50.000,00	0,00	0,00
8.1	Execução de Atos Potenciais – Execução de Direitos Conveniados – Convênios a Comprovar	50.000,00	50.000,00	0,00	0,00
8.1	Execução de Atos Potenciais – Execução de Direitos Conveniados – Convênios a Aprovar	50.000,00	50.000,00	0,00	0,00
8.1	Execução de Atos Potenciais – Execução de Direitos Conveniados – Convênios Aprovados	0,00	50.000,00	0,00	50.000,00
8.2	Execução da Administração Financeira – Disponibilidade por Destinação de Recursos	68.000,00	70.000,00	0,00	2.000,00
8.2	Execução da Administração Financeira – Disponibilidade por Destinação de Recursos Comprometida por Empenho	68.000,00	68.000,00	0,00	0,00
8.2	Execução da Administração Financeira – Disponibilidade por Destinação de Recursos Comprometida por Liquidação	68.000,00	68.000,00	0,00	0,00
8.2	Execução da Administração Financeira – Disponibilidade por Destinação de Recursos Utilizada	0,00	68.000,00	0,00	68.000,00
TOTAL		1.246.300,00	1.246.300,00	460.300,00	460.300,00

3.7 *Estrutura e fechamento dos balanços públicos segundo as novas regras*

Entre os volumes do *Manual de Contabilidade Aplicada ao Setor Público* está o volume que trata das Demonstrações Contábeis do Setor Público (DCASP), que tem como objetivo padronizar os conceitos, as regras e os procedimentos relativos à elaboração das demonstrações contábeis por parte da União, Estados, Distrito Federal e Municípios.

Para cumprimento do objetivo de padronização dos procedimentos contábeis, o DCASP observa os dispositivos legais que regulam o assunto, como a Lei 4.320/64, a Lei de Responsabilidade Fiscal (101/2000), as Normas Brasileiras de Contabilidade Aplicadas ao Setor Público (NBCASP) e as Normas Internacionais de Contabilidade Aplicadas ao Setor Público (IPSAS), já preparando o ambiente da Contabilidade Pública brasileira para a convergência aos padrões internacionais de contabilidade.

Estão relacionadas pelo DCASP as seguintes demonstrações contábeis das entidades definidas no campo de aplicação da Contabilidade do Setor Público, incluindo as exigidas pela Lei 4.320/64, ainda em vigor:

- Balanço Orçamentário (BO).
- Balanço Financeiro (BF).
- Demonstração das Variações Patrimoniais (DVP).
- Balanço Patrimonial (BP).
- Demonstração dos Fluxos de Caixa (DFC).
- Demonstração das Mutações do Patrimônio Líquido (DMPL).

Para entender a estrutura e a lógica de fechamento de cada balanço público segundo as novas regras, serão utilizados os dados apresentados no Balancete de Verificação gerado no item 3.6.

a) Balanço Orçamentário pelas novas regras

O papel do novo Balanço Orçamentário continua a cumprir o definido pela Lei 4.320/64, que é demonstrar as receitas e despesas previstas em confronto com as realizadas.

De acordo com o MCASP, o Balanço Orçamentário apresentará as receitas detalhadas por categoria econômica, origem e espécie, especificando a previsão inicial, a previsão atualizada para o exercício, a receita realizada e o saldo. Demonstrará também as despesas por categoria econômica e grupo de natureza da despesa, discriminando a dotação inicial, a dotação atualizada para o exercício, as despesas empenhadas, as despesas liquidadas, as despesas pagas e o saldo da dotação.

O MCASP apresenta a seguinte estrutura para o novo Balanço Orçamentário do Setor Público:

BALANÇO ORÇAMENTÁRIO				
EXERCÍCIO:	PERÍODO:	DATA:	PÁGINA:	
RECEITAS ORÇAMENTÁRIAS	PREVISÃO INICIAL	PREVISÃO ATUALIZADA (a)	RECEITAS REALIZADAS (b)	SALDO c = (b – a)
RECEITAS CORRENTES				
RECEITA TRIBUTÁRIA				
Impostos				
Taxas				
Contribuição de Melhoria				
RECEITA DE CONTRIBUIÇÕES				
Contribuições Sociais				
Contribuições de Intervenção no Domínio Econômico				
Contribuição de Iluminação Pública				
RECEITA PATRIMONIAL				
Receitas Imobiliárias				
Receitas de Valores Mobiliários				
Receita de Concessões e Permissões				
Compensações Financeiras				
Receita Decorrente do Direito de Exploração de Bens Públicos em Áreas de Domínio Público				
Receita da Cessão de Direitos				
Outras Receitas Patrimoniais				
RECEITA AGROPECUÁRIA				
Receita da Produção Vegetal				
Receita da Produção Animal e Derivados				
Outras Receitas Agropecuárias				
RECEITA INDUSTRIAL				
Receita da Indústria Extrativa Mineral				
Receita da Indústria de Transformação				
Receita da Indústria de Construção				
Outras Receitas Industriais				
RECEITA DE SERVIÇOS				
TRANSFERÊNCIAS CORRENTES				
Transferências Intergovernamentais				
Transferências de Instituições Privadas				
Transferências do Exterior				
Transferências de Pessoas				
Transferências de Convênios				

Transferências para o Combate à Fome				
OUTRAS RECEITAS CORRENTES				
Multas e Juros de Mora				
Indenizações e Restituições				
Receita da Dívida Ativa				
Receitas Decorrentes de Aportes Periódicos para Amortização de Déficit Atuarial do RPPS				
Receitas Correntes Diversas				
RECEITAS DE CAPITAL				
OPERAÇÕES DE CRÉDITO				
Operações de Crédito Internas				
Operações de Crédito Externas				
ALIENAÇÃO DE BENS				
Alienação de Bens Móveis				
Alienação de Bens Imóveis				
AMORTIZAÇÃO DE EMPRÉSTIMOS				
TRANSFERÊNCIAS DE CAPITAL				
Transferências Intergovernamentais				
Transferências de Instituições Privadas				
Transferências do Exterior				
Transferências de Pessoas				
Transferências de Outras Instit. Públicas				
Transferências de Convênios				
Transferências para o Combate à Fome				
OUTRAS RECEITAS DE CAPITAL				
Integralização do Capital Social				
Div. Ativa Prov. da Amortiz. Emp. e Financ.				
Restituições				
Receitas de Capital Diversas				
SUBTOTAL DAS RECEITAS (I)				
REFINANCIAMENTO (II)				
Operações de Crédito Internas				
Mobiliária				
Contratual				
Operações de Crédito Externas				
Mobiliária				
Contratual				
SUBTOTAL COM REFINANCIAMENTO (III) = (I + II)				
DÉFICIT (IV)				–
TOTAL (V) = (III + IV)				–
SALDOS DE EXERCÍCIOS ANTERIORES (UTILIZADOS PARA CRÉDITOS ADICIONAIS)				
Superávit Financeiro				
Reabertura de créditos adicionais	–			–

DESPESAS ORÇAMENTÁRIAS	DOTAÇÃO INICIAL (d)	DOTAÇÃO ATUALIZADA (e)	DESPESAS EMPENHADAS (f)	DESPESAS LÍQUIDAS (g)	DESPESAS PAGAS (h)	SALDO DA DOTAÇÃO (i) = (e – f)
DESPESAS CORRENTES						
PESSOAL E ENCARGOS SOCIAIS						
JUROS E ENCARGOS DA DÍVIDA						
OUTRAS DESPESAS CORRENTES						
DESPESAS DE CAPITAL						
INVESTIMENTOS						
INVERSÕES FINANCEIRAS						
AMORTIZAÇÃO DA DÍVIDA						
RESERVA DE CONTINGÊNCIA						
RESERVA DO RPPS						
SUBTOTAL DAS DESPESAS (VI)						
AMORTIZAÇÃO DA DÍVIDA/REFINANCIAMENTO (VII)						
Amortização da Dívida Interna						
Dívida Mobiliária						
Outras Dívidas						
Amortização da Dívida Externa						
Dívida Mobiliária						
Outras Dívidas						
SUBTOTAL COM REFINANCIAMENTO (VIII) = (VI + VII)						
SUPERÁVIT (IX)		–	–	–		
TOTAL (X) = (VII + IX)						

O novo Balanço Orçamentário será elaborado utilizando-se as classes 5, grupo 2 (Orçamento aprovado: previsão da receita e fixação da despesa) e classe 6, grupo 2 (Execução do Orçamento: realização da receita e execução da despesa) do PCASP. Trazendo os valores do Balancete de Verificação do item 3.6, tem-se:

BALANÇO ORÇAMENTÁRIO				
RECEITAS ORÇAMENTÁRIAS	**PREVISÃO INICIAL**	**PREVISÃO ATUALIZADA (a)**	**RECEITAS REALIZADAS (b)**	**SALDO C = (a – b)**
RECEITAS CORRENTES	50.000,00	50.000,00	40.000,00	10.000,00
RECEITAS DE CAPITAL	50.000,00	50.000,00	30.000,00	20.000,00
SUBTOTAL DAS RECEITAS (I)	100.000,00	100.000,00	70.000,00	30.000,00
REFINANCIAMENTO (II)	0,00	0,00	0,00	0,00
SUBTOTAL COM REFINANCIAMENTO (III) = (I + II)	100.000,00	100.000,00	70.000,00	30.000,00
DÉFICIT (IV)	0,00	0,00	0,00	0,00
TOTAL (V) = (III + IV)	100.000,00	100.000,00	70.000,00	30.000,00

DESPESAS ORÇAMENTÁRIAS	DOTAÇÃO INICIAL (d)	DOTAÇÃO ATUALIZADA (e)	DESPESAS EMPENHADAS (f)	DESPESAS LIQUIDADAS (g)	DESPESAS PAGAS (h)	SALDO DA DOTAÇÃO (i) = (e – f)
DESPESAS CORRENTES	50.000,00	50.000,00	0,00	0,00	0,00	50.000,00
DESPESAS DE CAPITAL	50.000,00	50.000,00	68.000,00	68.000,00	68.000,00	– 18.000,00
RESERVA DE CONTINGÊNCIA	0,00	0,00	0,00	0,00	0,00	0,00
RESERVA DO RPPS	0,00	0,00	0,00	0,00	0,00	0,00
SUBTOTAL DAS DESPESAS (VI)	100.000,00	100.000,00	68.000,00	68.000,00	68.000,00	32.000,00
AMORTIZAÇÃO DA DÍVIDA (VII)	0,00	0,00	0,00	0,00	0,00	0.00
SUBTOTAL COM REFINANCIAMENTO (VIII) = (VI + VII)	100.000,00	100.000,00	68.000,00	68.000,00	68.000,00	32.000,00
SUPERÁVIT (IX)	0,00	0,00	2.000,00	0,00	0,00	– 2.000,00
TOTAL (X) – (VIII + IX)	100.000,00	100.000,00	70.000,00	68.000,00	68.000,00	30.000,00

O resultado orçamentário do exercício (ROE) continua sendo apurado confrontando-se a receita executada (R$ 70.000,00) com a despesa empenhada (R$ 68.000,00), que no exemplo é superavitário em R$ 2.000,00.

Registra-se que, segundo as novas regras, o Balanço Orçamentário será complementado por nota explicativa detalhando as despesas executadas por tipos de créditos (inicial, suplementar, especial e extraordinário). Será informado, ainda, o montante da movimentação financeira (transferências financeiras recebidas e concedidas) relacionado à execução do orçamento do exercício, bem como os valores referentes à abertura de créditos adicionais e cancelamentos de crédito de forma a evidenciar a diferença entre a dotação inicial e a atualizada.

Adicionalmente ao Balanço Orçamentário, devem ser incluídos dois quadros demonstrativos de execução de restos a pagar, um relativo aos restos a pagar não processados, outro relativo aos restos a pagar processados, com o mesmo detalhamento das despesas orçamentárias do balanço, de modo a propiciar uma análise da execução orçamentária do exercício em conjunto com a execução dos restos a pagar.

b) Balanço financeiro pelas novas regras

O novo Balanço Financeiro também continua a cumprir o disposto na Lei 4.320/64, demonstrando as receitas e despesas orçamentárias e os recebimentos e pagamentos de natureza extraorçamentária, conjugados com os saldos em espécies provenientes do exercício anterior, e os que se transferem para o exercício seguinte.

Segundo a nova estrutura, o Balanço Financeiro deverá apresentar as destinações ordinárias e as destinações vinculadas. O detalhamento das vinculações deverá ser feito de acordo com as características específicas de cada ente, como, por exemplo, as vinculações para a previdência social, transferências obrigatórias para outro ente e outras vinculações constitucionais e legais. Caso o ente resolva agrupar algumas vinculações em um grupo chamado de "Outras Vinculações", esse não deverá ultrapassar 10% do total da Receita Orçamentária ou da Despesa Orçamentária.

O MCASP apresenta a seguinte estrutura para o novo Balanço Financeiro do Setor Público:

<ENTE DA FEDERAÇÃO>

BALANÇO FINANCEIRO

EXERCÍCIO: PERÍODO (MÊS): DATA DE EMISSÃO: PÁGINA:

INGRESSOS			DISPÊNDIOS		
Especificação	**Exerc. anual**	**Exerc. Anterior**	**Especificação**	**Exerc. Anual**	**Exerc. Anterior**
Receita Orçamentária (I)			**Despesa Orçamentária (VI)**		
Ordinária			Ordinária		
Vinculada			Vinculada		
Previdência Social			Previdência Social		
Transferências obrigatórias de outro ente			Transferências obrigatórias de outro ente		
Convênios			Convênios		
(...)			(...)		
(–) Deduções da Receita Orçamentária					
Transferências Financeiras Recebidas (II)			**Transferências Financeiras Concedidas (VII)**		
Recebimentos Extraorçamentários (III)			**Pagamentos Extraorçamentários (VIII)**		
Saldo em Espécie do Exercício Anterior (IV)			**Saldo em Espécie para o Exercício Seguinte (IX)**		
TOTAL (V) = (I + II + III + IV)			TOTAL (X) = (VI + VII + VIII + IX)		

O novo Balanço Financeiro será elaborado utilizando-se a Classe 6 para execução da receita e despesa orçamentária; as Classes 4 (variações patrimoniais aumentativas) e 3 (variações patrimoniais diminutivas) para as transferências financeiras recebidas e concedidas, respectivamente; e as Classes 1 (ativo) e 2 (passivo), para os recebimentos e pagamentos extraorçamentários, bem como para o saldo em espécie do exercício anterior e para o exercício seguinte. Trazendo os valores do Balancete de Verificação do item 3.6, tem-se:

BALANÇO FINANCEIRO					
INGRESSOS			DISPÊNDIOS		
TÍTULOS	Exerc. Atual	Exerc. Anterior	TÍTULOS	Exerc. Atual	Exerc. Anterior
Receita Orçamentária (I)	70.000,00	0,00	Despesa Orçamentária (VI)	68.000,00	0,00
Ordinária	70.000,00	0,00	Ordinária	68.000,00	0,00
Vinculada	0,00	0,00	Vinculada	0,00	0,00
Transferências Financeiras Recebidas (II)	0,00	0,00	Transferências Financeiras Concedidas (VI)	0,00	0,00
Recebimentos Extraorçamentários (III)	0,00	0,00	Pagamentos Extraorçamentários (VIII)	0,00	0,00
SOMA	70.000,00	0,00	SOMA	68.000,00	0,00
Saldo em Espécie do Exercício Anterior (IV)	0,00	0,00	Saldo em Espécie para o Exercício Seguinte (IX)	2.000,00	0,00
TOTAL (V) = (I + II + III + IV)	70.000,00	0,00	TOTAL (X) = (VI + VII + VIII + IX)	70.000,00	0,00

Tendo como base os valores apresentados no exemplo, o RFE apresentou superávit no valor de R$ 2.000,00 (saldo seguinte menos saldo anterior). Registra-se que, coincidentemente, o RFE apresentou o mesmo resultado do ROE, justificado pelo fato de que todas as despesas empenhadas foram pagas e por tratar-se do primeiro exercício financeiro da entidade (sem saldo em espécie do exercício anterior nem pagamentos pendentes).

c) Demonstração das variações patrimoniais pelas novas regras

A Demonstração das Variações Patrimoniais (DVP) foi totalmente reestruturada pelas novas regras, passando a compor a apuração do Resultado Patrimonial do Exercício (RPE) apenas as variações patrimoniais quantitativas, ou seja, aquelas decorrentes de transações no setor público que, efetivamente, aumentam ou diminuem o patrimônio líquido (fatos modificativos). Há, ainda, a exigência da apresentação de valores relativos a dois exercícios financeiros (atual e anterior).

Contudo, seu papel foi preservado, evidenciando as alterações verificadas no patrimônio, resultantes ou independentes da execução orçamentária, e indicando o RPE, conforme artigo 104 da Lei 4.320/64.

Destaca-se que mesmo o modelo previsto na Lei 4.320/64 já ajustava os efeitos dos valores das variações patrimoniais qualitativas (fatos permutativos), que, apesar de figurarem entre as contas evidenciadas na DVP, não afetavam a apuração do resultado do exercício.

Como visto anteriormente, as receitas de capital e as despesas de capital tinham seus efeitos anulados pelas mutações passivas e pelas mutações ativas, respectivamente.

O MCASP apresenta a seguinte estrutura para a nova Demonstração das Variações Patrimoniais do Setor Público:

<ENTE DA FEDERAÇÃO

DEMONSTRAÇÃO DAS VARIAÇÕES PATRIMONIAIS

EXERCÍCIO: PERÍODO (MÊS): DATA DE EMISSÃO: PÁGINA:

VARIAÇÕES PATRIMONIAIS QUANTITATIVAS		
	Exercício Anual	**Exercício Anterior**
VARIAÇÕES PATRIMONIAIS AUMENTATIVAS		
Impostos, Taxas e Contribuições de Melhoria		
Impostos		
Taxas		
Contribuições de Melhoria		
Contribuições		
Contribuições Sociais		
Contribuições de Intervenção no Domínio Econômico		
Contribuição de Iluminação Pública		
Contribuições de Interesse das Categorias Profissionais		
Exploração e Venda de Bens, Serviços e Direitos		
Venda de Mercadorias		
Venda de Produtos		
Exploração de Bens e Direitos e Prestação de Serviços		
Variações Patrimoniais Aumentativas Financeiras		
Juros e Encargos de Empréstimos e Financiamentos Concedidos		
Juros e Encargos de Mora		
Variações Monetárias e Cambiais		
Descontos Financeiros Obtidos		
Remuneração de Depósitos Bancários e Aplicações Financeiras		
Outras Variações Patrimoniais Aumentativas – Financeiras		
Transferências e Delegações Recebidas		
Transferências Intragovernamentais		
Transferências Intergovernamentais		
Transferências das Instituições Privadas		
Transferências das Instituições Multigovernamentais		
Transferências de Consórcios Públicos		
Transferências do Exterior		
Delegações Recebidas		
Transferências de Pessoas Físicas		
Valorização e Ganhos com Ativos		
Reavaliação de Ativos		
Ganhos com Alienação		
Ganhos com Incorporação de Ativos por Descobertas e Nascimentos		
Outras Variações Patrimoniais Aumentativas		
Variação Patrimonial Aumentativa a Classificar		
Resultado Positivo de Participações		
Reversão de Provisões e Ajustes de Perdas		
Diversas Variações Patrimoniais Aumentativas		

VARIAÇÕES PATRIMONIAIS QUANTITATIVAS		
	Exercício Anual	**Exercício Anterior**
VARIAÇÕES PATRIMONIAIS AUMENTATIVAS		
Pessoal e Encargos Remuneração a Pessoal Encargos Patronais Benefícios a Pessoal Custo de Pessoal e Encargos Outras Variações Patrimoniais Diminutivas – Pessoal e Encargos		
Benefícios Previdenciários e Assistenciais Aposentadorias e Reformas Pensões Benefícios de Prestação Continuada Benefícios Eventuais Políticas Públicas de Transferência de Renda Outros Benefícios Previdenciários e Assistenciais		
Uso de Bens, Serviços e Consumo de Capital Fixo Uso do Material de Consumo Serviços Depreciação, Amortização de Exaustão Custo de Materiais, Serviços e Consumo de Capital Fixo		
Variações Patrimoniais Diminutivas Financeiras Juros e Encargos de Empréstimos e Financiamentos Obtidos Juros e Encargos de Mora Variações Monetárias e Cambiais Descontos Financeiros Concedidos Outras Variações Patrimoniais Diminutivas – Financeiras		
Transferências e Delegações Concedidas Transferências Intragovernamentais Transferências Intergovernamentais Transferências a Instituições Privadas Transferências a Instituições Multigovernamentais Transferências a Consórcios Públicos Transferências ao Exterior Delegações Concedidas		
Desvalorização e Perda de Ativos Redução a Valor Recuperável e Provisão para Perdas Perdas com Alienação Perdas Involuntárias		
Tributárias Impostos, Taxas e Contribuições de Melhoria Contribuições Custo com Tributos		
Outras Variações Patrimoniais Diminutivas Premiações Resultado Negativo de Participações Incentivos Subvenções Econômicas Participações e Contribuições VPD de Constituição de Provisões Custo de Outras VPD Diversas Variações Patrimoniais Diminutivas		
Resultado Patrimonial do Período		

A nova Demonstração das Variações Patrimoniais será elaborada utilizando-se as Classes 3 (variações patrimoniais diminutivas) e 4 (variações patrimoniais aumentativas) do Plano de Contas Aplicado ao Setor Público.

A nova Demonstração das Variações Patrimoniais será elaborada utilizando-se as Classes 3 (variações patrimoniais diminutivas) e 4 (variações patrimoniais aumentativas) do Plano de Contas Aplicado ao Setor Público.

Pela demonstração, deve-se avaliar o resultado patrimonial, que é afetado tanto por fatos orçamentários quanto extraorçamentários, observando os itens mais relevantes que interferiram no superávit ou déficit patrimonial. A avaliação de gestão, a partir da Demonstração das Variações Patrimoniais, tem o objetivo de apurar o quanto e de que forma a administração influenciou nas alterações patrimoniais do setor público.

De acordo com o MCASP, o resultado patrimonial é um importante indicador de gestão fiscal, já que é o principal item que influencia na evolução do patrimônio líquido de um período, objeto de análise do anexo de metas fiscais integrante da Lei de Diretrizes Orçamentárias.

d) Balanço patrimonial pelas novas regras

O papel do novo Balanço Patrimonial continua sendo o de evidenciar, qualitativa e quantitativamente, a situação patrimonial da entidade pública, por meio das contas representativas do patrimônio público.

Entre as mudanças introduzidas no novo Balanço Patrimonial, destacam-se a classificação dos elementos patrimoniais com base em seus atributos de conversibilidade e exigibilidade (circulante e não circulante); a exigência da apresentação de valores relativos a dois exercícios financeiros (atual e anterior); e a inclusão de dois apêndices: um relativo à apuração do superávit financeiro do exercício e outro especificando os atos potenciais (já que as contas de compensação não integram mais a estrutura original).

O MCASP apresenta a seguinte estrutura para o novo Balanço Patrimonial do Setor Público:

<ente da federação>

BALANÇO PATRIMONIAL

EXERCÍCIO: PERÍODO (MÊS): DATA DE EMISSÃO: PÁGINA:

ATIVO		
ESPECIFICAÇÃO	**Exercício Atual**	**Exercício Anterior**
ATIVO CIRCULANTE		
Caixa e Equivalentes de Caixa		
Créditos a Curto Prazo		
Clientes		
Créditos Tributários a Receber		
Dívida Ativa Tributária		
Dívida Ativa não Tributária – Clientes		
Créditos de Transferências a Receber		
Empréstimos e Financiamentos Concedidos		
(–) Ajuste de Perdas de Créditos a Curto Prazo		
Demais Créditos e Valores a Curto Prazo		
Investimentos e Aplicações Temporárias a Curto prazo		
Estoques		
VPD Pagas Antecipadamente		
ATIVO NÃO CIRCULANTE		
Ativo Realizável a Longo Prazo		
Créditos a Longo Prazo		
Clientes		
Créditos Tributários a Receber		
Dívida Ativa Tributária		
Dívida Ativa não Tributária – Clientes		
Empréstimos e Financiamentos Concedidos		
(–) Ajuste de Perdas de Créditos a Longo Prazo		
Demais Créditos e Valores a Longo Prazo		
Investimentos e Aplicações Temporárias a Longo Prazo		
Estoques		
VPD Pagas Antecipadamente		
Investimentos		
Participações Permanentes		
Participações Avaliadas pelo Método de Equivalência Patrimonial		
Participações Avaliadas pelo Método de Custo		
Propriedades para Investimentos		
Demais Investimentos Permanentes		
Imobilizado		
Bens Móveis		
Bens Imóveis		
Intangível		
Softwares		
Marcas, Direitos e Patentes Industriais		
Direito de Uso de Imóveis		
TOTAL		

PASSIVO		
ESPECIFICAÇÃO	**Exercício Atual**	**Exercício Anterior**
PASSIVO CIRCULANTE		
Obrigações Trabalhistas, Previdenciárias e Assistenciais a Pagar a Curto Prazo		
Empréstimos e Financiamentos a Curto Prazo		
Fornecedores e Contas a Pagar a Curto Prazo		
Obrigações Fiscais a Curto Prazo		
Obrigações de Repartição a Outros Entes		
Provisões a Curto Prazo		
Demais Obrigações a Curto Prazo		
PASSIVO NÃO CIRCULANTE		
Obrigações Trabalhistas, Previdenciárias e Assistenciais a Pagar a Longo Prazo		
Empréstimos e Financiamentos a Longo Prazo		
Fornecedores a Longo Prazo		
Obrigações Fiscais a Longo Prazo		
Provisões a Longo Prazo		
Demais Obrigações a Longo Prazo		
Resultado Diferido		
TOTAL DO PASSIVO		

PATRIMÔNIO LÍQUIDO		
ESPECIFICAÇÃO	**Exercício Atual**	**Exercício Anterior**
Patrimônio Social e Capital Social		
Adiantamento para o futuro Aumento de Capital		
Reservas de Capital		
Ajustes de Avaliação Patrimonial		
Reservas de Lucros		
Demais Reservas		
Resultados Acumulados		
Resultado do Exercício		
Resultados de Exercícios Anteriores		
Ajustes de Exercícios Anteriores		
(–) Ações/Cotas em Tesouraria		
TOTAL DO PATRIMÔNIO LÍQUIDO		
TOTAL		

O novo Balanço Patrimonial será elaborado utilizando-se as Classes 1 e 2 (Ativo e Passivo). A Classe 8 (Controles Credores) será utilizada para o preenchimento do apêndice relativo aos atos potenciais. Trazendo os valores do Balancete de Verificação do item 3.6, tem-se:

BALANÇO PATRIMONIAL					
ATIVO	**Exerc. Atual**	**Exerc. Anterior**	**PASSIVO**	**Exerc. Atual**	**Exerc. Anterior**
ATIVO CIRCULANTE	2.000,00	0,00	PASSIVO CIRCULANTE	30.000,00	0,00
Disponível	2.000,00	0,00			
ATIVO NÃO CIRCULANTE	137.700,00	0,00	PASSIVO NÃO CIRCULANTE	0,00	0,00
Veículo	18.000,00	0,00	TOTAL DO PASSIVO	30.000,00	
Imóvel	70.000,00	0,00	**PATRIMÔNIO LÍQUIDO**		
Bem de Uso Comum	50.000,00	0,00	**ESPECIFICAÇÃO**	**Exerc. Atual**	**Exerc. Anterior**
Depreciação Acumulada	(300,00)	0,00	Resultado do Exercício	109.700,00	0,00
TOTAL	139.700,00	0,00	TOTAL	139.700,00	0,00

O primeiro apêndice tem como objetivo preservar a informação fornecida pelo Balanço Patrimonial previsto na Lei 4.320/64, relativa à apuração do superávit financeiro do exercício, base para abertura de créditos adicionais:

ATIVO FINANCEIRO			PASSIVO FINANCEIRO		
ATIVO PERMANENTE			PASSIVO PERMANENTE		
SALDO PATRIMONIAL					

O segundo apêndice refere-se ao controle dos atos que potencialmente possam afetar o patrimônio da entidade governamental, antes evidenciados por meio das contas de compensação (Ativo Compensado e Passivo Compensado):

Compensações

ESPECIFICAÇÃO Saldo dos Atos Potenciais Ativos	Exercício Atual	Exercício Anterior	ESPECIFICAÇÃO Saldo dos Atos Potenciais Passivos	Exercício Atual	Exercício Anterior
TOTAL			TOTAL		

e) Demonstração dos Fluxos de Caixa

A Demonstração dos Fluxos de Caixa (DFC) é uma das demonstrações contábeis incluídas pelas novas regras. Seu objetivo é contribuir para a transparência da gestão pública, pois permite o controle financeiro dos órgãos e entidades do setor público.

De acordo com o MCASP, a DFC deve ser elaborada pelo método direto e evidenciar as movimentações havidas no caixa e seus equivalentes, por meio dos fluxos das operações, dos investimentos e dos financiamentos:

- *fluxo de caixa das operações*: compreende os ingressos, inclusive decorrentes de receitas originárias e derivadas, e os desembolsos relacionados com a ação pública e os demais fluxos que não se qualificam como de investimento ou financiamento;
- *fluxo de caixa dos investimentos*: inclui os recursos relacionados à aquisição e à alienação de ativo não circulante, bem como recebimentos em dinheiro por liquidação de adiantamentos ou amortização e empréstimos concedidos e outras operações da mesma natureza;
- *fluxo de caixa dos financiamentos*: inclui os recursos relacionados à captação e à amortização de empréstimos e financiamentos.

O MCASP apresenta a seguinte estrutura para a Demonstração dos Fluxos de Caixa do Setor Público:

<ENTE DA FEDERAÇÃO>

DEMONSTRAÇÃO DOS FLUXOS DE CAIXA

EXERCÍCIO: PERÍODO (MÊS): DATA EMISSÃO: PÁGINA

	Exercício Atual	**Exercício Anterior**
FLUXOS DE CAIXA DAS ATIVIDADES DAS OPERAÇÕES		
INGRESSOS		
RECEITAS DERIVADAS		
Receita Tributária		
Receita de Contribuições		
Outras Receitas Derivadas		
RECEITAS ORIGINÁRIAS		
Receita Patrimonial		
Receita Agropecuária		
Receita Industrial		

	Exercício Atual	Exercício Anterior
Receita de Serviços		
Outras Receitas Originárias		
Remuneração das Disponibilidades		
TRANSFERÊNCIAS		
Intergovernamentais		
da União		
de Estados e Distrito Federal		
de Municípios		
Intergovernamentais		
DESEMBOLSOS		
PESSOAL E OUTRAS DESPESAS CORRENTES POR FUNÇÃO		
Legislativa		
Judiciária		
Administração		
Defesa Nacional		
Segurança Pública		
Relações Exteriores		
Assistência Social		
Saúde		
Trabalho		
Educação		
(...)		
JUROS E ENCARGOS DA DÍVIDA		
Juros e Correção Monetária da Dívida Interna		
Juros e Correção Monetária da Dívida Externa		
Outros Encargos da Dívida		
TRANSFERÊNCIAS		
Intergovernamentais		
a União		
a Estados e Distrito Federal		
a Municípios		
Intragovernamentais		

	Exercício Atual	Exercício Anterior
FLUXO DE CAIXA LÍQUIDO DAS ATIVIDADES DAS OPERAÇÕES		
FLUXOS DE CAIXA DAS ATIVIDADES DE INVESTIMENTO		
INGRESSOS		
ALIENAÇÃO DE BENS		
AMORTIZAÇÃO DE EMPRÉSTIMOS E FINANCIAMENTOS CONCEDIDOS		
DESEMBOLSOS		
AQUISIÇÃO DE ATIVO NÃO CIRCULANTE		
CONCESSÃO DE EMPRÉSTIMOS E FINANCIAMENTOS		
FLUXO DE CAIXA LÍQUIDO DAS ATIVIDADES DE INVESTIMENTO		
FLUXOS DE CAIXA DAS ATIVIDADES DE FINANCIAMENTO		
INGRESSOS		
OPERAÇÕES DE CRÉDITO		
DESEMBOLSOS		
AMORTIZAÇÃO/REFINANCIAMENTO DA DÍVIDA		
FLUXO DE CAIXA LÍQUIDO DAS ATIVIDADES DE FINANCIAMENTO		
APURAÇÃO DO FLUXO DE CAIXA DO PERÍODO		
GERAÇÃO LÍQUIDA DE CAIXA E EQUIVALENTE DE CAIXA		
CAIXA E EQUIVALENTE DE CAIXA INICIAL		
CAIXA E EQUIVALENTE DE CAIXA FINAL		

Trazendo os valores do Balancete de Verificação do item 3.6, tem-se a seguinte DFC pelo método direto:

DEMONSTRAÇÃO DOS FLUXOS DE CAIXA		
	Exercício Atual	**Exercício Anterior**
FLUXO DE CAIXA DAS ATIVIDADES DAS OPERAÇÕES		
Ingressos	40.000,00	0,00
Receitas Derivadas	40.000,00	0,00
Receitas Originárias	0,00	0,00
Transferências	0,00	0,00
Desembolsos	0,00	0,00
Pessoal e Outras Despesas Correntes por Função	0,00	0,00
Juros e Encargos da Dívida	0,00	0,00
Transferências	0,00	0,00
FLUXO DE CAIXA LÍQUIDO DAS ATIVIDADES DAS OPERAÇÕES	40.000,00	0,00
FLUXO DE CAIXA DAS ATIVIDADES DE INVESTIMENTOS		
Ingressos	0,00	0,00
Alienação de Bens	0,00	0,00
Amortização de Empréstimos e Financiamentos Concedidos	0,00	0,00
Desembolsos	(68.000,00)	0,00
Aquisição de Ativo Não Circulante	(68.000,00)	0,00
Concessão de Empréstimos e Financiamentos	0,00	0,00
FLUXO DE CAIXA LÍQUIDO DAS ATIVIDADES DE INVESTIMENTO	(68.000,00)	0,00
FLUXO DE CAIXA DAS ATIVIDADES DE FINANCIAMENTO		
Ingressos	30.000,00	0,00
Operações de Crédito	30.000,00	0,00
Desembolsos	0,00	0,00
Amortização/Refinanciamento da Dívida	0,00	0,00
FLUXO DE CAIXA LÍQUIDO DAS ATIVIDADES DE FINANCIAMENTO	30.000,00	0,00
APURAÇÃO DO FLUXO DE CAIXA DO PERÍODO	2.000,00	0,00
GERAÇÃO LÍQUIDA DE CAIXA E EQUIVALENTE DE CAIXA	0,00	0,00
CAIXA E EQUIVALENTE DE CAIXA INICIAL	0,00	0,00
CAIXA E EQUIVALENTE DE CAIXA FINAL	2.000,00	0,00

Como se pode observar, a estrutura da DFC do Setor Público é semelhante à estrutura de DFC adotada na iniciativa privada, preservando, contudo, a natureza da informação governamental.

f) Demonstração das Mutações do Patrimônio Líquido

A Demonstração das Mutações do Patrimônio Líquido (DMPL) será exigida apenas para as empresas estatais dependentes e para os entes que as incorporarem no processo de consolidação das contas públicas.

O objetivo da DMPL é demonstrar cada mutação reconhecida no patrimônio líquido, o efeito decorrente das mudanças nos critérios contábeis e da retificação de erros cometidos em exercícios anteriores, e as contribuições dos proprietários e distribuições recebidas por eles como proprietários.

O MCASP apresenta a seguinte estrutura para a Demonstração das Mutações do Patrimônio Líquido:

<ENTE DA FEDERAÇÃO>

DEMONSTRAÇÃO DAS MUTAÇÕES NO PATRIMÔNIO LÍQUIDO

EXERCÍCIO: PERÍODO (MÊS): DATA EMISSÃO:PÁGINA

ESPECIFIC.	Pat. Social/ Capital Social	Adiant. para Futuro Aumento de Capital	Reserv. de Capital	Ajustes de Aval. Pat.	Reservas de Lucros	Demais Reserv.	Result. Acumul.	Ações/ Cotas em Tesouraria	TOTAL
Saldo Inicial Ex. Anterior									
Ajustes de Exercícios Anteriores									
Aumento de Capital									
Resultado do Exercício									
Constituição/Reversão de Reservas									
Dividendos									
Saldo Final Ex. Anterior Saldo Inicial Ex. Atual									
Ajustes de Exercícios Anteriores									
Aumento de Capital									
Resultado do Exercício									
Constituição/Reversão de Reservas									
Dividendos									
Saldo Final Ex. Atual									

A partir dos valores do Balancete de Verificação do item 3.6, tem-se a seguinte DMPL:

DEMONSTRAÇÃO DAS MUTAÇÕES DO PATRIMÔNIO LÍQUIDO							
ESPECIFICAÇÃO	Patrimônio social/ capital social	Reservas de capital	Ajustes avaliação patrimonial	Reserva de lucros	Resultados acumulados	Ações/ cotas em tesouraria	Total
Saldo Inicial Exercício Anterior	0,00	0,00	0,00	0,00	0,00	0,00	0,00
Ajustes Exercícios Anteriores	0,00	0,00	0,00	0,00	0,00	0,00	0,00
Aumento de Capital	0,00	0,00	0,00	0,00	0,00	0,00	0,00
Resultado do Exercício	0,00	0,00	0,00	0,00	0,00	0,00	0,00
Constituição/Reversão de Reservas	0,00	0,00	0,00	0,00	0,00	0,00	0,00
Dividendos	0,00	0,00	0,00	0,00	0,00	0,00	0,00
Saldo Final Exercício Anterior/Saldo Inicial Exercício Atual	**0,00**	**0,00**	**0,00**	**0,00**	**0,00**	**0,00**	**0,00**
Ajustes de Exercícios Anteriores	0,00	0,00	0,00	0,00	0,00	0,00	0,00
Aumento de Capital	0,00	0,00	0,00	0,00	0,00	0,00	0,00
Resultado do Exercício	0,00	0,00	0,00	0,00	109.700,00	0,00	109.700,00
Constituição/Reversão de Reservas	0,00	0,00	0,00	0,00	0,00	0,00	0,00
Dividendos	0,00	0,00	0,00	0,00	0,00	0,00	0,00
Saldo Final Exercício Atual	0,00	0,00	0,00	0,00	109.700,00	0,00	109.700,00

Considerando que o exemplo dado refere-se ao primeiro exercício financeiro da entidade, e como não há outros eventos que impactaram o PL, o saldo final do exercício atual da DMPL coincidirá com o resultado patrimonial do exercício, apurado na DVP, no valor de R$ 109.700,00.

3.8 Sistema de custos

O sistema de custos é uma importante ferramenta que visa estabelecer um sistema de informações gerenciais, auxiliando a administração a tomar decisões e localizar falhas de gerenciamento. Cria um controle financeiro efetivo, contribuindo para a gestão da entidade governamental: avaliação de custo-benefício; como e quando gastar; apoio ao controle interno e suporte indispensável para as decisões estratégicas.

Segundo informações disponíveis no *site* da STN, o Sistema de Informações de Custos do Governo Federal é um *Data Warehouse* que se utiliza da extração de dados dos sistemas estruturantes da administração pública federal, tal como SIAPE, SIAFI e SIGPlan, para a geração de informações.

A STN publicou em 9 de março de 2011 a sua Portaria nº 157, que dispõe sobre a criação do Sistema de Custos do Governo Federal, estruturado na forma de um subsistema organizacional da administração pública federal brasileira e vinculado ao Sistema de Contabilidade Federal, uma vez que se encontra sob gestão da Coordenação-Geral de Contabilidade e Custos da União.

Por meio dessa estrutura matricial de gestão governamental, integram-se a Secretaria do Tesouro Nacional, como órgão central, e as unidades de gestão interna do Poder Público da União, como órgãos setoriais; os quais se tornam responsáveis pelo uso do Sistema de Informações de Custos (SIC), enquanto ferramenta de suporte tecnológico, para acompanhamento dos custos em suas organizações públicas.

4 Normas nacionais e internacionais de contabilidade aplicadas ao setor público

4.1 Normas Brasileiras de Contabilidade Aplicadas ao Setor Público

Conforme comentado anteriormente, em 2008 o CFC publicou as dez primeiras NBCASP, visando construir um referencial teórico em bases científicas para a Contabilidade Pública brasileira. Em 2011 foi publicada a 11ª NBCASP, que trata do Sistema de Informação de Custos do Setor Público.

A NBCASP e suas atualizações[7] contemplam desde os conceitos básicos até as regras de consolidação de balanços a serem observadas no Setor Público brasileiro, incorporando parte dos fundamentos das Normas Internacionais de Contabilidade Aplicadas ao Setor Público (Quadro 12.3):

---

[7] A integralidade das dez NBCASP e suas atualizações podem ser conferidas no *site* do CFC: <www.cfc.org.br>.

Quadro 12.3 *Regulamentação, descrição e objetivos das NBC T 16.*

Resolução CFC	Descrição	Objetivo
001128/2008	NBC T 16.1 – Conceituação, Objeto de Campo de Aplicação	Estabelecer a conceituação, o objeto e o campo de aplicação da Contabilidade Aplicada ao Setor Público.
001129/2008	NBC T 16.2 – Patrimônio e Sistemas Contábeis	Estabelecer o conceito de patrimônio público, sua classificação sob o enfoque contábil, o conceito e a estrutura do sistema de informação contábil.
001130/2008	NBC T 16.3 – Planejamento e seus Instrumentos sob o Enfoque Contábil	Estabelecer as bases para controle contábil do planejamento desenvolvido pelas entidades do Setor Público, expresso em planos hierarquicamente interligados.
001131/2008	NBC T 16.4 – Transações no Setor Público	Estabelecer conceitos, natureza e tipicidades das transações no Setor Público.
001132/2008	NBC T 16.5 – Registro Contábil	Estabelecer critérios para o registro contábil dos atos e dos fatos que afetam ou possam vir a afetar o patrimônio das entidades do Setor Público.
001133/2008	NBC T 16.6 – Demonstrações Contábeis	Estabelecer as demonstrações contábeis a serem elaboradas e divulgadas pelas entidades do Setor Público.
001134/2008	NBC T 16.7 – Consolidação das Demonstrações Contábeis	Estabelecer conceitos, abrangência e procedimentos para consolidação das demonstrações contábeis no Setor Público.
001135/2008	NBC T 16.8 – Controle Interno	Estabelecer referenciais para o controle interno como suporte do sistema de informação contábil, no sentido de minimizar riscos e dar efetividade às informações da Contabilidade, visando contribuir para o alcance dos objetivos da entidade do Setor Público.
001136/2008	NBC T 16.9 – Depreciação, Amortização e Exaustão	Estabelecer critérios e procedimentos para o registro contábil da depreciação, da amortização e da exaustão.
001137/2008	NBC T 16.10 – Avaliação e Mensuração de Ativos e Passivos em Entidades do Setor Público	Estabelecer critérios e procedimentos para a avaliação e a mensuração de ativos e passivos integrantes do patrimônio de entidades do Setor Público.
001366/2011	Aprova a NBC T 16.11 – Sistema de Informação de Custos do Setor Público	Estabelece a conceituação, o objeto, os objetivos e as regras básicas para mensuração e evidenciação dos custos no setor público e é apresentado, nesta Norma, como Sistema de Informação de Custos do Setor Público (SICSP).

4.2 Normas Internacionais de Contabilidade Aplicadas ao Setor Público

A *International Public Sector Accounting Standards Board* (IPASB), da *International Federation of Accountants* (IFAC), é o órgão responsável por desenvolver as *International Public Sector Accounting Standards* (IPSAS).

As IPSAS estabelecem critérios de reconhecimento, mensuração e evidenciação de eventos e transações das entidades do Setor Público. Atualmente, são 38 pronunciamentos,[8] publicados entre maio de 2000 e janeiro de 2016, versando sobre as seguintes temáticas:

Pronunciamentos	Descrição
IPSAS 1	*Presentation of Financial Statements*
IPSAS 2	*Cash Flow Statements*
IPSAS 3	*Accounting Policies, Changes in Accounting Estimates and Errors*
IPSAS 4	*The Effects of Changes in Foreign Exchange Rates*
IPSAS 5	*Borrowing Costs*
IPSAS 6	*Consolidated and Separate Financial Statements (substituída)*
IPSAS 7	*Investments in Associates (substituída)*
IPSAS 8	*Interests in Joint Ventures (substituída)*
IPSAS 9	*Revenue from Exchange Transactions*
IPSAS 10	*Financial Reporting in Hiperinflationary Economies*
IPSAS 11	*Construction Contracts*
IPSAS 12	*Inventories*
IPSAS 13	*Leases*
IPSAS 14	*Events After the Reporting Date*
IPSAS 15	*Financial Instruments: Disclosure and Presentation (substituída)*
IPSAS 16	*Investment Property*
IPSAS 17	*Property, Plant and Equipment*
IPSAS 18	*Segment Reporting*
IPSAS 19	*Provisions, Contingent Liabilities and Contingent Assets*
IPSAS 20	*Related Party Disclosures*
IPSAS 21	*Impairment of Non-Cash-Generating Assets*
IPSAS 22	*Disclosure of Financial Information about the General Government Sector*
IPSAS 23	*Revenue from Non-Exchange Transactions (Taxes and Transfers)*

[8] A integralidade das 38 IPSAS e suas atualizações podem ser conferidas no *site* da IFAC: <www.ifac.org>.

IPSAS 24	*Presentation of Budget Information in Financial Statements*
IPSAS 25	*Employee Benefits*
IPSAS 26	*Impairment of Cash-Generating Assets*
IPSAS 27	*Agriculture*
IPSAS 28	*Financial Instruments: Presentation*
IPSAS 29	*Financial Instruments: Recognition and Measurement*
IPSAS 30	*Financial Instruments: Disclosures*
IPSAS 31	*Intangible Assets*
IPSAS 32	*Service Concession Arragements: Grantor*
IPSAS 33	*First-time Adoption of International Public Sector Accounting Standards (IPSASs)*
IPSAS 34	*Separate financial Statements*
IPSAS 35	*Consolidated Financial Statements*
IPSAS 36	*Investments in Associates and Joint Ventures*
IPSAS 37	*Joint Arrangements*
IPSAS 38	*Disclosure of Interests in Other Entities*

Como se pode observar, a relação dos padrões internacionais publicados pela IFAC é bem diferente das NBCASP publicadas pelo CFC. Conforme comentado anteriormente, a explicação está no fato de que o processo de convergência no Setor Público buscará preservar os aspectos legais, culturais e técnicos brasileiros, guardando, contudo, aderência aos fundamentos das IPSAS.

Nessa primeira etapa do processo de convergência, o CFC tem buscado desenvolver uma nova estrutura conceitual, promovendo a disseminação das NBCASP e apoiando programas de educação continuada para professores, profissionais e pesquisadores que atuam no Setor Público.

4.3 Estrutura conceitual da contabilidade aplicada ao setor público

Em outubro de 2016, o Conselho Federal de Contabilidade (CFC) publicou a Norma Brasileira de Contabilidade Aplicada ao Setor Público (NBC TSP) – Estrutura Conceitual, com o objetivo de orientar as normas publicadas para que observe a relevância, a comparabilidade e a verificabilidade dos dados que estarão nas demonstrações e em outros relatórios contábeis do Setor Público.

De acordo com o CFC, o texto não traz aplicações específicas, mas trata do escopo, apresenta as diretrizes e regras gerais que as demonstrações devem seguir. Ainda, aponta as características qualitativas para atingir os objetivos da informação contábil, que são a realização da prestação de contas com responsabilização e auxílio à tomada de decisão, entre outros pontos.

A Estrutura Conceitual do CFC foi elaborada de acordo com o Pronunciamento intitulado The Conceptual Framework for General Purpose Financial Reporting by Public Sector Entities, emitido pelo International Public Sector Accounting Standards Board (IPSASB), comitê da International Federation of Accountants (IFAC) responsável pela elaboração das normas internacionais de contabilidade aplicadas ao Setor Público (IPSAS, em inglês).

A publicação da Estrutura Conceitual do Setor Público pelo CFC foi acompanhada de muita controvérsia, uma vez que na mesma ocasião o CFC revogou as resoluções do CFC que aprovaram as normas aplicáveis ao setor público NBC T 16.1 a 16.5, parte da NBC T 16.6 e, ainda, a Resolução no 750/1993, que dispõe sobre os Princípios de Contabilidade, e a no 1.111/2007, que trata da interpretação dos princípios sob a perspectiva da área pública. Na visão do CFC, essa ação foi indispensável para evitar divergências na concepção doutrinária e teórica, que poderiam comprometer aspectos formais das Normas Brasileiras de Contabilidade.

Exercícios

1. **(Exame de suficiência/2012/CFC) Em relação aos Balanços Orçamentário, Financeiro e Patrimonial no setor público, é CORRETO afirmar que:**

   a) O Balanço Financeiro demonstra e evidencia a movimentação financeira das entidades do setor público no período a que se refere, e discrimina somente os recebimentos e os pagamentos extraorçamentários.

   b) O Balanço Financeiro demonstra e evidencia apenas a movimentação financeira das despesas orçamentárias das entidades do setor público no período a que se refere de natureza extraorçamentária.

   c) O Balanço Orçamentário demonstra e evidencia a movimentação financeira das entidades do setor público no período a que se refere, e discrimina somente as receitas por fonte ou espécie.

   d) O Balanço Orçamentário demonstra e evidencia apenas as receitas e despesas previstas em confronto com as realizadas, por categoria econômica.

2. **(Exame de suficiência/2012/CFC) Uma prefeitura estabeleceu que seus bens seriam depreciados pelo método da soma dos dígitos. No dia 2.1.2009, foi adquirida e colocada em funcionamento uma máquina nova para recuperação de estradas no valor de R$ 45.000,00, com vida útil de 10 anos. Considerando como base apenas a depreciação, o valor da Depreciação Acumulada e do Valor Líquido Contábil, será de, respectivamente:**

a) R$ 22.090,91 e R$ 22.909,09 no final do 8º ano.
b) R$ 27.818,18 e R$ 17.181,82 no final do 3º ano.
c) R$ 32.727,27 e R$ 12.272,73 no final do 5º ano.
d) R$ 36.818,18 e R$ 8.181,82 no final do 7º ano.

3. **(Exame de suficiência CFC 1/2013) O Ativo Imobilizado de uma determinada repartição pública estava assim constituído em 31.12.2011:**

Itens	Custo de Aquisição	Vida útil	Valor Residual	Depreciação Acumulada
Veículos	R$ 60.000,00	4 anos	R$ 12.000,00	R$ 36.000,00
Máquinas e Equipamentos	R$ 150.000,00	10 anos	R$ 20.000,00	R$ 39.000,00
Móveis e Utensílios	R$ 20.000,00	10 anos	R$ 2.000,00	R$ 5.400,00
Instalações	R$ 150.000,00	15 anos	R$ 15.000,00	R$ 27.000,00
Total	R$ 380.000,00			R$ 107.400,00

No decorrer do ano de 2012, não houve novas aquisições e nem baixas e não foram alterados os critérios de vida útil e valor residual.

Considerando as informações fornecidas, o valor contábil do Ativo Imobilizado apresentado no Balanço Patrimonial em 31.12.2012 é de:

a) R$ 143.200,00.
b) R$ 230.600,00.
c) R$ 236.800,00.
d) R$ 239.500,00.

4. **(Exame de suficiência CFC 1/2013) Em relação às variações patrimoniais no setor público, assinale a opção CORRETA:**

a) Variações patrimoniais decorrentes de transações em que a entidade do setor público responde como fiel depositária de valores de terceiros e que afetam o seu patrimônio líquido.
b) Variações patrimoniais são transações que promovem alterações nos elementos patrimoniais da entidade do setor público, mesmo em caráter compensatório, afetando, ou não, o seu resultado.
c) Variações qualitativas são aquelas decorrentes de transações no setor público, que alteram a composição dos elementos patrimoniais e aumentam ou diminuem o patrimônio líquido.

d) Variações quantitativas são aquelas decorrentes de transações no setor público, que alteram a composição dos elementos patrimoniais, sem afetar o patrimônio líquido.

5. **(Exame de suficiência CFC 1/2013) Na Contabilidade de um Município, os saldos em espécie, provenientes de exercício anterior, e os que se transferem para o exercício seguinte, serão demonstrados no:**

   a) Fluxo de Caixa.

   b) Balanço Patrimonial.

   c) Balanço Financeiro.

   d) Balanço Compensado.

6. **(Exame de suficiência CFC 2/2013) De acordo com as Normas Brasileiras de Contabilidade Aplicadas ao Setor Público, inclusive a Lei nº 4.320/64, são demonstrações contábeis das entidades definidas no campo da contabilidade aplicada ao setor público:**

   a) Balanço Patrimonial, Balanço Orçamentário, Demonstração do Resultado do Exercício e Demonstração das Variações Patrimoniais.

   b) Balanço Patrimonial, Balanço Orçamentário, Demonstração do Valor Adicionado e Demonstração das Mutações do Patrimônio Líquido.

   c) Balanço Patrimonial, Balanço Orçamentário, Demonstração do Valor Abrangente e Balanço Financeiro.

   d) Balanço Patrimonial, Balanço Orçamentário, Demonstração dos Fluxos de Caixa e Demonstração das Mutações do Patrimônio Líquido.

7. **(Exame de suficiência CFC 2/2013) Uma prefeitura de um determinado município brasileiro apresentou as seguintes informações contábeis referentes ao exercício financeiro de X1:**

   - Receita prevista R$ 5.000.000,00
   - Receita arrecadada R$ 5.500.000,00
   - Despesa empenhada R$ 4.500.000,00
   - Despesa liquidada R$ 4.300.000,00
   - Despesa paga R$ 4.000.000,00
   - Despesa fixada R$ 5.000.000,00
   - Pagamento de Restos a Pagar R$ 1.000.000,00

   Com base nessas informações e na Lei nº 4.320/64, o resultado da execução orçamentária, no exercício financeiro de X1, foi:

   a) R$ 500.000,00.

   b) R$ 1.000.000,00.

c) R$ 1.200.000,00.

d) R$ 1.500.000,00.

8. **(Exame de suficiência CFC 2/2013) Conforme o que determina a Lei nº 4.320/64 sobre a contabilidade aplicada às entidades públicas governamentais, assinale a opção INCORRETA.**

   a) A contabilidade deverá manter os registros analíticos de todos os bens de caráter permanente, com indicação dos elementos necessários para a perfeita caracterização de cada um deles e dos agentes responsáveis pela sua guarda e administração.

   b) A Demonstração das Variações Patrimoniais evidenciará as alterações verificadas no patrimônio, resultantes ou independentes da execução orçamentária, e indicará o resultado financeiro do exercício.

   c) As autarquias devem remeter, dentro do prazo que a legislação fixar, os balanços ao órgão central de contabilidade da União, dos Estados, dos Municípios e do Distrito Federal, para fins de incorporação dos resultados, salvo disposição legal em contrário.

   d) Os serviços de contabilidade serão organizados de forma a permitirem o acompanhamento da execução orçamentária, o conhecimento da composição patrimonial, a determinação dos custos dos serviços industriais, o levantamento dos balanços gerais, a análise e a interpretação dos resultados econômicos e financeiros.

9. **(Exame de suficiência CFC 1/2014) Uma entidade pública registrou um veículo para compor seu ativo imobilizado pelo custo de aquisição de R$ 78.000,00. No ato da contabilização, a entidade determinou que esse veículo terá um valor residual de R$ 21.000,00 e uma vida útil de cinco anos; o Método das Cotas Constantes foi escolhido para apropriação da depreciação.**

   Diante dessas informações, assinale a opção CORRETA.

   a) A depreciação anual é no valor de R$ 4.200,00.

   b) A depreciação mensal é no valor de R$ 1.300,00.

   c) O valor depreciável do veículo será de R$ 57.000,00.

   d) O valor depreciável do veículo será de R$ 78.000,00.

10. **(Exame de suficiência CFC 1/2014) Considerando a Lei nº 320/64, a Lei Complementar no 101/2000 e as Normas Brasileiras de Contabilidade Aplicadas ao Setor Público, relacione o título da demonstração contábil aplicada ao setor público, apresentada na primeira coluna, com o conceito apresentado na segunda coluna e, em seguida, assinale a opção CORRETA.**

(1) Balanço Orçamentário	( ) Demonstra a receita e a despesa orçamentárias, bem como os recebimentos e os pagamentos de natureza extraorçamentária, conjugados com os saldos em espécies provenientes do exercício anterior, e os que se transferem para o exercício seguinte.
(2) Balanço Financeiro	( ) Demonstra as receitas e despesas previstas em confronto com as realizadas.
(3) Balanço Patrimonial	( ) Evidencia, qualitativa e quantitativamente, a situação patrimonial da entidade pública, meio de contas representativas do patrimônio público, além das contas de compensação.

A sequência CORRETA é:

a) 3, 2, 1.
b) 2, 3, 1.
c) 2, 1, 3.
d) 1, 2, 3.

11. (Exame de suficiência CFC 1/2014) De acordo com a Resolução CFC nº 1367/11, que trata da Interpretação dos Princípios de Contabilidade sob a Perspectiva do Setor Público, julgue os itens abaixo, quanto ao Princípio da Oportunidade e, em seguida, assinale a opção CORRETA.

I. No âmbito da entidade pública, o Princípio da Oportunidade está vinculado ao estrito cumprimento da destinação social do seu patrimônio, ou seja, a oportunidade da entidade se dá enquanto perdurar sua finalidade.

II. O Princípio da Oportunidade é base indispensável à integridade e à fidedignidade dos processos de reconhecimento, mensuração e evidenciação da informação contábil, dos atos e dos fatos que afetam ou possam afetar o patrimônio da entidade pública, observadas as Normas Brasileiras de Contabilidade aplicadas ao Setor Público.

III. O Princípio da Oportunidade se afirma, para o ente público, pela autonomia e responsabilização do patrimônio a ele pertencente. A autonomia patrimonial tem origem na destinação social do patrimônio e a responsabilização pela obrigatoriedade da prestação de contas pelos agentes públicos.

Está(ao) certo(s) o(s) item(ns):

a) I, II e III.
b) II, apenas.
c) III, apenas.
d) I e III, apenas.

12. **(Exame de suficiência CFC 2/2014) De acordo com as Normas Brasileiras de Contabilidade Aplicadas ao Setor Público, relacione o tipo de fluxo de caixa adotado por uma determinada Prefeitura, descrito na primeira coluna, com as respectivas operações apresentadas na segunda coluna, e, em seguida, assinale a opção CORRETA:**

Fluxo de Caixa das Operações	( ) Compreende os recursos relacionados à captação e amortização de empréstimos e financiamentos.
Fluxo de Caixa dos Financiamentos	( ) Compreende os recursos relacionados à aquisição e à alienação de ativo não circulante, bem como os recebimentos em dinheiro por liquidação de adiantamentos ou amortização de empréstimos concedidos e outras operações da mesma natureza.
Fluxo de Caixa dos Investimentos	( ) Compreende os ingressos, inclusive decorrentes de receitas originárias e derivadas, e os desembolsos relacionados com a ação pública e os demais fluxos que não se qualificam como de investimento ou financiamento.

A sequência CORRETA é:
a) 2, 1, 3.
b) 2, 3, 1.
c) 3, 1, 2.
d) 3, 2, 1.

13. **(Exame de suficiência CFC 2/2014) Uma entidade do setor público realizou a venda de um veículo do ativo imobilizado, o qual apresentava os seguintes valores registrados e 31/12/2013:**

Bens móveis – veículos	R$ 24.000,00
Depreciação acumulada – veículos	R$ 400,00

A Administração Pública orçou a venda do veículo para o exercício em 2014 por R$ 28.000,00.

Além de registro em contas de controle, o recebimento o valor da venda, à vista, em 2014, pelo valor orçado, irá resultar em:

a) Um registro a crédito no grupo de variação patrimonial aumentativa no valor de R$ 4.000,00, de natureza patrimonial, registros a débito e a crédito no grupo de execução de orçamento, de natureza orçamentária, no valor de R$ 24.000,00.
b) Um registro a crédito no grupo de variação patrimonial aumentativa no valor de R$ 23.600,00, de natureza patrimonial, registro a débito e a crédito no grupo de execução de orçamento, de natureza orçamentária, no valor de R$ 28.000,00.
c) Um registro a crédito no grupo de variação patrimonial aumentativa no valor de R$ 28.000,00, de natureza patrimonial, registros a débito e a crédito no grupo de execução de orçamento, de natureza orçamentária, no valor de R$ 23.600,00.
d) Um registro a crédito no grupo de variação patrimonial aumentativa no valor de R$ 4.400,00, de natureza patrimonial, registros a débito e a crédito no grupo de execução de orçamento, de natureza orçamentária, no valor de R$ 28.000,00.

14. (Exame de suficiência CFC 2/2014) Com base na NBC T 16.9 – Depreciação, Amortização e Exaustão assinale a opção CORRETA.

O imobilizado de uma entidade do setor público estava assim constituído:

Itens	**Custo de Aquisição**	**Vida Útil**	**Valor Residual**	**Depreciação Acumulada em 31.12.2012**
Veículos	R$ 240.000,00	6 anos	R$ 24.000,00	R$ 108.000,00
Máquinas e Equipamentos	R$ 650.000,00	8 anos	R$ 35.000,00	R$ 230.625,00
Móveis e Utensílios	R$ 120.000,00	10 anos	R$ 12.000,00	R$ 32.400,00
Computadores e Periféricos	R$ 180.000,00	4 anos	-	R$ 135.000,00
Total	R$ 1.190.000,00	-	-	R$ 506.025,00

No decorrer do ano de 2013, não houve novas aquisições, nem baixas. Foram mantidos os critérios de vida útil e valor residual, e não foram identificadas perdas por recuperabilidade.

Acerca da situação acima, o valor contábil do imobilizado apresentado no Balanço Patrimonial, em 31/12/2013, é de:

a) R$ 505.725,00

b) R$ 515.300,00

c) R$ 572.075,00

d) R$ 674.700,00

15. **(Exame de suficiência CFC 1/2015) Uma prefeitura adquiriu dez ambulâncias, no valor total de R$ 660.000,00. Após um estudo, decidiu-se por realizar a depreciação utilizando-se o Método da Soma dos Dígitos na forma decrescente, pois esse método reflete o padrão em que os benefícios econômicos futuros e o potencial de serviços dessas ambulâncias serão consumidos pela prefeitura. Informações:**

- As ambulâncias entraram em operação imediatamente à sua chegada, ocorrida no dia 2.1.2014.
- A vida útil dessas ambulâncias é de 4 (quatro) anos.
- Foi determinado um valor residual das 10 (dez) ambulâncias, em um total de R$ 132.000,00.

Com base nas informações acima, o Valor Líquido Contábil, ao final do terceiro ano, será de:

a) R$ 475.200,00.

b) R$ 184.800,00.

c) R$ 132.000,00.

d) R$ 105.600,00.

16. **(Exame de suficiência CFC 1/2015) De acordo com as Normas Brasileiras de Contabilidade Aplicadas ao Setor Público, analise as variações patrimoniais apresentadas nos itens abaixo, ocorridas nos registros contábeis de uma prefeitura, em relação ao Patrimônio Líquido e, em seguida, assinale a opção CORRETA.**

a) Lançamento de IPTU, na data da ocorrência do fato gerador.

b) Aquisição de veículo a prazo.

c) Contratação de operação de crédito.

d) Reconhecimento, em Regime de Competência mensal, do 13º salário a ser pago no final do ano.

Classificam-se como Variações Patrimoniais Qualitativas aquelas descritas nos itens:

a) c e d.
b) b e c.
c) a e d.
d) a e b.

17. (Exame de suficiência CFC 1/2015) De acordo com a NBC T 16.2 – Patrimônio e Sistemas Contábeis, o sistema contábil está estruturado em subsistemas de informações. Relacione o tipo do subsistema, apresentado na primeira coluna, ao seu respectivo objetivo, apresentado na segunda coluna, e, em seguida, assinale a opção CORRETA.

(1) Subsistema Orçamentário	( ) Registrar, processar e evidenciar os atos de gestão cujos efeitos possam produzir modificações no patrimônio da entidade do setor público, bem como aqueles com funções específicas de controle.
(2) Subsistema Patrimonial	( ) Registrar, processar e evidenciar os atos e os fatos relacionados ao planejamento e à execução orçamentária.
(3) Subsistema de Custos	( ) Registrar, processar e evidenciar os custos dos bens e serviços, produzidos e ofertados à sociedade pela entidade pública.
(4) Subsistema Compensação	( ) Registrar, processar e evidenciar os fatos financeiros e não financeiros relacionados às variações qualitativas e quantitativas do patrimônio público.

a) 1, 3, 2, 4.
b) 2, 4, 1, 3.
c) 3, 2, 4, 1.
d) 4, 1, 3, 2.

18. (Exame de suficiência CFC 2/2015) De acordo com a NBC T 16 – Normas Brasileiras de Contabilidade Aplicadas ao Setor Público, especificamen-

te à Depreciação, Amortização e Exaustão, julgue os itens abaixo como Verdadeiros (V) ou Falsos (F) e, em seguida, assinale a opção CORRETA.

I. Depreciação é a redução do valor dos bens tangíveis pelo desgaste ou perda de utilidade por uso, ação da natureza ou obsolescência.

II. Valor residual é o montante líquido que a entidade, com razoável segurança, espera obter por um ativo no fim de sua vida útil econômica, deduzidos os gastos esperados para sua alienação.

III. Amortização é a redução do valor aplicado na aquisição de direitos de propriedade e quaisquer outros, inclusive ativos intangíveis, com existência ou exercício de duração limitada, ou cujo objeto sejam bens de utilização por prazo legal ou contratualmente limitado.

IV. Valor líquido contábil é o valor do bem registrado na Contabilidade, em determinada data, deduzido da correspondente depreciação, amortização ou exaustão acumulada.

A sequência CORRETA é:

a) F, F, F, V.

b) F, V, F, V.

c) V, F, V, F.

d) V, V, V, V.

19. (Exame de suficiência CFC 2/2015) Considerando-se a Lei nº 4.320/64, a Lei Complementar nº 101/2000 e as Normas Brasileiras de Contabilidade Aplicadas ao Setor Público, em relação às Demonstrações Contábeis Aplicadas ao Setor Público, assinale a opção INCORRETA.

a) A Demonstração das Variações Patrimoniais evidenciará as alterações verificadas no patrimônio, resultantes ou independentes da execução orçamentária, e indicará o resultado patrimonial do exercício.

b) A redução por dividendos, o acréscimo por doações e subvenções para investimentos recebidos e o acréscimo por subscrição e integralização de capital são exemplos de itens que afetam o Patrimônio Líquido e, conjuntamente, o Ativo e o Passivo, apresentados na Demonstração das Mutações do Patrimônio Líquido.

c) O Balanço Financeiro demonstra receitas e despesas previstas em confronto com as realizadas em sua estrutura; evidencia as receitas e as despesas orçamentárias por categoria econômica; confronta o orçamento inicial e as suas alterações com a execução; demonstra o resultado orçamentário; e discrimina as receitas por fonte e as despesas por grupo de natureza.

d) O Balanço Patrimonial demonstrará o Ativo Financeiro, o Ativo Permanente, o Passivo Financeiro, o Passivo Permanente, o Saldo Patrimonial e as Contas de Compensação.

20. (Exame de suficiência CFC 2/2015) De acordo com a NBC T 16.10 – Avaliação e Mensuração de Ativos e Passivos em Entidades do Setor Público, em relação aos Estoques, assinale a opção INCORRETA.

a) Deve ser adotado o método UEPS para mensuração e avaliação das saídas do almoxarifado.

b) Deve ser adotado o valor de mercado, se o valor de aquisição, de produção ou de construção for superior ao valor de mercado.

c) Os estoques são mensurados ou avaliados com base no valor de aquisição ou no valor de produção ou de construção.

d) Os resíduos e os refugos devem ser mensurados, na falta de critério mais adequado, pelo valor realizável líquido.

21. (Exame de suficiência CFC 1/2016) As receitas do setor público são classificadas em duas categorias econômicas: as Receitas Correntes e as Receitas de Capital. As Receitas Correntes correspondem a:

a) receitas de contribuições, patrimonial, agropecuária, industrial, de serviços, tributária e outras e, ainda, as provenientes de recursos financeiros recebidos de outras pessoas de direito público ou privado, quando destinadas a atender despesas classificáveis em Despesas Correntes.

b) receitas provenientes da realização de recursos financeiros oriundos de constituição de dívidas; da conversão, em espécie, de bens e direitos.

c) recursos recebidos de outras pessoas de direito público ou privado, destinados a atender despesas classificáveis em Despesas de Capital.

d) recursos recebidos de outras pessoas de direito público ou privado, destinados a atender receitas classificáveis em Receitas de Capital, e ainda o superávit do Orçamento Corrente.

22. (Exame de suficiência CFC 1/2016) De acordo com a Lei nº 4.320/64, julgue os itens do Ativo e Passivo e, em seguida, assinale a opção CORRETA.

I. O Ativo Financeiro compreenderá os créditos e valores realizáveis, independentemente de autorização orçamentária, e os valores numerários.

II. O Ativo Permanente compreenderá os bens, créditos e valores cuja mobilização ou alienação dependa de autorização legislativa.

III. O Passivo Financeiro compreenderá as dívidas fundadas e outros pagamentos que dependam de autorização legislativa para amortização ou resgate.

IV. O Passivo Permanente compreenderá as dívidas fundadas e outras que independam de autorização orçamentária.

Está(ão) CORRETO(S) o(s) item(ns):

a) I e II, apenas.
b) I, apenas.
c) II e III, apenas.
d) III, apenas.

23. (Exame de suficiência CFC 1/2016) Considerando-se a Lei nº 4.320/64, a Lei Complementar nº 101/2000 e as Normas Brasileiras de Contabilidade Aplicadas ao Setor Público, em relação às Demonstrações Contábeis Aplicadas ao Setor Público, assinale a opção INCORRETA.

a) A Demonstração das Variações Patrimoniais evidencia as alterações verificadas no patrimônio, resultantes ou independentes da execução orçamentária, e indica o resultado patrimonial do exercício.
b) A redução por dividendos, o acréscimo por doações e subvenções para investimentos recebidos e o acréscimo por subscrição e integralização de capital são exemplos de itens que afetam o Patrimônio Líquido e o Ativo e Passivo conjuntamente, apresentados na Demonstração das Mutações do Patrimônio Líquido.
c) O Balanço Financeiro demonstra receitas e despesas previstas em confronto com as realizadas em sua estrutura; evidencia as receitas e as despesas orçamentárias por categoria econômica; confronta o orçamento inicial e as suas alterações com a execução; demonstra o resultado orçamentário; e discrimina as receitas por fonte e as despesas por grupo de natureza.
d) O Balanço Patrimonial demonstra o Ativo Financeiro, o Ativo Permanente, o Passivo Financeiro, o Passivo Permanente, o Saldo Patrimonial e as Contas de Compensação.

Gabarito

1. d	6. d	11. b	16. b	21. a
2. c	7. b	12. b	17. d	22. a
3. c	8. b	13. d	18. d	23. c
4. b	9. c	14. b	19. c	
5. c	10. c	15. b	20. a	

Os exercícios deste capítulo encontram-se resolvidos e comentados e estão à disposição dos leitores no *site* do GEN | Atlas.

13

Raciocínio Lógico

César Augusto Tibúrcio Silva

Alguns testes de seleção existentes no Brasil utilizam questões denominadas de "raciocínio lógico". O termo é bastante abrangente para incluir questões que envolvem de lógica até problemas de matemática ou estatística. Algumas questões cobradas nestas seleções são complexas e outras óbvias demais. Esse capítulo pretende apresentar algumas das questões usuais existentes nessa área e sugestões para resolvê-las, sem necessitar de um conhecimento profundo em matemática ou estatística.

Em razão do objetivo que se pretende atingir, esse capítulo deve ser considerado pelo leitor como uma introdução ao estudo do assunto. Um aprofundamento maior pode ser obtido em outras obras que abordam especificamente esse assunto.

1 Matemática

Esse tipo de exercício exige conhecimento de métodos quantitativos. Veja a questão a seguir, de um concurso para o Banco do Brasil:

Palmira faz parte de um grupo de 10 funcionários do Banco do Brasil cuja média das idades é 30 anos. Se Palmira for excluída do grupo, a média das idades dos funcionários restantes passa a ser 27 anos. Assim sendo, a idade de Palmira, em anos, é

a) *60.*
b) *57.*
c) *54.*
d) *52.*
e) *48.*

Para resolver a questão, é necessário ter o conhecimento da fórmula de cálculo da média. A idade média dos dez funcionários, incluindo aqui Palmira, é dada por:

$$Média = \frac{I_1 + I_2 + ... + I_9 + I_{Palmira}}{10} = 30$$

Mudando um pouco a equação:

$$I_1 + I_2 + ... + I_9 + I_{Palmira} = 30 \times 10 = 300$$

A idade do grupo, sem Palmira, é obtida pela fórmula:

$$Média = \frac{I_1 + I_2 + ... + I_9}{9} = 27$$

Observe que é a mesma expressão, sem $I_{Palmira}$, que é a idade de Palmira, e dividindo por 9 pessoas. Mudando a equação:

$$I_1 + I_2 + ... + I_9 = 9 \times 27 = 243$$

Observe que a diferença entre as duas expressões é a idade de Palmira. Assim, para saber a idade de Palmira, basta subtrair 300 e 243.

Um problema próximo a este foi cobrado no concurso de Auxiliar de Fiscalização Financeira do TCE de São Paulo:

Sabe-se que daqui a 9 anos a soma da idade de Dagoberto com as de seus pais será 155 anos. Assim sendo, há 5 anos quantos anos totalizavam as idades dos três?

a) 96
b) 108
c) 113
d) 117
e) 121

Para resolver a questão, divida a questão em duas partes. Na primeira, sabe-se que daqui a 9 anos a idade somada de três pessoas será de 155 anos. Mas o problema quer saber qual a idade somada dos três há 5 anos. Como sabemos a idade somada daqui a 9 anos, temos uma diferença de 14 anos entre as datas. Então, a idade de Dagoberto há 5 anos corresponde a 14 anos a menos que a idade dele no futuro. O mesmo ocorre com seu pai e sua mãe. Como são três pessoas, a diferença será dada por 14 × 3 ou 42 anos. Assim, a idade dos três há cinco anos será de 155 – 42 = 113 anos.

2 Probabilidade

Esse tipo de questão envolve cálculo de probabilidade de um evento qualquer acontecer. Aqui, o conhecimento pode ajudar a resolver as questões rapidamente, mas um pouco de bom-senso pode ajudar.

Considere a seguinte questão:

(ESAF/MPOG/2010/Analista de Planejamento e Orçamento/Prova 1) *Em uma pequena localidade, os amigos Arnor, Bruce, Carlão, Denílson e Eleonora são moradores de um bairro muito antigo que está comemorando 100 anos de existência. Dona Matilde, uma antiga moradora, ficou encarregada de formar uma comissão que será a responsável pela decoração da festa. Para tanto, Dona Matilde selecionou, ao acaso, três pessoas entre os amigos Arnor, Bruce, Carlão, Denílson e Eleonora. Sabendo-se que Denílson não pertence à comissão formada, então a probabilidade de Carlão pertencer à comissão é, em termos percentuais, igual a:*

a) 30 %.

b) 80 %.

c) 62 %.

d) 25 %.

e) 75 %.

Observe que Matilde pode formar comissão de três dentre um grupo de cinco pessoas (Arnor, Bruce, Carlão, Denílson e Eleonora). As comissões possíveis de serem formadas são as seguintes (usou-se somente a inicial de cada nome para facilitar): ABC, ABD, ABE, ACD, ACE, ADE, BCD, BCE, BDE, CDE. Ou seja, são dez comissões possíveis.

Três pontos importantes: (1) para obter a resposta, é preciso saber que a ordem da comissão não afeta sua composição: uma comissão ABC é igual a uma BCA, por exemplo; (2) uma pessoa não pode aparecer duas vezes na comissão, pois senão seria uma comissão com menos de três pessoas; e (3) não se esqueça de nenhuma comissão possível, pois isto afeta a resposta.

No entanto, o exercício informa que "*Denílson não pertence à comissão formada*". Ou seja, das comissões formadas devem-se excluir aquelas que tem a letra D: ABC, ~~ABD~~, ABE, ~~ACD~~, ACE, ~~ADE~~, ~~BCD~~, BCE, ~~BDE~~, ~~CDE~~. Assim sobraram quatro comissões possíveis. A pergunta é qual a probabilidade de Carlão estar na comissão. Das quatro comissões (ABC, ABE, ACE e BCE), três têm a participação de Carlão. Assim, a probabilidade de Carlão participar é de 3 para 4 ou 0,75 ou 75%.

3 Sequência

O exercício de sequência exige que o candidato complete uma lista de itens. Considere a questão a seguir, do concurso do TCE de São Paulo:

A seguinte sequência de palavras foi escrita obedecendo a um padrão lógico: PATA – REALIDADE – TUCUPI – VOTO – ?. Considerando que o alfabeto é o oficial, a palavra que, de acordo com o padrão estabelecido, poderia substituir o ponto de interrogação é

a) *Qualidade*

b) *Sadia*

c) *Waffle*

d) *Xampu*

e) *Yesterday*

É possível notar que as palavras colocadas na questão não apresentam relação física entre si. O candidato deve tentar observar se características como classe morfológica da palavra, significado, quantidade de letras, entre outras variáveis, pode ajudar a explicar a listagem.

A questão lembra: "considerando que o alfabeto é o oficial". Assim, a sequência deve ter relação com o alfabeto. Observe que a primeira palavra começa com a letra P; a segunda com a letra R; a terceira com a letra T; e a quarta com a letra V. Lembrando que a sequência do alfabeto é: **PQRSTUVWXYZ**. É possível notar que a primeira letra de cada palavra está seguindo a ordem do alfabeto, saltando uma letra. Com isto pode-se afirmar que a próxima palavra deverá começar com a letra **X**, sendo a resposta correta a palavra XAMPU.

Os exercícios de sequência podem estar expressos de maneira diferente, como será analisado nessa questão de uma prova para CGU:

Perguntado sobre as notas de cinco alunas (Alice, Beatriz, Cláudia, Denise e Elenise), um professor de Matemática respondeu com as seguintes afirmações:

1. *"A nota de Alice é maior do que a de Beatriz e menor do que a de Cláudia";*
2. *"A nota de Alice é maior do que a de Denise e a nota de Denise é maior do que a de Beatriz, se e somente se a nota de Beatriz for menor do que a de Cláudia";*
3. *"Elenise e Denise não têm a mesma nota, se e somente se a nota de Beatriz for igual à de Alice".*

Sabendo-se que todas as afirmações do professor são verdadeiras, conclui-se corretamente que a nota de:

a) *Alice é maior do que a de Elenise, menor do que a de Cláudia e igual à de Beatriz.*

b) *Elenise é maior do que a de Beatriz, menor do que a de Cláudia e igual à de Denise.*

c) *Beatriz é maior do que a de Cláudia, menor do que a de Denise e menor do que a de Alice.*

d) *Beatriz é menor do que a de Denise, menor do que a de Elenise e igual à de Cláudia.*

e) *Denise é maior do que a de Cláudia, maior do que a de Alice e igual à de Elenise.*

Para resolver esta questão é necessário analisar cuidadosamente cada uma das sentenças da frase. A primeira sentença afirma que "*A nota de Alice é maior do que a de Beatriz e menor do que a de Cláudia*". A representação disto pode ser feita da seguinte forma: Alice > Beatriz e Alice < Cláudia. Isto pode ser expresso da seguinte forma: **Cláudia > Alice > Beatriz**. Ou seja, a nota de Cláudia é maior que a nota de Beatriz.

Continuando, a próxima sentença afirma que "*A nota de Alice é maior do que a de Denise*". Ou seja, **Alice > Denise**. Prosseguindo: "*a nota de Denise é maior do que a de Beatriz, se e somente se a nota de Beatriz for menor do que a de Cláudia*". Observe o leitor a segunda parte da afirmação: a nota de Beatriz tem que ser menor que a de Cláudia. Mas já se sabe, pela primeira sentença, que isso é verdadeiro. Então se pode afirmar que: **Denise > Beatriz.** Como a nota de Alice é maior que a de Denise, juntando as duas conclusões tem-se que **Alice > Denise > Beatriz.** Na primeira sentença inferiu-se que Cláudia > Alice > Beatriz. Juntando estas conclusões tem-se que **Cláudia > Alice > Denise > Beatriz.**

A terceira sentença afirma que "*Elenise e Denise não têm a mesma nota, se e somente se a nota de Beatriz for igual à de Alice*". Observe o final da frase: se a nota de Beatriz é igual à de Alice. Mas já sabemos que isto não é verdadeiro. Portanto, Elenise e Denise possuem a mesma nota. Assim, a relação pode ser expressa da seguinte forma: **Cláudia > Alice > Denise/Elenise > Beatriz**. Depois de concluída a relação, basta analisar cada uma das alternativas apresentadas para escolher a correta, que neste caso é a letra "b".

4 Quem é quem

Esse tipo de questão apresenta pessoas ou objetos e características associadas. O objetivo é descobrir a relação a partir de "pistas" dadas pelo texto. Considere a seguinte questão de um concurso para CGU.

Amigas desde a infância, Beatriz, Dalva e Valna seguiram diferentes profissões e hoje uma delas é arquiteta, outra é psicóloga, e outra é economista. Sabe-se que ou Beatriz é a arquiteta ou Dalva é a arquiteta. Sabe-se, ainda, que ou Dalva é a psicóloga ou Valna é a economista. Sabe-se, também, que ou Beatriz é a economista ou Valna é a economista. Finalmente, sabe-se que ou Beatriz é a psicóloga ou Valna é a psicóloga. As profissões de Beatriz, Dalva e Valna são, pois, respectivamente,

a) *psicóloga, economista, arquiteta.*
b) *arquiteta, economista, psicóloga.*
c) *arquiteta, psicóloga, economista.*
d) *psicóloga, arquiteta, economista.*
e) *economista, arquiteta, psicóloga.*

Para resolver esse tipo de problema, o ideal é construir um quadro com as diferentes alternativas, como o apresentado a seguir:

	Arquiteta	**Psicóloga**	**Economista**
Beatriz			
Dalva			
Valna			

Neste quadro tem-se todas as possibilidades. A leitura da questão permitirá preencher o quadro para obter a resposta desejada. O enunciado informa que: "*Amigas desde a infância, Beatriz, Dalva e Valna seguiram diferentes profissões e hoje uma delas é arquiteta, outra é psicóloga, e outra é economista*". Ou seja, cada uma das amigas possui uma profissão e não existe a possibilidade de uma profissão ser exercida por mais de uma pessoa.

A próxima frase ajuda na solução: *Sabe-se que ou Beatriz é a arquiteta ou Dalva é a arquiteta.* Como ou Beatriz ou Dalva é arquiteta pode-se concluir que Valna não é arquiteta. Com esta conclusão, colocou-se no quadro um N, de Não, para a possibilidade de Valna ser arquiteta:

	Arquiteta	**Psicóloga**	**Economista**
Beatriz			
Dalva			
Valna	N		

A próxima frase não ajuda muito: *Sabe-se, ainda, que ou Dalva é a psicóloga ou Valna é a economista.* Esse tipo de questão tem enunciados que, na ordem, não são de muita valia; a recomendação é deixar de lado, por enquanto, a frase e prosseguir.

Seguindo no enunciado, tem-se que "*Sabe-se, também, que ou Beatriz é a economista ou Valna é a economista*". Aqui pode-se usar o mesmo raciocínio da primeira frase: como ou Beatriz ou Valna é economista, isso significa que Dalva não é economista. O quadro é preenchido da seguinte forma:

	Arquiteta	Psicóloga	Economista
Beatriz			
Dalva			N
Valna	N		

A última frase é: *Finalmente, sabe-se que ou Beatriz é a psicóloga ou Valna é a psicóloga.* Do mesmo modo que os anteriores, se Beatriz ou Valna é psicóloga, Dalva não é psicóloga. Com isto o quadro fica da seguinte forma:

	Arquiteta	Psicóloga	Economista
Beatriz			
Dalva		N	N
Valna	N		

Observe que Dalva não é psicóloga nem economista. Como ela tem que ter uma profissão, Dalva é a arquiteta:

	Arquiteta	Psicóloga	Economista
Beatriz	N		
Dalva	S	N	N
Valna	N		

Note que se preencheu com N o quadro de Beatriz como arquiteta.

Nesse tipo de questão é comum a necessidade de retornar ao enunciado para continuar completando o quadro. A primeira pista é que "*ou Beatriz é a arquiteta ou Dalva é a arquiteta*". Já descobrimos que Dalva é arquiteta. A segunda pista é "*ou Dalva é a psicóloga ou Valna é a economista*". Esta é importante, pois o quadro indica que Dalva não pode ser psicóloga. Logo, Valna é economista e se pode continuar completando o quadro:

	Arquiteta	Psicóloga	Economista
Beatriz	N		
Dalva	S	N	N
Valna	N	**N**	**S**

O quadro agora tem um S, de Sim, para Valna como economista. Uma vez que ela é economista, não pode ser psicóloga e colocou-se um N na célula. Observe que nem Dalva nem Valna são psicólogas, portanto, a psicóloga do grupo é Beatriz. O quadro agora está completo:

	Arquiteta	Psicóloga	Economista
Beatriz	N	S	N
Dalva	S	N	N
Valna	N	N	S

É importante que após completar o quadro, o enunciado seja relido para verificar se o resultado obtido está coerente e não foi feito nenhum erro.

5 Diagrama de Venn

Nesse tipo de questão é interessante que utilize o diagrama de Venn para ajudar na resposta. A pergunta lida com dois ou três grupos, onde pode existir elementos comuns entre eles. Veja o seguinte exemplo retirado do concurso ESAF/CGU para Analista de Finanças e Controle:

Uma escola de idiomas oferece apenas três cursos: um curso de Alemão, um curso de Francês e um curso de Inglês. A escola possui 200 alunos e cada aluno pode matricular-se em quantos cursos desejar. No corrente ano, 50% dos alunos estão matriculados no curso de Alemão, 30% no curso de Francês e 40% no de Inglês. Sabendo-se que 5% dos alunos estão matriculados em todos os três cursos, o número de alunos matriculados em mais de um curso é igual a

a) *30*
b) *10*
c) *15*
d) *5*
e) *20*

Para resolver esta questão, sugere-se a criação do diagrama com os três conjuntos. Veja na figura a seguir:

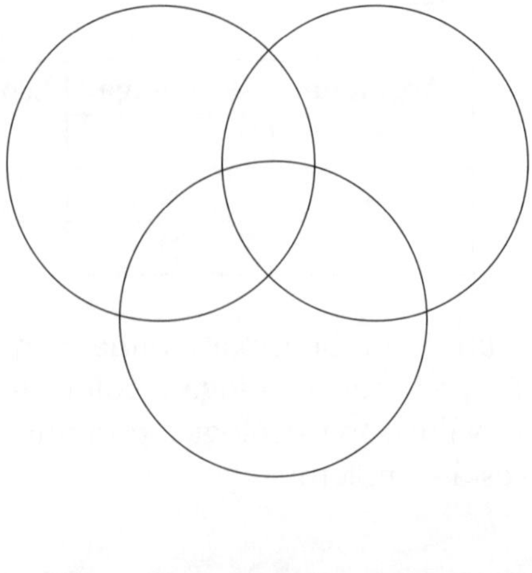

Cada círculo representa cada um dos conjuntos do problema. O leitor poderá voltar ao problema e verificar que os conjuntos são curso de alemão, francês e inglês. A próxima etapa é colocar na figura o nome de cada conjunto, como está feito a seguir:

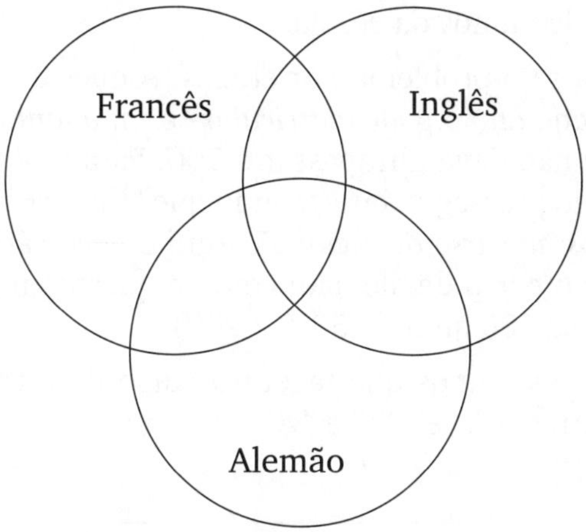

Para facilitar a explicação, na próxima figura batizou-se cada pedaço da figura com uma letra:

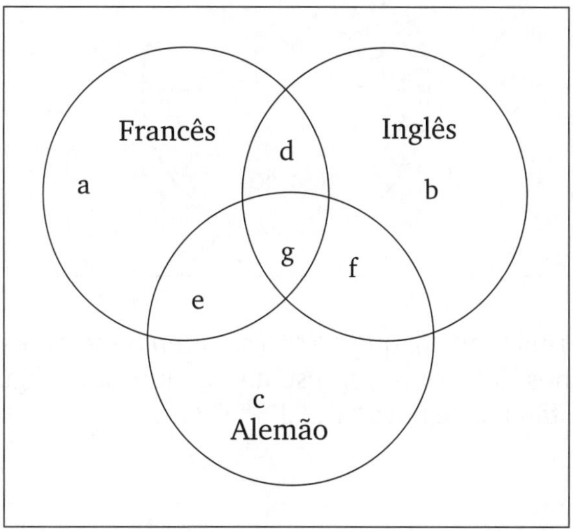

A letra "a" refere-se à região onde estão os alunos que só fazem francês. A letra "b" é dos alunos que só estudam inglês; e "c" dos alunos que só falam alemão.

As letras de "d" a "g" irão representar os alunos que estão fazendo dois ou três cursos. Observe a figura e verifique que a letra "d" representa a região da figura onde estão os alunos que fazem o curso de francês e inglês ao mesmo tempo. A letra "e" corresponde aos alunos de francês e de alemão; o "f" são os alunos que estudam inglês e alemão. A última região, letra "g", são os alunos que fazem os três cursos. Também colocamos um quadrado em volta dos três círculos para indicar o número total de alunos da escola.

Feito isso, analisa-se o problema por etapas. A questão afirma que "*A escola possui 200 alunos e cada aluno pode matricular-se em quantos cursos desejar*". Ou seja, total dos alunos não deve ultrapassar a 200. Para indicar isso, colocou-se o número 200. A questão prossegue informando que "*No corrente ano, 50% dos alunos estão matriculados no curso de Alemão*". Aqui é necessário descobrir quantos alunos estão fazendo o curso de alemão; como a questão informou, são 50% de um total de 200 ou seja 100 alunos (50% × 200).

Na última figura, os alunos que fazem o curso de alemão estão na região representada pelas letras "c", "e", "f" e "g":

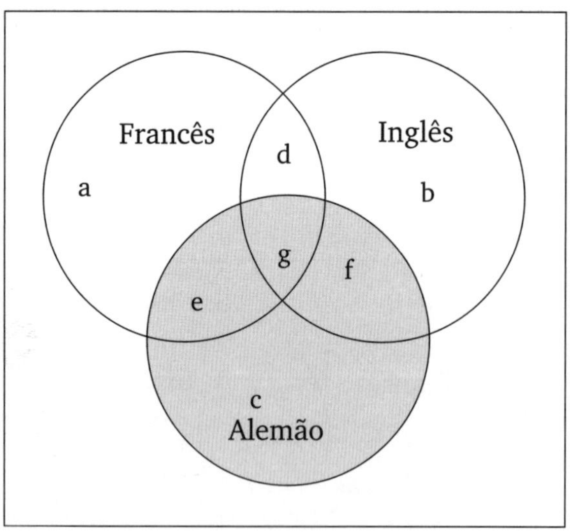

A questão informa também que "*30% [dos alunos estão] no curso de Francês*". Como são 200 alunos, 30% disto representa 60 alunos. Na figura, os alunos que estudam francês estão nas regiões "a", "d", "e" e "g":

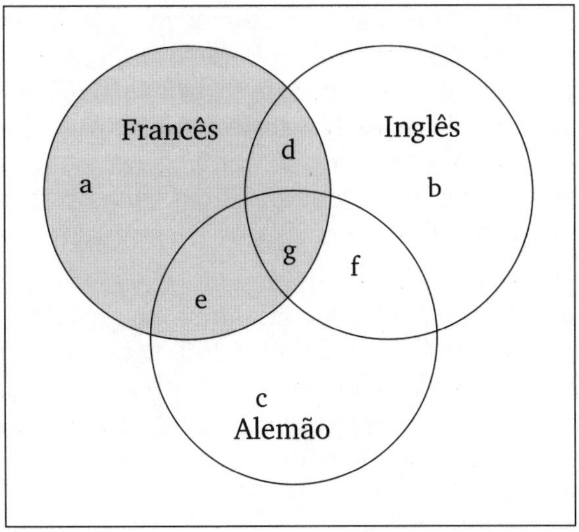

Além disso, "*40% [dos alunos estão] no [curso] de Inglês*". Sendo 200 alunos, 40% correspondem a 80 alunos. Na figura, os alunos que estudam inglês estão na região "b", "d", "f" e "g":

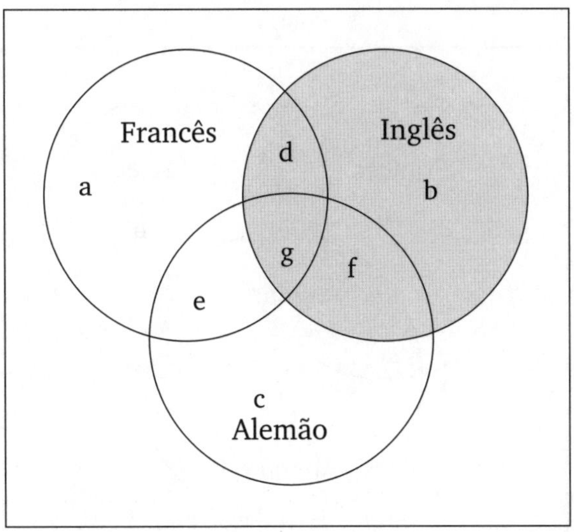

A última informação é a seguinte: "*Sabendo-se que 5% dos alunos estão matriculados em todos os três cursos*". Na figura, isso está representado pela região "g" e 5% corresponde a 10 alunos.

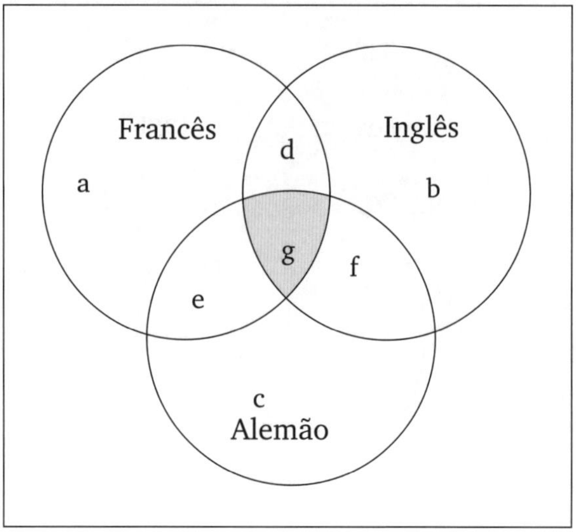

Pede-se o seguinte: "*o número de alunos matriculados em mais de um curso*". Ou seja, os alunos que estão matriculados em alemão e francês, francês e inglês, inglês e alemão e nos três cursos. Na figura, isso corresponde às regiões "d", "e", "f" e "g".

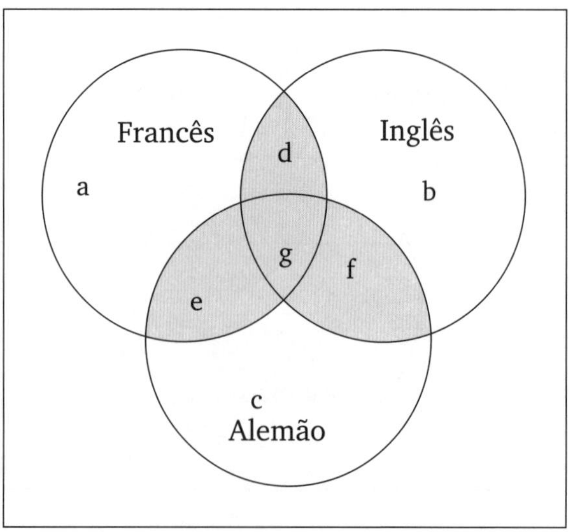

A seguir resuma o que foi feito até o momento:

Curso	Região	Alunos	Expressão Matemática
Todos Alunos	três círculos	200	$a + b + c + d + e + f + g = 200$
Estudam Alemão	c, e, f, g	100	$c + e + f + g = 100$
Estudam Francês	a, d, e, g	60	$a + d + e + g = 60$
Estudam Inglês	b, d, g, f	80	$b + d + f + g = 80$
Três cursos	g	10	$g = 10$

Pode-se resolver usando a expressão total:

$$a + b + c + \mathbf{d + e + f + g} = 200$$

Pretende-se conhecer o valor de $d + e + f + g$ (negrito na fórmula anterior). Mas como

$$c + e + f + g = 100$$
$$c = 100 - e - f - g$$

Isso corresponde ao número de alunos que só estudam alemão. Aqueles que só estudam francês pode ser obtido:

$$a + d + e + g = 60$$
$$a = 60 - d - e - g$$

E aqueles que só estudam inglês

$$b + d + f + g = 80$$
$$b = 80 - d - f - g$$

Sabe-se que

$$a + b + c + \mathbf{d + e + f + g} = 200$$

Substituindo na fórmula:

$$[60 - d - e - g] + [80 - d - f - g] + [100 - e - f - g] + d + e + f + g = 200$$
$$240 - d - e - f - 2g = 200$$
$$d + e + f + 2\,g = 40$$
$$d + e + f + g = 40 - g$$

Observe o leitor que desejamos saber o valor de $(d + e + f + g)$. Como sabemos o valor de g, que é 10, o resultado será 30.

6 Lógica

Este tipo de questão é composto por afirmações; essas, por sua vez, podem gerar conclusões. As alternativas disponíveis devem ser verificadas a partir do corpo da questão. Seja o seguinte exemplo:

(CESGRANRIO/CHESF/2012 – Profissional de Nível Superior) *Se hoje for uma segunda ou uma quarta-feira, Pedro terá aula de futebol ou natação. Quando Pedro tem aula de futebol ou natação, Jane o leva até a escolinha esportiva. Ao levar Pedro até a escolinha, Jane deixa de fazer o almoço e, se Jane não faz o almoço, Carlos não almoça em casa.*

Considerando-se a sequência de implicações lógicas acima apresentadas textualmente, se Carlos almoçou em casa hoje, então hoje

a) *é terça, ou quinta ou sexta-feira, ou Jane não fez o almoço.*
b) *Pedro não teve aula de natação e não é segunda-feira.*
c) *Carlos levou Pedro até a escolinha para Jane fazer o almoço.*
d) *não é segunda, nem quarta, mas Pedro teve aula de apenas uma das modalidades esportivas.*
e) *não é segunda, Pedro não teve aulas, e Jane não fez o almoço.*

Os enunciados do primeiro parágrafo esclarecem parcialmente uma determinada situação: Pedro tem aula de futebol ou natação se for segunda ou quarta. Os outros dias da semana não se tem nenhuma informação. Nesses dias, Jane leva Pedro na escolinha e não faz o almoço; se Jane não faz o almoço, Carlos não almoça em casa. A partir daí é necessário ler cada uma das alternativas. Lembre-se que a base é que "Carlos almoçou em casa hoje".

A primeira afirmativa é que hoje é "terça ou quinta ou sexta-feira ou Jane não fez o almoço". Essa afirmação é falsa já que Carlos almoçou em casa, e isso ocorre quando Jane faz almoço.

A alternativa "c" é incorreta, já que afirma que "Carlos levou Pedro na escolinha". Os enunciados dizem que é Jane que leva Pedro, e não Carlos.

Na alternativa "d" informa-se que não é segunda nem quarta e Pedro teve aula. Mas o enunciado disse que as aulas de Pedro ocorrem somente na segunda e quarta. Ou seja, essa alternativa é incorreta.

A alternativa "e" informa que não é segunda, Pedro não teve aulas e Jane não fez o almoço. Mas Carlos almoçou em casa, e isso ocorre somente quando Jane faz o almoço.

Resta a alternativa "b", que está correta: "Pedro não teve aula de natação e não é segunda-feira". Como Carlos almoçou em casa, não é segunda nem quarta e Pedro não teve aula de atividade esportiva.

Exercícios

1. **(ESAF/2010 / SMF-RJ / Agente de Fazenda) A partir da lei de formação da sequência 1, 1, 2, 3, 5, 8, 13, 21,..., calcule o valor mais próximo do quociente entre o 11º e o 10º termo.**

   a) 1,732
   b) 1,667
   c) 1,618
   d) 1,414
   e) 1,5

2. **(FCC/Banco do Brasil/2011) Josué e Natanael receberam, cada um, um texto para digitar. Sabe-se que:**

   – no momento em que Josué iniciou a digitação das páginas de seu texto, Natanael já havia digitado 5 páginas do dele;
   – a cada 15 minutos, contados a partir do início da digitação de Josué, Natanael digitou 2 páginas e Josué 3.

   Nessas condições, a quantidade de páginas que Josué deverá digitar para igualar àquela digitada por Natanael é um número

   a) menor que 16.
   b) primo.
   c) quadrado perfeito.
   d) divisível por 4.
   e) maior que 25.

3. **(FCC/Banco do Brasil/2011) Três pessoas formaram, na data de hoje, uma sociedade com a soma dos capitais investidos igual a R$ 100.000,00. Após um ano, o lucro auferido de R$ 7.500,00 é dividido entre os sócios em partes diretamente proporcionais aos capitais iniciais investidos. Sabendo-se que o valor da parte do lucro que coube ao sócio que recebeu o menor valor é igual ao módulo da diferença entre os valores que receberam os outros dois, tem-se que o valor do capital inicial do sócio que entrou com maior valor é**

   a) R$ 75.000,00
   b) R$ 60.000,00
   c) R$ 50.000,00
   d) R$ 40.000,00
   e) R$ 37.500,00

4. **(ESAF/2010 / SMF-RJ / Agente de Fazenda) O PIB de um país que entrou em recessão no fim de 2008 tinha crescido 10% no primeiro trimestre de 2008, 5% no segundo trimestre, tinha ficado estável no terceiro trimestre e tinha caído 10% no último trimestre daquele ano. Calcule a taxa de crescimento do PIB desse País, em 2008.**

   a) 1,25%.
   b) 5%
   c) 4,58%.
   d) 3,95%.
   e) – 5%.

5. **(ESAF/2010 / SMF-RJ / Agente de Fazenda) Em uma determinada cidade, 25% dos automóves são da marca A e 50% dos automóveis são da marca B. Ademais, 30% dos automóveis da marca A são pretos e 20% dos automóveis da marca B também são pretos. Dado que só existem automóveis pretos da marca A e da marca B, qual a percentagem de carros nessa cidade que são pretos?**

   a) 17,5%
   b) 23,33%
   c) 7,5%
   d) 22,75%
   e) 50%

6. **(ESAF/2006/MTE/Auditor Fiscal do Trabalho/Prova 1) Beatriz, que é muito rica, possui cinco sobrinhos: Pedro, Sérgio, Teodoro, Carlos e Quintino. Preocupada com a herança que deixará para seus familiares, Beatriz resolveu sortear, entre seus cinco sobrinhos, três casas. A probabilidade de que Pedro e Sérgio, ambos, estejam entre os sorteados, ou que Teodoro e Quintino, ambos, estejam entre os sorteados é igual a:**

   a) 0,8
   b) 0,375
   c) 0,05
   d) 0,6
   e) 0,75

7. **(ESAF/CGU / Analista de Finanças e Controle / Comum a todos / Prova 1) Três meninos estão andando de bicicleta. A bicicleta de um deles é azul, a do outro é preta, a do outro é branca. Eles vestem bermudas destas mesmas três cores, mas somente Artur está com bermuda da mesma**

cor que sua bicicleta. Nem a bermuda nem a bicicleta de Júlio são brancas. Marcos está com bermuda azul. Desse modo,

a) a bicicleta de Júlio é azul e a de Artur é preta.

b) a bicicleta de Marcos é branca e sua bermuda é preta.

c) a bermuda de Júlio é preta e a bicicleta de Artur é branca.

d) a bermuda de Artur é preta e a bicicleta de Marcos é branca.

e) a bicicleta de Artur é preta e a bermuda de Marcos é azul.

8. **(ESAF/CGU / Analista de Finanças e Controle / Comum a todos / Prova 1) Ana é artista ou Carlos é compositor. Se Mauro gosta de música, então Flávia não é fotógrafa. Se Flávia não é fotógrafa, então Carlos não é compositor. Ana não é artista e Daniela não fuma. Pode-se, então, concluir corretamente que**

a) Ana não é artista e Carlos não é compositor.

b) Carlos é compositor e Flávia é fotógrafa.

c) Mauro gosta de música e Daniela não fuma.

d) Ana não é artista e Mauro gosta de música.

e) Mauro não gosta de música e Flávia não é fotógrafa.

9. **(Analista do CNMP 2015) As seis faces de um dado são quadrados cujos lados medem L. A distância do centro de um desses quadrados até qualquer um de seus vértices (cantos do quadrado) é igual a D. Uma formiga, que se encontra no centro de uma das faces do dado, pretende se deslocar, andando sobre a superfície do dado, até o centro da face oposta. A menor distância que a formiga poderá percorrer nesse trajeto é igual a:**

a) 2L.

b) 2L + D.

c) 2L + 2D.

d) L + 2D.

e) L.

10. **(EBSERH/HU-UFMG 2014) Bianca, Catarina e Márcia são amigas e gostam muito de assistir a filmes. Uma delas tem uma preferência maior por filmes de drama, outra por filmes de comédia e a outra por filmes de terror. Sabe-se que:**

- **ou Bianca gosta de filmes de drama, ou a Márcia gosta dos filmes de drama;**

- **ou Bianca gosta de comédia, ou Catarina gosta de terror;**
- **ou Márcia gosta de terror, ou Catarina gosta de terror;**
- **ou Catarina gosta de comédia, ou Márcia gosta de comédia.**

Portanto, os filmes preferidos de Bianca, Catarina e Márcia são, respectivamente:

a) drama, terror e comédia.
b) comédia, terror e drama.
c) comédia, drama e terror.
d) drama, comédia e terror.
e) terror, comédia e drama.

11. **(EBSERH/HU-UFMG 2014) A negação de "Todos os filmes são de terror" é:**

a) apenas um filme é de terror.
b) pelo menos um filme é de terror.
c) existem filmes que são de terror.
d) existem filmes que não são de terror.
e) nenhum filme é de terror.

12. **(EBSERH/HU-UFBA 2014) Os cinco primeiros termos de uma sequência são 3, 7, 11, 15, 19. Qual é o seu 112º termo?**

a) 223.
b) 225.
c) 445.
d) 447.
e) 449.

13. **(EBSERH/HU-UFBA 2014) Tonho é filho de Saulo que é tio de Mara. O avô de Tonho é pai de Francisco. Nessa família, não há duas pessoas com o mesmo nome. Com base no exposto, é correto afirmar, com toda certeza, que Francisco é:**

a) irmão de Saulo.
b) pai de Mara.
c) tio de Tonho.
d) tio de Mara.
e) filho único.

14. (Analista de Desenvolvimento Urbano e Regional – Estatística/Matemática 2014) Um grupo de alunos é formado por 33 meninos e 46 meninas. Cada aluno, nesse grupo, ou joga basquetebol ou joga voleibol. Nesse grupo existem 17 meninos que jogam voleibol e um total de 45 alunos que jogam basquetebol. O número de meninas que jogam voleibol nesse grupo é:

a) 33.

b) 29.

c) 23.

d) 17.

e) 10.

Gabarito

1. c
2. a
3. c
4. d
5. a
6. d
7. c
8. b
9. a
10. a
11. d
12. d
13. c
14. d

Os exercícios deste capítulo encontram-se resolvidos e comentados e estão à disposição dos leitores no *site* do GEN | Atlas.

Pré-impressão, impressão e acabamento

GRÁFICA SANTUÁRIO

grafica@editorasantuario.com.br
www.editorasantuario.com.br
Aparecida-SP

2017